경찰의 정책과 과제

박형식 저

도서출판

경찰의 정책과 과제

박형식 저

2024년 5월 31일 초판 인쇄
2024년 6월 3일 초판 발행

발행인: 박진영
발행처: 도서출판 진영사
인천광역시 부평구 주부토로 236 인천테크노밸리 U1 지식산업센터 B동 1507호
전화 : 032)505-4207
팩스 : 032)505-4206
E-mail : 0183734207@hanmail.net
신고번호 : 제2007-000001호(2007.01.19.)

ISBN: 978-89-6541-655-5 93350
값: 22,000원

인 사 말

이 책에서는 경찰이 수행하고 있는 다양한 정책 중에서 논란이 되고 있는 분야에 대하여 심도 있게 검토해 보았다.

경찰은 국민의 생명·신체·재산의 보호와 공공의 안녕과 질서를 지키는 것이 가장 중요한 일일 것이다. 그러나 사회가 발전하고 국민들의 요구수준은 날로 높아지고 있다. 따라서 경찰의 업무는 점점 증가할 수밖에 없다. 또한 국민들은 경찰이 아주 높은 수준의 치안서비스를 제공해주기를 기대하고 있다.

이러한 국민의 기대에 부응하기 위해서 경찰은 고도의 인권의식과 법률지식, 국가에 대한 헌신과 국민에 대한 희생정신, 범죄예방과 검거를 위한 능력배양 등 치안역량을 키워나가야 할 것이다.

“어떻게 하면 이러한 국민의 눈높이에 맞는 대한민국의 경찰이 될 수 있을 것인가?”하는 것이 오늘날 경찰이 직면하고 있는 과제일 것이다.

첫째는 전문성이다. 국민이 경찰에게 바라는 것은 경찰로서 경찰이 해야 할 일을 제대로 해주기를 바라는 것이다. 가장 중요한 것은 범죄로부터 안전하게 지켜주는 것이다. 따라서 범죄를 예방하고 발생하면 신속하게 검거할 수 있는 역량을 발전시켜 나가야 할 것이다.

둘째, 인권의식이다. 사회가 발전하면서 국민들이 국가에게 가장 바라는 것은 인간으로서의 존엄성을 인정받기를 원하는 것이다. 인간은 어떠한 경우에도 천부적인 인권이 침해되지 않도록 보호받아야 할 것이다. 따라서 경찰은 업무수행과정에서 국민의 인권이 침해되지 않도록 최선을 다해야 할 것이다.

셋째, 경찰이 갖추어야 할 가장 핵심적인 가치는 국가와 국민에 대한 희생정신이다. 국민이 위험에 처해 있을 때, 자기 자신을 희생할 수 있는 정신자세를 가져야 할 것이다.

이 책에서는 이러한 경찰의 발전을 위해서 필요한 사항에 대해서 실제 사례를 분석하고 문제점을 도출해서 해결방안을 제시하고 있다. 이러한 제안들이 경찰 발전에 조그마한 도움이 되었으면 하는 마음이 간절하다.

2024년 5월 11일

만인산 기슭에서

목 차

1 주취자 보호에 있어서 경찰관 면책권의 도입방안

1. 주취자 보호에 있어서 경찰관 면책권의 도입방안

Ⅰ. 서 론

경찰법[1])과 경찰관직무집행법[2])에서 규정하고 있는 경찰의 임무는 여러 가지가 있지만 가장 기본적인 임무는 국민의 생명 · 신체 · 재산의 보호와 공공의 안녕 · 질서유지라고 할 수 있다. 이러한 경찰의 임무를 완수하기 위해서 수많은 경찰관들이 범죄와 무질서 현장에서 묵묵히 노력하고 있다.

그러나 경찰의 법집행은 기본적으로 국가목적을 실현하기 위해서 국민에게 명령하고 강제하는 권력적 작용이 대부분이다. 그래서 법을 집행하려는 경찰관과 단속을 당하는 사람들 간에는 충돌이 빚어지는 경우가 다반사이다. 그중에서도 다중의 힘을 이용하여 자신들의 의사를 관철 시키려는 집회 및 시위현장 이라든지, 강도 · 절도 · 마약 · 조직폭력 등 강력사건의 범죄자 또는 술에 취하여 정상적인 판단이나 행동을 하지 못하는 사람들의 경우에는 적법한 경찰의 직무집행에 항거하는 일이 자주 일어나게 된다. 한 발짝 더 나아가 경찰관에게 폭행이나 협박을 가하여 상해를 입히거나 경찰장비를 파손하고, 심지어는 경찰관들의 목숨을 잃게 하는 경우까지도 심심치 않게 발생하고 있는 실정이다. 이 뿐만 아니라 자기 뜻대로 되지 않으면 경찰관을 고소하거나 청문관실에 진정하는 일이 비일비재하다. 그리고 극단적인 경우에는 경찰관이 아무런 트집을 잡히지 않으면 반말을 했다거나 태도가 좋지 않다고 시비를 거는 경우도 종종 발생한다. 한편으로 생각해보면 국민의 안전과 국가기능의 정상적인 작동을 위해 법을 집행하는 경찰관들에게 있어서, 업무상의 위험보다도 더 힘든 것은 전쟁터와도 같은 범죄현장에서 형사소송법 등 법에서 규정하고 있는 절차를 철저히 지키고, 범죄자의 인권을 완벽하게 보호하는 것이다.

그동안 우리나라는 전쟁의 폐허 속에서 압축 성장을 거쳐 오면서 국민의 인권

---

1) 경찰법 제3조 국가경찰의 임무
2) 경찰관직무집행법 제2조 직무범위

이 보호받지 못하던 시절도 있었다. 물론 경찰에 의한 인권침해도 많이 있었던 것이 사실이다. 그로 인하여 국민들의 욕구가 폭발적으로 분출되던 시기도 있었다. 그러나 이제는 우리나라도 국민의 인권을 보호하기 위해서 국가인권위원회의 설치, 인권보호를 위한 각종 제도 등을 구비하였고, 국민 개개인의 인권의식도 많이 향상되었다고 할 수 있다. 물론 인권은 인간의 천부적인 권리로서 태어날 때부터 죽을 때까지 보호되어야 하고, 절대적으로 침해되어서는 안 될 것이다. 그러나 범죄자의 인권도 중요하지만 그로 인한 피해자의 인권도 보호되어야 한다고 생각한다. 즉 집회나 시위를 하는 사람들의 권리도 보호해 주어야 하지만, 그로 인해 피해를 입는 사람들의 권리도 보호되어야 한다는 것이다. 당연히 강력범죄를 저지른 범인의 인권만이 아니라 범죄로 인하여 피해를 당한 피해자의 인권도 보호되어야 할 것이라 생각한다.

그런데 가장 문제가 되는 것이 술에 취해 소란을 피우거나 난동을 부리는 사람들에 대한 처우라고 할 수 있겠다. 왜냐하면 주취자는 범죄의 피해자가 될 수도 있고, 범죄의 가해자도 될 수 있으며 더 나아가 공무를 집행하는 경찰관에게 위해를 가할 소지가 다분하기 때문이다.

과연 어떻게 처우하는 것이 바람직 할 것인가? 지금까지는 경찰관직무집행법 제4조 1항 보호조치 등에 관한 규정에 의하여 처우하여왔다. 이 조항에 의하면 "술 취한 상태로 인하여 자기 또는 타인의 생명신체와 재산에 위해를 미칠 우려가 있거나 자살을 기도하는 자"에 대해서는 보건의료기관 또는 공공구호기관에 긴급구호를 요청하거나 경찰관서에 보호하는 등의 조치를 할 수 있다. 그러나 현실적으로는 술에 취해서 호흡곤란 등 문제가 발생하는 경우가 아니면 의료기관에 후송하는 경우는 거의 없다고 할 수 있다. 왜냐하면 술에 취해 난동을 부릴 경우에 병원에서 다른 환자들도 있고, 의사나 간호사가 제압하기가 쉽지 않아서 병원업무에 방해를 줄 수 있기 때문이다. 마찬가지로 공공구호기관이라고 하더라도 아동보호소, 부녀보호소, 갱생원, 양로원 등인데, 이러한 시설에서 술 취한 사람을 적절히 처리한다는 것은 기대하기 어렵다고 할 수 있다. 그로 인하여 경찰관들이 주취자를 처우할 수밖에 없는 입장이다.

바로 여기에서 수많은 문제점들이 발생할 수밖에 없는 것이다. 우선 가장 큰 문제점이 범죄의 예방 및 검거, 교통의 소통과 단속, 기타 대민봉사 등의 활동을 해야 할 경찰력이 술 취한 사람들의 뒤처리하기에 급급할 뿐만 아니라, 오히려 술 취한 사람들에 의하여 피해를 당함으로써 공권력의 약화, 법의 권위가 추락으로 이어지고, 결국에는 경찰본연의 임무수행이 제대로 이루어지지 못하여 국민의 안전을 위협하는 상황으로까지 전개되고 있는 실정이라고 할 수 있다.

두 번째 문제점은 음주행패, 소란, 고성방가 등의 경미한 사건의 현행범은 「형사소송법」상 주거가 일정하지 않은 때에만 체포할 수 있기 때문에, 경미한 현행범인이 불법행위를 반복 · 지속하더라도 제지하거나 격리시킬 법적 근거가 없다는 것이다. 더욱이 이러한 경미한 범죄에 대한 초기 통제가 이루어지지 못하는 경우, 주취 소란자가 손괴, 폭력, 공무집행방해 등 더 큰 범죄로 이어지고, 이는 결국 사회전반의 무질서 및 공권력약화의 원인이 된다는 것이다.

세 번째의 가장 중요한 문제점은 주취자처우로 인하여 발생하는 모든 책임을 경찰관들이 지어야 한다는 것이다. 먼저 전문적인 의학적 지식을 갖추지 못한 경찰관들이 주취자를 보호하다가 지병이나 특이 체질 등 예기치 못한 사유로 인하여 사망 등의 사고가 발생하였을 경우에도 책임을 면할 수 없다는 것이다.[3] 그리고 술 취해서 경미한 범죄를 하고 있을 때 과감하게 제압하여 안전조치를 취하면 더 큰 범죄를 예방할 수 있다.

그러나 그러다가 경미한 범죄를 한 사람에게 경찰장구를 사용하거나 상처를 입히게 되면, 인권을 침해하였다고 책임을 추궁 당하게 되거나 형사고소, 손해배상소송을 당하는 경우도 있다. 가장 대표적인 경우가 술 먹고 오토바이를 타고 난폭운전을 하는 사람을 추적하다가 사고가 난 경우에 경찰관이 몇 년씩 재판에 불려 다니고 손해배상을 해주는 경우 등이다. 그래서 어떤 경우에는 경미한 범죄를 저지르면 놔두었다가 폭행, 손괴 등의 범죄를 저지르면 해당 범죄 또는 공무집행방해죄로 체포하여 입건하는 경우도 생기게 되는 것이다. 사실 이렇게 되면 인권을 보호하려다가 오히려 공무집행방해죄의 범법자를 양산하게 되는 모순된 결과가 발생하게 되는 것이다.

따라서 이 논문에서는 주취자처리의 법적근거, 처리실태와 경찰관의 피해사례, 외국의 입법례 그리고 면책권의 범위와 한계 등에 대해서 알아보고자 한다.

---

3) YTN, 2009.10.1, "경찰 부주의로 술 취한 사람 사망 배상책임“

Ⅱ. 주취자 처리 실태

1. 현행법상 주취자처리의 법적근거

가. 경찰관직무집행법

경찰관직무집행법 제4조는 주취자에 대한 보호조치를 규정하고 있다. 대상은 술취한 상태로 인하여 자기 또는 타인의 생명·신체와 재산에 위해를 미칠 우려가 있는 자와 자살을 기도하는 자이다.

이들에 대한 조치는 경찰관이 보건의료기관이나 공공구호기관에 긴급구호를 요청하거나, 경찰관서에 24시간 이내에 보호하는 것이다. 보호조치시에 무기·흉기 등 위험물은 10일 이내에 임시영치할 수 있다.

나. 주취자안정실운영규칙

주취자안정실운영규칙에서는 교통사고 또는 안전사고 등의 위험에 노출된 자, 타인의 통행을 방해하거나 욕설 등 행패를 부리는 자, 자살 또는 자해를 기도하는 자, 기물을 손괴하는 등 난동을 부리는 자, 기타 타인 또는 경찰관의 업무를 방해하는 자를 24시간 이내에서 보호할 수 있고, 보호조치에 필요한 때에는 수갑·포승을 사용할 수 있다고 규정하고 있다.

또한 보호대상자의 자해·난동시 이용 가능한 흉기·무기, 화재발생의 우려가 있는 성냥·라이터, 기타 타인에게 위해를 가할 수 있는 물건 등을 임시영치할 수 있다고 규정하고 있다.

다. 경범죄처벌법

경범죄처벌법에서는 주취자 관련하여 업무방해, 노상방뇨, 불안감조성, 공공장소·교통기관에서의 불안감조성, 인근소란, 과다노출, 무임승차 및 무전취식 등의 행위에 대하여 10만원 이하의 벌금, 구류 또는 과료에 처한다고 규정하고 있다.

라. 즉결심판절차법

주취자중에서 통고처분서 받기를 거부한 사람, 주거 또는 신원이 확실하지 아니한 사람, 그 밖에 통고처분하기가 매우 어려운 사람에 대해서는 즉결심판을 청구하여야 한다.[4)]

마. 형법 등

주취자가 욕설, 폭행, 협박, 기물파손, 퇴거불응 등의 행위를 하면 형법상 모욕죄, 폭행죄, 상해죄, 손괴죄 등의 처벌을 받는다. 또한 적법한 공무를 집행하는 공무원에게 폭행, 협박을 한 경우에는 형법상 공무집행방해죄를 구성한다. 또한 폭력행위 등 처벌에 관한 법률위반에 해당할 경우에는 폭력행위 등 처벌에 관한 법률에 의하여 처벌을 받는다.

바. 정신보건법

주취자가 알코올중독자로서 정신질환자로 추정되고, 자신 또는 타인을 해할 위험이 큰 경우에는 정신의료기관에 응급입원을 의뢰할 수 있다.

2. 주취자처리현황

가. 주취자에 의한 범죄 발생현황[5)]

주취자는 아리랑치기, 교통사고 등의 피해자가 될 수도 있지만, 술에 취한 상태에서 강도 · 강간 · 절도 등 강력범죄, 시비로 인한 폭력범죄를 저지르기도 하고, 심지어는 이를 제지하는 경찰관에게 폭행 · 협박을 가하거나 공공기물을 파손하여 공무집행방해죄를 저지르기도 한다.

전체 범죄 중에서 주취상태에서의 범죄는 30% 안팎인데, 약간씩 증가추세에 있다고 할 수 있다. 이중에서 전체 강 · 폭력범죄 중에서 술 취한 상태에서 저지르는 강 · 폭력범죄는 40%이상이다. 그리고 전체 공무집행방해사건 중에서 절반 정도는 술에 취해서 저지르는 것으로 나타나고 있다.

---

4) 경범죄처벌법 제8조 통고처분 불이행자 등의 처리

5) 장석헌, “주취자보호법의 제정방향”, 「사회과학연구」 제10권 제3호, 2004. 겨울, p. 991.

〈표 1〉 주취자에 의한 범죄 발생현황

구 분	2001년	2002년	2003년
전체범죄	1,980,174	1,942,987	1,917,210
주취자범죄 (주취/전체, %)	582,730 (29.4)	632,778 (32.5)	666,727 (34.7)
주취자강 · 폭력범죄 (주취/강 · 폭력범죄, %)	216,765 (41.0)	192,949 (42.9)	192,338 (42.6)
주취자공무집행방해 (주취/전체공무집행방해, %)	4,721/10,663 (44.2)	5,722/11,296 (50.6)	5,489/11,278 (48.6)

*출처 : 경찰청, 주취자보호등에 관한 법률 제정 필요성 검토, 2004.11.

나. 지구대의 주취자 처리현황

경찰청에서 2004.6.1~6.30까지 30일간 전국의 지구대 및 치안센터 2,945개소를 대상으로 실시한 주취자 처리 실태조사 결과를 분석해보면 다음과 같다. 2004년 6월 한 달 동안 발생한 전체 152,550건 중에서 주취자 처리 건수는 32,103건으로 21.0%를 차지하는 것으로 나타났다. 그리고 주취자사건의 61.5%가 훈방조치 되었고, 25%가 불구속 형사입건 하였다[6]. 그 외에 통고처분이 6.5%, 즉심회부가 2.2%였으며, 구속은 0.4%에 불과하였다.

이러한 결과는 주취자의 소란 등의 행위에 대하여 소극적으로 대응하고 있다고 평가할 수 있다. 왜냐하면 주취자의 소란 등의 행위에 대해서 적극적으로 통고처분, 즉심회부 등의 조치를 하고, 소란의 정도가 심하면 형사입건 등의 강력한 조치를 취함으로써, 초기의 경미한 범죄가 더 큰 범죄로 발전하는 것을 막을 수가 있는 것이다.

그러나 훈방 61.5%, 불구속 25%라는 결과는 경미한 행위에 대해서는 가능한 달래서 돌려보내다가, 폭행이나 손괴 등의 형사범죄를 저지르면 형사입건하는 행태를 보여준다고 할 수 있다. 아울러 초기에 통고처분, 즉심회부 등 적절한 조치를 취하지 아니하여 경찰관이 피해를 입을 정도로 급변하게 되면 공무집행방해로 구속하는 것으로 분석되기 때문이다.

이렇게 소극적으로 대응하는 이유는 무엇일까? 그것은 두 가지 원인으로 생각

6) 곽대경, "주취자처리제도의 개선을 위한 보호법안의 필요성", 「한국공안행정학회보」 제19호, 2005. 2, p. 188.

해 볼 수 있을 것이다.

첫째는 통고처분이나 즉결심판회부 등의 귀찮은 절차를 밟지 않고 그냥 달래서 돌려보내는 것이 간편하기 때문이라고 생각할 수 있다.

두 번째는 초기에 제압을 하여 통고처분이나 즉심회부 절차를 밟는 과정에 있어서 생길 수 있는 불상사에 대하여 책임을 지기 싫어서 일 것이다. 즉 주취자를 제압하는 과정에 있어서 상처를 입히거나 시비에 휘말려서 각종 형사, 민사, 행정상의 책임 추궁을 당하는 것이 싫기 때문이다.

그러나 이러한 소극적 대응은 두 가지 면에서 큰 문제점을 노출하게 되는 것이다. 그 하나는 훈방하였을 경우에 주취자가 귀가하는 중에 다른 범죄에 노출될 수 있다는 것이다. 예를 들어 교통사고를 당할 수도 있고, 퍽치기 등 범죄를 당할 수도 있는 것이다. 다른 하나는 공권력을 경시하는 현상이 발생할 수 있다는 것이다. 술 먹고 지구대나 파출소에 가서 웬만큼 소란을 피워도 별다른 조치를 취하지 않기 때문에 또다시 술을 먹으면 똑같은 행동을 되풀이할 가능성이 많은 것이다.

이렇게 할 경우, 당장은 책임질 일이 없어서 좋을 지도 모른다. 그러나 이러한 소극적 대응은 주취자 보호라는 경찰관직무집행법상의 의무를 져버리는 것이고, 작은 범죄를 적극적으로 단속함으로써 더 큰 범죄를 예방할 수 있다는 경찰학이론에도 위배되는 것이다.

〈표 2〉 전국지구대 주취자처리현황(2004.6)

(단위 : 건, 전국현황)

구분	발생	처리결과					미처리
		훈방	통고처분	즉심회부	형사입건		
					구속	불구속	
전체사건	152,550	43,162	52,651	2,400	1,448	47,000	5,889
주취자처리	32,103 (100%)	19,757 (61.5%)	2,101 (6.5%)	698 (2.2%)	129 (0.4%)	8,020 (25.0%)	1,428 (4.4%)

*출처 : 경찰청, 2004년도 행정자치위원회 국정감사요구자료(Ⅳ), 2004, p. 202.

다. 공무집행방해사범 처리현황

주취자가 단순 소란 등 체포의 요건을 구비하지 못하고 있기 때문에 적극적인 조치를 취하지 못하고, 경미한 손괴나 폭력 등 공무집행방해죄를 범한 후에 조치를 취하기 때문에 구속영장기각율이 증가하는 경향이 있다.

1) 구속영장기각율

공무집행방해사범에 대한 검찰과 법원의 구속영장기각율은 해마다 증가하여, 2006년 34.3%(검찰 13.4%, 법원 20.9%)에서 2007년 38.7%(검찰 10.3%, 법원 28.4%), 2008년에는 43.2%(검찰 10.4%, 법원32.8%), 2009년 7월 기준하여 46.9%(검찰 10%, 법원 36.9%)로서 절반에 가까운 영장기각율을 보이고 있다. 반면에 전체범죄에 대한 법원의 구속영장기각율은 2006년 16.3%, 2007년 21.7%, 2008년 24.3%, 2009년 7월말 기준 24.8%로 나타났다.

〈표 3〉 공무집행방해사범 처리현황

연도	합계	영장신청	구속	불구속	기각/기각율		
					검사기각	판사기각	계
2006	9,783	1,600	1,018 (10.4%)	8,765	214 (13.4%)	334 (20.9%)	548 (34.3%)
2007	13,803	2,223	1,336 (9.7%)	12,467	229 (10.3%)	632 (28.4%)	861 (38.7%)
2008	15,646	2,733	1,533 (9.8%)	14,113	283 (10.4%)	897 (32.8%)	1,180 (43.2%)
2009.7	9,181	1,365	712 (7.8%)	8,469	136 (10%)	504 (36.9%)	640 (46.9%)

출처 : 시시우리신문편집국

〈표 4〉 법원구속영장 처리현황

연도	청구	발부	기각/기각율
2006	62,160	51,990	10,178(16.3%)
2007	59,109	46,274	12,868(21.7%)
2008	56,845	42,903	13,852(24.3%)
2009.7	29,845	22,219	7,429(24.8%)

출처 : 시시우리신문편집국

2) 공무집행방해사범의 실형율

공무집행방해사범의 실형율 또한 2007년 9.8%에서 2008년 9.4%, 2009년 7월말 기준 8.7%로 해마다 감소하고 있다.

〈표 5〉 공무집행방해의 실형율

구분 년도	접수	처리(인 원 수)						
		합계	자유형	집행유예	재산형	선고유예	무죄	기타
2007	5,394	4,885	480	1,650	2,140	45	37	533
2008	6,671	6,459	609	2,356	2,721	79	44	650
2009.7	3,619	3,743	327	1,312	1,636	25	67	376

출처 : 시시우리신문편집국

공무집행방해사범에 대한 구속영장기각율이나 실형율이 낮은 이유는 두 가지 측면에서 살펴보아야 한다. 첫째는 주취자에 대해서 소극적으로 대응하다가 공무집행방해로 나가면, 조금 무리가 되더라도 형사입건하기 때문이다. 두 번째는 법원의 관대한 처분의 문제이다. 물론 무리하게 청구된 공무집행방해사범에 대해서는 영장을 기각하고 불구속으로 처리하는 것이 합리적일 것이다. 그러나 일단 영장이 발부된 공무집행방해사범에 대해서는 엄정한 처벌이 있어야 할 것이다. 주취자라 할지라도 전혀 의식이 없는 상태는 아니고, 반복해서 이러한 행위를 하는 경향이 있기 때문이다. 또한 경찰관을 폭행·협박하거나 국가 재산을 파괴하는 행위는 공권력에 대한 도전으로서 사안의 경중을 떠나 국법질서차원에서 법원도 엄정히 대처해야 할 것이다.

라. 주취자에 의한 경찰관의 피해사례

1) 공무집행방해사례

사례 1[7)]

07.10.23.03:00경, 대구시 00구 00동 280-13노상에서 "술에 취해 차량을 가로막아 교통을 방해하고, 이를 만류하는 인근 주민들에게 욕설과 주먹을 휘두르는 등 음주소란을 피운다"는 신고를 접수. 현장에 출동한 00서 00지구대 박 경사 등 2명이 소란행위를 제지하며 귀가할 것을 요구하자, 양손으로 박 경사의 멱살을 잡고 흔들어 상의 근무복을 찢는 등 공무집행을 방해함.

사례 2[8)]

07.8.30.23:20경 피의자가 술에 취해 00동 소재 찜질방 앞 노상에 쓰러져 있는 것을 "요보호자"로 처리하기 위해 순찰차에 태우자, 잠자는 사람을 깨웠다고 경찰관을 폭행. 계속해서 바지에 대변을 본 후, 그 대변을 경찰관의 머리에 문지르고 순찰차의 천정, 유리, 시트 등에 뿌리는 등 행패

사례 3[9)]

주취자가 지구대사무실에 찾아와 소란을 피우는 것을 경찰관이 말리며 귀가할 것을 요구하자, 의자를 집어던져 사무실 유리창을 부수고 경찰관의 안면을 머리로 들이받아 광대뼈 부위에 2주간의 치료를 요하는 상해를 가함.

사례 4[10)]

피고인은 2006.4.4.00:40경 혈중알콜농도 0.103%의 주취상태로 운전하다가 음주단속을 당함. 이에 불만을 품고 피의자는 같은 날 01:05경 00경찰서 00지구대에 찾아와 출입문을 발로 차고, 경찰관에게 욕설을 하면서 얼굴에 침을 뱉음.

7) 경찰청, 「공무집행방해 대응 매뉴얼」(서울 : 세일문화사, 2008), p. 53.
8) 전게서 p. 58.
9) 전게서 p.67.
10) 화순경찰서. 「공무집행방해 사범 유형별 대처 방안」(2007). p. 19.

사례 5[11)]

폭력전과 4범인 피의자는 06.11.8 무면허 음주운전과 폭력사건의 현행범으로 체포되었음. 유치장에 입감절차를 진행 중에 유치인보호관인 의경이 담배를 주지 않는다고 옆구리와 얼굴을 때려 상해를 입히고, 출입문을 발로 차 손괴함.

2) 주취자에 의한 경찰관 피습사례

사례 1[12)]

2003.6.13 울산 동부서 북부지구대 노금환 경장은 음주운전자를 단속하여 경찰서로 동행하던 중 중앙선을 넘어온 만취운전자의 차량에 충돌되어 사망

사례 2[13)]

2004.3.24 충북 진천경찰서 최종우 경사는 술에 취해 도로에 뛰어드는 주취자를 제지하다가 무면허여성운전자가 모는 차량에 치어 중태

사례 3[14)]

술에 만취된 주취자가 평소 감정이 좋지 않던 식당에 찾아가 소란을 피운다는 신고를 받고 출동. 경찰관이 귀가할 것을 요구하자 경찰관의 멱살을 잡고 바닥에 넘어뜨리고 주먹으로 때려 뇌출혈 등 상해.

Ⅲ. 면책권의 범위와 한계

1. 면책권의 개념

주취자 처우와 관련하여 경찰관의 면책권이라 함은 주취자에 대한 제지, 보호조치 등을 함에 있어서 선의의 직무집행으로 발생한 신체적 · 물질적 피해에 대해서 해당 경찰관은 일체의 법적책임을 지지 않는다는 것이다. 즉, 형사상책임과

---

11) 경찰청, 「공무집행방해 대응 매뉴얼」(서울 : 세일문화사, 2008), p. 110.
12) http://blog.naver.com/sky9363/50024016566
13) http://blog.naver.com/sky9363/50024016566
14) 전게서 p. 49.

민사상책임은 물론 행정상의 책임인 징계책임도 지지 않는 다는 것이다.

2. 면책권도입의 필요성

순찰지구대 경찰관이 합법적인 절차에 의해 주취 난동자를 상대로 강제적 보호조치를 하였을지라도, 보호조치의 대상이 되었던 주취 난동자 측이 '경찰관으로부터 인권유린 등 부당한 대우를 받았다'고 주장하며, 고소·진정 등을 제기하는 경우가 많이 발생하고 있다. 이 경우 해당 경찰관은 예외 없이 피의자의 신분이 되는 등 고소를 비롯한 각종 조사대상이 되는 현실로 인하여, 지구대 경찰관들은 주취 난동자 대응을 기피하고 있다.

따라서 지구대 경찰관들이 주취난동사건 발생시 주저하거나 회피함 없이 적극적으로 대응할 수 있도록 하기 위해서 면책권의 도입이 절실하다고 할 것이다. 또한 경미한 범죄에 대하여 엄정한 법집행을 함으로써 더 큰 범죄를 예방할 수 있고, 공권력의 확립 및 공공의 안녕과 사회질서를 유지할 수 있을 것이다.

3. 외국의 입법례

가. 미국

미국의 대다수 주는 공공장소에서의 음주행위뿐만 아니라 주취상태(혈중알콜농도 0.08% 또는 0.1%이상)를 경범 'C'(500~1.000달러 이하 벌금 부과)등급에 해당하는 범죄로 규정하고 있다. 기타 범죄로 처벌하지 아니하는 주는 주취상태 해소시까지 보호유치의 대상으로 규정하고 있다.[15]

미국의 '통합 알코올중독 및 약물중독 치료법(Uniform Alcoholism and Intoxication Treament Act)'은 제12조 (b)항에서 '알코올에 의해 의사·행위무능력자가 된 사람은 경찰관 등에 의해 보호적 조치가 이루어져야한다'고 규정하고 있다.

동조 (g)항에서는 '동조에 따라 행한 경찰관 등은 공식적 의무를 수행한 것으로 민·형사상 책임이 없다'라고 규정하고 있다.[16]

---

15) 경찰청 혁신기획단, 「주취자 보호 등에 관한 각국 입법례」, 2004. p. 32.
16) Uniform Alcoholism and Intoxication Treatment Act section 12
(b) A person who appears to be incapacitated by alcohol shall be taken into protective custody by the police or the emergency service patrol and

나. 캐나다

「캐나다 연방 형법」(Criminal Code) 제5장(성범죄, 공중도덕 그리고 난동행위) 제175조는 '누구든지 공공장소에서 아래와 같은 행위로 난동을 피운 자는 약식기소(6월 이하 징역 또는 2,000달러 이하 벌금)에 해당하는 죄로 벌한다.'고 규정하고 있다.[17)]

(i) 싸움, 비명, 고함, 욕설, 노래부르기, 모욕적이거나 저속한 언어를 사용하는 행위

(ii) 주취상태

(iii) 다른 사람을 가로막거나 괴롭히는 행위

주취자보호를 위한 유치에 관해서는 지역에 따라 별도의 주취자유치법을 제정하였다.

「주취자유치법-마니토바 주(The Intoxicated Persons Detention-Manitoba,)」 제2조(주취자의 유치) 제1항은 '공공의 접근이 가능한 장소에서 주취상태인 자를 발견한 경우에 경찰관은 주취자를 유치할 수 있다.'고 규정하고 있다.

동법 제5조는 '이 법의 주취자의 유치, 구금 등과 관련하여 경찰관은 선의의 업무수행에 대한 어떤 소추도 성립되지 않는다.'고 규정하고 있다.[18)]

---

forthwith brought to an approved public treatment facility for emergency treatment.

(g) The police or members of the emergency service patrol who act in compliance with this section are acting in the course of their official duty and are not criminally or civilly liable therefor.

17) Criminal Code of Canada- Part V Sexual Offences, Public Morals and Disorderly Conduct

Causing disturbance, indecent exhibition, loitering, etc.

175-(1) Every one who

(a) not being in a dwelling-house, causes a disturbance in or near a public place,

(i) by fighting, screaming, shouting, swearing, singing or using insulting or obscene language,

(ii) by being drunk, or

(iii) by impeding or molesting other persons,

is guilty of an offence punishable on summary conviction.

18) The Intoxicated Persons Detention-Manitoba

Taking intoxicated persons into custody

다. 호주

호주의 수도인 캔버라지역의 「주취자(관리 · 보호)법」(Intoxicated Persons (Care and Protection) Act 1994) 제4조(주취자의 유치) 제1항은 '공공장소에서 사람이 술에 취해있다고 믿을 만한 상당한 이유가 있고 주취를 이유로 (a) 난폭하게 행동하거나 (b) 자신이나 타인 또는 재산에 위해를 가할 것과 같은 행동을 하거나 (c) 외부의 위험으로부터 자신의 보호가 불가능한 경우에 경찰관은 그 사람을 유치할 수 있다.'라고 규정하고 있다.

제2항은 '경찰관은 그 사람의 치료와 보호를 위하여 다른 합리적인 대안이 없다고 인정되는 경우에 한하여 유치할 수 있다.'라고 규정하고 있다.

동법 제13조(면책)는 '주취보호자, 주취관리자 등의 선의의 작위나 부작위에 대해서 어떤 소추 또는 재판이나 절차도 성립되지 않는다.'라고 규정하고 있다.[19]

2-(1) Where a peace officer finds in a place to which the public has access a person who is intoxicated, he may take that person into custody.

Exemption from liability

5-No action lies against a peace officer or a person employed in a detoxication-centre or other person for anything done in good faith in respect to the taking into custody of any person, the detention in custody of any person or the release of a person under this Act.

19) Intoxicated Persons(Care and Protection) Act 1994 section 4

1-If a police officer believes, on reasonable grounds, that a person in a public place is intoxicated and is, because of that intoxication

(a) behaving in a disorderly way; or

(b) behaving in a way likely to cause injury to himself, herself or another person, or damage to any property; or

(c) incapable of protecting himself or herself from physical harm;

the officer may take the person into custody and detain the person.

2-The police officer may take the person into custody only if the officer is satisfied that there is no other reasonable alternative for the person's care and protection.

13-Protection of carers, managers and licensees

A proceeding does not lie against a person who is or has been a licensee, manager of a licensed place or carer in relation to anything honestly done or omitted to be done by the person as licensee, manager of a licensed place or carer for the exercise, or purported exercise, of a function for this Act or another territory law.

4. 한국의 입법추진과정

주취자처우의 여러 가지 문제점들을 해소하기 위하여 주취자보호법의 제정이 시도되었다. 2005.9.7 서재관의원 등 21명이 발의한 「주취자보호등에 관한 법률안」에 대한 공청회가 개최되기도 하였지만, 인권에 위배되는 행위가 가능하다는 비판이 있어서 통과되지 못하고 회기가 종료됨으로써 자동 폐기되었다.

그 후 발의형식을 바꾸어 「경찰관직무집행법」을 일부 개정하는 안을 2008. 8. 26 권경석의원 등 12명이 발의하였고, 2008.11.10 원유철의원 등 20명, 2009. 10. 9 안경률의원 등 10명이 발의하였으나 아직 통과되지 못하고 있다.

권경석의원의 안은 보건의료기관과 공공구호기관의 범위를 특정하였고, 범죄의 예방과 제지 요건을 완화하였으며 소란, 난동자에 대하여 경고, 제지, 격리할 수 있는 규정을 담고 있다.

원유철의원의 안은 경찰관의 적법한 공무집행으로 인한 피해 보상을 받을 수 있도록 하여 적정한 경찰권행사를 도모하는 규정을 담고 있다.

안경률의원의 안은 경미한 범죄가 지속될 경우 제지하거나 격리할 수 있는 규정을 담고 있다. 이러한 법률안들은 나름대로 현재의 문제점들을 해결하기위한 방안들을 제시하고 있다고 할 수 있다.

그러나 경찰관들이 직무집행을 하는 과정에서 본의 아니게 지어야하는 형사책임, 징계책임, 손해배상책임 등의 문제를 근본적으로 해결할 수 없다고 할 수 있다. 또한 현재와 같이 법원이 구체적인 사안에 대해서 너무 엄격한 재량을 요구하는 판결 또는 경찰관의 무한책임을 요구하는 판결이 계속되는 한 현재의 모순은 영원히 해결되지 않을 것이라고 생각된다.

따라서 주취자에 대한 경찰관들의 소극적인 대응으로 인한 주취자보호문제와 공권력약화, 공무집행방해사범의 증가 등의 문제에 대한 해결방안이 될 수 없다. 근본적인 문제해결방안은 경찰관들이 자신감을 가지고 초기에 적극적으로 대응하여 더 큰 범죄로 발전하는 것을 차단할 수 있도록 법과 제도를 갖추어 주는 것이라고 하겠다. 그러기 위해서는 선의로 공무를 집행하는 경우에 발생하는 문제에 대해서는 형사책임, 징계책임, 손해배상책임을 면책해주는 법 규정을 경찰관직무집행법에 도입할 수 있는 방안을 강구해보는 것이 가장 합리적 해결책이라고 생각한다.

5. 현행법상 경찰공무원의 책임[20)]

경찰공무원의 책임에는 경찰공무원으로서의 의무를 위반함으로써 지는 징계책임과 국가 등에 대한 변상책임, 사회법익을 침해함으로써 지는 형사상 책임 그리고 타인의 권리를 침해하여 손해를 발생하게 함으로써 지는 민사상 책임이 있다.

가. 징계책임

징계란 경찰공무원의 의무위반에 대하여 경찰공무원관계의 질서를 유지하기 위하여 국가 또는 지방자치단체가 사용자로서의 지위에서 과하는 제재를 말한다. 경찰공무원에 대한 징계에는 파면, 해임, 정직, 감봉, 견책, 계고 등이 있다.

나. 변상책임

경찰관이 그 직무를 집행함에 있어서 고의 또는 과실로 법령에 위반하여 타인에게 손해를 가하여 국가가 그 손해를 배상한 경우에, 경찰관에게 고의 또는 중과실이 있을 때에는 국가는 경찰관에게 구상권을 행사 할 수 있다.

다. 민사상 책임

경찰관이 위법행위로 인하여 국민에게 손해를 끼친 경우에 있어서, 판례는 경찰관에게 고의, 중과실이 있는 경우에 한하여 공무원 개인도 민사상의 배상책임을 진다고 하고 있다.

라. 형사상 책임

공무원이 형법상의 범죄, 특정범죄가중처벌법상의 범죄 또는 행정법상의 범죄를 저질렀을 경우에는 각 법규에서 규정한 형벌을 받게 된다.

---

20) 김동희, 「행정법 II」(서울 : 박영사, 2009), pp. 174~181.

6. 주취자처우상 면책권의 범위 및 한계

가. 면책권의 범위

1) 무기의 사용

현행 경찰관직무집행법 제10조의 4(무기의 사용)에서는 정당방위나 긴급피난 또는 ①항의 각호에 해당되는 경우이외에는 위해를 주어서는 안 된다고 규정하고 있다. 그런데 4호 대간첩작전 이외의 규정은 상당성 내지는 보충성을 조건으로 하고 있다.

이러한 이유 때문에 경찰관들은 위험한 상황에서도 총기를 사용하는 것을 매우 꺼리고 있어서, 상황을 더 크게 만들거나 경찰관들이 위험에 빠져서 생명을 잃게 되는 경우도 많이 발생하고 있다.

사실 주취 난동자가 흉기를 들고 난동을 부릴 경우에는 보다 우월한 장비를 사용해서 초기에 진압하는 것이 보다 합리적이라고 생각한다. 따라서 무기사용에 대한 면책을 폭넓게 인정해 주어야 한다고 생각한다.

2) 장비의 사용

현행 경찰관직무집행법 제10조 ①항은 '경찰관은 직무수행중 경찰장비를 사용할 수 있다'고 규정하고 있다. 그러나 ③항에서는 '통상의 용법과 달리 사용함으로써 타인의 생명 · 신체에 위해를 주어서는 안 된다.'라고 규정하고 있어서 주취자에게 전자충격기, 최루제, 경찰봉 등을 사용할 수 있는 것인지가 명확하지 않다. 조문의 해석상으로 보아서는 전자충격기, 경찰봉, 최루제 등은 강 · 절도 등의 범인을 검거시에 사용할 수 있을 것이다. 또한 제10조의3에서는 분사기의 사용에 대하여 규정하고 있는데, 범인의 체포 · 도주의 방지, 불법집회 · 시위로 인한 위해의 발생을 억제하기 위한 경우에만 사용하도록 규정하고 있다.

그러나 술에 취해서 난동을 피우는 경우에 경찰관 1~2명이 제압하기 어려운 경우가 대부분인데도 불구하고, 체포술 훈련을 열심히 해서 맨손으로 제압하라고 하는 것은 무리한 요구가 아닐 수 없다.

따라서 주취자가 소란이나 난동을 피우고 있는 경우에도 경찰관직무집행법에 규정된 경찰장비인 전자충격기, 고무총, 분사기, 최루제 등을 충분한 재량하에 사용할 수 있도록 하여야 할 것이다. 아울러 이러한 경찰장비의 사용으로 인하여 발생한 피해에 대해서는 사용상의 면책규정을 두어야 한다고 생각한다.

3) 장구의 사용

경찰관직무집행법 제10조의2에서는 현행범체포, 긴급체포, 공무집행방해의 경우에 경찰장구인 수갑 · 포승 · 경찰봉 · 방패 등을 사용할 수 있다고 규정하고 있다. 따라서 이 법률 규정에 의하면 현행범체포 대상이 되지 않는 주취자에 대해서는 경찰장구를 사용할 수 없다고 하겠다. 이 규정에 의하면 주취자가 난동을 부리더라도 경찰관은 오로지 몸으로, 상처 나지 않게, 안전하게 보호해야 한다고 볼 수밖에 없는 것이다. 그러나 아무리 규모가 큰 지구대라고 해도 야간에 지구대에 근무하는 경찰관은 2~3명에 불과하고, 다른 업무도 처리할 것이 많은데 오로지 주취자만 붙들고 있으라는 것은 기대가능성이 없는 것이다. 따라서 더 큰 사고를 막기 위해서라도 주취자에 대해 경찰장구를 사용할 수 있도록 하여야 할 것이다.

현재 지구대 등에서 주취자가 난동을 피우면 불가피한 경우에 한해서 수갑, 포승 등의 경찰장구를 사용하고 있다. 그러나 주취자들은 술에서 깨어나면 수갑 등을 채우는 과정 또는 수갑을 차고 있을 때 생긴 상처 등을 이유로 경찰관들을 고소나 진정하는 일이 다반사로 벌어지고 있다. 따라서 이러한 경찰장구의 사용으로 인하여 생긴 상해나 사망 등에 대해서는 책임을 묻지 않도록 면책규정을 둘 필요가 있다.

4) 인적피해

주취자는 정상적인 판단과 행동을 기대하기 어려운 경우가 많고, 자살 등 자해나 타인에 대한 위해를 가할 위험성이 매우 높다고 할 수 있다. 또한 특이체질 등 사람마다 경우가 매우 상이하기 때문에 의학적 전문지식을 가지고 있지 않은 경찰관들에게 이들의 보호과정에서 생길 수 있는 불상사에 까지도 책임을 묻는 것은 너무 가혹하다고 할 수 있다. 이것은 경찰관이 의사면허증을 가지고 단지 주취자 처우만을 담당한다고 해도 기대하기 어려운 일이라 생각한다. 그러나 순찰 등 범죄예방, 각종 신고사건 출동, 절도 등 범죄사건처리, 교통정리, 학교폭력, 가정폭력 등 온갖 업무를 다해야하는 지구대 경찰관에게 지나친 부담을 지우는 것은 문제가 있다고 생각한다. 따라서 주취자에 대한 제지나 보호조치 과정에서 생길 수 있는 상해나 사망에 대해서도 면책을 해야 한다고 생각한다.

5) 물적피해

주취자에 처우과정에서 발생할 수 있는 물적피해에 대해서도 면책을 해주어야 한다고 생각한다. 대부분의 주취자들은 술에서 깨면 안경을 잃어버렸느니, 시계, 핸드폰, 지갑을 잃어버렸느니 하면서 시비를 붙는 경우가 부지기수로 많다. 주취자 제지하기에도 버거운 경찰관들에게 어디서 잃어버렸는지도 모르고, 정말 잃어버렸는지도 모르는 주취자들의 물건까지도 하나하나 챙겨서 찾아준다는 것은 인간으로서는 기대하기 어려운 것이라고 할 수 있다.

나. 면책권의 한계

주취자 처우에 있어서 경찰관들에게 면책권을 부여하는 경우에도 무한대의 면책권을 준다는 것은 현실적으로 어려울 것이다. 따라서 어느 정도의 한계를 인정할 수밖에 없을 것이다.

과연 어느 정도의 한계를 인정하는 것이 합리적일까? 경찰관직무집행법에서는 경찰장구의 사용요건으로서 '필요하다고 인정되는 상당한 이유가 있을 때, 그 사태를 합리적으로 판단하여, 필요한 한도 내에서 사용할 수 있다'라고 규정하고 있다. 그리고 분사기 등의 사용요건으로서는 '부득이한 경우, 필요한 최소한의 범위 안에서 사용할 수 있다.'라고 규정하고 있다. 또한 무기의 사용요건으로 '필요하다고 인정되는 상당한 이유가 있을 때, 사태를 합리적으로 판단하여, 필요한 한도 내에서 사용할 수 있다.'라고 규정하고 있다.

이들을 종합하여 보면, 사용상의 재량을 인정하되 조리상의 원칙인 필요성, 상당성, 보충성의 범위 내에서 사용할 수 있도록 규정하고 있다. 국가배상법 제2조 ②항에서는 공무원의 위법행위로 인하여 국가가 배상한 경우 공무원에게 고의 또는 중대한 과실이 있으면 그 공무원에게 구상할 수 있다고 규정하고 있다. 그리고 캐나다의 주취자유치법에서는 '주취자의 유치, 구금 등과 관련하여 경찰관은 선의의 업무수행에 대한 어떤 소추도 성립되지 않는다.'라고 규정하고 있다.

이러한 규정들을 종합해 볼 때, '주취자의 제지, 보호와 관련하여 경찰관이 선의로 업무를 수행하였을 경우, 고의·중과실이 없다면 경찰관에게 면책권을 부여하는 것이 합리적이라고 생각한다.

Ⅳ. 결 어

현대사회에서 술을 없앨 수는 없을 것이다. 따라서 주취자 문제는 앞으로도 계속 발생할 수밖에 없는 문제이다. 그런데 주취자 문제는 기본적으로 두 가지 측면을 가지고 있다. 하나는 주취자에 대한 보호이고, 또 다른 하나는 주취자의 범법행위에 대한 처벌이다. 한편으로 생각해보면 주취자는 정상적인 의사결정이나 행위를 할 수 없기 때문에 절도나 교통사고 등의 피해자가 될 수 있기 때문에 국가는 이들에 대한 보호를 해주어야 될 의무가 있다고 할 수 있다. 또 다른 면에서 살펴보면 주취자는 술로 인하여 충동성이나 폭발성이 증가하여, 평상시에는 전혀 생각지도 못했던 과격한 행동으로 인하여 폭행이나 손괴, 성폭력범죄를 저지르기도 한다. 심지어는 공무를 집행하는 경찰관을 폭행하거나 경찰관서의 기물을 손괴함으로써 공무집행방해죄를 범하기도 하는 것이다.

그런데 현행 경찰관직무집행법에서는 주취자문제의 처리를 경찰관에게 일임하고 있으면서도, 이를 적절하게 처리할 수 있는 법적인 제도를 갖추어주지 못하고 있다. 그 결과 경찰관들은 주취자 처우에 있어서 자기 책임을 면하기 위해서라도 소극적으로 대응할 수밖에 없는 실정이다.

이러한 경찰관들의 소극적 대응은 두 가지 측면에서 큰 문제점을 노출시키고 있다. 첫째는 범죄예방의 미흡과 공권력 약화현상이다. 경찰관들은 매일 매일 부딪쳐야 하는 주취자를 처리하기에 급급하기 때문에 범죄의 예방과 검거라는 경찰 본연의 임무를 제대로 수행할 수 없을 정도이다. 뿐만 아니라 주취자에 대한 미온적 대처로 인하여 국가공권력을 경시하는 풍조가 생겨나서 국가기능의 정상적인 작동이 어려울 지경에 이르고 있다. 둘째는 범법자의 양산이다. 경찰관이 주취자를 잘못 처리하면 징계, 형사책임, 민사책임 등의 각종 책임을 져야하기 때문에, 초기에 강력하게 제압하지 못하는 것이 현 실정이다.

그 결과 주취자의 행위가 단순 소란이 아니라 폭행, 협박, 손괴, 공무집행방해 등의 범죄로 나아가게 되면, 현행 형사소송법의 절차에 의해서 형사입건을 하게 됨으로써 범법자를 양산하는 아이러니한 상황이 전개되는 것이다. 그런대도 불구하고 주취자 처우를 경찰에게만 맡겨놓고 경찰관이 고도의 인권보호를 외치는 국민들의 기대에 부응하기를 바란다는 것은 어불성설이다.

따라서 이제는 주취자 문제에 대한 근본적인 대책이 강구되어야 할 것이다. 그 대책으로는 첫째, 현행 경찰관직무집행법의 개정보다는 별도의 주취자보호법이 제정되어야 할 것이다. 주취자보호법에서는 주취자의 보호와 처벌을 동시에 해결할 수 있는 내용으로 제정되어야 할 것이다. 둘째, 비록 예산문제가 따른다 하더라도 자치단체별로 주취자 보호센터를 설립하여야 할 것이다. 설치와 운영에 따른 예산 문제에 대해서는 현행 의료기관의 활용, 광역단체의 규모에 따라 적절한 규모와 수의 조정, 주취자의 비용부담 등 여러 가지 방안을 구상한다면 충분히 가능하다고 본다. 셋 째, 그러나 가장 근본적인 해결방안은 경찰관직무집행법이든 주취자보호법에 경찰관의 면책권을 도입하는 것이라고 생각한다. 왜냐하면 아무리 좋은 법과 제도를 둔다 할 찌라도 현장에서 주취자를 처리해야하는 경찰관들이 소극적이 될 수밖에 없다면, 그러한 법과 제도가 아무런 소용이 없을 것이기 때문이다. 따라서 정말 경찰관이 선의의 주의의무를 다해서 주취자를 처우하였다면, 그 과정에서 발생하는 예기치 못한 손해나 사고에 대해서는 과감하게 면책을 해주는 것이 바람직하다고 할 수 있겠다.

물론 경찰관의 책임을 면해준다고 해서 국민의 인권이나 법으로 보장된 권리를 침해해도 된다는 것은 아니다. 경찰권은 어디까지나 법에 근거해서 발동ㆍ행사되어야 하고, 조리상의 원칙을 준수해야 할 것이다. 아울러 올바른 법집행 여부에 대해서는 사법부의 심사를 받아야 할 것이다. 그 이유는 경찰의 존재이유가 국민에 대한 봉사이기 때문일 것이다.

2 대통령후보자의 경호

2. 대통령후보자의 경호

Ⅰ. 서 론

대통령후보자들은 군중이 밀집한 공개된 현장에 찾아가야하기 때문에 그 위험성은 비교할 수 없을 정도로 높다. 또한 남북이 대치하고 있는 우리나라의 특수한 정치적 환경도 대선후보자들의 신변위험도를 높이는 한 원인이다. 그러나 삼엄한 경호와 통제가 당연하게 받아들여지는 대통령경호와 달리 대통령후보자들에 대한 엄중한 경호는 자칫 대중들에게 거부감을 줄 수도 있다. 가능하면 한 발짝이라도 더 유권자에게 접근해야만 하는 후보의 속성과 있을 수 있는 위해의 가능성을 사전에 차단해야만 하는 경호의 속성은 서로 대립되어 합치점을 찾기 힘들다. 유권자에게 공개되는 시간이 길수록, 모이는 청중이 많을수록, 후보에 대한 테러가능성은 그만큼 더 높아만 가는 것이다.[21] 이 경우 유권자 '표심'과 후보 '안전'이라는 두 마리 토끼를 동시에 잡아야하기에 대통령후보자에 대한 경호는 대통령경호보다도 훨씬 어렵다고 할 수 있다.

그러나 대통령후보자의 경호에 대해서는 대통령경호처와 경찰의 역할구분이 명확치 않고, 경찰경호의 법적근거가 없어서 대통령후보자의 경호에 허점을 드러내고 있다. 2002년 대선 때에는 일본을 통해 "북에서 파견한 게릴라나 스파이가 야당 후보인 이회장 전 총재를 암살할 계획이라는 첩보가 나돌아 경찰청과 경호 책임자들을 긴장시킨 적도 있었다. 지난 2006년 지방선거 당시에는 박근혜 대표에 대한 신촌 테러 사건이 있었다. 또한 2017년 5월 대통령선거 때에는 문재인 후보를 암살하겠다는 협박 글을 SNS에 올리기도 하였고, 바른정당 유승민 후보의 딸을 성추행하기도 하였다.

대통령후보자에 대한 위해의 발생은 단순히 개인의 문제로 끝나지 않고, 지지세력 간의 극단적인 대립으로 인한 국가적 혼란이 발생할 수 있을 것이다. 이번 국정농단세력에 의한 정권교체과정에서도 촛불집회와 태극기집회간의 일촉즉발

21) 신재형, "「간첩단테러에 대비」, 대통령급 경호 비상령", 월간중앙, 92.12, 247쪽.

의 충돌위험이 있었던 것과 같은 상황이 발생할 수 있을 것이다. 그런데 현재 우리나라에는 대통령후보자에 대한 위해가 발생할 수 있는 많은 위험요인들이 산재해 있다고 할 수 있다. 첫째, 북한의 대남전략전술에 의한 남한의 대통령후보자에 대한 위해가능성이다. 북한은 남한의 혼란을 위해서는 무슨 짓이라도 할 수 있는 테러집단이라고 할 수 있다. 최근에는 핵개발실험이나 미사일발사실험 등을 통하여 우리사회의 안전을 위협하고 있다. 그전에는 천암함 피격사건, 연평도 포격사건, 육영수여사 암살사건, 아웅산 폭발사건, 대한항공기폭발사건 등 도발을 계속해왔다. 그리고 2017.2.13에는 김정일의 장남인 김정남을 말레이시아 수도인 쿠알라룸푸르 공항에서 화학가스로 살해하였다. 따라서 북한은 우리사회의 혼란을 야기 시키기 위하여 대통령후보자를 암살하고 우리에게 뒤집어씌울 수도 있을 것이다. 둘째, 자기가 지지하지 않는 지역의 대통령후보자에게 돌멩이를 던지는 등의 위해를 가할 경우, 치명적인 망국병인 지역감정을 자극하여 사회혼란이 야기될 수도 있을 것이다. 우리는 1987년 13대 대통령선거시 지역감정으로 인한 유세장폭력으로 인하여 거의 폭동에 가까운 사회혼란을 경험하였다. 셋째, 진보와 보수세력간의 충돌이 발생할 수도 있을 것이다. 이번 2017년 19대 대통령선거에서는 자기가 지지하는 후보를 위하여 상대방에게 문자폭탄을 보내는 상황이 발생하였다. 그런데 만일 양진영 어느 후보에게라도 경호가 제대로 이루어지지 않아서 어떠한 위해가 발생하였다면, 문자폭탄이 아니라 실제적인 폭력이나 나아가 폭동이 발생할 수도 있을 것이다. 넷째, 대통령후보자에 대한 경호가 강화되어야 하는 이유는 테러가능성 때문이다. 2017.6.13. 연세대에서 발생한 사제폭발물 사건은 시사하는 바가 크다고 할 수 있다. 교수에게 불만을 품은 제자가 사제폭발물을 만들어 교수실에 배달시킨 것을 아무 의심 없이 열어보다가 손과 목에 화상을 입은 것이다. 이러한 일이 대통령후보에게 발생하지 말라는 법이 없다. 다섯째, 대통령후보자에 대한 경호를 철저하게 해야 하는 가장 중요한 이유는 지금까지 어렵게 이루어온 민주주의를 지키기기 위해서이다. 누구를 대통령으로 선택할지는 국민들의 판단에 맡겨야 한다. 그런데 자기가 지지하지 않는다고 하여, 자유로운 선거운동을 할 수 없게 한다면 모든 일이 민주적인 절차가 아니라 폭력에 의하여 이루어 질 것이다.

작년 1년 동안 20개 국가에서 39건의 국가요인 테러가 발생하였다. 이 가운데 대선후보 테러는 9건으로 전체 국가요인 테러의 23%를 차지하고 있다.[22] 우리나라의 경우에도 대통령후보에 대한 테러가 발생할 가능성이 없다고 장담할 수 없다. 특히 유력 대통령 후보에게 위해가 발생할 경우 국가적 혼란과 선거 결과 왜곡 등 많은 문제점이 있을 수 있다. 따라서 지금까지 사설경호나 파견 경찰에 의존해왔던 경호 대신 체계적이고 전문적인 경호를 제공하는 것이 바람직하다고 할 수 있을 것이다.

따라서 이 논문에서는 대통령후보의 경호에 대한 이론적 배경을 살펴보고, 현행 대통령후보자의 경호에 대한 실태를 분석하여 문제점을 도출해 보고자한다. 아울러 이러한 문제점들을 해결할 수 있는 정책대안을 제시해보고자 한다.

Ⅱ. 이론적 배경

1. 선행연구검토

대통령후보자의 경호에 대한 선행연구를 살펴보면 다음과 같다. 김두현은 “제17대 대통령선거후보자 경호제도에 관한 연구”(2007)에서, “현행법 하에서 공경호기관인 대통령경호처에서 대통령후보자를 경호해야 한다.”고 주장하였다. 이채관은 “대통령후보자 경호에 관한 연구”(2005)에서, “대통령후보자 보호에 관한 법률 등을 제정하여 대통령경호처가 주가 되고 경찰의 지원을 받아서 대통령후보자를 경호해야한다.”고 주장하였다. 이상원 · 임준태는 “경찰경호시스템의 발전방안에 관한 연구”(2005)에서, “국가요인에 대한 경호업무는 공공의 안녕과 질서유지라는 경찰의 직무이므로 경찰을 전문화하여 국가요인의 경호업무를 담당시켜야 한다.”고 주장하였다. 장성진은 “대선후보자 경호를 위한 경찰경호 발전방안 연구”(2015)에서, “기관별로 경호 대상을 법률로 명시해야 하고, 경찰에 독립된 경호부서를 신설하여 전문적인 교육과 경호기법을 개발해야 한다.”고 하였다. 변관수는 “한국경찰의 요인근접경호 발전방안에 관한 연구”(2004)에서, “우수한 인력을 선발하여 전문적인 교육과 관리를 해야 하며, 경호와 테러의 관리를

22) 매일경제, “독자칼럼, 대통령경호실이 대선후보 경호 맡아야”, 2017.4.10.

통합하여 가칭 '특수임무국'을 신설해야 한다."고 주장하였다. 이태훈은 "대선후보자의 테러위협에 대한 경호방안"(2008)에서, "대통령후보자에 대한 테러를 예방하기 위해서는 전문성을 갖춘 공경호기관의 지원을 강화해야한다."고 주장하였다.

선행연구는 대통령후보의 경호에 대하여 미국의 비밀경호국과 같이 대통령경호처에서 실시해야 한다는 입장과 대부분의 나라에서 실시하고 있는 것과 같이 경찰에서 실시해야 한다는 입장으로 나누어 볼 수 있다. 그러나 대통후보자의 경호는 동시다발적으로 전국에서 하루에도 수없이 실시하게 되는데, 소수의 대통령경호처의 인원으로 이를 감당한다는 것은 사실상 불가능한 일이다. 또한 대통령후보자의 경호는 선거기간 이라는 단기간에 이루어지기 때문에, 대통령후보의 경호를 위해서 대통령경호처의 인원을 증원하기도 어렵다. 또한 대통령경호처에서 경호를 담당한다고 하여도, 운집인원 등을 고려할 때 경호처 단독으로 경호가 이루어지기는 곤란한 상황이라고 할 수 있다. 따라서 대통령후보자에 대한 체계적이고 통일적인 경호를 위해서는 어차피 경찰이 담당하는 것이 타당하다고 할 수 있을 것이다. 그러나 경찰에서는 그동안 대통령후보자의 경호에 대한 전문성이 부족하다고 할 수 밖에 없다. 따라서 대통령후보자에 대한 경호를 경찰이 담당하기 위해서는 법률정비, 전담조직구성, 인사관리, 교육시스템, 경호기법개발, 경호장비구비 등 체계적인 연구와 관리가 필요하다고 하겠다.

2. 대통령후보자

대통령후보자는 각 정당에서 후보자결정과정을 통하여 선출된 대표로서 대통령선거일에 전 국민이 참여한 선거에서 국민들이 투표를 통하여 대통령으로 선출하는 각 당의 후보대상자를 의미한다.[23] 대통령선거의 후보자는 후보자의 등록이 끝난 때부터 개표종료시까지 사형·무기 또는 장기 7년 이상의 징역이나 금고에 해당하는 죄를 범한 경우를 제외하고는 현행범인이 아니면 체포 또는 구속되지 아니하며, 병역소집의 유예를 받는다.[24]

23) 이채관, "대통령후보자 경호에 관한 연구", 연세대학교 행정대학원 석사학위논문, 2005, 14쪽.
24) 공직선거법 제11조 제1항

대통령선거는 정치적 선택을 달리하는 대통령후보자들의 활동으로서, 기본적으로 우호적이지 않은 상황에서 서로 경합하기 때문에 항상 긴장과 갈등 속에서 진행된다. 이렇게 유동적인 갈등 과정은 많은 위험을 내포할 수밖에 없다. 일반적으로 대통령후보자는 유권자인 일반대중과 접촉을 시도하려는 속성이 있고, 군중 및 접촉자들 중에는 불만소지자나 잠재적인 위해자가 있을 수도 있다. 그리고 공격수단에 있어서도 각종 불법 사제총기, 폭탄, 화학물질, 칼 등과 계란투척 등 다양한 수단이 존재한다. 특히 인터넷 등 현대의 정보시대는 테러범에게 공격수단에 대한 유용한 정보를 제공하고 있다. 그러나 대통령후보자의 신변안전은 한 개인의 신상을 보호하는 이상으로 관련 집단과 국가와 민족의 운명과 직접 관련되어 그 파급효과가 엄청남을 인식하여야 하겠다.

역사적으로 보면 정권교체가 이루어지는 선거 때에 대통령후보자들에 대한 암살 등의 테러가 종종 발생하였다. 외국에서는 1968년 미국의 로버트 케네디후보 암살사건, 1994년 멕시코의 콜로시오후보 암살사건, 2004년 대만의 '천슈이벤 총통 피격사건, 2007년 파키스탄 부토 암살사건, 2016년 트럼프후보 권총 암살미수사건 등이 있었다. 우리나라에서는 1987년 노태우 후보 유세장 폭력사건, 2002년 노무현 후보 계란투척사건, 2006년 박근혜 피습사건, 2007년 이회창 후보 계란투척사건 등이 있었다. 그리고 2017.5 대통령선거 때에는 문재인 후보 암살협박사건과 유승민 후보 딸 성추행사건 등이 발생하였다. 만약 대통령이 시해되면 국무총리가 업무를 대행할 수 있는 법적장치가 제도화되어 있지만, 대통령후보자가 선거기간 중에 사망할 경우에는 권한을 대행할 수 있는 대행자를 구할 수가 없는 것이다. 이러한 대통령후보자는 일정 시간이 지나면 곧 국가를 대표하는 대통령이 될 수 있는 가장 가까운 위치에 접근해 있는 현실성을 감안할 때 그 중요성은 대통령에 준하는 위치에 있다 해도 과언이 아닐 것이다.[25]

3. 경호

가. 개념

「대통령 등의 경호에 관한 법률」에서는 "경호란 경호대상자의 생명과 재산을

25) 이채관, 위의 논문, 2005, 14-15쪽.

보호하기 위하여 신체에 가하여지는 위해를 방지하거나 제거하고, 특정 지역을 경계·순찰 및 방비하는 등의 모든 안전 활동을 말한다."[26]라고 규정하고 있다. 그러나 대통령후보자에 대한 경호는 단순히 후보자의 안전을 지키는 것으로 끝나는 것이 아니라, 적절한 경호활동이 경호대상자의 선거에 도움이 되어야 한다는 점에 문제가 있다. 즉, 과도한 경호활동은 오히려 후보자에게 누가 될 수도 있고, 잠시 소홀한 경호활동으로 후보자에게 위해가 가해질 수도 있다. 대통령후보자에 대한 위해행위로는 위험물 투척 등 물리적 충돌뿐만 아니라 후보자의 명예를 실추시키는 인신공격, 비방·시위·사이버테러 등 다양한 형태로 나타난다.[27]

대통령후보자 경호에 있어서는 유권자의 표심을 충족시켜야하기 때문에, 그에 따른 위해요소는 배가된다. 대통령후보자는 선거기간 유권자를 상대로 유세를 하며, 모든 시민들과 가까이 접촉하고 선거구 사안에 대하여 직접 듣거나, 자신의 정책방향에 대하여 홍보하고 표심을 자극하여 당선되기를 희망한다. 따라서 대통령후보자는 범죄나 테러로부터 완전히 노출되어 있으며, 경호원은 훨씬 더 많은 위험요소를 가진 상태에서 임무를 수행해야만 한다. 그러나 대통령후보자에 대한 경호에 있어서 가장 중요한 것은, 대통령후보자에 대한 경호업무는 단순한 신변안전 보장뿐만 아니라 사생활과 선거캠프의 비밀보호 기능까지 수행해야 한다는 것이다.

우리나라의 대통령후보자에 대한 경호의 흐름을 보면 후보자의 신분변화에 따라 상이하게 나타나는데, 민간인 신분 - 후보자 신분 - 당선자 신분으로 변화하면서 민간경호(당 또는 사경호팀) - 혼합경호(민간·경찰 공동 임무수행) - 공경호(대통령경호 임무수행) 형태의 대통령후보자의 신분에 따라 경호의 형태도 상이하게 나타난다.[28]대부분의 대통령후보자들은 처음에는 사설경호원이나 정당 당원들에 의한 경호를 받지만, 대통령후보등록을 전후하여 공경호기관인 경찰의 경호를 받게 된다. 이때에는 공경호기관인 경찰과 사설경호원, 당원들과의 긴밀한 협력이 필요하다고 할 수 있다. 왜냐하면 공경호기관인 경찰은 대통령후보자

26) 대통령 등의 경호에 관한 법률 제2조 제2호
27) 이태훈, "대선후보자의 테러위협에 대한 경호방안", 고려대학교 정책대학원 석사학위논문, 2008, 17쪽.
28) 이채관, 위의 논문, 2005, 16쪽.

의 일정이나 행사 등에 대하여 미리 협조가 되어야 완벽한 경호를 할 수 있기 때문이다. 대통령후보자가 당선이 되면, 대통령경호처에서 근접경호를 담당하게 된다. 대통령후보자가 청와대에 들어가기 전까지 대통령경호처에서 대통령당선인 사저에 파견되어 근무를 하게 되는 것이다. 이 경우 경찰은 2선에서 대통령당선인에 대한 경호를 담당하게 된다.

나. 경호활동의 유형

대통령후보자에 대한 경호활동은 크게 대통령후보자의 사저 등 숙소에 대한 경호와 대통령후보자가 참석하는 행사장에 대한 경호 그리고 이동간의 경호로 나누어 볼 수 있다. 첫째, 사저 등 숙소경호활동이란 경호대상자가 거주하는 자택과 외부에서 숙박하는 장소에 대한 경호를 말한다. 대통령후보자의 사저에는 각종 민원인이나 시위대 등이 수시로 찾아오기 때문에, 후보자의 안전을 위하여 24시간 사저주변에 대한 경호경비활동이 필요하다고 할 수 있다. 사저경호활동에 있어서는 사저주변 주민들과 좋은 관계를 유지하는 것이 절대적으로 필요하다. 따라서 단순히 경호활동만이 아니라 주변청소나 지리안내 등을 통하여 후보자에 대한 우호적인 분위기를 조성하여야 할 것이다. 둘째, 행사장 경호란 대통령후보자가 참석하는 각종 지구당창당대회, 사람들이 많이 모이는 시장 등의 유세, 대규모유세, 각종 행사장에서의 경호활동을 말한다. 각종 행사장에서는 도착하기 전에 현장답사를 통하여 안전점검을 실시하고, 행사 중에 외부적인 방해나 위해를 방지하기 위하여 근접경호활동을 하는 것이다. 소규모의 실내행사의 경우에는 별문제가 없지만 역광장이나 넓은 지역에서 대규모인원이 참석한 상태에서 후보연설을 할 경우에는 관할 경찰서와의 긴밀한 협력이 필요하다. 관할 경찰서의 정보과나 경비과를 통해서 행사장 주변에 배치된 경력배치상황과 정보상황을 파악하여 보다 완벽한 근접경호를 할 수 있도록 하여야 할 것이다. 대통령후보자들은 대부분 당일 행사를 마치면 자택으로 귀가하는 것이 보통이지만. 예외적으로 외부에서 숙박을 하게 되면, 숙소주변에 대한 안전점검과 순찰, 경계근무 등을 실시하여야 한다. 셋째, 이동간의 경호는 숙소에서 행사장, 행사장과 행사장 등 이동간의 안전을 확보하는 활동이다. 대통령후보는 한 표라도 더 얻기 위해서 전국을 순회하면서 지지를 호소하게 되어있다. 그래서 시간을 쪼개가면서 이곳에서 저곳으로 이동을 하게 되는데, 차량뿐 아니라 버스, 기차나 비행기를 이용하는 경우도 있다. 차량이 이동하는 경우에는 교통사고의 위험도 있고 교통이 지체되는 경우도 있어서 이동경로 등에 대한 사전분석이 매우 중요하다.

4. 법적근거

현재 국가주요인사에 대한 경호 관련 법률은 「대통령 등의 경호에 관한 법률」과 「경찰관직무집행법」이 있다. 그러나 대통령후보자의 경호에 대해서는 경호실과 경찰의 역할 구분이 명확치 않고, 경찰경호의 법적근거가 없어서 대통령후보자의 경호에 허점을 드러내고 있다. 먼저 「대통령 등의 경호에 관한 법률」은 주로 국가원수로서의 대통령을 경호하기 위한 것으로서, 그 경호 대상을 1. 대통령과 그 가족 2. 대통령 당선인과 그 가족 3. 퇴임 후 10년 이내의 전직 대통령과 그 배우자. 4. 대통령권한대행과 그 배우자 5. 대한민국을 방문하는 외국의 국가원수 또는 행정수반(行政首班)과 그 배우자 6. 그 밖에 처장이 경호가 필요하다고 인정하는 국내외 요인(要人)으로 규정하고 있다. 따라서 경호처장이 필요하다고 인정하면 경호처에서 경호를 맡는 것이 가능하겠지만, 현직 대통령을 모시는 입장에서 차기 대통령후보자를 경호하기는 어려울 것이다. 그리고 「경찰관직무집행법」 제2조 3호에서는 경찰의 직무범위에 "경비, 주요 인사(人士) 경호 및 대간첩 · 대테러 작전 수행"을 규정하고 있다. 즉, 경찰은 대통령경호처의 경호대상이 아닌 주요인사에 대한 경호를 수행하도록 규정하고 있다. 그러나 「경찰관직무집행법」에서는 경찰관의 경호 대상을 "주요 인사"라고만 규정하고 있고, 「경찰관직무집행법시행령」에서도 주요인사경호에 관한 규정이 없다. 다만 행정규칙(경찰청훈령)에 불과한「경호규칙」에서 주요인사에 대한 경호를 규정하고 있는데, 이는 법적 근거가 미약하고 지휘책임에 혼선을 초래하는 등 대통령후보자의 경호에 문제점이 있다고 할 수 있다. 또한 현행 경찰청 경호규칙은 대통령선거 24일 이전 선관위 후보 등록 이후부터 선거일까지만 경찰이 경호하도록 하고 있다. 그러나 대통령후보 등록 이전에도 유력후보자에 대한 위해가능성은 얼마든지 있을 수 있다. 따라서 주요 정당의 전당대회에서 대선 후보로 선출된 이후부터는 후보자가 경찰의 경호를 받을 수 있도록 명시해야 할 것이다. 따라서 대통령후보에 대한 경호와 관련하여 대통령 이외 주요 인사의 경호에 대한 법적근거를 마련하고, 경호의 권한과 책임을 명확히 함으로써 국가와 사회의 안전에 만전을 기해야 할 것이다.

Ⅲ. 대통령후보자 경호의 실태 및 문제점

1. 현행 대통령후보자의 경호 실태

대통령후보자에 대한 경찰경호는 대통령선거가 직접 선거에 의해 치러진 1987년 제13대 선거 이후부터 경찰관직무집행법(제2조 제2호) 및 경호규칙(제3조 제1항 제2호)에 근거하여 실시하였다. 대통령후보자에 대한 경호는 국무총리, 국회의장, 대법원장, 헌법재판소장 등 4부요인 경호에 해당하는 을호수준이다. 무소속 등 군소후보의 경호는 경찰청장의 결정에 따른다. 대통령후보자에 대한 경찰경호를 규정하는 법률은 없지만 경찰 내 규칙에 따라 '사회저명인사'로 분류해 근접경호도 가능하다. 다만 경호요청을 하지 않은 기호7번 이후 군소후보들에게는 관할 경찰관서에서 유세장 등 안전관리에만 집중하고 있다. 대통령후보자에 대한 경호에 대하여 현행법은 경찰이 맡도록 되어 있는데, 경찰청 내부규정인 경호규칙에 따라 선거관리위원회에 대통령후보 등록시점인 선거 24일 전부터 경호를 시작할 수 있다. 그 이전에는 각 후보나 정당의 요청이 있을 경우에 경찰은 후보자의 신변 위협 정도와 경호 필요성 등을 자체 판단해서 경호를 제공할 수도 있다. 즉, 공식 선거운동이 시작되기 전에는 상시적으로 경찰의 경호를 받을 수 없기 때문에 유력 대선 후보자도 자구책으로 사설경호를 받고 있는 실정이다. 이러한 문제점을 극복하기 위하여 2006년 11월 한나라당 김정훈 의원이 "요인경호법안", 2007년 4월 열린우리당 김동철 의원이 "경찰경호에 관한 법률안", 2012년 9월 한나라당 노철래 의원이 "대통령 등의 경호에 관한 법률 일부개정 법률안"을 발의하였다. 그러나 경호주체 등에 대하여 논란이 있어 입법화되지 못하고 국회의 회기 종료로 자동 폐기된 상태이다.

2. 대통령후보자 경호에 대한 위해사례 분석

가. 국내사례

이번 2017.5.9. 실시된 19대 대통령선거에서는 더불어민주당 문재인후보를 암살하겠다는 협박 글이 온라인 커뮤니티에 올라왔다. 문재인후보는 5월 3일 사전투표율이 25%를 넘기면 프리허그를 하겠다고 약속하였는데, 5월 5일 오후 6시 32분 경 인터넷 주식관련 커뮤니티에 '내일 그xx 프리 허그 하면서 암살할 거다'라는 글이 올라왔다. 이 게시물에는 지난 1960년 일본 사회당 당수 아사누마 이네지로가 3당 대표자 합동 연설회장에서 극우주의자인 야마구치 오토야에게 살해되기 직전의 사진과 '질문 안 받는다'라는 짧은 글이 담겨있었다. 경남 고성경찰서는 프리허그 도중 문 후보를 암살하겠다는 글을 올린 혐의(공직선거법상 후보자 협박)로 ㄱ(26)씨를 검거했다고 밝혔다. ㄱ씨는 이날 저녁 8시께 고성경찰서 하이파출소를 찾아와 자수했으며, "네티즌들의 반응을 떠보려고 장난삼아 글을 올렸는데, 글이 널리 퍼지자 겁이 나서 자수했다"고 진술한 것으로 알려졌다.[29] 또한 유승민 바른정당 후보의 딸인 유담씨는 유세 도중 성추행을 당하기도 하였다.

그리고 2006년 5월 20일 오후 7시 15분 당시 한나라당 대표였던 박근혜가 서울 신촌 현대백화점 앞에서 오세훈 당시 서울시장 후보 지원유세에 참가하던 도중 괴한 지충호(당시 50세)에게 커터칼로 얼굴을 피습당해 상해를 입은 사건이 발생하였다. 60바늘을 꿰매는 대수술을 받았지만 다행히 큰 장애는 발생하지 않았다. 하지만 자칫하면 생명을 잃을 수도 있는 위험한 상황이었다.[30]

이전의 대통령 후보자에 대한 위해를 살펴보면, 1987년 노태우 후보는 광주유세 중 돌과 화염병 세례를 받았으며, 2002년 노무현 후보는 여의도 농민대회에서 달걀을 정면으로 맞았다. 그리고 2002년에는 북한에서 파견한 게릴라나 스파이가 이회창 후보를 암살한다는 주장이 제기되어서 경호관계자들을 긴장시키기도 하였다. 2007년 이명박 후보는 테러 위협의 경고를 받고 선거운동 기간 중 방탄복을 입고서 유세를 하기도 하였다.[31] 또한 2007년 대구 서문시장에서는

29) 한겨레, "문재인, 예정대로 프리허그...암살 협박범 검거"
30) 허만섭, "박근혜 피습사건 미스터리", 「신동아」 2006.7.
31) 이태훈, 위의 논문, 2008, 34쪽.

신원미상의 30대 남자가 무소속으로 출마하여 선거활동 중이던 이회창에게 계란을 투척하여 후보자가 계란 파편에 맞는 사건이 발생하기도 하였다.

나. 외국의 사례

미국에서는 2016.6.18. 미국 공화당 대선후보 도널드 트럼프의 암살을 기도하다 10대 남성이 기소됐다. 마이클 샌퍼드는 18일 네바다주 라스베이거스 트레저 아일랜드호텔 내 극장에서 열린 트럼프의 유세현장에서 경찰관의 총을 빼앗으려고 총 손잡이를 쥐었다가 체포됐다. 샌퍼드는 체포된 후 미국토안보부 비밀경호국 요원에게 '트럼프를 죽이기 위해' 캘리포니아주에서 라스베이거스로 왔다고 말했다.[32] 또한 대통령후보로 출마하였던 로버트 케네디가 암살되었다. 로버트 케네디는 1968년 대통령 선거에 예비 후보로 출마하여 여러 주에서 승리를 거두고, 1968년 6월 4일 캘리포니아 주 예비 선거에서 승리를 거두었다. 그러나 6월 5일 로스엔젤레스에 위치한 앰배서더 호텔에서 지지자들에게 연설을 하고 나오던 중 팔레스타인계 미국인 시르한 비샤라 시르한에게 총격을 받아 다음날 이른 새벽 사망했다.[33]

멕시코에서는 멕시코의 차기 대통령으로 유력시 되던 콜로시오 대선후보자가 1994년 3월 23일 17:00경 티후아나 시에서 4,000여명의 군중이 모인 가운데 선거연설을 마친 직후 군중들에게 손을 흔들며 차량으로 이동하던 중 총격을 당하였다.[34]

파키스탄에서는 2007년 12월 27일 17:30경 북부 라왈판디 시에서 2008년 1월 8일 예정된 총선거의 유세 후 현장을 떠나던 부토 전 총리 일행을 겨냥한 총격과 자폭테러가 발생하여 부토 전 총리 등이 사망하였다.[35]

3. 현행 대통령후보자 경호의 문제점

가. 법적 근거의 미비

현재 대통령후보자에 대한 경호주체에 대하여는 법률에 명확한 근거가 없다.

---

32) 서울신문, "미공화당 대선후보 트럼프 권총 암살 기도한 10대 청년 기소:, 2016.6.21.
33) https://namu.wiki
34) MBC뉴스, "멕시코 대통령 후보 루이스 도날드 콜로시오 암살", 1994.3.24.
35) 이태훈, 위의 논문, 2008, 46쪽.

경호에 관한 근거법으로는 「대통령 등의 경호에 관한 법률」과 「경찰관직무집행법」이 있다. 먼저 「대통령 등의 경호에 관한 법률」에서는 제4조 제1항 제6호에서 경호 대상으로 "그 밖에 처장이 경호가 필요하다고 인정하는 국내외 요인(要人)"이라고 규정하고 있지만, 현실적으로 대통령경호처에서는 대통령후보자에 대한 경호활동을 전혀 하지 않고 있다. 그리고 「경찰관직무집행법」 제2조 제3호에서는 주요인사경호를 경찰의 직무로 규정하고 있다. 그러나 주요인사의 범위에 대해서는 경찰관직무집행법 시행령에도 규정이 없고, 경찰청훈령인 경호규칙을 근거로 하여 경찰에서 대통령후보자에 대한 경호활동을 하고 있다. 그러나 대통령후보자에 대한 경호의 필요성이 증가함에 따라서 경호주체를 어느 기관으로 할 것인가에 대해서 논란이 되고 있다. 선행연구에서 보면 대통령경호처에서 담당해야 한다는 주장과 경찰에서 담당해야 한다는 주장이 맞서고 있는 상황이다. 따라서 행정규칙이 아닌 국회에서 제정한 법률로써 대통령후보자의 경호에 대한 법적 근거를 마련하여 경호의 권한과 책임을 명확히 할 필요가 있을 것이다.

그리고 「대통령 등의 경호에 관한 법률」 제5조에서는 경호처장은 경호목적 달성에 필요한 최소한의 범위에서 경호구역을 지정할 수 있다고 규정하고 있다. 아울러 경호업무를 지원하는 사람은 경호 목적상 경호구역에서 질서유지, 교통관리, 검문·검색, 출입통제, 위험물 탐지 및 안전조치 등 위해 방지에 필요한 안전활동을 할 수 있다고 규정하고 있다. 이와 같이 경호활동을 하기 위해서 경호구역 안에서 질서유지나 출입통제 등 국민의 기본권을 제한할 수 있다는 것이다. 마찬가지로 대통령후보자의 경호를 위해서도 국민의 기본권을 제한해야 할 경우가 있을 것이다. 그런데 이러한 기본권제한은 행정규칙으로는 할 수 없고, 오직 법률로써만 할 수 있는 것이다. 따라서 법률의 근거 없이 행정규칙인 경호규칙에 의해 대통령후보자에 대한 경호를 실시하는 것은 위법의 소지가 있다.

나. 경호책임 범위의 불명확

현재 대통령선거기간 중에 차출되어서 대통령후보자를 경호하는 경호원들의 경호책임범위가 명확하지 않다. 숙소와 같이 대통령후보자 경호원들만이 근무하는 지역의 경우에는 문제가 없겠지만, 행사장이나 유세장과 같은 경우에 대통령후보자 경호원들이 어느 범위까지 경호책임을 지느냐에 대해서는 명확한 근거규정이 없다. 따라서 수행과 근접경호는 대통령후보자의 경호전담대가 책임을 지고, 2선과 3선 지역인 경비구역과 경계구역은 관할 지방경찰청이 담당을 하는 것이 바람직 할 것이다.

다. 경호대상자의 범위 부족

현재 경찰에서 경호를 하는 대통령후보자는 각 정당 등에서 대통령후보로 등록된 자이다. 그러나 대통령후보자로 정식 등록을 하지는 않았지만 유력한 대통령후보자로서 신변의 위협을 받고 있는 경우도 있을 수 있다. 그러나 현재는 이 경우 사설경호원의 보호를 받고 있는 실정이다. 따라서 대통령후보 경호대상자의 범위를 보다 확대할 필요가 있다고 생각한다. 즉, 전당대회에서 후보로 선출된 자나 또는 예비후보자도 대통령후보자의 경호대상에 포함시키는 것이 합리적이라고 생각한다.

라. 경호기간의 지나친 단기

현행 대통령후보자의 경호기간은 대통령선거 24일 이전 선관위 후보 등록 이후부터 선거일까지만 경찰이 경호하도록 하고 있다. 그러나 대통령후보자로 나오는 사람이 단지 선거운동기간에만 안전의 위협을 받는 것은 아니라고 생각한다. 대통령후보자로 떠오르는 사람은 몇 년 전부터 또는 몇 개월 전부터 뉴스에 등장하고, 직접적인 선거운동은 아니라고 하더라도 자신을 알리기 위해 각종 활동을 하게 되는 것이다. 아울러 이러한 사람에 대하여 위해를 가하려고 하는 사람도 당연히 생길 수 있을 것이다. 그리고 정말 국가와 민족의 발전을 위하여 올바른 사람을 대통령으로 뽑기 위해서는 단 24일이 아니라 오랜 기간 동안 검증을 거쳐야 할 것이다. 이에 따라서 24일만 대통령후보자를 경호해 줄 것이 아니라 미국과 같이 120일이나 최소한 3개월 이상의 대통령후보자 경호가 필요하다고 생각한다.

마. 전문성 부족

경찰청은 대통령후보자 경호를 위해서 각 지방경찰청에 대선후보경호요원을 모집하는 공문을 보내 지원자를 모집한다. 경찰청이 경호요원을 뽑는 데는 엄격한 기준이 있다. 먼저 무술 2단, 경호경비업무에 2년 이상의 경력이 있어야 한다. 이외에 신장, 체중, 시력 등 체력조건에도 엄격한 선발기준이 있다. 안경이나 콘택트렌즈를 끼었을 경우에는 무조건 제외되었다. 또한 가장 중요하게 강조된 것은 입이 무거워야 한다는 것이었다.[36] 이렇게 선발된 사람들은 2주간의 전문 경호교육을 받고 대통령후보자의 경호임무를 수행하게 된다. 그러나 이렇게 선발된 경호원들은 과거에 경호업무에 종사했다 할지라도 오랫동안 경호업무를 하지 않았고, 더군다나 경찰관으로서 경호업무를 하는 것은 청와대 101단이나 22 경찰경호대의 경우 외곽경비업무이고, 외빈경호대라고 하더라도 주요인사에 대한 근접경호업무는 전혀 해보지 않은 경우가 대부분이다. 또한 경호교육도 대통령경호처 등 전문교육기관에서 실시하는 것이 아니기 때문에 실질적인 교육이 이루어지지 않고 있다. 사실 경호는 이론도 중요하지만 위기상황에서 거의 반사적으로 행동할 수 있을 정도로 지속적인 반복훈련이 중요하다고 할 수 있다. 그러나 장기간 경호업무이외의 다른 업무를 하다가 선거운동기간 동안에만 대통령후보자의 경호업무를 하는 경우에 전문성을 기대하기는 힘들 것이다.

바. 정보부족

박근혜 대표의 피습사건과 대통령후보자 등의 계란투척, 암살협박 사건 등을 분석해보면 피의자에 대한 정보가 전혀 파악되지 않았다는 문제가 있다. 경호정보수집기관인 국가정보원, 경찰 등 훌륭한 조직이 있음에도 불구하고 이를 간과하였고 결과적으로 뼈아픈 결과를 낳고 말았던 것이다. 이러한 점에서 경호유관기관에서는 잠재적 위협에 대한 정보 · 첩보의 수집을 위하여 심혈을 기울여야 하겠고, 이를 토대로 분석된 정보에 대하여 경호기관에 양질의 정보를 제공하여야 할 것이다. 안이한 정보 분석과 판단착오에서 기인한 사건으로 경호정보활동에 있어서의 한 치의 실수도 없이 만전을 기해야 할 것이다.

결국 사전 정보입수가 후보의 안전 대책에 최대의 관건이라고 할 수 있을 것이

36) 최영재, “007작전이 따로 없다, 후보경호 백태“, 월간중앙, 2002.12, 128쪽.

다. 그리고 이러한 정보는 일반 유권자의 고발에서 얻어지고, 고발은 성숙한 민주주의 의식에서 얻어지는 것인 만큼, 유권자의 민주의식이 어느 때보다 강조되어야 할 것이다. 각 정당의 후보 경호팀들도 경찰과의 사전 정보교환이 신속하게 이루어져야 할 것이다. 박근혜 피습사건의 범인 지충호는 전과 8범의 요주의 관찰대상자였는데, 이러한 우범자의 선거유세장 출몰에 대한 정보보고가 전혀 이루어지지 않았다. 물론 야당으로서 우범자의 정보수집에 한계는 있었겠지만 사전에 대비는 했어야 했다. 과거처럼 보기만 해도 위압감을 주는 커다란 덩치를 내세운 '어깨들'의 경호는 괜히 거부감만 줄 우려가 크다. 최근의 경호에선 위험요인을 사전에 차단하기 위한 정보가 특히 중요하다고 할 것이다.

사. 경호의 중요성에 대한 인식부족

대선후보자들의 성향도 경호활동에 큰 영향을 미친다. 경호를 어떻게 수용하는가에 따라 대통령후보자는 세 가지 유형으로 나눠진다. 첫째는 경호조치를 적극 수용하고, 경호원들과 친분관계를 유지하며 신변보호를 강화하라고 요구하는 '경호적극 수용형'이다. 둘째는 경호의 필요성을 인정하지 않고 오히려 경호원이 사생활을 침해하고, 선거유세시 부정적 이미지를 퍼뜨릴 우려가 있다며 경호를 거부하는 '경호사절형'이다. 셋째는 경호 행위에 전혀 무관심한 '경호무관심형'이다. 1992년 "너희들 나 염탐하려고 왔지"하며 선거본부 사무실로 찾아온 경찰경호원들을 쫓아낸 백기완 후보, 케네디 대통령과 한국의 노무현가 대표적 '경호사절형'이며, DJ는 '경호무관심형', 이회창 전 총재는 '경호적극 수용형'으로 꼽힌다.[37)]

과거 대선과 비교해보면 경호환경이 많이 달라졌다. 무엇보다도 대규모 야외집회가 없어지고 텔레비전 토론이 결정적인 변수가 된 탓에 후보에 대한 위협이 크게 줄어들었다. 아무리 테러 위험성이 줄어들었다고는 하지만, 어떤 대선도 그 위협에서 결코 안전할 수 없다. 따라서 이 문제에 대한 선거관계자들의 발상 전환이 필요하다. 후보에 대한 테러, 언제 번질지 모르는 지역감정의 불길, 항상 개연성이 내재되어 있는 유세장 폭력 등을 원천적으로 방지할 수 있는 유일한 길은, 경찰의 철통같은 대비도 정당경호팀의 밀착 수행도 아니다. 후보의 바람이나

37) 최영재, 위의 기사, 134쪽.

공약은 더더욱 아니다. 오직 성숙한 시민의식일 뿐이다.

Ⅳ. 대통령후보자 경호의 개선방안

1. 대통령후보자 경호에 대한 명확한 법규 제정

대통령후보자에 대한 경호책임을 명확히 하고, 체계적인 경호를 실시하기 위해서는 경찰경호관계에 관한 법률을 제정할 필요가 절실하다고 하겠다.

가. 경호주체의 명확화

경찰경호관계에 관한 법률에서는 대통령후보자에 대한 경호주체를 경찰로 명문화할 필요가 있다. 대통령후보자에 대한 경호환경상 소수의 대통령경호실 인원으로는 감당하는데 한계가 있고, 체계적인 경호와 책임의 명확화를 위해서는 대통령후보자에 대한 경호업무를 경찰에서 담당하는 것이 합리적이라고 할 수 있다.

나. 경호책임범위의 설정

경찰경호관계에 관한 법률에서는 전문적이고 효율적인 경호를 위하여 수행경호를 전담할 경호전담대를 설치할 필요가 있을 것이다. 따라서 대통령후보자 경호전담대가 책임을 지는 부분은 근접경호와 수행경호로 한정하고, 그 외의 경비구역과 경계구역에 대한 경호책임은 해당지역을 관할하는 지방경찰청에서 담당하도록 하는 것이 타당하다고 생각한다.

다. 경호대상자의 확대

경찰경호관계에 관한 법률에서는 경찰에서 경호를 하는 대통령후보자의 범위를 대통령후보로 등록된 자 이외에도 전당대회에서 후보로 선출된 자나 또는 예비후보자도 포함하는 것이 합리적이라고 생각한다.

라. 경호기간의 연장

경찰경호관계에 관한 법률에서는 현행 24일 전후로 되어있는 경호기간을 최소 3개월에서 6개월 정도로 연장할 필요가 있다고 생각한다. 현실적으로 대통령후보로 거론되는 사람은 반대파나 적대세력으로부터 안전을 위협받을 수 있을 것이다. 따라서 선거운동기간에 한정할 것이 아니라 예비후보로서 위협요인이 있다고 판단되는 후보에 대해서는 일찍부터 경찰에서 경호를 해줄 수 있도록 해야 할 것이다.

2. 경찰경호의 전문성 향상

경찰이 대통령후보자의 경호를 담당하기 위해서는 경호를 담당하는 전문조직과 인력관리, 교육과 훈련, 경호기법의 개발, 장비구입 등 전문성향상을 위한 노력이 필요하다고 생각한다.

가. 경호경과제의 도입

경호는 체력뿐만이 아니라 순간적인 상황판단력, 반복적인 훈련을 통한 고도의 경호기법 등 전문적인 업무영역이라고 할 수 있다. 따라서 수사나 정보, 보안분야와 마찬가지로 전문특기로 분류하여 체계적인 경력관리가 이루어지도록 할 필요가 있다고 생각한다. 경호경과제를 도입하면 경호에 필요한 무도자격증을 획득하거나 사격인증을 받아야 할 것이다. 또한 경호관련 전문교육을 이수하도록 하여야 할 것이다. 그리고 경호경과자는 경호업무를 수행하는 부서에서 계속적으로 근무할 수 있도록 하여야 할 것이다. 또한 경호환경의 변화에 따른 경호기법의 향상을 위하여 주기적으로 보수교육을 실시함으로써 전문성을 강화하여야 할 것이다.

나. 경호 관련조직의 통폐합

현재 경찰의 경호기관은 101경비단, 22경찰경호대, 202경비단, 외빈경호대 등으로 다양하게 분산되어 있다. 그러나 경호업무의 전문성과 효율성을 높이기 위해서는 경찰내의 경호조직을 통폐합할 필요성이 있다고 생각한다. 따라서 경찰청에 경호업무를 전담하는 경호국을 두고 모든 경호업무를 통합하여 수행할 수 있도록 하는 것이 합리적이라고 생각한다. 경호업무 중에서 대통령이나 대통령후보자에 대한 경호는 각지방청별로 특성이 있는 것이 아니고, 오히려 전국적으로 통합하여 관리하는 것이 훨씬 효율적이라고 생각한다.

다. 인사관리의 효율성 확보

경호경찰의 직무전문성을 향상시키기 위해서는 선발에서부터 교육·훈련과 재교육, 배치, 인사관리에 이르기까지 체계적이고 지속적인 노력이 전개되어야 할 것이다. 현재는 경호부서에 근무하다가 경호와 관련이 없는 다른 부서에서 근무하고, 필요시 잠깐 다시 경호부서에서 근무하는 등 비효율적인 인사관리가 이루어지고 있다. 그러나 대통령후보자에 대한 경호의 전문성을 향상시키기 위해서는 우수한 자원을 경호요원으로 선발하여, 국내외의 전문교육기관에서 교육을 시켜서, 경호부서에서 근무할 수 있는 시스템을 갖추어야 할 것이다.

라. 경호역량의 강화

경찰경호원들의 역량을 강화하기 위해서는 경호신임교육과 직무교육뿐만이 아니라 외부기관의 발전된 경호기법을 습득할 수 있도록 하여야 할 것이다. 먼저 발전된 경호기법을 보유하고 있는 대통령경호처나 미국의 비밀경호국 등에 파견하여 우수한 기법을 배워올 필요가 있다고 생각한다. 또한 경호기법의 교육을 위한 전문기관을 설립하여 교육과 첨단경호기법에 대한 지속적인 연구가 이루어질 수 있도록 하여야 할 것이다. 아울러 현대사회는 경호에도 과학적인 장비확보를 위한 과감한 투자가 이루어져야 한다고 생각한다.

3. 경호의식의 고양

대통령후보자에 대한 테러가 발생하면 국가적 혼란, 국가신인도 추락, 정치의 왜곡 등 많은 문제가 발생할 수 있기 때문에 대선후보자의 경호는 매우 중요한 문제이다. 대통령후보자에 대한 경호는 후보자개인의 문제가 아니라 국가의 안전보장과 질서유지, 나아가 후보자의 자유로운 선거운동이 확보하여 민주적인 선거가 이루어질 수 있도록 보장하기 위한 것이다. 따라서 후보자입장에서는 약간의 불편함이 있다하더라도 이를 감수하고 공적인 경호를 수용하여야 할 것이다. 또한 경호를 수행하는 경찰입장에서는 선거의 중요성을 의식해서, 당해 대통령후보자가 소속한 정당의 선거 전략이나 비밀이 누설되지 않도록 하여야 할 것이다. 아울러 대통령후보자 개인의 사생활이나 선거활동이 침해받지 않도록 최선의 노력을 다하여야 할 것이다. 그러나 무엇보다 중요한 것은 국민들의 경호에 대한 의식의 전환이 필요할 것이다. 어느 대통령후보를 지지하는가에 상관없이 모든 대통령후보는 우리나라의 미래를 이끌어나갈 아주 중요한 인적자원이다. 따라서 대통령후보는 우리 모두가 보호하고 지켜주어야 한다는 국민 모두의 경호의식이 필요하다고 할 것이다. 모든 대통령후보가 자기의 주장을 충분히 발표하고, 마지막까지 최선을 다하여 선거운동을 하고, 국민들의 최종적인 선택을 받을 수 있는 기회를 보장해주는 것이 필요하다고 할 수 있다.

V. 결 론

대통령후보자의 안전은 국가안전보장과 질서유지, 민주적인 선거의 보장을 위하여 반드시 확보되어야 한다. 그러나 대통령후보자에 대한 안전을 확보하기 위한 대통령후보자 경호는 유권자 '표심'과 후보 '안전'이라는 두 마리 토끼를 동시에 잡아야하기에 대통령 경호보다도 훨씬 어렵다. 그럼에도 불구하고 현재 우리나라에서는 대통령후보자 경호에 대한 법률규정이 없이 단지 경찰청훈령인 경호규칙에 의하여 선거기간 중에만 경호가 이루어지고 있다.

이 논문에서는 국내외의 대통령후보자에 대한 위해사례와 경호 실태를 살펴보고, 현행 대통령후보 경호제도의 문제점을 도출하여 개선안을 제시하여 보았다.

대통령후보자에 대한 위해는 바로 직전의 대통령선거에서도 현재 대통령이 된 문재인후보를 프리허그하면서 살해하겠다는 협박을 하는 등 지속적으로 발생하였다. 외국에서도 선진국인 미국을 비롯하여 전 세계적으로 대통령후보에 대한 위해사례가 발생하였다.

현행 우리나라의 대통령후보자 경호에 대한 문제점은 크게 네 가지 정도로 압축할 수 있다. 첫째는 대통령후보자 경호에 대한 명확한 법률규정이 없다는 것이다. 경찰관직무집행법상의 주요인사 경호를 근거로 하여, 경호규칙에 의거하여 경호업무를 수행하고 있다. 그러나 이는 경호기관간에 책임이 명확하지 않고, 경찰청장의 자의적인 판단이 개입될 가능성이 많아서 문제점이 있다. 둘째, 대통령후보자 경호를 담당하는 경찰관들의 전문성이 부족하다는 것이다. 셋째, 경호위해요소에 대한 정보가 부족하여 예방경호활동이 제대로 이루어지지 못한다는 것이다. 넷째, 대통령후보자나 국민들의 경호의 중요성에 대한 인식이 부족하다는 것이다.

따라서 앞으로 발생할지도 모르는 대통령후보자에 대한 위해발생을 방지하기 위하여 경찰경호제도에 대한 여러 가지 대안을 제시하여 보았다. 첫째, 대통령후보자 경호를 위한 명확한 법률이 제정되어야 할 것이다. 이 법률에서는 경호대상자, 경호기간, 전담경호대, 업무범위 등이 규정되어야 할 것이다. 둘째, 경찰경호의 전문성을 향상시켜야 할 것이다. 이를 위해서 경호경과제의 실시, 경호부서의 통폐합, 인사관리의 효율성 확보, 경호역량의 강화 등이 필요하다고 생각한다. 셋째, 경호의식의 고양이 필요하다. 경호대상자인 대통령후보뿐만이 아니라 경호경찰관 그리고 가장 중요한 국민들의 경호에 대한 의식이 한 차원 더 높아져야 할 것이다.

3 보험범죄의 예방대책

3. 보험범죄의 예방대책

Ⅰ. 서 론

원래 보험제도는 미래에 예측할 수 없는 재난이나 사고의 위험에 대비하고자 생긴 제도이다. 특히 현대사회는 지진이나 폭풍과 같은 자연재해뿐만 아니라 교통사고나 붕괴사고와 같이 인재도 끊임없이 발생하고 있다. 따라서 항상 위험에 노출되어 있는 현대인들에게 있어서, 이러한 우발적인 사고로 인한 손실에 대비하기 위한 상호부조적 성격의 보험은 공동체사회를 지탱하는 사회안전망으로서 반드시 필요한 제도이다.

그런데 이와 같은 보험제도의 운영을 어렵게 하는 것이 보험범죄이다. 보험범죄는 처음 도입될 때부터 발생하였고, 계속해서 증가하는 추세에 있다. 그 이유는 보험제도 자체가 안고 있는 사행성에 기인한다고 할 수 있다.〔1〕우리 상법에서는 "보험계약은 당사자 일방이 약정한 보험료를 지급하고 재산 또는 생명이나 신체에 불확정한 사고가 발생할 경우에 상대방이 일정한 보험금이나 그 밖의 급여를 지급할 것을 약정함으로써 효력이 생긴다."〔2〕라고 규정하고 있다. 또한 보험업법에서는 "보험상품이란 위험보장을 목적으로 우연한 사건 발생에 관하여 금전 및 그 밖의 급여를 지급할 것을 약정하고 대가를 수수(授受)하는 계약"〔3〕이라고 규정하고 있다. 상법에서의 '불확정한 사고 발생'이나 보험업법에서의 '우연한 사건 발생'은 도박이나 복권에 당첨되는 것과 같은 사행성을 본질적 요소로 하고 있다고 할 수 있다. 즉, 사행성은 보험사고가 우연히 발생한 것인지, 고의에 의하여 조작된 것인지 여부를 확인하기가 어렵게 만든다. 따라서 범죄의 실행을 용이하게 하고, 그 발각을 어렵게 하기 때문에 강한 범죄의 유혹을 수반하게 되는 것이다.〔4〕이러한 보험범죄는 선량한 보험계약자들의 보험료를 인상하게도 하지만 보험회사의 경영을 어렵게 하기도 한다. 따라서 금융감독원이나 보험협회, 각 보험사들은 다양한 방법을 동원하여 보험범죄를 막거나 줄이기 위해 안간힘을 쓰고 있는 것이다. 그런데 현재 보험관계자들의 노력은 주로 보험범죄가 발생한 후에 적발을 강화하는데 초점이 맞추어져 있다. 그러나 보험금 지급 심사단계에서의 적발 중심적인 사후대응체계만으로는 한계가 있다.[5] 범죄자들 가운데는 그러한 위험에도 불구하고 범죄를 저지르는 경우가 많고, 보험범죄가 제3의 범죄를 동반한 경우, 사후처벌만으로는 치유할 수 없는 피해를 남기기 때문이다. 그리고 보험범죄의 근원은 정보비대칭성 즉, 보험계약자는 보험범죄를 할 의도를 갖고 있지만, 보험사는 그 의도를 알지 못하는 데서 발생한다고 할 수 있다.

따라서 보험범죄로부터 국민의 안전을 지키기 위해서는 사후적 처벌 강화보다는 보험범죄의 위험이 큰 보험계약을 방지할 수 있도록 하는 것이 중요하다고 하겠다. 그런데 이번에 제정된 보험사기방지특별법은 그 명칭이 무색하게 주로 처벌 등 보험사기 발생 후의 조치에 대하여 규정하고 있을 뿐이어서, 보험사기 예방을 위한 장치는 미흡하다.[6]그리고 보험범죄자의 처벌은 '10년 이하의 징역이나 5000만 원 이하의 벌금'으로 강화하고, 미수범이나 상습범까지도 처벌하도록 하였다. 그러나 보험회사가 보험범죄를 예방하기 위해서 어떻게 해야 할 것인가에 대해서는 전혀 규정하고 있지 않다.

따라서 이 논문에서는 보험범죄의 이론적 배경을 살펴보고, 보험범죄의 발생 현황 및 실제사례를 분석하여 문제점을 도출하여 보고자 한다. 그리고 사후적인 적발이 아니라 사전적인 예방방안을 모색해보고자 한다.

Ⅱ. 이론적 배경

1. 보험의 개념

보험이란 동일한 위험에 처한 다수의 사람이 우연한 사고의 발생과 그로 인한 경제적 수요에 대비하고자 추상적인 위험단체(보험단체)를 구성하고, 그 단체 내에서 통계적 기초와 대수의 법칙에 따라 산출된 일정한 금액(보험료)을 미리 갹출하여 기금(공동기금)을 만든 후 약정된 사고(보험사고)가 우연히 발생한 구성원에게 그 기금으로부터 일정한 재산적 급여(보험금)를 지급함으로써 경제적 어려움과 불안을 극복하는데 도움을 주고, 위험을 분산하는 제도이다.[7]

보험사기란 '보험사고의 발생, 원인 또는 내용에 관하여 보험자를 기망하여 보험금을 청구하는 행위를 말한다.'〔8〕

보험범죄란 '보험사고를 불법적인 방법으로 야기하거나 보험사업자를 기망하는 등 보험제도와 관련하여 보험금 또는 보험료를 편취하는 것을 목적으로 고의적 행위를 하는 것'이라고 정의할 수 있을 것이다.〔9〕

2. 보험범죄의 발생원인

보험범죄의 발생원인은 첫째, 보험사고 발생의 우연성이라는 사행성에 기인한다고 볼 수 있다. 사행성은 기망의 유혹을 싹트게 하는 자양분이 되기 때문에 보험에는 기망의 유혹이 그림자처럼 존재한다.〔10〕둘째, 보험계약자들의 도덕적 해이가 보험범죄 증가의 가장 큰 원인이라고 할 수 있다. 단순 고지의무위반이라든가 보험금과잉청구 등 연성사기에 대하여는 전혀 범죄의식을 느끼지 못할 뿐만 아니라, 오히려 보험금을 못 타면 바보라는 인식을 가지고 있는 것이다. 셋째, 낮은 처벌수준 및 보험회사의 소극적 태도가 보험범죄의 원인이 된다. 보험범죄는 적발자체도 쉽지 않고, 적발이 되더라도 처벌 수준이 중대한 강력범죄를 제외하고는 대부분 벌금 또는 집행유예로 그 처벌수준이 경미하여 보험범죄를 부추기는 요인이 되고 있다. 또한 보험사측에서도 범죄가 적발되어 보험금액이 환수조치될 경우, 형사처벌을 포기하거나 계약해지 수준으로 마무리하는 경우가 많은 점도 그 원인이 되고 있다. 넷째, 보험사의 수사권 부재 및 수사기관의 전문인력 부족이 보험범죄를 부추기는 원인이 된다. 금융감독원이나 보험사에서는 직접 수사권이 없어서 범죄혐의를 입증하기 어렵고, 수사기관에서는 보험범죄 수사인력이 관할서당 한두 명에 불과하여 보험범죄에 대한 수사가 제대로 이루어지지 못하고 있다. 그로인하여 보험범죄가 끊이지 않고 발생하고 있다고 할 수 있겠다.〔11〕

3. 보험범죄의 특성

보험범죄는 첫째, 복합성을 띤다. 보험범죄는 보험사고로 위장하기 위해서 살인, 방화, 폭행 등 다른 범죄와 경합되어 발생하는 경향이 있다. 둘째, 범행수법의 다양성을 가진다. 보험제도는 담보별로 생명보험, 화재보험, 자동차보험, 운송보험, 해상보험 등으로 구분된다. 하지만 여기에서 파생된 상품의 종류는 350여종이나 된다. 따라서 보험범죄의 수법도 350여 가지 이상이 되기 때문에 다양한 범행수법이 등장하게 된다. 셋째, 입증의 곤란성이다. 보험범죄는 조직적이고 치밀한 계획 하에 이루어지기 때문에 고의를 입증하기가 어렵다.〔12〕넷째, 죄의식의 결여이다. 보험범죄자는 위험보장이라는 무형의 서비스에 대한 불만족과 소멸성 보험료에 대한 보상심리가 내재되어 있어서, 보험회사로부터 보험금을 편취하고도 큰 죄의식을 느끼지 않는 경향이 있다. 또한 가족이나 근친 등을 대상으로 살인, 상해, 방화 등도 서슴지 않는 등 비도덕적인 성향을 보인다. 다섯째, 범죄피해의 간접성 및 광범위성을 가진다. 보험범죄는 외견상 보험사에 직접적인 피해를 주는 것 같지만, 보험료 인상을 통해 광범위한 미래 보험계약자들이 피해를 입는 피해의 간접성을 나타낸다.〔13〕

Ⅲ. 보험범죄 사례분석 및 문제점

1. 보험범죄 발생현황

가. 보험사기 적발실적

(단위 : 백만원, 명, %)

구 분		2013	2014	2015	증감
적발금 액	생보	74,347	87,708	89,077	1.6증
	손보	444,613	512,021	565,808	10.5증
	계	518,960	599,729	654,885	9.2증
적발인 원	생보	4,128	5,832	6,307	8.1증
	손보	72,984	78,553	77,124	1.8감
	계	77,112	84,385	83,431	1.1감

출처 : 금융감독원 보험사기방센터 자료

나. 보험사기 적발추이

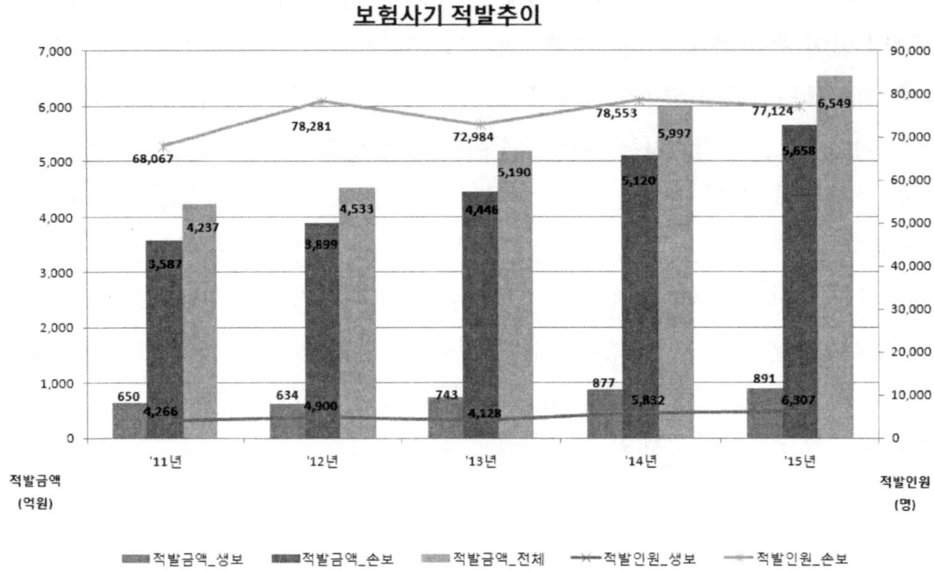

전체적으로 보면, 적발금액은 증가하였는데, 적발인원은 작게나마 감소하는 경향을 보이고 있다. 구체적으로 살펴보면, 보험범죄에 대한 적발금액은 최근 3년 뿐 아니라 2011년 이래 계속해서 증가하는 경향을 보이고 있고, 2011년에 비해서 55%나 증가하였다. 금액도 6,549억이라는 엄청난 금액이다. 특이사항은 생명보험은 2014년도에 비해 2015년도에는 1.6% 증가하는 데 그쳤지만, 손해보험은 2014년도에 비해 2015년도에는 10.5%가 증가하였다는 것이다. 적발인원은 생명보험은 지속적으로 증가하는 추세를 보이고 있는 반면, 손해보험은 2014년도에 비해 2015년도에는 1.1%감소하였다.

2. 보험범죄 사례분석

가. 연쇄살인범 강호순의 장모 · 처 보험 살인사건

1) 개요

연쇄살인범 강호순은 처를 피보험자 및 수익자로 하여 운전자상해보험, 종합보장보험, 종신보험 등을 가입하였다. 그리고 2005.10.29. 안산소재 장모 집에서 휘발유 등을 거실에 뿌리는 방법으로 방화하여 처와 장모를 살해하였다. 강호순이 가입한 보험은 상속인인 강호순이 살해한 경우에는 보험금이 지급되지 않는 것이었다. 그럼에도 불구하고 강호순은 마치 처가 모기향에 의한 실화로 인하여 사망한 것처럼 보험회사들을 기망하여, 3개 보험사로부터 총 4억8천여만 원을 보험금 명목으로 교부받아 편취하였다.〔14〕

2) 분석

강호순은 수입이 변변찮은데도 불구하고 과도하게 많은 보험을 가입하였는데도 불구하고, 보험회사에서는 이를 파악하지 못하였다. 그리고 경찰에서는 사건 발생 초기에 방화사건으로 의심을 하고 수사를 하였지만, 범죄혐의를 밝히지 못하였다.

나. 마취제 투약하여 남편 살해한 사건

1) 개요

2007.10.14. 아침, 자신의 집에서 남편 A씨가 사망하였다. 경찰은 A씨가 외상이 없는데다 특별히 의심될 만한 단서가 나오지 않아 부검을 하였다. 그 결과 A씨 몸에서 마취제가 발견되었다. 경찰의 수사결과 부인 B씨가 자신의 근무하는 산부인과 병원에서 동일 성분의 마취제를 절취한 것으로 확인되었다. 또한 B씨는 아파트 취득세도 내지 못하여 집이 압류될 상황이었는데도, 일주일전 남편이 사망하면 4억 5천만 원을 받을 수 있는 보험에 가입한 사실을 확인하였다. 사실 보험료 70만원은 B씨가 도저히 감당할 수 없는 금액이었다.〔15〕

2) 분석

이 사건은 보험사에서 보험계약자의 재정상태를 전혀 확인하지도 않고 보험가입을 받아주어서 발생한 범죄라고 할 수 있다. 다만 거액의 보험금을 노린 직접적인 증거가 없는 사건이었지만, 경찰수사단계에서 범행의 동기, 수단 등을 철저히 수사한 결과 유죄를 입증한 사례라고 할 수 있다.

다. 가족보험사기단

1) 개요

전주지방검찰청에서는 아들과 아버지가 새벽 3시에 자동차를 타고 가던 중 조수석에 타고 있던 아버지가 교통사고로 사망한 사건을 송치 받아 수사하였다. 수사결과 아들이 사망한 아버지와 공모하여 살던 집의 경매를 막기 위한 자금마련을 위한 보험사기극을 벌이다가 아버지가 사망한 사실을 밝혀냈다. 보험회사에 보험가입여부를 확인한 결과, 아들은 8억 원이 넘는 보험금을 받도록 되어 있었고, 이미 4억 원은 수령한 상태였다. 가족들에 대한 사고경력, 보험금 수령내역 및 사고유형을 분석한 결과 수년 동안 고의로 사고를 내고 여러 차례 보험범죄를 벌인 사실을 확인하였다.〔16〕

2) 분석

대부분의 보험사들에서는 피의자들의 보험경력에 대하여 조회조차 하지 않고, 보험상품 판매 실적 올리기에만 급급하였다. 또한 보험사기를 인지하고서도 사실규명을 하지 못한 채 중도에 포기하였다. 또한 경찰에서도 보험범죄에 대한 혐의점을 밝히지 못한 사건이었다.

다. 교통사고를 위장한 살인사건

1) 개요

2008.4.12. 평택경찰서에 교통사망사고 신고가 접수되었다. 운전자는 고물상에서 고물을 싣고 후진하다가 차량후미에 있는 피해자를 보지 못하고 역과 하여 사고가 났다고 주장하였다. 그러나 보험금을 심사하는 과정에서 피해자 명의로 보험금이 8억 원에 달하는 보험이 들어있는 것이 확인되었다. 확인 결과 피해자의 사장과 수천만 원의 채무가 있는 운전자가 공모하여 보험범죄를 저지른 것이 밝혀졌다.〔17〕

2) 분석

친인척 등 아무런 관계가 없는 피해자 명의로 매달 50여만 원이 넘는 돈을 납부하는 보험계약을 체결하였는데도 전혀 제지가 없었다는 것은 보험범죄를 방조하는 것과 다름없다고 할 것이다. 그러나 보험범죄가 발생한 이후에라도 보험금을 심사하는 과정에서 의심을 하고, 경찰과 유기적인 협조를 통하여 보험범죄를 밝힌 것은 잘했지만 너무 늦지 않았나 생각한다.

3. 보험범죄의 문제점

가. 보험계약 체결시 허술한 확인

위 사례분석을 종합해보면, 강호순 사건에 있어서는 계약당시의 수입이나 중복가입여부에 대한 확인이 이루어지지 않았다. 그리고 마취제투약살해사건에 있어서는 보험계약자에 대한 재정 상태에 대한 점검이 이루어지지 않았다. 그리고 가족보험사기단의 경우에는 보험사고 경력에 대한 조회가 없었다. 또한 교통사고 위장 살인사건의 경우 친인척등 전혀 관계가 없는데도 거액의 보험을 가입한 것에 대한 확인이 이루어지지 않았던 것이 보험범죄의 원인이라고 할 수 있을 것이다. 따라서 계약을 체결할 때에 보험계약자의 직업, 경제력, 신용상태, 과거의 병력, 사고력과 현재의 건강상태 등에 대하여 철저히 확인해야 할 것이다. 또한 타 보험사에 계약을 한 것이 있는지, 보험가입의 경위, 즉 모집사원의 권유에 의한 것인지 자발적인 가입인지, 과거 재해사실의 유무 등에 대해서 꼼꼼히 확인해야 할 것이다. 그리고 청약서 기타 계약에 관련된 제반 자료를 검토한 결과, 보험범죄의 위험이 높다고 판단되는 경우에는 보험계약을 철회하거나 보험의 인수제한, 보험요율의 조정 등의 조치를 하여야 할 것이다.[18]

나. 계약체결후의 지속적인 관리 부실

강호순은 2005.10.17 상해보험. 2005.10.24. 종합보험을 추가로 가입하고, 2005.10.29.에 보험범죄를 저질렀다. 그리고 마취제투약살해사건에 있어서도 피의자는 2007.10.7.과 10.8에 보험에 가입하고 2007.10.14.에 보험범죄를 저질렀다. 이와같이 보험범죄자들은 자신들이 감당하기에 과분한 보험료를 납부하기 때문에, 보험계약체결 후 2~3개월 이내에 범행을 하는 경우가 많았다. 그러나 보험범죄가 발생한 사건의 보험사에서는 일단 계약을 체결하고 난 후에는 전혀 관리를 하지 않고 있었다. 따라서 보험사에서는 보험계약 체결시에는 발견하지 못하였다 하더라도, 최소한 3개월 이내에는 보험계약자의 재정상태, 가족관계, 단기간에 타 보험사에 중복보험을 가입했는지 여부에 대해서 확인해보아야 할 것이다.

다. 보험약관의 미비

일부 보험사의 보험약관은 너무 단순하게 규정되어 있어서 악의의 보험계약자에게는 속수무책으로 당할 수밖에 없는 경우가 많았다. 또한 민원이 제기되면 일관성 있는 처리보다는 분쟁을 진정시키는 입장에서 처리하는 경향이 많았다. 이는 오히려 민원을 더욱 증가시키고 보험회사의 손해사정기능을 위축시키는 결과를 가져오게 된다. 따라서 보험사에선 보험약관에 가능한 한 문제를 명백하게 규정해 둘 필요가 있을 것이다.

라. 보험사고의 조사와 형사고발 미흡

가족보험사기단 사건의 경우 여러 차례 보험사고 경력이 있음에도 불구하고 고의사고 여부를 규명하지 못하였다. 또한 강호순 사건의 경우에도 보험범죄의 의심을 하였지만 조사가 제대로 이루어지지 못하고 보험금이 지급되었다. 보험범죄에 대한 철저한 조사가 이루어지지 않으면 또 다른 보험범죄의 유혹을 가져오게 된다. 따라서 일단 범죄의 의심이 있으면 보험자 스스로 사고의 원인과 청구 서류의 내용을 철저히 조사하고, 수사기관과의 긴밀한 협조를 통해 범죄를 명백히 밝혀야 할 것이다.

마. 보험자간의 정보교환과 정보 집중관리 부족

강호순사건, 마취제투약살해사건, 가족보험사기간사건 등에서 보듯이 단기간에 여러 개의 보험사에 많은 보험을 들어놓고 보험범죄를 저질렀다. 이는 보험계약을 더 많이 유치하려고 하는 보험자의 약점을 교묘하게 이용하는 것이다. 따라서 보험회사 간에 악성계약자의 명단, 거절된 계약의 내용, 중복보험여부 또는 부당 진료행위를 한 병원 등에 관한 정보를 상호 교환하여야 할 것이다. 또한 특정한 기관에서 이러한 정보를 집중 관리하여 이용자에게 이를 제공할 수 있게 한다면 보험범죄를 줄이는 효과가 있을 것이라 생각한다.[19]

Ⅳ. 보험범죄 예방대책

보험범죄로부터 국민을 보호하기 위해서는 단순히 보험계약자나 피보험자의 양심에 호소할 것이 아니라 다양한 제도를 구비하여야 할 것이라고 생각합니다. 따라서 몇 가지 대안을 제시해 보고자 합니다.

1. 정보의 공유

보험범죄 방지를 위해서는 사후적 처벌 강화보다도 보험범죄 위험이 큰 보험계약을 방지할 수 있도록 관련 정보를 보험사들이 공유하는 것이 중요하다고 생각한다. 물론 현재 ICPS(Insurance Claims Pooling System)을 통해 제한된 범위 내에서 보험사고 및 지급이력 정보를 집중하고 있지만, 소비자 동의를 전제로 과학적이고 광범위한 정보공유가 이루어지면, 보다 철저히 보험범죄가 높은 보험가입이나 지급청구를 걸러 낼 수 있을 것이다. 물론 개인정보의 보호가 중요하지만, 정보공유의 문제에서 감독기관이나 정보보유기관들의 일방적 결정이 아니라 소비자 본인 선택이 존중되어야 하고, 공유된 정보의 내용을 소비자도 정확하게 알 수 있어야 한다. 보험사 간 경쟁에 따라 정보공유를 동의한 고객에 대한 보험료 할인이나 신속한 보험금 지급 등 다양한 혜택도 주어져야 할 것이다. 따라서 자기 선택에 입각한 정보 공유 확대는 보험사기 방지는 물론 정보제공자에게도 이익이 될 것이다.

2. 신고포상금 제도의 적극 활용

최근 보험범죄는 브로커 등을 통해 조직적으로 은밀하게 이루어지고 있다. 따라서 보험사나 수사기관 등 외부에서 보험범죄를 적발하는 것은 매우 어려운 상황이다. 그래서 보험범죄를 뿌리 뽑기 위해서는 일반국민 뿐만 아니라 내부고발자의 활발한 신고가 더욱 중요하다고 할 수 있다. 이에 발맞추어서 보험업계에서는 보험범죄 신고포상금을 최고 5억원에서 10억원으로 상향 조정하였다. 또한 신고를 활성화하기 위해서 신고절차도 간소화하였다. 인터넷 신고시에는 본인인증방법을 현행 아이핀 이외에도 보다 간편한 휴대폰 또는 공인인증서도 가능하도록 개선하였다. 또한 전화신고시 대기가 길어질 경우 신고자가 전화번호를 남기면 담당자가 콜백할 수 있는 예약콜 기능도 도입하였다. 상당히 바람직한 제도라고 평가할 수 있다. 그러나 휴대폰신고나 전화신고보다 더 효과적이고 광범위하게 활용할 수 있는 것이 자동차의 블랙박스이다. 보험범죄가 이루어지는 장면을 생생하게 녹화하기 때문에 범죄를 입증할 수 있는 강력한 증거로 사용할 수 있을 것이다. 또한 곳곳에 설치되어 있는 CCTV의 활용도 검토해 볼 필요가 있을 것이다. 그리하여 가장 확실한 내부자의 제보와 가장 강력한 증거확보를 통하여 보험범죄는 아예 발붙이지 못하도록 하여야 할 것이다.

3. 보험사기인지시스템(IFAS)과 사회관계망분석(SNA)의 업그레이드

보험사기인지시스템(Insurance Fraud Analysis System)은 보험회사에서 입수된 보험계약 및 사고정보를 이용하여 보험사기혐의 분석을 지원할 수 있는 정보시스템이고, 사회관계망분석(Social Network Analysis)은 계약자, 설계사, 병원 등 개별 혐의자간의 관계를 분석할 수 있는 시스템이다. 따라서 보험사기인지시스템과 사회관계망분석의 지속적인 업그레이드를 통하여 보험범죄를 사전에 예측할 수 있다면, 이는 또한 보험범죄를 예방할 수 있는 수단이 될 것이다.

4. 소득심사의 강화

모든 보험사가 고객의 신용등급과 소득수준 등에 따라 보험가입금액을 제한하고, 가입건수의 상한선을 둔다면 보험범죄를 사전에 예방할 수 있을 것이다. 다행히 보험업계에서 사망보험금을 노린 범죄가 급증하자 한국신용정보원으로 모이는 보험사들의 빅데이터를 활용하여 소득보다 과도한 사망보험 가입 유혹을 원천봉쇄하기로 하였다. 현재도 보험사들이 자사 데이터를 활용해 고액 사망보험금 계약인수심사를 강화했으나, 정보가 제한적이라고 할 수 있다. 따라서 신용정보원의 빅데이터를 전 보험사가 공유할 경우 다양한 변수를 파악해 보험관련 범죄를 예방하는데 도움이 될 것이라고 생각한다.

V. 결 론

장래의 위험에 대비하기 위한 인간이 만들어낸 가장 좋은 제도인 보험을 더욱 발전시키기 위해서는 보험범죄를 뿌리 뽑을 수 있는 시스템을 치밀하게 갖추어 나가야 할 것이다. 그중에서도 보험범죄를 저지른 사람을 철저하게 적발해서 강력하게 처벌하는 것이 능사가 아니라, 아예 처음부터 보험범죄를 저지르지 못하도록 예방하는 것이 무엇보다 중요하다고 할 것이다. 보험과 관련하여 살인이나 강도, 절도, 교통사고 등이 발생하고 나면, 이러한 상처를 치유할 수 없거나 오랜 시간이 걸려야 상처가 아물 것이기 때문이다.

보험범죄로부터 국민의 안전을 지키기 위해서는 보험사들이 보험계약자에 대한 정보를 공유하고, 보험계약시에 보험계약자에 대한 세밀한 심사가 이루어져야 할 것이다. 아울러 보험사들은 보험범죄를 사전에 적발할 수 있는 보험사기인지시스템과 사회관계망을 더욱더 발전시켜 나가야 할 것이다. 또한 보험범죄로부터 국민의 안전을 지키기 위해서는 보험관계자들과 보험계약자, 수사기관 등이 긴밀히 협조체계를 유지하여야 할 것이다. 아울러 국민들의 적극적인 신고만이 우리사회의 안전을 지킬 수 있다는 생각을 가지고, 보험범죄에 대한 감시를 철저히 해나가야 할 것이다.

4 경찰의 범죄피해자 신변보호강화 방안

4. 경찰의 범죄피해자 신변보호강화 방안

Ⅰ. 서 론

경찰은 범죄의 예방·진압 및 수사와 함께 국민의 생명·신체 및 재산의 보호 그 밖에 공공의 안녕과 질서유지를 임무로 하고 있다.(대법원, 2017) 이 중에서도 국민의 생명·신체 및 재산의 보호는 경찰의 사명이고 존재이유이기 때문에 형사상 직무집행시 긴급피난조차 허용되지 않는다.

그런데 최근 연이어 발생한 경찰의 어처구니없는 사건들은 국민들의 불안을 가중시키고 있다. 먼저 인천 층간소음 흉기난동 사건은 흉기난동 범죄 그 자체보다도 반복된 신고에도 매번 미진했던 경찰의 대응과 흉기난동 현장에 출동한 경찰관들의 부적절한 대응이 엄청난 논란에 휩싸였다. 무엇보다도 난동이 벌어지자마자 현장 출동 경찰관이 도망치는 바람에 무방비 상태의 민간인 피해자가 칼을 맞은 채 무장 가해자와 대치하고, 피해자 가족이 가해자를 제압하는 어처구니없는 일이 일어났다.

그런데 여기에 그치지 않고 경찰의 신변보호를 받던 전 여자 친구 피해자의 집을 찾아가 피해자의 어머니를 살해하고 동생을 중퇴에 빠뜨리는 사건이 발생하였다. 가해자는 피해자를 성폭행하고 감금하여 경찰의 조사를 받았다. 그러나 두 사람의 진술이 엇갈리고 가해자가 임의동행에 응하고 휴대폰을 임의제출 했다고 하여서 긴급체포를 하지 않고 귀가조치를 하는 실수를 하였다.

그 외에도 신변보호 대상자로서 스마트워치를 지급 받았던 피해자의 2차례에 걸친 신고에도 신고자 위치확인 지연으로 살해되는 사건도 발생하였다. 범죄자로부터 피해자들을 보호해야할 경찰이 피해자를 두고 도주하고, 신변보호를 해주고 있는 피해자를 제대로 보호하지 못해서 살해되는 일이 계속해서 발생하고 있는 것이다.

범죄피해자의 보호를 임무로 하는 경찰이 한 번도 아니고 여러 차례에 걸쳐서 신변보호대상자를 보호하지 못하는 이유는 무엇일까? 범죄피해자의 신변보호는 크게 두 가지 측면에서 살펴볼 필요가 있다고 생각한다. 첫째는 피해자보호를 위한 법령이나 제도가 제대로 갖추어지지 않았다는 것이다. 예를 들어 스토킹범죄와 같은 경우에는 법률이 제정되기 전에는 경범죄처벌법위반으로 경미하게 처벌되었다. 따라서 피해자의 신고가 있어도 체포나 구속을 할 수 없어서 바로 석방할 수밖에 없었다. 그리고 가해자는 이를 빌미로 피해자에게 보복을 하는 악순환이 거듭되었던 것이다. 물론 스토킹범죄의 처벌 등에 관한 법률이 제정되어 이제는 형사처벌을 할 수 있게 되었다. 그러나 이와 유사한 경미한 범죄의 경우에는 가해자에 대한 격리가 쉽지 않다. 두 번째는 경찰관들의 소극적인 대처이다. 피해자가 신변보호를 요청하면, 경찰에서는 가해자에게 물리력을 행사해서라도 피해자를 보호해야 할 것이다. 그러나 잘못하면 경찰관 자신이 고소를 당해서 형사처벌을 받거나 민사상 손해배상을 해야 하는 일이 발생할 수 있는 것이다. 특히 범죄자에 대하여 총기를 사용하게 되면 그 사유에 따라 형사처벌이나 징계를 받을 수 있기 때문에 가능하면 사용하지 않게 되는 것이다. 그런데 이러한 법적·제도적인 문제점 때문에 피해는 고스란히 국민들에게 돌아가는 것이다. 그러나 경찰이 국민을 지키지 못하면 국민은 경찰을 믿지 못하게 되고, 경찰은 그 존재이유를 상실하게 되는 것이다. 따라서 경찰은 자신이 희생이 되더라도 국민을 지켜야 되고 더군다나 신변보호를 요청한 국민은 어떤 일이 있더라도 반드시 지켜주어야 할 것이다. 경찰관직무집행법과 경찰법에는 피해자보호를 경찰의 임무로 규정하고 있다. 단순히 범죄를 예방, 수사, 검거해서 사건을 해결하는 것이 문제가 아니라 범죄로부터 피해자를 보호하는 경찰이 국민의 경찰인 것이다. 경찰이 범죄피해자의 신변을 보호하는 것은 경찰의 소명이자 경찰의 존재이유인 것이다. 그러나 최근의 연이은 사건들은 국민들에게 너무나 큰 상처를 주었다. 이러한 상처를 치유해주고 다시 국민의 신뢰를 얻기 위해서는 어떻게 해야 할 것이지를 심각하게 고민해야 할 것이다. 따라서 이 논문에서는 경찰의 신변보호에 대한 이론적 배경과 범죄피해자 신변보호제도에 대해서 전반적으로 살펴보고, 문제점을 도출해서 정말 국민이 믿고 경찰에게 신변보호를 맡길 수 있도록 하기 위해서는 어떻게 해야 할 것인지 그 대안을 모색해보고자 한다.

Ⅱ. 이론적 배경

1. 범죄피해자

현행 「범죄피해자 보호법」에서는 "범죄피해자란 타인의 범죄행위로 피해를 당한 사람과 그 배우자(사실상의 혼인 관계를 포함), 직계 친족 및 형제자매를 말한다."라고 규정하고 있다. 또한 "범죄피해 방지 및 범죄피해자 구조 활동으로 피해를 당한 사람도 범죄피해자"로 본다. 구조금 지급 대상으로서의 범죄피해자와 관련해서는 「헌법」에 "타인의 범죄행위로 인하여 생명·신체에 대한 피해를 받은 국민"이라고 규정하고 있으며, 「범죄피해자 보호법」에서는 "대한민국의 영역 안에서 또는 대한민국의 영역 밖에 있는 대한민국의 선박이나 항공기 안에서 행하여진 사람의 생명 또는 신체를 해치는 죄에 해당하는 행위로 인하여 사망하거나 장해 또는 중상해를 입은 자"라고 하여 보호 대상인 피해자보다 제한적으로 이해하고 있다.

경찰청 훈령인 "피해자보호 및 지원에 관한 규칙" 역시 「범죄피해자 보호법」상 범죄피해자와 동일하게 정의하고 있다. 다만, 경찰활동은 형법상 범죄행위뿐만 아니라 경찰상 위험상태의 피해자까지도 「경찰관 직무집행법」상 보호의 대상으로 삼고 있다는 점에서 「범죄피해자 보호법」의 개념보다는 다소 확장될 필요가 있다. 따라서 경찰활동에 있어서 보호의 대상이 되는 피해자란 "실종자 가족, 자살기도자 등 범죄에 준하는 심신에 유해한 영향을 미치는 행위로 인해 피해를 입은 자"까지도 포함한다고 할 수 있다.(경찰청, 2020: 6)

2. 신변보호

가. 개념

신변보호란 생명이나 신체에 대한 위해의 발생이 예견되는 특정인을 대상으로 직·간접적으로 가해지는 위해를 미연에 방지하고 제거하여, 신변상 안전을 사생활의 평온한 상태로 유지하는 것이라고 할 수 있다. 따라서 범죄피해자 신변보호란 범죄 및 위해 행위로부터 범죄피해자의 안전 및 신체보호를 위한 모든 활동이라고 할 수 있다. 범죄피해자 신변보호의 경우에는 경찰과 검찰, 법원 등 형사사법기관이 보호의 주체가 되어 범죄피해자와 그 가족 그리고 잠재적 범죄피해자를 대상으로 범죄와 위해행위로부터 대상자들의 안전과 신체보호를 위한 예방활동을 의미한다. (김도우, 장석헌, 2016: 6-7) 경찰은 「범죄피해자보호법」, 「특정범죄신고자등 보호법」, 「특정강력범죄의 처벌에 관한 특례법」등 각종 개별 법률을 근거로 하여 신변보호를 실시하고 있다. 「특정범죄신고자등 보호법」은 특정범죄에 관한 범죄신고자 등이나 그 친족 등이 보복을 당할 우려가 있는 경우에 한하여 적용된다.(특정범죄신고자등 보호법 제3조) 그리고 이법은 '범죄신고 등'이라고 규정하고 있어서 범죄 신고의 경우뿐만 아니라 "특정범죄에 관한 신고·진정·고소·고발 등 수사 단서의 제공, 진술 또는 증언이나 그 밖의 자료제출행위 및 범인검거를 위한 제보 또는 검거활동"까지 포함하여 적용된다.(특정범죄신고자등 보호법 제2조 제2호)즉 법명만으로는 증인 및 내부제보자에 한정한 신변보호제도로 보이지만, 사실상 신고자, 범죄피해자, 증인 및 내부제보자의 진술·증언까지 포함한다. 또한 경찰은 명시적인 법적 근거는 없지만, 실무적으로 형사절차와 무관한 가정보호사건, 가정폭력 피해자보호명령사건, 가사소송절차 및 면접교섭권 행사의 당사자도 신변보호의 대상으로 삼고 있다. 이는 일상생활 속에서 발생하는 경미범죄와 관련하여서도 자신의 신변에 대한 불안을 호소하는 국민들이 늘어나고 있는 추세를 반영한 것으로 볼 수 있다. 판례는 경찰관직무집행법을 근거로 범죄의 종류와 무관하게 피해자 및 신고자에 대한 경찰의 신변보호 의무를 인정하고 있다.(박광민, 2016: 28-29) 그리고 피해자의 생명·신체에 계속 위해를 가할 것이 명백하여 피해자의 신변이 매우 위험한 상태에 있었다면, 범죄신고와 함께 신변보호요청을 받은 경찰관은 피해자에 대한 범죄의 위험이 일상적인 수준으로 감소할 때까지 피해자의 신변을 보호해야 할 의무가 있다고 할 수 있다.(대법원, 1998)

나. 법적근거

경찰의 범죄피해자에 대한 신변보호조치에 관련하여 헌법 제30조에서는 "타인의 범죄행위로 인하여 생명·신체에 대한 피해를 받은 국민은 법률이 정하는 바에 의하여 국가로부터 구조를 받을 수 있다."라고 규정하고 있다. 그리고 명시적인 개별 작용법으로는 범죄피해자 보호법 제9조가 있다. 제1항에서는 "국가 및 지방자치단체는 범죄피해자의 명예와 사생활의 평온을 보호하기 위하여 필요한 조치를 하여야 한다."라고 규정하고 있다. 제2항에서는 "국가 및 지방자치단체는 범죄피해자가 형사소송절차에서 한 진술이나 증언과 관련하여 보복을 당할 우려가 있는 등 범죄피해자를 보호할 필요가 있을 경우에는 적절한 조치를 마련하여야 한다."라고 규정하고 있다. 또한 특정범죄신고자 등 보호법 제13조 제1항에서는 "검사 또는 경찰서장은 범죄신고자 등이나 그 친족 등이 보복을 당할 우려가 있는 경우에는 일정기간동안 해당 검찰청 또는 경찰서 소속 공무원으로 하여금 신변안전을 위하여 필요한 조치를 하게 하거나 대상자의 주거지 또는 현재지를 관할하는 경찰서장에게 신변안전조치를 하도록 요청할 수 있다. 이 경우 요청을 받은 경찰서장은 특별한 사유가 없으면 즉시 신변안전조치를 하여야 한다."라고 규정하고 있다. 그리고 특정강력범죄의 처벌에 관한 특례법 제7조에서는 "검사는 특정강력범죄사건의 증인이 피고인 또는 그 밖의 사람으로부터 생명·신체에 해를 입거나 입을 염려가 있다고 인정될 때에는 관할 경찰서장에게 증인의 신변안전을 위하여 필요한 조치를 할 것을 요청하여야 한다."라고 규정하고 있다. 아울러 성폭력범죄의 처벌 등에 관한 특례법 제22조에서는 "성폭력범죄에 대한 처벌절차에는 「특정강력범죄의 처벌에 관한 특례법」 제7조(증인에 대한 신변안전조치를 준용한다."라고 규정하고 있다. 그리고 가정폭력범죄의 처벌 등에 관한 특례법 제55조의2 제5항에서는 "법원은 피해자의 보호를 위하여 필요하다고 인정하는 경우에는 피해자 또는 그 법정대리인의 청구 또는 직권으로 일정 기간 동안 검사에게 피해자에 대한 신변안전조치를 하도록 요청할 수 있다. 즉, 가정폭력행위자를 상대방 당사자로 하는 가정보호사건, 피해자보호명령사건 및 그 밖의 가사소송절차에 참석하기 위하여 법원에 출석하는 피해자에 대한 신변안전조치, 자녀에 대한 면접교섭권을 행사하는 피해자에 대한 신변안전조치 등이 있다. 그 외에도 성매매알선등 행위의 처벌에 관한 법률 제6조, 범죄피해자기금법 시행령 제5조 제1항 제6호, 피해자보호 및 지원에 관한 규칙 등이 있다. 이뿐만이 아니라 경찰법 제3조와 경찰관직무집행법 제2조에서는 범죄피해자 보호를 경찰의 임무 및 직무범위로 규정하고 있다.

다. 경찰의 신변보호제도의 유형

1) 보호시설 연계

장기적 신변보호가 필요한 대상자의 경우 전문기관에 의한 상시적 보호를 받을 수 있도록 우선적으로 전문보호시설로 연계한다. 보호시설 연계대상은 성폭력, 가정폭력, 아동학대, 강력범죄피해자 등 전문기관에 의한 보호 요건을 충족하고 필요성이 인정되는 자이다. 연계기관 중에서 해바라기센터는 성폭력, 가정폭력 피해 여성·아동, 성매매 피해자에 대하여 통합적 지원을 한다. 1366은 성폭력, 가정폭력, 성매매 피해에 대비하여 24시간 운영되는 응급신고전화로, 비공개로 운영하는 보호시설을 연계한다. 아동보호전문기관은 만18세 미만 학대아동에 대하여 쉼터, 전문상담, 의료 및 법률서비스 등을 제공한다. 스마일센터는 범죄로 인하여 기존 주거지에서 일상생활이 곤란한 피해자들에게 일시적으로 주거를 제공한다.

2) 임시숙소

임시숙소는 신변위협으로 귀가 등이 곤란한 피해자 등이 임시로 체류할 수 있도록 사전에 선정된 숙박업소를 연계하고, 체류 비용 등을 지원하는 제도이다. 임시숙소 연계대상은 범죄발생 후 주거지 노출로 추가 피해가 우려 되는 자, 살인·강도·강간·방화 등 강력범죄피해자, 보복범죄 우려 피해자 중 임시숙소가 필요한 자 등이다. 임시숙소는 피해 상황 및 긴급성 등을 고려하여 담당 경찰관이 대상자에게 제도를 안내한다. 대상자가 요청할 경우, 피해자·인권포털시스템상 '임시숙소 신청'에서 심사권자의 승인을 받아 신청한다.

3) 특정시설 신변안전조치

임시숙소는 범죄피해자보호기금 예산으로 범죄피해자에게 사용할 수 있는 반면 증인과 같이 범죄피해자가 아닌 신변보호 대상자의 경우 범죄피해자 보호기금으로 사용할 수 없다. 이를 보완하고자 임시숙소를 이용할 수 없는 증인 등 신변보호 대상자에게 일정기간 동안 특정시설에서의 보호를 할 수 있는 제도로 보호시설이 필요한 범죄피해자에게도 특정시설을 제공한다. 예를 들면 신변보호조치까지는 필요 없으나 보복 우려 등으로 일정기간 가해자와 분리조치가 필요한 가정폭력피해자 등이다.

4) 신변경호

신변경호는 신변보호 대상자에 대한 위험 발생이 명백·중대한 경우에 한하여 근접·밀착 경호, 동행 등의 방법으로 직접적인 보호조치를 하는 것이다. 위험성에 따라 상시근접경호, 경찰관서 출석·귀가시 동행 등의 방식으로 신변경호를 시행한다.

5) 맞춤형 순찰

신변보호대상자의 주거지 및 주변에 대한 순찰을 통해 대상자의 불안감을 해소하고 위해요소를 사전에 차단하는 활동이다. 관할 지구대, 파출소에서는 신변보호대상자의 주거지 등을 주요 순찰 동선에 포함하여, 대상자의 요청시간대 및 취약시간대를 중심으로 순찰을 실시한다.

6) 112긴급신변보호대상자 등록

112신고관리시스템에 '신변보호대상자'를 새로운 관리 항목으로 추가하고, 등록된 대상자에 대해 긴급신고체계를 구축하여, 신속출동서비스를 제공하는 제도이다. 대상자 긴급신고시 대상자 인적사항, 주소, 담당경찰관 연락처 등 등록정보를 바탕으로 실시간 위치추적을 병행하여 지역경찰에서 신속하게 출동 조치한다. 대상자 긴급신고시 112상황실에서는 원칙상 '코드 0'지령으로 신속히 지령한다. 지역경찰은 신속히 현장 출동하여 초동조치하고, 담당부서는 지역경찰과 협업하면서 필요한 후속조치를 실시한다.

7) 신변보호용 스마트워치

실시간 위치추적 및 긴급신고 기능 등이 탑재된 손목시계 형태의 ICT장치를 신변보호 대상자에게 지급하고, 112긴급신변보호 대상자로 등록하여 대상자의 신변을 보호하는 제도이다.

8) 신변보호용 CCTV

대상자의 주거지 등 위치에 신변보호용 CCTV를 설치하여 대상자가 스마트폰에 설치한 CCTV앱을 통해 주변의 위험요소를 상시 실시간으로 확인하고, 위급시 긴급신고가 가능하도록 하여 대상자의 신변을 보호하는 제도이다.

9) 가해자 경고

가해자에 대한 선제적 대응을 위해 사전 경고를 통하여 경찰이 예의 주시하고 있다는 사실 및 제재의 강도 등을 인지하게 함으로써 가해자가 스스로 불법행위를 자제하도록 유도하는 제도이다. 구두경고는 피해자 신고로 현장에 출동한 경우 등과 같이 신변위해가 목전에 급박한 경우에 가해자에 대한 제지와 함께 구두로 경고를 하는 것이다. 서면경고는 신변보호 심사시 현장성, 긴급성은 없으나 신변위해가 우려되는 경우에 피해자의 동의하에 가해자 성향을 판단한 후 가해자에게 서면 경고장을 발부하는 것이다.

10) 피해자권고

피해자에 대한 권고를 통하여 피해자 본인도 신변보호의 주체임을 인식시키고 일시적 피신 등 적극적인 자기보호를 유도하는 제도이다. 피해자 권고는 신변보호 결정 대상자 중에서 위험성이 높다고 인정되는 경우에 실시한다.

11) 신원정보 변경 · 보호지원

범죄피해자가 신원정보 변경 및 보호와 관련된 현존 제도를 활용하여 보복 범죄를 예방할 수 있도록 안내하고, 피해자가 정보 변경 · 보호를 희망할 시 절차의 신청 · 진행 전반을 보조하는 제도이다.(경찰청, 2020: 59-76)

Ⅲ. 범죄피해자 신변보호에 관한 사례분석 및 문제점

1. 사례분석

가. 인천 층간소음 흉기난동 사건

1) 사건 개요

인천 층간소음 흉기난동 사건은 2021년 11월 15일 오후 4시 50분 인천광역시 남동구의 한 빌라에서 층간소음 갈등으로 벌어진 흉기난동 사건이다. 위층의 층간소음 및 흉기난동 가해자 남성이 본인을 신고한 아래층 일가 3명에게 상해를 입혔다. 이 사건은 흉기난동 범죄 그 자체보다도 반복된 신고에도 매번 미진했던 경찰의 대응과 흉기난동 현장에 출동한 경찰관들의 부적절한 대응이 조명받으며 엄청난 논란에 휩싸였다. 무방비 상태의 민간인 피해자가 칼을 맞은 채 무장 가해자와 대치하고, 피해자 가족 가장이 가해자를 제압한 어처구니없는 사건이다. 신고를 받고 출동한 경찰관 한 명은 현장에서 도주하고, 다른 한 명은 범죄 상황에 대한 조치를 취하지 않으며 피해자를 무장 범죄자와 함께 현장에 방치하면서 어쩌면 막을 수 있었을 중상해 사건이 벌어졌다. 게다가 경찰 측은 잘못을 인정하고 사과하기는커녕 오히려 피해자들에게 공론화하지 말라고 협박한 사실이 드러나 여론의 공분을 더욱 사고 있다.

2) 문제점

이 사건은 국민의 생명 · 신체 · 재산을 보호해야 할 경찰관들이 소명을 저버린 정말 어처구니가 없는 사건이다. 첫째, 가해자와 피해자를 분리하여 혹시라도 있을지 모르는 범죄로부터 피해자의 신변을 보호했어야 했다. 둘째, 권총과 테이저건, 삼단봉 등 경찰장구를 사용하여 가해자를 제압하여야 했다. 셋째, 범죄현장에서 이탈하지 말고 범죄자를 제압하여야 했다. 경찰은 위험을 감수하여야하기 때문에 긴급피난을 할 수 없기 때문이다. 넷째, 피해자가 제압하여 기절한 가해자를 테이저건으로 사격한 것은 무기사용의 한계를 일탈한 행위라고 할 것이다. 여섯째, 가장 중요한 것은 현장에 출동해서 신속하게 위험성을 판단했어야 했는데, 전혀 이루어지지 않았다는 것이다.

나. 잠실신변보호 살인사건

1) 사건 개요

이 사건은 2021년 12월 10일 서울시 송파구 잠실동 빌라에서 피의자 이석준이 과거 연인이었던 A씨(21세)의 어머니를 살해하고 남동생에게 중상해를 입힌 사건이다. A씨는 12월 6일 피의자를 성폭행 혐의로 신고한 뒤 12월 7일 스마트워치를 지급받고 경찰의 신변보호 대상자로 보호를 받고 있던 중이었다. 12월

10일 오후 2시 30분쯤 피의자는 과거 연인인 A씨의 집에 침입해 A씨 어머니(49세)와 남동생(13세)에게 흉기를 휘둘렀다. 이날 외출 중이었던 A씨의 아버지가 어머니와 통화중 사건을 인지하고 신고했지만, 이미 흉기에 찔린 상태였고 어머니는 병원으로 이송되었지만 사망했고 남동생은 중태에 빠졌다. 당시 A씨는 집에 없어서 피해를 입지 않았다. 그런데 피해자 가족의 아버지가 2021년 12월 6일 "딸이 감금당한 것 같다"며 강남경찰서에 최초 신고를 했고, 소재 파악 과정에서 대구수성경찰서가 대구에 머무르던 피의자와 피해자를 발견했다. 당시 피해 진술을 확보한 경찰은 피해자를 부친에게 인계하고 피의자에게 귀가 조치를 내렸다. 경찰의 발표로는 당시 두 사람의 진술이 엇갈린 점, 피의자가 임의동행에 응하고 휴대폰을 임의제출한 점 등을 이유로 귀가시켰다.

2) 문제점

이 사건은 경찰에 신변보호를 요청한 피해자의 가족이 살해되었다는 점에서 매우 안타까운 일이다. 첫째, 피해자가 12월 6일 가해자를 성폭행 혐의로 신고하였음에도 불구하고 긴급체포를 하지 않았다는 것은 다시 한 번 반성을 해보아야 할 것이다. 더군다나 신변보호를 요청하면서까지 성폭행을 당했다고 신고했다면, 두 사람의 진술이 엇갈렸다고 하여도 긴급체포를 했어야 할 것이다. 둘째, 신변보호를 요청한 경우에 단순히 스마트워치만을 주면서 위급한 상황이 생기면 신속히 신고하라고만 하는 것은 지나치게 안이한 대처라고 볼 수밖에 없다. 피의자에게 경고나 접근금지명령 등 보다 강력한 조치가 있었어야 할 것이다. 셋째, 피해자의 주소 유출이 가장 큰 문제이다. 피의자는 피해자의 주소를 알기 위하여 흥신소에 의뢰를 하였고 흥신소에서는 구청 공무원을 통하여 피해자의 주소를 넘겨받았다는 것이다. 차적 조회 권한을 남용하여 개인정보를 흥신소에 팔아넘긴 것이었다. 더군다나 살인범의 손에까지 넘어가 사람을 살해하는 데까지 이용되었던 것이다.

다. 서울 중구 오피스텔 스토킹 살인사건

1) 사건 개요

서울 중구 오피스텔 살인사건은 2021년 11월 19일 서울 중구 오피스텔에서

데이트 폭력으로 인해 경찰의 신변보호를 받고 있던 30대 여성이 전 연인인 남성 김병찬(35)에게 흉기에 찔려 사망한 사건이다. 피해자는 사건이 일어나기 6달 전쯤 가해자와 사귀다가 헤어졌었는데 김병찬은 헤어지고 나서도 지속적으로 연락과 폭언을 하고 죽이겠다고 협박하는 등의 생명의 위협을 느낄 정도로 극심한 스토킹에 1년 넘게 시달렸다. 피해자 친구들의 증언에 따르면 김병찬은 피해자의 목을 조르고 칼을 들고 협박하는 등의 폭력을 지속적으로 행사했다. 11월 7일 피해자가 스토킹을 당했다고 경찰에 신고하면서 경찰은 김병찬에게 100m이내 접근 금지, 정보통신을 이용한 접근금지, 피해자에게 스마트워치 지급 등의 조치를 했다. 그런데 피해자는 자신의 오피스텔로 가던 중 김병찬과 마주치고 말았다. 긴급호출용 스마트워치를 사용하여 경찰에게 구조신호를 요청했지만, 위치추적에 실패하여 주거지가 아닌 명동에 경찰이 도착했고 피해자는 경찰이 도착하는 사이 김병찬으로부터 흉기에 찔려 살해당했다.

2) 문제점

이 사건은 신변보호 대상자가 신고를 했는데도 살해되었다는 점에서 매우 충격적인 사건이다. 첫째, 신변보호대상자로서 스마트워치를 지급 받았던 피해자가 2차례에 걸쳐 신고를 하였지만 현행 위치추적시스템의 한계로 인하여 부정확한 위치가 전달돼 살인사건을 막지 못했다는 점이 문제이다. 스마트워치가 위치확인이 되지 않는다면 아무 소용이 없는 것이기 때문이다. 둘째, 당해 사건 이전에도 전 남자친구였던 가해자의 지속적인 괴롭힘 등이 있었음에도 불구하고 보다 선제적이고 강력한 대응을 하지 못한 것이 문제이다.

라. 제주 중학생 피살사건

1) 사건 개요

2021년 7월 18일 오후 제주시 조천읍 한 주택에서 중학생이 어머니의 전 연인에게 살해된 사건이다. 피해자의 어머니는 7월 초 경찰에 A씨를 가정폭력으로 신고했다. B씨는 경찰에 A씨에게 폭행당했고 앞으로도 위협이 있을 것 같다며 경찰에 신변보호를 요청했다. 이에 경찰은 A씨를 폭행 혐의로 입건했으며 A씨에 대해 주거지 100m 이내 접근금지, 전기통신을 이용한 접근금지 등의 긴급임시

조치를 했다. 또한 B씨를 신변보호 대상자로 등록하고, 7월 8일 B씨와 C군이 사는 주택 뒤편에 폐쇄회로(CCTV)를 설치한 데 이어 7월 16일에는 출입문 쪽에도 CCTV를 달았다. 또한 경찰은 피해자 주거지 주변 순찰을 강화하여 7월 3일부터 범행 당일인 18일까지 주·야간 각1회씩 32회 순찰을 했다고 밝혔다.

2) 문제점

이 사건은 여러 신변보호조치가 이루어지고 피의자가 가정폭력으로 입건까지 된 상태에서 벌어진 것이라 더욱 문제가 심각하다. 첫 번째, 경찰이 숨진 중학생 A군에 대한 '신변보호 신청권' 등을 고지하지 않았고, 경찰 직권으로 신변보호조치를 할 수 있었음에도 하지 않았다는 것이다. 피해자 보호 및 지원에 관한 규칙은 경찰이 피해자에게 신변보호 신청권에 대한 정보를 제공하도록 정하고 있고, 직권 또는 피해자 신청에 의해 신변보호에 필요한 조치를 취할 수 있도록 규정하고 있다. 둘째, 지난 7월 5일 개최된 피해자의 신변보호심사위원회에서 당시 폭행 피해자였던 모친만 신변보호 대상자로 등록됐고, 중학생 아들에 대해서는 신변보호 조치가 이뤄지지 않았다. 특정범죄신고자 등 보호법에 따르면 범죄신고자와 친족 등이 보복당할 우려가 있을 때 신변보호조치를 시행하도록 규정하고 있다. 적극적인 신변 보호가 이뤄졌다면 A군의 죽음을 막을 수 있었을 것이다. 셋째, 경찰은 당시 재고가 없어 스마트워치를 지급하지 못했다고 밝혔지만, 이후 재고가 있었음에도 지급하지 않았다. 넷째, 피해자 주택에 설치한 CCTV와 관련해서도 경찰이 동행하지 않았다. 신변보호 매뉴얼은 신변보호 CCTV 설치 시 담당 경찰 등이 현장에 임장을 하도록 규정하고 있다.

2. 경찰신변보호의 문제점

가. 법령의 미흡

경찰에 신변보호를 요청하는 사건은 아직 중대한 범죄가 발생하기 전이라는 공통점이 있다. 그러나 이는 경찰입장에서 판단하는 것이고, 신고자인 범죄피해자 입장에서는 매우 절박하고 긴급한 것일 가능성이 높다. 다시 말해서 현재 법적으로 체포나 구속을 할 정도의 중대한 범죄는 저지르지 않았지만 살인과 같은 생명까지도 앗아갈 수 있는 강력 범죄로 이어질 가능성이 높기 때문에 신변보호를 요청하는 것이다. 여기에는 두 가지 문제점을 내포하고 있다. 하나는 형사 처벌할 정도의 범죄가 없는데도 의심만 가거나 경미한 범죄인 경우에 가해자를 체포하거나 최소한 경찰서 유치장 등에 격리시킬 수 없다는 것이다. 이 경우 경찰이 적극적으로 가해자를 체포하거나 보호조치를 할 수 있는 법적 근거가 없다는 것이다. 따라서 경미범죄인데도 강력 범죄로 이어질 가능성이 높은 경우에 가해자를 격리하여 별도의 보호시설에서 보호할 수 있는 법령이 없다는 것이다. 두 번째는 경찰관들이 직무를 집행하면서 위험성판단을 잘못하여 총기를 사용한다든지, 가해자에게 피해를 입힌다든지, 재산상 피해를 입혔을 경우에 면책을 받을 수 있는 법령이 제도적으로 뒷받침되고 있지 못하다는 것이다. 경찰관들이 사건 현장에서 범인을 검거하거나 범죄를 제압하기 위해서 총기나 기타 경찰장구를 사용하였을 경우에도 구체적인 상황을 따져서 정당방위나 긴급피난 기타 법령에 규정된 면책조건이 되어야 책임을 면할 수 있다. 형사 처벌을 받지 않는 경우에도 징계책임을 지는 경우도 허다하다고 할 수 있다. 이런 이유 때문에 경찰관들은 적극적으로 업무처리를 하지 않을 수 있는 것이다. 따라서 범죄피해자의 신변보호 요청을 받더라도 적극적으로 가해자를 긴급체포한다든지 신체수색이나 가택수색 등의 조치를 하지 못하는 것이다.

나. 경찰신변보호제도의 미비

현재 경찰은 범죄피해자의 신변보호를 위해 다양한 신변보호제도를 운영하고 있다. 즉 보호시설, 임시숙소, 신변경호, 맞춤형 순찰, 112등록, 스마트워치, CCTV설치, 가해자 경고, 피해자 권고, 신원정보 변경 · 보호 등의 신변보호제도가 있다. 그런데도 불구하고 계속해서 신변보호를 받는 범죄피해자가 강력범죄의 피해를 입는 사건이 발생하고 있다. 이것은 경찰의 신변보호가 밀착경호가 아니라 실상은 스마트워치 신고에 의한 긴급출동 방식으로 이루어지고 있기 때문이다. 물론 경찰이 눈앞에 있는데도 불구하고 위해를 가하는 경우도 있지만, 경찰이 신변보호를 요청한 모든 사람을 밀착 경호하는 것 또한 불가능한 일이다. 현재 경찰의 인력을 가지고는 개인별로 밀착경호를 할 수 없다는 한계가 있고 계속되는 신변보호대상자의 피해를 막을 수는 없다. 대부분의 사건에 있어서 스마트워치를 누르는 것은 신변보호대상자가 가해자를 맞닥뜨렸을 때이다. 그러면 신변보호대상자가 스마트워치를 누르고 가해자가 대상자와 대치하는 시간내지는 범행을 자행하기 전에 현장에 도착해야 된다. 이 순간이 골든타임인데 모든 사건의 상황이 다르겠지만 최소 스마트워치를 눌렀다는 것은 피해자가 가해자에게 아직 피해를 입기 전이기 때문에 최대한 빠른 시간에 현장에 출동하는 것이 관건이 되겠다. 그러나 앞의 사례에서 보듯이 스마트워치가 정상적으로 작동되는 데에도 반경 2km 정도 오차가 발생한다면 특히나 건물이 밀집한 시내의 경우에는 아무 소용이 없을 것이다.

다. 신변보호 전담부서의 부재

현재 경찰의 신변보호는 범죄피해자의 신청이나 경찰의 직권으로 요청할 수 있다. 경찰내부의 담당부서가 정해지면 위험성판단 체크리스트를 통하여 위험성을 판단한 후, 기능별 신변보호심사위원회를 통해 신변보호의 필요성과 종류, 방법, 기간 등을 결정한다. 그러나 문제는 신변위협의 판단과 신변안전의 결정을 담당 경찰관의 재량에 맡기고 있다는 것이다. 물론 범죄피해자 신변보호 필요성 판단기준으로 위험의 구체성, 상당성, 긴급성이라는 기준을 제시하고 있지만 지나치게 추상적인 면이 있다. 전담 경찰관이 있다 하여도 개인이 모든 상황을 정확하게 판단한다는 것은 한계가 있고, 기능별 심사위원회는 전담경찰관의 판단에 대부분 의지하고 있다는 단점이 있다. 신변보호 요청건수를 보면 2018년 9,422건, 2019년 13,686건, 2020년 10월 기준 12,543건으로 계속해서 증가하는 추세에 있다.(연합뉴스, 2021.2.8.) 그런데 경찰은 여성청소년과 형사과 등 해당 기능에서 원래 업무를 하면서 신변보호 요청을 받으면 과외로 신변보호 업무를 수행하는 것이다. 따라서 해당 기능은 신변보호에 대한 전문성을 가지고 있다고 보기가 어렵다. 범죄피해자에 대한 신변보호는 생명과 신체에 대한 위해의 위험성이 매우 높기 때문에 이 분야에 대한 전문성이 전제되어야 한다. 우선 피해자의 피해정도, 피해유형, 피해의 반복횟수 및 주기 등에 대하여 심도 있게 파악해야 한다. 아울러 가해자에 대한 전과, 정신병력, 알콜중독 등 위험성을 신속히 파악해야 할 것이다. 그러나 현재 경찰은 이러한 상황에 대처할 전문성을 가진 부서를 두고 있지 않다.

라. 신변보호제도의 운영을 위한 장비의 미비

범죄피해자 신변보호 사건 중에서 서울 중구 오피스텔 스토킹 살인사건의 경우에는 피해자가 2차례나 신고를 하였는데, 위치추적시스템의 한계로 인하여 골든타임 내에 경찰이 현장에 도착하지 못하는 불상사가 발생하였다. 범죄피해자 보호를 위하여 스마트워치를 지급하고 있는데, 위치를 정확히 파악하지 못한다면 앞으로도 계속해서 이와 같은 일이 벌어질 수 있다는 것이다. 더군다나 제주 신변보호 중학생 피살사건의 경우에는 스마트워치의 재고가 없어서 신변보호 대상자로 지정하고도 스마트워치를 지급하지 못했다는 것은 참으로 부끄러운 일이다. 아울러 중학생 피살사건의 경우 피해자의 집에 CCTV를 앞뒤로 설치하였는데도 집에 침입하여 중학생을 살해했다는 것은 경찰 신변보호제도의 허점을 여실히 드러낸 것이라 할 수 있다. 맞춤형 순찰도 하고 CCTV도 설치하였는데도 보복범죄가 발생하였다는 것은 장비자체에 문제가 있다는 것이다. 예를 들어 CCTV 같은 경우에는 범인을 검거하는데 증거로 사용할 수 있을지는 모르지만 범죄를 예방할 수는 없었다는 것이다. 따라서 단순히 현장을 관찰하는 CCTV가 아니라 범인이 침입할 경우에는 소리가 울리고 바로 경찰에 신고가 되는 지능형 CCTV와 같은 장비를 설치했어야 한다. 그리고 스마트워치의 경우에도 반경 2km 정도가 아니라 범죄현장을 정확히 표시할 수 있는 장비를 개발하거나 도입해야 할 것이다.

마. 예산과 인력의 부족

신변보호조치는 신변보호 임무를 수행할 경찰인력과 신변보호를 위한 시설이 미리 마련되어 있어야 가능하며, 신변보호 인력이나 시설을 구비하기 위해서는 이에 필요한 예산이 미리 책정되어 있어야 한다.(박광민, 강석구, 2009: 87) 지금처럼 경찰에 편중된 신변보호제도를 운영하고 있음에도 다른 기관이 임무를 대체할 수 없다는 점에서 경찰의 신변보호예산은 증액되어야 한다. 실무에서는 연말이면 예산이 바닥나 신변보호 대상자들에 대한 임시숙소를 외상으로 사용하고 있고, 피해자 주거지에 설치하는 CCTV는 피해자 기금이 아닌 경찰청 자체 예산으로 지원하고 있는 실정이다. 현장 부처인 경찰청의 신변보호 예산 확보는 수요자의 요구에 부응하는 새로운 유형의 신변보호조치를 발굴할 수도 있다. 특히 치안인력 부족을 보완하기 위해 ICT기술과의 접목을 통한 연구를 실현케 하고, 이는 신변보호조치의 전문성, 독자성, 대응성 강화에 기여하게 될 것이다.(이정원, 2019: 36-37)

Ⅳ. 신변보호 강화방안

1. 신변보호관련 법령의 제정 · 개정 필요

범죄피해자의 신변을 보호하기 위한 법령 중에서 가장 핵심적인 내용은 경미범죄에 대해서도 형사처벌을 할 수 있게 함으로써 가해자가 더 이상 피해자를 괴롭히지 않도록 하고, 살인 등 강력범죄를 사전에 차단할 수 있을 것이다. 특히나 과거 연인관계에 있었거나 내연관계, 부부관계 등 관계성이 있는 경우에는 초기의 폭행이나 협박이 살인이나 납치, 강간 등 강력 범죄로 발전할 가능성이 매우 높다고 할 것이다. 이러한 점에서 스토킹 범죄의 처벌 등에 관한 법령이 제정된 것은 매우 다행스러운 일이라고 할 수 있을 것이다. 과거 경범죄처벌법에 의하여 약한 처벌을 하였던 것을 형사 처벌할 수 있게 됨으로써 피해자에 대한 신변보호 차원에서는 아주 잘된 일이다. 최근 스토킹으로 인하여 정상적인 일상생활이 어려울 만큼 정신적 · 신체적 피해를 입는 사례가 증가하고, 범행 초기에 가해자 처벌 및 피해자에 대한 보호조치가 이루어지지 아니하여 스토킹이 폭행, 살인 등 신체 또는 생명을 위협하는 강력 범죄로 이어져 사회 문제가 되고 있었다. 이에 따라 스토킹이 범죄임을 명확히 규정하고 가해자 처벌 및 그 절차에 관한 특례와 스토킹범죄 피해자에 대한 각종 보호절차를 마련하여, 범죄 발생 초기 단계에서부터 피해자를 보호하고, 스토킹이 더욱 심각한 범죄로 이어지는 것을 방지할 수 있을 것이라 생각된다. 이 법에서는 상대방의 의사에 반하여 피해자에게 접근하거나 물건 등을 훼손하는 행위를 하여 불안감 또는 공포심을 일으키는 것을 스토킹행위로 정의하고, 지속적 또는 반복적으로 스토킹행위를 하는 것을 스토킹범죄로 규정하였다. 그리고 사법경찰관리는 진행 중인 스토킹행위에 대하여 신고를 받은 즉시 현장에 나가 스토킹행위를 제지하고, 향후 스토킹행위의 중단을 통보하며, 잠정조치 요청 절차 등을 피해자에게 안내하는 등의 조치를 하도록 하였다. 그러나 스토킹범죄의 처벌 등에 관한 법률에서는 스토킹범죄를 반의사불벌죄로 규정하고 있다. 이는 가해자나 그 가족이 피해자를 겁박하는 부작용만 낳고 있다. '처벌불원의사'를 밝히라고 또 다른 스토킹을 저지르는 것이다. 따라서 피해자가 처벌을 원치 않으면 처벌을 못한다는 법조항도 고쳐야 할 것이다(mk뉴스,2022.2.17.) 범죄피해자의 신변보호를 위해서 두 번째로 중요한 것은 경찰관이 소신을 가지고 적극적으로 신변보호 조치를 하도록 하는 것이다. 그러기 위해서는 사소한 잘못에 대해서 형사책임은 물론이고 민사책임이나 징계책임을 지지 않아도 되도록 하여야 할 것이다. 이와 관련하여서는 최근 경찰관직무집행법 개정안이 국회를 통과하였는데 정말 다행스러운 일이다. 사실 경찰공무원의 관련 직무활동에 대한 보호규정이 없어 위급한 상황에서도 경찰관이 소극적으로 사건에 임할 수밖에 없는 경우가 많았다. 따라서 이번 경찰관직무집행법 개정에서는 직무활동에 대한 면책규정을 신설하였다. 즉, "경찰관이 범죄가 행하여지려고 하거나 행하여지고 있는 긴박한 상황을 예방하거나 진압하기 위한 직무를 수행하는 과정에서 사람의 생명 · 신체를 보호구조하기 위해 타인에게 생명 · 신체 · 재산상의 피해가 발생한 경우, 그 직무 수행이 불가피하고 경찰관에게 고의 또는 중대한 과실이 없는 때에는 그 정상을 참작하여 피해에 대한 형사책임을 감경하거나 면제할 수 있다."라는 규정을 신설하였다.

2. 구속사유의 추가

범죄피해자의 신변보호를 위해서 가장 중요한 것은 가해자에 대한 선제적인 예방조치이다. 현재는 가해자에 대한 서면경고 정도인데, 보다 강력한 가해자 제지조치가 입법화 되어야 할 것이다. 예를 들어 현재 스토킹범죄의 처벌법에서는 "사법경찰관은 스토킹행위 신고와 관련하여 스토킹행위가 지속적 또는 반복적으로 행하여질 우려"가 있을 경우에는 긴급응급조치를 할 수 있고, 법원은 검사의 청구에 의하여 잠정조치를 취할 수 있도록 하고 있다. 그러나 신변보호조치 대상자들의 위험성이 높고 긴급할 경우에는 사법경찰관이 긴급응급조치로서 가해자를 국가경찰관서의 유치장 또는 구치소에 유치할 수 있도록 하여야 할 것이다. 왜냐하면 신변보호 대상자에 대한 가장 핵심적인 신변보호방법은 가해자를 확실하게 격리하는 것이라고 할 수 있을 것이기 때문이다. 따라서 가해자를 막기 위해서는 구속사유를 추가할 필요가 있다. 피의자 구속사유에 '재범의 위험성'과 '피해자 등 위해 우려'를 추가해 유사범죄가 발생하는 것을 방지하여야 할 것이다. 현재 구속심사에서 위해 우려나 재범 가능성을 염두에 두긴 하지만 법원마다 판단이 다를 여지가 있다. 따라서 별도로 재범의 위험성'과 '피해자 등 위해 우려'를 구속사유로 할 필요가 있다.(헤럴드경제, 2022.2.18.)

3. 가해자에 대한 GPS위치추적감시 제도 도입 필요

최근 연이어 발생하는 스토킹 피해자 및 피해자 가족 사망사건은 경찰의 신변보호 제도가 피해자의 재피해를 예방하고 안전을 보장하는데 커다란 흠결이 있음을 드러내고 있다. 따라서 가정폭력범죄의 처벌 등에 관한 특례법상 임시조치, 피해자 보호명령, 보호처분 위반 및 스토킹범죄의 처벌 등에 관한 법률상 잠정조치 위반에 대한 제재규정으로 가해자 추적제도 도입을 검토해 볼 필요가 있다. 얼마 전 2022.2.14.에 발생한 구로 신변보호 대상자 살해사건의 경우는 경찰이 피해자의 스마트워치 신고를 받고 3분 만에 도착했지만 피해자를 구할 수 없었다. 경찰이 아무리 빨리 출동한다고 하여도 순식간에 이루어지는 범행을 막을 수 없는 것이다. 이를 막기 위해서는 피해자가 아니라 가해자에게 GPS추적 장치를 부착해서 피해자에게 접근할 수 없도록 조치를 하여야 할 것이다. 가해자에게 GPS 추적 장치를 부착해서 가해자와 피해자간 거리가 일정 수준 이상으로 가까워지면 경찰과 피해자에게 경보가 울리도록 하면 범죄를 예방할 수 있을 것이다.(한겨레, 2022.2.8) 미국, 스페인 그리고 프랑스가 가정폭력 등 친밀한 관계에서의 폭력을 사유로 한 접근금지명령 위반자에 대한 위치추적 감시제도를 도입하였고, 영국과 호주에서는 동 제도를 시범 운영 중에 있다. 2022년 1월 현재 미국의 23개 주정부에서 가정폭력 가해자에 대한 GPS부착 명령 관련 법률이 제정 · 시행 중에 있다. 10개 주정부에서는 관련 법률안이 발의되어 입법 절차가 진행 중이다.(허민숙, 2022: 1-9) 우리나라의 경우에도 빠른 시일 내에 도입할 필요가 있다고 생각한다.

4. 신변보호관련 제도의 정비

현행 경찰의 신변보호제도는 스마트워치를 지급하고 위협이 있으면 신속히 신고를 받고 출동하는 시스템이다. 이는 제한된 인력을 가지고 다른 경찰업무를 수행하면서 신변보호를 하는 것이기 때문에 불가피한 것이다. 특히 CCTV나 맞춤형 순찰 등도 범죄를 예방하기에는 역부족이라는 생각이 든다. 아울러 임시숙소나 출석귀가시 동행도 일시적일 수밖에 없다. 따라서 가장 확실한 신변보호는 밀착경호일 수밖에 없다. 현재 경비업법에서는 경비업무의 하나로 신변보호업을 규정하고 있다. 사실 민생치안업무 특히나 각종 범죄를 단속해야 할 경찰이 모든 신변보호업무까지 도맡아서 할 수는 없을 것이다. 따라서 제주 중학생 살인사건과 같이 중요한 사건의 경우에는 경찰관이 직접 밀착경호를 해주어야 할 것이다. 그러나 이보다는 경미한 경우에는 민간경비업체와의 협업이 반드시 필요하다고 생각한다. 국민들 입장에서는 경비업체의 경호를 받는 것이 재정적으로 부담스러울 수 있다. 따라서 국가에서 기금을 조성하여 신변보호를 위한 비용을 지원하는 방안을 강구해볼 필요가 있다고 생각한다.

5. 신변보호 전담부서의 설치

현재 경찰에서의 신변보호는 사건의 내용에 따라 재산범죄의 경우에는 수사, 협박, 폭행 보복범죄 등 형법상 구성요건 해당성 있는 범죄행위는 형사, 스토킹, 성폭력, 가정폭력, 학교폭력, 아동학대 등은 여성청소년, 일반적인 범죄예방이나 사건처리 없이 위험성이 있는 경우에는 생활안전 등으로 여러 기능에서 담당하고 있다. 그러나 신변보호는 접수단계에서부터 피해자 또는 가해자에 대한 체크리스트 작성을 시작으로 심사위원회에 의한 신변보호 여부나 종류 등을 결정하여야 한다. 그러나 해당부서는 본연의업무를 하면서 부가적으로 신변보호업무를 수행하는 것이기 때문에 전문성을 확보할 수 없는 것이다. 따라서 해당 범죄에 대한 수사 및 처벌은 각 기능에서 처리하면 될 것이고, 신변보호업무는 별도의 전담부서를 설치하여 대응능력을 강화하는 것이 바람직하다고 생각한다. 예를 들어 사건을 처리하던 중이던 사건과 관계없이 일단 신변보호요청이 들어오면, 전담부서의 전담요원들이 출동하여 신변보호에 대한 위험성 조사를 하고, 체트리스트와 현장조사, 전문가 상담, 관련 증거 등을 종합적으로 판단하는 심사위원회에서 신변보호에 대한 결정을 하는 것이 바람직하다고 생각한다. 아울러 신변보호활동에 대해서도 전문적인 기법을 개발할 필요가 있고, 민간경비업체와도 협업을 할 수 있는 시스템을 구축할 필요가 있을 것이다.

6. 신변보호 장비의 개발

현재 경찰에서 운영하고 있는 신변보호장비는 스마트워치와 CCTV라고 볼 수 있다. 그러나 서울 중구 스토킹 살인사건과 같이 위치가 정확히 나타나지 않는다면 무용지물이 될 수밖에 없다. 따라서 보다 성능이 향상된 스마트워치를 개발할 수 있도록 해야 할 것이다. 아울러 CCTV도 기존의 녹화만 가능한 것이 아니라 주변배회나 침입시도 등을 감지하여 경고하는 인공지능 CCTV를 도입할 수 있도록 하여야 할 것이다. 그러나 이러한 장비는 기본적으로 경찰이 도착할 때까지 피해자의 신변을 지켜주지 못하는 단점이 있다. 따라서 피해자가 가해자의 범죄행위로부터 자신을 지킬 수 있는 장비의 개발이 시급하다고 할 수 있다. 우선은 총포 · 도검 · 화약류 등 단속법상의 허가절차를 밟아서 전자충격기나 분사기 등을 대여해 주는 방안도 고려해 보아야 할 것이다. 스토킹 및 전 · 현 연인, 가족 등 관계성 범죄는 폭력을 수반하는 경우가 많고 강력 범죄로 이어질 가능성이 높다. 특히나 잠실 신변보호 대상자 어머니 살해사건과 같이 가해자가 불시에 침입할 경우 생명이 위태로워 질 수 가 있을 것이다. 이런 경우에는 경찰이 출동할 때까지 기다릴 시간적 여유가 없는 것이다. 따라서 경찰이 출동할 때까지 자신을 지킬 수 있는 장비를 대여해 주는 방안도 고려해보아야 한다고 생각한다. 외국의 경우에는 총기소지가 허용되는 경우도 있지만 우리나라는 그렇지 못하기 때문에 자신을 지킬 수 있는 삼단봉이나 경찰봉 등도 대여해줄 수 있는 방안을 고려해보아야 할 것이다.

7. 신변보호관련 예산의 확충

아무리 좋은 신변보호제도를 구축한다고 할지라도 충분한 재원이 뒷받침되지 못하면 그 효과를 발휘하지 못하게 되므로 신변보호제도의 확립을 위해서는 무엇보다도 재원의 확보가 선결되어야 할 과제이다. 범죄피해자 신변보호를 위한 재원은 국고보다 가칭 '범죄피해자기금'과 같은 공적 기금을 운영하는 것이 바람직하다. 범죄피해자 기금과 같은 재원을 확보하기 위해서는 여러 가지 방안이 강구될 수 있다. 우선 민간부문에서 기부금을 받는 방법이 있다. 민간기부금은 범죄피해자의 인권보호나 증인의 신변보호의 필요성에 대한 대국민 홍보가 활성화되면 그 효과가 클 것으로 생각된다. 둘째, 범죄수익규제법에 따라 범죄자로부터 몰수, 추징하여 박탈한 범죄수익환수 분 중 일부를 범죄피해자기금으로 편입시키는 방안이다. 이외에도 국고에서 일정금액을 출연 받는 방법도 있다. 연간 신변보호비용을 미리 예측하기 어렵지만 신변보호를 위한 고정비용은 어느 정도 예측할 수 있을 것이므로 이 비용에 대한 예산을 매년 편성하여 범죄피해자기금으로 편입시키는 방안도 생각할 수 있을 것이다.(박광민, 강석구, 2009: 103-104)

Ⅴ. 결 론

경찰은 범죄의 예방진압 및 수사, 국민의 생명·신체·재산의 보호 그리고 범죄피해자 보호 등을 임무로 하고 있다. 그런데 최근 경찰의 신변보호를 받던 피해자나 그 가족들이 살해되는 사건이 연이어 발생하고 있다. 이는 경찰의 범죄피해자 신변보호에 커다란 구멍이 난 것이다. 나아가 국민의 신뢰를 상실하게 되었고, 범죄피해자 보호라는 경찰의 소명을 제대로 수행하지 못한 것이다. 이 논문에서는 경찰의 범죄피해자 신변보호제도에 대해서 심도있게 살펴보고 그 문제점과 대책을 살펴보았다. 우선 이론적 배경에서는 범죄피해자와 신변보호 그리고 신변보호 위험성 판단기준에 대해서 알아보았다. 그리고 사례분석을 통하여 경찰 신변보호의 문제점과 대책에 대하여 살펴다. 먼저 법령상으로는 가해자를 강제로 격리시킬 수 있는 법령이나 경찰관의 책임을 감면해 줄 수 있는 규정이 미비하였다. 그리고 제도적으로는 밀착경호가 아닌 스마트워치에 의한 긴급출동시스템이 문제가 되었다. 그리고 신변보호가 전담부서가 없이 각 기능별로 나누어져 있어서 전문성이 떨어지는 문제점이 있었다. 그리고 스마트워치의 위치추적시스템이 한계가 있고 CCTV도 단순히 녹화하는 기능만을 가진 것이었다. 아울러 사실상 신변보호 업무를 대부분 수행하는 경찰에게 주어진 예산이 턱없이 부족한 실정이었다.

이를 해결하기 위해서는 신변보호관련 법령을 제정할 필요가 있을 것이다. 따라서 경미범죄에 대해서도 가해자를 처벌할 수 있는 법령과 경찰관이 적극적인 신변보호를 할 수 있도록 면책을 보장하는 법령의 제정이 필요하다. 아울러 가해자에 대해서 선제적으로 격리할 수 있는 법령의 제정이 필요하다고 생각한다. 또한 구속사유로서 '재범의 위험성'과 '피해자 등 위해 우려'를 추가할 필요가 있다고 생각한다. 그리고 가해자에 대한 위치추적GPS 감시시스템의 도입이 필요하다고 생각한다. 아울러 현행 신속출동 시스템으로는 모든 신변보호를 다할 수 없기 때문에 신변보호업무를 하는 민간경비업체와의 협업이 필요하다고 하겠다. 그리고 현재의 신변보호제도는 범죄별로 담당부서가 나누어져 있어서 전문성이 떨어질 수밖에 없다. 따라서 신변보호업무는 별도의 전담부서를 설치하여 대응능력을 강화하는 것이 바람직하다고 할 것이다. 또한 신변보호 장비의 개발이 필요할 것이다. 특히 스마트워치는 위치추적시스템을 보다 향상시켜야 할 것이다. 아울러 CCTV는 단순 녹화가 아니라 경고도 할 수 있는 인공지능시스템으로 바꿔야 할 것이다. 그리고 경찰이 출동할 때까지 피해자가 자신을 지킬 수 있는 전자충격기나 가스총, 삼단봉 등을 대여해주는 방안도 고려해 보아야 할 것이다. 마지막으로 신변보호제도의 확립을 위해서는 충분한 재원이 확보되어야 할 것이다. 이를 위해서는 범죄피해자 기금을 조성해서 활용하는 것이 바람직할 것이다

5 피의자의 인격권 보호

5. 피의자의 인격권 보호

Ⅰ. 서 론

범죄수사의 목적은 실체적 진실발견과 더불어 피의자의 인권보장이라고 할 수 있다. 이를 위해서 형사소송법에서는 각종의 수사절차를 규정하고 있고, 고문 등 위법한 방법에 의하여 수집한 증거에 대해서는 증거능력을 부정하고 있다. 그러나 수사기관의 우월적 지위에 의한 실체적 진실발견의 과정에서 피의자의 기본권 특히 인격권이 침해되는 일이 빈번하게 발생하고 있다. 피의자의 인격권이 침해되는 이유는 실체적 진실발견을 위한 과잉수사, 실적홍보, 통제위주의 피의자 관리 등 다양한 원인이 있다. 그러나 가장 중요한 이유는 수사기관의 피의자의 인권에 대한 권리의식이 희박하여 인격권의 침해가 공공연하게 행하여지는 것이 우리나라의 현실이다(한상호, 1974: 146). 피의자는 헌법상의 대원칙인 무죄추정의 원칙을 적용받아, 최종적으로 형이 확정될 때까지는 무죄이고, 죄를 지었다고 해도 인간으로서의 존엄과 가치는 존중되어야 한다는 사실에 대한 인식이 부족하기 때문이라고 할 수 있다. 다시 말해 인간의 존엄성은 모든 인간에게 인정되기 때문에 피의자에게도 인정되어야 한다(권영성, 1976:16)는 것이다. 최근 화성연쇄살인사건 중 8차 사건에 대하여 이춘재가 자기가 저질렀다고 진술하였다. 특히 범행현장인 방의 크기와 내부구조, 이부자리까지 정확히 표현한 것으로 보아 진범일 가능성이 매우 높아 보인다. 그렇다면 당시 범인으로 지목되어 무기징역을 선고받고 20여년을 복역하다가 가석방된 윤모씨는 억울하게 옥살이를 한 것이다. 이와 같이 방사성동위원소 분석이라는 당시로는 첨단수사기법에 의하여 범인으로 특정한 경우에도 잘못될 수 있는 것이기 때문에 무죄추정의 원칙은 철저히 지켜져야 할 것이다. 또한 범인으로 확정된 경우라도 인간의 기본권 특히 인격권은 존중되어야 할 것이다. 그러나 현실에서는 경찰이나 검찰 등 수사기관에 의한 인격권 침해는 피의자의 지위고하를 막론하고 계속해서 발생하고 있는 상황이다. 2009년 노무현 전 대통령은 뇌물수수 혐의로 검찰조사를 받던 중 극단적 선택을 하였다. 그 이유는 본인만이 알겠지만, 당시 언론에서는 “2억 상당의 명품시계를 받아서 논두렁에 버렸다." 등 수사상황이 계속해서 흘러나왔다. 이는 무죄추정을 받아야 할 피의자가 마치 진실인양 피의사실이 언론에 보도됨으로써 자살로 까지 몰아간 인격살인에 해당한다고 할 수 있을 것이다. 이러한 사례는 2003년 정몽헌 현대회장 투신자살사건, 2004년 남상국 대우건설사장 한강 투신자살사건 등 여러 건이 있다. 정도의 차이는 있지만 경찰의 수사과정에서도 피의자의 인격권을 침해한 사례는 얼마든지 있다. 2012년 서울 강동경찰서에서는 '보험사기 형제 검거'라는 제목의 보도 자료를 냈는데, 피의자는 "경찰의 조사장면 촬영허가는 인격권 침해로 위헌"이라는 헌법소원을 제기하였다. 이에 대하여 헌법재판소는 2014년 위헌결정을 내렸다. 재판부는 "정씨는 보험사기 피의자에 불과해 경찰직무 규칙상 허용되는 예외사유에 해당하지 않기 때문에, 촬영요청을 허용하지 않거나 신원이 노출되지 않도록 모자, 마스크 등을 씌워야 했다."라고 하였다. 더군다나 "일부 방송에서는 컴퓨터 화면에 띄워진 피의자 신문조서에 기재된 실명까지 나와 초상권과 인격권이 침해됐다."라고 하였다. 이외에도 공직선거법 위반 피의자에 대한 신체검사시 속옷까지 벗은 상태에서 앉았다 일어 섰다를 시킨 경우, 유치실내의 화장실 사용 등 피의자의 인격권을 침해한 사례가 여러 건 있다. 피의자의 인격권에 대한 침해는 한사람의 생명을 포기하게 하거나 평생 씻을 수 없는 상처가 되는 데도 불구하고 근절되지 않고 계속해서 발생하는 이유는 무엇일까? 첫째는 피의자의 인격권 침해에 대한 처벌규정이 미흡하다는 것이다. 현행법상 인격권 침해에 대해 성립요건이나 처벌조항을 규정한 법률은 없다. 다만 민법상 불법행위로 손해배상을 인정하거나 형법상 피의사실공표죄가 있으나 현실적으로 사문화되어 있어서 이 죄로 처벌받은 사례가 한 건도 없다는 것이 이를 여실히 증명하는 것이다. 그리고 언론중재 및 피해구제 등에 관한 법률에서 "타인의 인격권을 침해한 경우에는 그 피해를 신속하게 구제하여야 한다."라고 규정하고 있지만 처벌규정은 없다. 둘째, 수사기관의 피의자 신문방식의 문제이다. 수사기관은 실체적 진실을 밝히는데 있어서 엄격한 증거에 의하여야 할 것이다. 그러나 피의자의 명예나 자존심, 존엄성에 대하여 필요 이상의 자극을 줌으로써 자백을 얻어내고자 하는 심리적 압박에 의한 진술 강요방식이 문제이다. 셋째, 피의자의 인격권 침해에 대한 수사기관의 인식이 너무나 안이하다는 것이다. 피의사실 공표 등 피의자에 대한 인격권 침해는 피의자가 형벌을 마치고 사회에 복귀해서 평안하게 살아갈 수 있는 기회를 원천적으로 박탈하는 중대한 범죄행위이다. 범죄자에 대해 형벌을 가하는 이유는 지은 죄에 대한 처벌의 의미도 있지만 앞으로 또 다시 범죄를 저지르지 못하도록 하는 것이 더욱더 중요한 의미가 있는 것이다. 그러나 초상권이나 성명권 등이 침해되어 언론에 보도되면 향후 사회에 복귀하여 정상적으로 생활하지 못하게 되는 것이다. 더군다나 요새와 같이 인터넷이나 미디어가 발달한 사회에서는 더욱더 개인의 정보에 대한 자기결정권이 존중되어야 할 것이다.

따라서 이 논문에서는 먼저 인격권 대한 이론적 배경을 살펴보고, 인격권 침해에 대한 판례를 분석해 보고자 한다. 그리하여 인격권 침해의 문제점을 도출하고 인격권 침해에 대한 구제방안과 인격권보호를 위한 예방방안을 제시해 보고자 한다.

Ⅱ. 이론적 배경

1. 인격권의 개념

인격권이라 함은 생명 · 신체 · 자유 · 명예 · 성명 · 정조 · 신용 등 권리주체와 분리할 수 없는 인격적 이익의 향수를 내용으로 하는 권리이다(한상호, 1974: 145). 인격권이란 인격적 속성을 대상으로 하고 있으며, 제3자의 침해에 대해서 보호하지 않으면 안 되는 개인의 이익을 의미하는 것이다. 인격권은 명문으로 규정하거나 헌법상의 조항 또는 법률로 정해 두고 있지는 않지만, 국민의 기본권으로서 인격권을 인정하고 있다고 보는 것이 타당하다. 예를 들어 헌법의 인간의 존엄과 행복추구에 관한 규정(10조), 신체의 자유에 관한 조항(12조), 사생활의 비밀보호에 관한 규정(17조) 등이 인격권에서 유래한 것이라고 할 수 있다. 인격권은 일반적인 것과 개별적인 것으로 구분할 수 있는 바, 일반적 인격권이란 인격권 총체를 의미하며 개별적 인격권이란 일반적 인격권을 구분한 각각의 인격권을 의미한다. 즉 개별적 인격권으로는 명예권, 성명권, 초상권, 프라이버시 혹은 생명, 신체, 자유 등을 의미한다(이시훈, 2012: 53-69). 인격권은 성질상 권리자 자신에게서 분리할 수 없는 것이며, 양도나 시효의 대상이 되지 않는다. 인격권 침해는 명예훼손이 대표적인 경우이다. 명예란 사람의 품성, 덕행, 명성, 신용 등 사회로부터의 객관적 평가를 말한다. 법인도 명예가 인정될 수 있는데, 사회적 명성과 신용을 지칭한다. 따라서 명예훼손이란 그 사회적 평가를 침해하는 것이다. 명예훼손이 되려면 객관적으로 보아 혐오 또는 경멸을 받게 될 우려가 있어야 하고, 단순히 주관적으로 명예감정이 침해되었다고 주장하는 것만으로는 명예훼손이 되지 않는다(배성호, 2008: 153). 또한 인격권 침해의 하나로 프라이버시 침해가 있다. 프라이버시는 미국에서 생성된 개념으로 "홀로 있을 권리"를 의미하는 것이었다. 구체적으로는 원고의 신체적 · 장소적 · 사적 영역에 대한 침입 또는 사생활의 공개, 공중에게 원고에 대한 잘못된 인식을 심어주는 행위, 성명 또는 초상 등에 대한 침해 등을 말한다. 그리고 유명인의 성명, 초상, 경력 등을 상업적으로 이용할 권리를 퍼블리시티권이라고 하는데, 프라이버시권의 재산적 측면이라고 볼 수 있다(배성호, 2008: 154). 명예훼손은 사실의 적시가 공익을 위한 것이며 진실성이 증명되면 면책된다. 그러나 프라이버시 침해는 공표된 사실이 진실인 경우라도 위법성이 조각되지 않는 경우가 있다(주선희, 2014: 190). 인격권의 침해가 불법행위의 구성요건을 충족하는 경우에는 민법 제750조에 의하여 손해배상을 청구할 수 있고, 그 외 원상회복, 반론 및 정정보도청구 등도 가능하다. 판례는 "어떤 개인이 국가권력이나 공권력 또는 타인에 의하여 부당히 인격권이 침해되었을 경우에는 인격권의 침해를 이유로 그 침해행위의 배제와 손해배상을 청구하여 그 권리를 구제받을 수 있도록 하고 있다."(대판 2006.10.13. 2004다16280)고 하였다. 그리고 "인격권은 그 성질상 일단 침해된 후의 구제수단만으로는 그 피해의 완전한 회복이 어렵고 손해전보의 실효성을 기대하기 어려우므로, 인격권 침해에 대하여는 사전적 · 예방적 구제수단으로 침해행위 정지 · 방지 등의 금지청구권도 인정된다."(대판 1988.10.11. 85다카29)고 하였다.

2. 법적근거

헌법재판소는 대한민국 헌법 제10조가 인격권의 근거라고 주장하고 있다. 권영성 교수는 헌법 제17조와 37조도 인격권의 근거라고 주장하고 있다. 인격권을 침해받았을 땐 민법 제750조에 의한 손해배상청구가 가능하다. 우리나라의 헌법

제10조는 '모든 국민은 인간으로서의 존엄한 가치를 지니며 행복을 추구할 권리를 지닌다.'고 명시하고 있다. 현행법상 인격권에 대한 보호는 명문으로 규정되어 있지 않고, 단지 민법 제751조에서 '타인의 신체 · 자유 · 명예를 침해하면 불법행위를 구성한다.'고 함으로써 소극적으로 인격권의 보호를 규정할 뿐 그 이상의 규정은 없으나, 법 이론과 법원의 판례를 통해 인격권을 인정해 왔다. 그러나 2004년 6월 법무부는 민법 개정안을 내놓으면서 인격권 보호조항을 신설하였다. 이에 따라 민법 개정안의 통과로 인격권 보호 규정이 처음으로 명문화되어, 개인의 명예와 사생활 보호를 위한 추가 입법의 토대가 될 전망이다.

가. 헌법

헌법에서 인격권에 대한 규정은 가장 근본적인 출발점이 헌법 제10조이다. 헌법 제10조에서는 "모든 국민은 인간으로서의 존엄과 가치를 가지며, 행복을 추구할 권리를 가진다. 국가는 개인이 가지는 불가침의 기본적 인권을 확인하고 이를 보장할 의무를 진다."라고 규정하고 있다. 그리고 헌법 제12조 ①항에서는 "모든 국민은 신체의 자유를 가진다."라고 규정하고 있고, 헌법 제17조에서는 "모든 국민은 사생활의 비밀과 자유를 침해받지 아니한다."라고 밝히고 있다. 그러나 피의자의 인격권은 헌법 제37조 제2항에 따라 제한이 가능하므로, 국가안전보장 · 질서유지 또는 공공복리를 위하여 필요한 경우에 한하여 법률로써 제한할 수 있으나, 이 경우에도 자유와 권리의 본질적인 내용을 침해할 수 없다. 여기서 "필요한 경우"란 국가안전보장 · 질서유지 · 공공복리를 위하여 기본권의 제한이 불가피한 경우에(보충성의 원칙), 그 제한이 최소한으로 그쳐야 하며(최소침해의 원칙), 그 제한은 보호하고자 하는 법익을 구현하는데 적합하여야 하며(적합성의 원칙), 보호하려는 법익과 제한하는 기본권 사이에 상당한 비례관계가 있어야 한다(성낙인, 2019: 961). 헌법 제27조 제4항은 무죄추정원칙을 천명하고 있는바, 아직 공소제기가 없는 피의자는 물론 공소가 제기된 피고인이라도 유죄의 확정판결이 있기까지는 원칙적으로 죄가 없는 자에 준하여 취급하여야 하고 불이익을 입혀서는 안 되며 가사 그 불이익을 입힌다 하여도 필요한 최소한도에 그쳐야 한다.(헌재 1990. 11. 19. 90헌가48; 헌재 2011. 4. 28. 2010헌마474)

나. 민법

민법에서 인격적 이익이 명문으로 다루어진 것은 생명(민법 752조), 신체, 자유 그리고 명예(민법751조, 제764조)이다. 민법 제752조에서는 "타인의 생명을 해한 자는 피해자의 직계존속, 직계비속 및 배우자에 대하여는 재산상의 손해 없는 경우에도 손해배상의 책임이 있다."라고 규정하고 있다. 그리고 제751조 ①항에서는 "타인의 신체, 자유 또는 명예를 해하거나 기타 정신상고통을 가한 자는 재산 이외의 손해에 대하여도 배상할 책임이 있다."라고 규정하고 있다. 또한 제764조에서는 "타인의 명예를 훼손한 자에 대하여는 법원은 피해자의 청구에 의하여 손해배상에 갈음하거나 손해배상과 함께 명예회복에 적당한 처분을 명할 수 있다."고 규정하고 있다. 그 외 성명권이나 초상권, 프라이버시 등과 같은 소위 정신적 인격권에 대해서는 별도의 규정이 없다. 이는 물론 우리 민법이 불법행위에 대하여 취하고 있는 일반조항주의와도 관련이 있다. 따라서 명문의 규정이 없다하여 그 보호에 소홀하다고는 할 수 없다(배성호, 2008: 152).

다. 언론중재 및 피해구제 등에 관한 법률

언론중재 및 피해구제 등에 관한 법률 제5조 ①항에서는 "언론, 인터넷뉴스서비스 및 인터넷 멀티미디어 방송(언론 등)은 타인의 생명, 자유, 신체, 건강, 명예, 사생활의 비밀과 자유, 초상(肖像), 성명, 음성, 대화, 저작물 및 사적(私的) 문서, 그 밖의 인격적 가치 등에 관한 권리(이하 "인격권"이라 한다)를 침해하여서는 아니 되며, 언론 등이 타인의 인격권을 침해한 경우에는 이 법에서 정한 절차에 따라 그 피해를 신속하게 구제하여야 한다."라고 규정하여 학설과 판례에 의하여 인정되어 오던 '인격권'을 법률상 최초로 명문화하기에 이르렀다. 또한 동조 ②항에서는 "인격권 침해가 사회상규(社會常規)에 반하지 아니하는 한도에서 피해자의 동의를 받아 이루어진 경우나 언론 등의 보도가 공공의 이익에 관한 것으로서, 진실한 것이거나 진실하다고 믿는 데에 정당한 사유가 있는 경우에는 법률에 특별한 규정이 없으면 언론 등은 그 보도 내용과 관련하여 책임을 지지 아니한다."고 하여 인격권 침해에 공통되는 위법성조각사유를 명시하고 있다(배성호, 2008: 152).

3. 과잉금지의 원칙

과잉금지의 원칙(過剩禁止의 原則) 또는 비례의 원칙은 국민의 기본권을 제한함에 있어서 국가 작용의 한계를 명시한 것으로, 크게 목적의 정당성, 수단의 적합성, 침해의 최소성, 법익의 균형성 등을 들 수 있다. 헌법 제37조 제2항은 '국민의 모든 자유와 권리는 국가안전보장 · 질서유지 · 공공복리를 위해 필요한 경우에 한해 법률로 제한할 수 있으며, 그 경우에도 자유와 권리의 본질적인 내용은 침해할 수 없다'는 과잉금지의 원칙을 명시하고 있다. 국민의 기본권을 제한하는 법률이 과잉금지의 원칙에 맞게 제정되려면 ① 목적의 정당성 ② 방법의 적절성 ③ 피해의 최소성 ④ 법익의 균형성이라는 요건을 갖추어야 한다. 이중 어느 하나라도 침해할 경우 헌법상 위헌(違憲)으로 판단할 수 있다. 목적의 정당성이란 기본권을 제한하는 입법은 국가안전보장, 질서유지, 공공복리를 위한 정당한 목적이 있어야 한다는 것이다. 방법의 적절성은 국가가 입법 · 행정 등 국가작용을 하면서 합리적인 판단에 입각하여 추구하고자 하는 사안의 목적에 적합한 조치를 취하여야 하고, 그 때 선택하는 수단은 목적을 달성함에 있어서 필요하고 효과적이어야 한다는 것이다. 피해의 최소성이란 입법자는 공익실현을 위하여 기본권을 제한하는 경우에도 입법목적을 실현하기에 적합한 여러 수단 중에서 되도록 국민의 기본권을 가장 존중하고 기본권을 최소로 침해하는 수단을 선택해야 한다는 것이다. 하지만 가장 합리적이며 효율적인 수단을 선택하여야 하는 것은 아니고 적어도 현저하게 불합리하고 불공정한 수단의 선택이 아니라면 피해최소의 원칙에 어긋나는 것은 아니다. 입법자에게는 광범위한 형성권이 인정되므로 피해의 최소성을 평가함에 있어서는 입법재량의 범위를 고려하여 명백성의 통제에 그치는 것이 타당하다. 법익의 균형성은 입법에 의하여 보호하려는 공익과 침해되는 사익을 비교 형량할 때 보호되는 공익이 더 커야 한다는 것이다. 이러한 과잉금지의 원칙이 충족될 때 국가의 입법작용에 비로서 정당성이 인정되고, 그에 따라 그 입법에 대한 국민의 수인의무가 발생하는 것이다(성낙인, 2019: 961-970).

Ⅲ. 판례분석 및 문제점 도출

1. 판례의 분석

가. 피의사실 언론공표의 인격권 침해 여부

1) 개요

경찰은 2012. 4. 24. 사기 혐의로 구속된 피의자를 00경찰서 조사실에서 조사하면서, "교통사고 위장, 보험금 노린 형제 보험 사기범 검거"라는 제목의 보도 자료를 기자들에게 배포하였다. 보도 자료에는 피의자와 피의자 형의 나이 및 직업, 실명 중 2글자가 각각 표시되어 있고, 이들의 범죄전력과 피의사실, 범행방법, 증거의 내용 등이 기재되어 있었다. 또한 조사실에서 양손에 수갑을 찬 채 조사받는 모습을 촬영할 수 있도록 허용하였다. 경찰이 언론기관에 보도 자료를 배포하여 피의자의 피의사실을 알리고 기자들로 하여금 피의자의 모습을 촬영할 수 있도록 허용한 행위가 무죄추정원칙에 반하여 피의자의 인격권 등을 침해하였다는 것이다.

2) 법적근거

형법 제126조(피의사실공표)에서는 범죄수사에 관한 직무를 행하는 자는 피의사실을 공판청구 전에 공표하지 못하도록 하고 있다. 그리고 구 인권보호를 위한 경찰관 직무규칙에서는 "공공의 이익 및 국민의 알권리를 보장하기 중요범인 검거 및 증거 발견을 위한 경우, 국민의혹 해소나 유사범죄 예방, 기타 공익을 위해 특히 필요한 경우에는 언론공개를 할 수 있다."라고 규정하고 있다. 그러나 사생활이나 사건관계인의 신원, 범죄 수법 및 검거 경위 등에 대해서는 공개할 수 없도록 하고 있다. 그리고 경찰관서 안에서 피의자, 피해자 등 사건관계인의 신원을 추정할 수 있거나 신분이 노출될 우려가 있는 장면이 촬영되지 않도록 하고 있다. 그러나 특정강력범죄의 처벌에 관한 특례법, 성폭력범죄의 처벌 등에 관한 특례법의 경우에는 예외적으로 피의자의 얼굴, 실명 및 나이 등 신상에 관한 정보를 공개할 수 있도록 하고 있다.

3) 인격권 침해여부

사람은 자신의 의사에 반하여 얼굴을 비롯하여 일반적으로 특정인임을 식별할 수 있는 신체적 특징에 관하여 함부로 촬영당하지 아니할 권리를 가지고 있으므로, 촬영허용행위는 헌법 제10조로부터 도출되는 초상권을 포함한 일반적 인격권을 제한한다고 할 것이다. 수사 장면을 공개 및 촬영하게 할 어떠한 공익 목적도 인정하기 어려우므로 촬영허용행위는 목적의 정당성이 인정되지 아니한다. 피의자의 얼굴을 공개하더라도 그로 인한 피해의 심각성을 고려하여 모자, 마스크 등으로 피의자의 얼굴을 가리는 등 피의자의 신원이 노출되지 않도록 침해를 최소화하기 위한 조치를 취하여야 하는데, 피청구인은 그러한 조치를 전혀 취하지 아니하였으므로 침해의 최소성 원칙도 충족하였다고 볼 수 없다. 또한 촬영허용행위는 언론 보도를 보다 실감나게 하기 위한 목적 외에 어떠한 공익도 인정할 수 없는 반면, 청구인은 피의자로서 얼굴이 공개되어 초상권을 비롯한 인격권에 대한 중대한 제한을 받았고, 촬영한 것이 언론에 보도될 경우 범인으로서의 낙인효과와 그 파급효과는 매우 가혹하여 법익균형성도 인정되지 아니한다. 따라서 촬영허용행위는 과잉금지원칙에 위반되어 청구인의 인격권을 침해하였다고 할 수 있다(2014. 3. 27. 2012헌마652).

나. 신체과잉수색행위의 인격권 침해여부

1) 개요

피의자들은 2000.3.20.00:20경 선거운동원으로 등록하지 아니하고, 배포가 금지된 인쇄물을 배포한 혐의로 공직선거 및 선거부정방지법위반의 현행범으로 체포되었다. 이어 성남 남부경찰서에서 조사를 받은 후 속옷을 걸친 상태에서 신체를 더듬는 방법으로 간단한 신체수색을 받고 유치장에 수용되었다. 피의자들은 같은 날 13:30경 변호인 접견을 마친 후 유치장에 재 수용되는 과정에서 유치장 담당 여자경찰관으로부터 흉기 등 위험물 및 반입금지물품의 소지 · 은닉 여부 등의 확인을 위한 자세한 검사를 요구받았다. 피의자들은 경찰관에게 등을 보인 채 뒤로 돌아서서 상의를 속옷과 함께 겨드랑이까지 올리고 하의를 속옷과 함께 무릎까지 내린 상태에서, 3회에 걸쳐 앉았다 일어서는 방법으로 정밀신체수색을 받았다. 이에 대하여 피의자들은 법률상의 근거 없이 인격권 침해를 당하였다며 헌법소원을 청구하였다. 즉 모욕감과 수치심을 안겨주는 과도한 신체수색으로 인하여 헌법 제12조의 신체의 자유, 제10조의 인간으로서의 존엄과 가치 및 행복추구권 등의 기본권이 침해당하였다는 것이다.

2) 법적근거

헌법 제10조에서는 "모든 국민은 인간으로서의 존엄과 가치를 가지며, 행복을 추구할 권리를 가진다."라고 규정하고 있고, 제12조 ①항에서는 "모든 국민은 신체의 자유를 가진다."라고 규정하고 있다. 피의자유치 및 호송규칙 제8조에서는 "유치인보호관은 피의자를 유치하는 과정에서 유치인의 생명 · 신체에 대한 위해를 방지하고, 유치장내의 안전과 질서를 유지하기 위하여 필요하다고 인정될 때에는 유치인의 신체, 의류, 휴대품 및 유치실을 검사할 수 있다."라고 규정하고 있다. 또한 제10조에서는 조사, 접견 기타의 사유로 출감하였던 피의자가 다시 입감할 때에도 이를 준용하도록 규정하고 있다.

3) 인격권 침해여부

경찰이 유치장에 수용되는 자에게 실시하는 신체검사는 수용자의 생명 · 신체에 대한 위해를 방지하고 유치장 내의 안전과 질서를 유지하기 위하여 흉기 등 위험물이나 반입금지물품의 소지 · 은닉 여부를 조사하는 것이다. 이러한 목적에 비추어 일정한 범위 내에서 신체수색의 필요성과 타당성은 인정된다 할 것이다. 그러나 피의자유치 및 호송규칙에 따른 신체검사가 당연히 적법한 것이라고는 할 수 없고, 그 목적 달성을 위하여 필요한 최소한도의 범위 내에서 이루어져야 한다. 즉 수용자의 명예나 수치심을 포함한 기본권이 침해되는 일이 없도록 충분히 배려한 상당한 방법으로 이루어져야 할 것이다. 그런데 피의자들은 공직선거 및 선거부정방지법위반의 현행범으로 체포된 여자들로서 체포될 당시 흉기 등 위험물을 소지 · 은닉하고 있었을 가능성이 거의 없었다. 그리고 처음 유치장에 수용될 당시 신체검사를 통하여 위험물 및 반입금지물품의 소지 · 은닉 여부를 조사하여 그러한 물품이 없다는 사실을 이미 확인하였다. 또한 피의자들이 변호인 접견실에서 변호인을 접견할 당시 경찰관이 가시거리에서 그 접견과정을 일일이 육안으로 감시하면서 일부 청구인의 휴대폰 사용을 제지하기도 하였다. 따라서 청구인들이 유치장에 재수용되는 과정에서 흉기 등 위험물이나 반입금지물품을 소지·은닉할 가능성이 극히 낮았다. 그럼에도 불구하고 피의자들의 옷을 전부 벗긴 상태에서 실시한 신체수색은 그 수단과 방법에 있어서 필요 최소한의 범위를 명백하게 벗어난 조치로서, 심한 모욕감과 수치심만을 안겨주었다고 인정하기에 충분하다. 따라서 과도한 신체수색은 필요한 최소한도의 범위를 벗어났을 뿐만 아니라, 인간으로서의 기본적 품위를 유지할 수 없도록 하는 것이다. 이러한 과도한 신체수색은 헌법 제10조의 인간의 존엄과 가치로부터 유래하는 인격권 및 제12조의 신체의 자유를 침해하는 것이라고 하겠다(2002. 7. 18. 2000헌마327 전원재판부).

다. 유치장내 화장실 설치 및 관리행위의 인격권 침해여부

1) 개요

피의자들은 2000.6.18.02:00경 서울 구로구 ○○오트론 사업장 앞에서 집회 및 시위에 관한 법률 위반의 현행범으로 체포되어, 같은 날 09:00경부터 같은 달 20일 02:00경까지 영등포경찰서 유치장에 수용되었다. 피의자들은 유치장 밖의 일반화장실 사용이 허가되지 않아 유치장내에 설치된 화장실만 사용이 가능하다. 그런데 유치장내 화장실은 차폐시설이 불충분하여 신체부위 등이 노출되고, 냄새나 소리가 그대로 들릴 수밖에 없다. 피의자들에게 이와 같은 화장실의 사용을 강제한 행위로 인하여 헌법 제10조의 인간으로서의 존엄과 가치, 제17조의 사생활의 비밀과 자유 등 인격권이 침해당하였다는 것이다.

2) 법적근거

헌법 제10조에서는 “모든 국민은 인간으로서의 존엄과 가치를 가지며, 행복을 추구할 권리를 가진다.”라고 규정하고 있다. 피의자 유치 및 호송 규칙 제19조에서는 “유치인보호관은 근무 중 계속하여 유치인의 동태를 살펴 사고방지에 노력하여야 한다.”라고 규정하고 있다. 그리고 유치장설계표준규칙 제13조에서는 화장실 벽은 천정까지 설치하여야 하고, 화장실 자해 사고를 방지하기 위하여 화장실 출입문, 화장실 벽에는 투시창을 설치하도록 하고 있다.

3) 인격권 침해여부

유치장내 화장실은 내밀한 신체부위가 노출될 수 있고 역겨운 냄새, 소리 등이 흘러나오는 가운데 용변을 보지 않을 수 없는 상황에 있다. 따라서 용변시마다 수치심과 당혹감, 굴욕감을 느꼈을 것이고 나아가 생리적 욕구까지도 억제해야만 했을 것이다. 이와 같은 구조의 화장실을 사용하도록 강제한 경찰의 행위는 인간으로서의 기본적 품위를 유지할 수 없도록 하는 것으로서, 수인하기 어려운 정도라고 볼 수 있다. 지나치게 열악한 구조의 화장실 사용을 모든 유치인들에게 일률적으로 강요하는 것은 필요최소한의 합리적인 범위를 벗어나서는 아니 된다는 원칙에 어긋난다. 다시 말해 미결수용자의 자유와 권리에 대한 제한은 구금의 목적인 도망·증거인멸의 방지와 시설 내의 규율 및 안전 유지를 위한 범위 내여야 한다는 것이다. 따라서 유치장내 화장실과 같은 구조의 화장실은 비인도적이고 굴욕적이기 때문에 헌법 제10조의 인간의 존엄과 가치로부터 유래하는 인격권을 침해한다고 볼 수 있다(2001. 7. 19. 2000헌마546 전원재판부).

라. 항문내 검사의 인격권 침해여부

1) 개요

피의자는 마약류관리법위반(향정) 혐의로 구속되어 2004.6.8.16:20경 대구구치소에서 신체검사를 받고 입소하였다. 신체검사를 받기 전에 수용자들의 생명·신체에 대한 위해를 방지하고, 구치소 내의 안전과 질서를 유지하기 위하여 흉기 등 위험물 등이나 마약, 담배 등의 반입금지물품의 소지·은닉 여부를 조사한다는 내용의 신체검사의 취지와 그 검사의 방법 등에 관한 설명을 받았다. 그리고 개별적으로 칸막이가 쳐진 검사실로 이동하여 속옷까지 탈의를 하고 담당교도관이 보는 앞에서 돌아서서 상체를 숙인 후 양손으로 둔부를 벌려 항문을 보이고 난 후 검사실을 나오는 방법으로 정밀신체검사를 받았다. 이에 대하여 정밀신체검사는 헌법 제10조에 의하여 보장되는 인간으로서의 존엄과 가치와 행복추구권을 침해한 것으로서 인격권을 침해한 것이라는 것이다.

2) 법적근거

헌법 제10조에서는 "모든 국민은 인간으로서의 존엄과 가치를 가지며, 행복을 추구할 권리를 가진다."라고 규정하고 있다. 헌법 제12조 ①항에서는 "모든 국민은 신체의 자유를 가진다."라고 규정하고 있다. 그리고 형의 집행 및 수용자의 처우에 관한 법률 제16조 ②항에서는 "소장은 신입자에 대하여는 지체 없이 신체·의류 및 휴대품을 검사하고 건강진단을 하여야 한다."라고 규정하고 있다.

3) 인격권 침해여부

교도관이 마약류사범에게 검사의 취지와 방법을 설명하고 반입금지품을 제출하도록 안내한 후 외부와 차단된 검사실에서 같은 성별의 교도관 앞에 돌아서서 하의 속옷을 내린 채 상체를 숙이고 양손으로 둔부를 벌려 항문을 보이는 방법으로 실시한 정밀신체검사는 수용자에 대한 생명·신체에 대한 위해를 방지하고 구치소 내의 안전과 질서를 유지하기 위한 것이다(목적의 정당성). 그리고 피의자는 메스암페타민(일명 필로폰)을 음용한 전과가 있고 이번에 수감된 사유도 마약류 음용이며, 마약류 등이 항문에 은닉될 경우 촉수검사, 속옷을 벗고 가운을 입은 채 쪼그려 앉았다 서기를 반복하는 방법 등에 의해서는 은닉물을 찾아내기 어렵다(수단의 적절성). 또한 다른 사람이 볼 수 없는 차단막이 쳐진 공간에서 같은 성별의 교도관과 1대1의 상황에서 짧은 시간 내에 손가락이나 도구를 사용하지 않고 시각적으로 항문의 내부를 보이게 한 후 검사를 마쳤고, 그 검사 전에는 검사를 하는 취지와 방법 등을 설명하면서 미리 소지한 반입금지품을 자진 제출하도록 하였다(최소 침해성). 아울러 청구인이 수인하여야 할 모욕감이나 수치심에 비하여 반입금지품을 차단함으로써 얻을 수 있는 수용자들의 생명과 신체의 안전, 구치소 내의 질서유지 등의 공익이 보다 크다(법익 균형성). 따라서 과잉금지의 원칙에 위배되었다고 할 수 없어서 인격권을 침해했다고 볼 수 없다(2006. 6. 29. 2004헌마826 전원재판부).

마. 디엔에이신원확인정보의 이용 및 보호에 관한 법률의 인격권 침해 여부

1) 개요

이법의 법률조항들은 재범의 위험성과 관련 없이 수형인들을 잠재적 범죄자로 취급하여 수형인들의 디엔에이신원확인정보를 채취할 수 있도록 하는 것이다. 따라서 이 법은 신체의 자유, 개인정보자기결정권, 인간의 존엄과 가치, 행복추

구권, 인격권, 사생활의 비밀과 자유를 침해하고, 이중처벌금지원칙과 무죄추정원칙에 위배된다. 특히 상대적으로 경미한 상해, 주거침입, 퇴거불응 등의 범죄와 실형이 아닌 집행유예를 선고받은 경우에도 적용하도록 함으로써 과잉금지원칙에 위배된다. 그리고 디엔에이 채취대상 범죄를 저지른 사람들을 해당 범죄 외의 범죄를 저지른 사람들과 합리적 이유 없이 차별하는 점에서 평등권도 침해한다. 채취영장조항은 재범의 위험성 등 법관이 채취영장을 발부함에 있어 실질적으로 판단할 요건이 결여되어 영장주의원칙에 위배된다. 삭제조항은 수형인등이 사망해야 디엔에이신원확인정보가 삭제되는 것으로 규정되어 원칙적으로 디엔에이신원확인정보가 무기한 데이터베이스에 수록되므로 과잉금지원칙에 반한다. 부칙조항은 이미 형이 확정되어 수용 중인 수형인들에 대하여도 소급하여 적용함으로써 소급입법금지원칙에 반한다.

2) 법적근거

헌법 제10조에서는 "모든 국민은 인간으로서의 존엄과 가치를 가지며, 행복을 추구할 권리를 가진다."라고 규정하고 있고, 제11조 ①항에서는 "모든 국민은 법앞에 평등하다."고 규정하고 있다. 아울러 제12조 ①항에서는 신체의 자유를, 제13조 ①항에서는 소급입법금지를 규정하고 있다. 디엔에이신원확인정보의 이용 및 보호에 관한 법률에서는 살인, 방화, 강간, 강도, 약취·유인 등의 범죄에 대하여 디엔에이감식시료를 채취할 수 있도록 규정하고 있다.

3) 인격권 침해여부

가. 채취영장조항은 헌법상 영장주의를 구체화한 조항이고, 감식, 수록 및 관리조항은 업무 처리에 관한 방식을 규정한 것에 불과하므로, 기본권 침해의 가능성이 없다. 채취조항들은 범죄 수사 및 예방을 위하여 특정범죄의 수형자로부터 디엔에이감식시료를 채취할 수 있도록 하는 것이다. 디엔에이감식시료 채취 대상범죄는 재범의 위험성이 높아 디엔에이신원확인정보를 수록·관리할 필요성이 높다. 그리고 시료를 서면 동의 또는 영장에 의하여 채취하되, 채취대상자의 신체나 명예에 대한 침해를 최소화하도록 규정하고 있으므로 침해 최소성 요건도 갖추었다. 제한되는 신체의 자유의

정도는 일상생활에서 경험할 수 있는 정도의 미약한 것으로서 범죄 수사 및 예방의 공익에 비하여 크다고 할 수 없어 법익의 균형성도 인정된다.

나. 디엔에이감식시료 채취대상 범죄는 범행의 방법 및 수단의 위험성으로 평등권을 침해하지 아니한다.

다. 채취동의조항은 미리 채취대상자에게 채취를 거부할 수 있음을 고지하고 서면으로 동의를 받도록 규정하고 있고, 동의가 없으면 반드시 법관이 발부한 영장에 의하여 채취하여야 한다. 따라서 영장주의와 적법절차원칙에 위배되어 신체의 자유를 침해하는 것은 아니다.

라. 재범의 위험성이 높은 범죄를 범한 수형인등은 생존하는 동안 재범의 가능성이 있으므로, 디엔에이신원확인정보를 수형인등이 사망할 때까지 관리하여 범죄 수사 및 예방에 이바지하고자 하는 이 사건 삭제조항은 입법목적의 정당성과 수단의 적절성이 인정된다. 디엔에이신원확인정보데이터베이스관리위원회의 설치, 업무목적 외 디엔에이신원확인정보의 사용 · 제공 · 누설 금지 및 위반시 처벌에 관한 규정을 두고 있으므로 삭제조항은 침해최소성 원칙에 위배되지 않는다. 또한 공익의 중요성에 비하여 청구인의 불이익이 크다고 보기 어려워 법익균형성도 갖추었다. 따라서 삭제조항이 과도하게 개인정보자기결정권을 침해한다고 볼 수 없다.

마. 이 사건 검색 · 회보조항에서 정한 검색 · 회보 사유의 필요성이 있고, 검색 · 회보 사유가 한정되어 있으며, 개인정보보호를 위한 조치들을 규정하고 있고, 범죄수사 등을 위한 공익이 청구인들의 불이익보다 크다. 따라서 이 사건 검색 · 회보조항이 과도하게 개인정보자기결정권을 침해한다고 볼 수 없다.

바. 디엔에이신원확인정보의 수집 · 이용은 수형인등에게 심리적 압박으로 인한 범죄예방효과를 가진다는 점에서 보안처분의 성격을 지니지만, 처벌적인 효과가 없는 비형벌적 보안처분으로서 소급입법금지원칙이 적용되지

않는다. 또한 부칙조항이 수용 중인 사람에 대하여만 소급적용하는 것은 평등권을 침해한다고 볼 수 없다.

2. 판례상 피의자 인격권침해의 문제점

가. 인격권 침해에 대한 처벌 법규의 부재

인격권은 헌법상 인간의 존엄성과 가치, 행복추구권, 사생활의 자유, 신체의 자유 등에서 유래한다. 그러나 헌법상의 인격권 침해에 대하여 형법상 처벌규정이 없고, 민법상 불법행위로 인한 손해배상책임만이 규정되어 있다. 형법상 피의사실공표죄가 엄연히 살아 있지만 사문화되어 한명도 처벌을 받은 사례가 없다. 그러나 국민들의 인권의식은 세계적인 수준이라 할 정도로 높아지고 있고, SNS나 각종 미디어의 발달로 인하여 성명권, 초상권 등의 인격권의 중요성은 더욱더 강조되고 있다. 그런데도 불구하고 인격권 침해에 대한 처벌 법규가 없을 뿐 아니라 그나마 있는 관련 법 규정은 전혀 활용되지 못하고 있다. 그로 인하여 수사기관에 의한 피의자 인격권 침해는 계속해서 발생하고 있는 것이다. 언론중재 및 피해구제 등에 관한 법률에서도 타인의 인격권을 침해한 경우에 신속하게 피해를 구제하여야 한다고 했지만, 형사 처벌조항은 없고 손해배상을 청구할 수 있을 뿐이다.

나. 인격권 보호를 위한 제도 및 시설의 미흡

헌법재판소의 심판으로 보도 자료를 제공하고 촬영을 하게 한 행위가 위헌이라고 심판이 났다. 그리고 공직선거법 위반 피의자들에 대한 과도한 정밀신체검사는 위헌이라고 판결이 났다. 또한 유치장내의 화장실도 피의자의 인격권을 침해한다고 판결이 났다. 그렇다면 이에 대한 제도의 정비나 시설의 개선이 바로바로 이루어져야 할 것이다. 그러나 제도나 시설은 별반 나아진 것이 없다고 생각된다. 먼저 수사기관의 피의자 공개소환이라든가 밤샘수사, 별건수사, 보도자료 배포 등은 여전히 계속되고 있다. 그러나 정밀신체검사의 경우 강력범이나 마약사범 등이 아닌 집회 및 시위사범이나 선거사범 등에 대한 신체검사방법, 처음 입감 때와 변호인 면담 등을 마치고 재입감시의 신체검사방법 등에 대해서는 전혀 개선이 이루어지지 않고 있다. 헌법재판소의 판결은 모든 정부기관에게 적용되도록 되어있음에도 불구하고 판결 후에도 제도적 개선이 이루어지지 않고 있는 것이다. 화장실은 천정 높이까지 하고 투명창을 설치하도록 개선이 되었다. 그러나 환기라든지 식사시 밥상 등 인격권의 측면에서 개선할 점이 아직도 많다고 할 수 있다.

다. 수사공무원의 업무편의주의

피의자들에 대한 인격권 침해가 계속되는 이유는 무엇일까? 과도한 신체검사나 화장실 문제 등이 개선되지 않는 이유는 전에부터 해오던 것이었기 때문이다. 국민의 인권의식은 날마다 변하는데 수사기관의 공무원들은 문제의식을 가지고 선제적으로 개선해나가는 것이 아니라 국민이 문제를 제기하고 나서야 바뀐다는 것이 문제이다. 과잉금지의 원칙대로 피의자 관리업무를 하게 되면 목적의 정당성과 피해의 최소형, 법익균형성, 수단의 적절성 등을 고려하여 업무를 집행하여야 할 것이다.

라. 과도한 언론홍보

언론에 공개할 사항이 아닌데도 불구하고 보도 자료를 배포하고 촬영을 하게 하는 것은 수사실적을 홍보하는 목적이외에는 정당성을 인정하기 어렵다. 그로 인하여 해당 피의자의 인격권이 침해가 되는지 여부는 관심도 없는 것이다. 인권의식이나 피의자에 대한 배려는 전혀 없는 것이다. 수사기관의 존재이유는 국민인데 국민은 안중에도 없는 것이다. 물론 국민의 알권리나 언론의 자유를 위해서 공개해야 할 경우도 있을 것이다. 그러나 추가범죄예방이나 검거를 위해서 불가피한 경우를 제외하고는 언론공개는 최소화해야 할 것이다. 범인을 검거해서 평가받는 시스템이 아니라 범죄를 예방해서 평가받는 시스템으로 전환되어야 할 것이다.

마. 인권의식의 부재

피의자에 대한 인격권 침해가 계속해서 발생하는 가장 큰 문제는 수사기관 공무원들의 인권의식의 부재라고 할 수 있을 것이다. 범죄혐의를 받고 있는 피의자들은 형이 확정될 때까지는 무죄추정을 받고 있고, 설사 형이 확정된다 하여도 인간으로서의 존엄성과 가치가 존중되어야 한다는 것이다. 그러나 현실에 있어서는 피의자들은 오직 자해나 위해의 위험성을 가진 통제의 대상으로만 취급되어 진다는 것이 문제이다. 물론 범죄혐의를 받고 유치장이나 구치소 등에 갇히게 되면 극단적인 생각을 하게 될 수도 있다. 그렇다고 하여 인격권까지 침해되어도 좋은 것은 아니다. 피의자들에 대한 인격권 침해는 최소한도로 이루어져야 할 것이다.

Ⅳ. 피의자의 인격권 보호방안

1. 인격권 침해에 대한 처벌 법규의 제정

피의자의 인격권을 확실하게 보장하기 위해서는 인격권을 침해할 경우 형사처벌을 할 수 있는 법률을 제정하는 것이 시급하다고 하겠다. 이번 화성연쇄살인사건에서 8차 사건의 범인으로 20여년을 수감생활을 한 윤 모씨의 경우에 무죄가 밝혀진다면 매우 시사점이 많을 것이라 생각된다. 우선 고문이나 가혹행위 등이 문제가 될 수도 있겠지만 밤샘수사나 별건수사, 언론보도 등 인격권의 침해여부도 논란이 될 수 있을 것이다. 따라서 이러한 문제를 원천적으로 근절하기 위해서는 인격권 침해에 대한 형벌을 가할 수 있는 법률의 제정이 필요하다고 할 것이다. 따라서 피의사실공표행위에 대한 처벌도 활성화하고, 밤샘수사나 포토라인에 세우기 위한 공개수사, 과도한 신체수색 등에 대하여 형사처벌을 할 수 있도록 법률이 제정되어야 할 것이다. 특히나 언론보도를 통하여 피의자의 인격권을 침해하는 경우는 피해가 막중하기 때문에 높은 처벌이 이루어져야 할 것이다.

2. 인격권 보호를 위한 제도 및 시설의 개선

인격권 침해를 방지하기 위해서는 현행법아래서라도 제도의 정비가 시급하다고 할 것입니다. 우선 언론기관에 보도 자료를 제공하지 못하도록 훈령이나 부령으로 제정하여 시행할 필요가 있을 것입니다. 우선 헌법재판소의 심판이 있었던 정밀신체검사의 대상이나 재입감시의 신체검사 등에 대해서는 제도의 개선이 필요할 것입니다. 아울러 화장실 사용 등에 대해서는 시설개선이 이루어져야 할 것입니다. 단순히 칸막이만 천정까지 할 것이 아니라 냄새를 밖으로 빼낼 수 있는 환기구설치, 신체 검사시 항문을 벌리고 조사하는 것이 아니라 항문안의 은닉물을 검색할 수 있는 엑스레이 검사 장비의 도입, 화장실 안에서 자해를 방지할 수 있는 전자장비의 개발 등 전향적인 시설개선이 이루어져야 할 것입니다.

3. 수사기관의 인권의식 함양

피의자의 인격권을 보호하기 위해서는 가장 중요한 것이 수사기관 공무원들의 인권의식이 높아져야 한다고 생각합니다. 이를 위해서는 정기 또는 수시의 인권교육이 필수적이라고 생각합니다. 또한 각종 시민단체들과의 교류를 통하여 수사상 인격권 침해소지가 있는 사항들에 대한 의견수렴이 필요할 것입니다. 당연히 전문가들을 초빙하여 예상되는 문제점과 앞으로 수사기관이 지향해야 할 방향에 대하여 심도 있는 교육과 자체적인 연구가 뒤따라야 할 것입니다.

4. 수사이의심의제도의 활성화

국민들의 인권의식이 높아지다 보니 수사기관에서 생각하지도 못했던 사항에 대해서도 이의제기를 하고 있는 실정이다. 물론 대부분의 이의제기는 억지를 부리는 경우가 많다. 그러나 수사기관에서는 이러한 이의제기를 무시할 것이 아니라 보다 세밀하게 검토하여서 혹시나 인격권 침해가 없는 지 살펴보아야 할 것이다. 물론 시민단체나 전문가들과의 협력도 필수적이라 할 수 있을 것이다.

V. 결론

이 논문에서는 피의자의 인격권 침해에 대해서 이론적 측면에서는 인격권의 개념. 인격권 침해의 판단기준으로서의 과잉금지의 원칙, 그리고 인격권 침해에 대한 구제방안 등에 대하여 살펴보았다. 그리고 헌법재판소에 제기된 헌법소원 심판을 가지고 피의자의 인격권침해 사례를 분석하여 보았다. 현재 수사기관에서 이루어지고 있는 가장 전형적인 인격권 침해의 형태는 언론기관에 보도 자료를 배포하고 촬영을 허락함으로써 피의자의 초상권과 성명권을 침해한 것이었다. 그리고 피의자의 유치장 입감시에 피의자의 죄명이나 상황을 고려하지 않고 규정대로 위험성이 없는데도 불구하고 재입감시에 과도한 신체검사를 실시하여 피의자의 인격권을 침해하는 경우도 있었다. 또한 유치장내 화장실의 경우에는 신체의 일부가 보이기도 하고, 냄새나 용변 보는 소리 등이 들릴 수밖에 없어서 피의자들의 인격권을 침해하였다. 그러나 마약피의자의 항문을 검사하여 위험물을 검사한다든가 수형인들에게 DNA시료를 채취하는 행위는 인격권침해에 해당하지 않는다고 판시하였다. SNS등 미디어가 고도로 발달하고 개인의 사생활이 중요시되는 현대사회에 있어서는 피의자의 인격권보호가 매우 중요하다고 할 수 있다. 그러나 피의자에 대한 인격권 침해행위가 계속해서 발생하는 이유는 인격권 침해에 대한 처벌법규가 없기 때문이다. 그리고 인격권 보호를 위한 제도나 시설이 미흡하기 때문이다. 그러나 가장 중요한 원인은 수사기관 공무원들의 인권의식이 부족하기 때문이라고 할 수 있을 것이다. 따라서 인격권 침해를 방지하기 위해서는 인격권 침해에 대하여 손해배상만이 아니라 형사처벌을 할 수 있는 법률의 제정이 필요하다. 그리고 법률의 개정과 더불어 인격권 보호를 위한 제도의 정비와 시설의 완비가 신속히 이루어져야 할 것이다. 또한 수사기관 공무원들의 인권의식의 함양이 무엇보다 중요하다고 할 것이다. 이를 위해서는 인권교육의 강화와 시민단체와의 교류, 전문가들에 의한 상호협력이 무엇보다 중요하다고 할 수 있겠다.

6 현행범 체포시 핸드폰 압수 · 수색의 한계와 효율성 제고방안

6. 현행범 체포시 핸드폰 압수 · 수색의 한계와 효율성 제고방안

Ⅰ. 서 론

오늘날 디지털 모바일 시대의 진화로 인하여 핸드폰 등 모바일 기기에 저장된 전자정보의 증거가치가 높아지고 있으며, 그에 대한 압수 · 수색의 필요성도 증가하고 있다. 전자정보는 그 성질상 혐의사실과의 관련성이 있는지 여부가 외관상 쉽게 구별되지 않고, 혐의사실과 무관한 개인의 사생활에 관한 무수한 정보들이 대량으로 혼재되어 있으므로, 압수 · 수색과정에서 정보가 무분별하게 탐색, 복제되어 개인의 기본권이 침해될 위험이 크다. 따라서 전자정보에 대한 압수 · 수색은 영장주의 원칙에 따라 저장매체의 압수에서부터 전자정보를 복제, 출력하는 전체과정이 적법하게 집행되어야 한다. 특히, 혐의사실과의 관련성과 피압수자의 절차참여 기회의 보장은 영장주의 원칙의 핵심적 요소이고, 그 절차상 위법이 중대하여 전체 압수 · 수색절차를 위법한 것으로 평가할 수 있을 경우 압수 · 수색처분 전체가 취소되어야 하며, 수집된 전자정보의 증거능력은 배제되어야 한다.

핸드폰 등 모바일기기에 대한 전자정보 압수 · 수색의 경우에도 그 전체과정에서 영장주의 원칙을 준수하여야 한다. 체포현장에서 영장 없이 핸드폰 등을 압수 · 수색하는 경우 핸드폰 등 기기 자체와 그에 저장된 전자정보를 구별하여, 전자정보를 영장 없이 압수하여야할 긴급한 상황이 아닌 경우에는 사전 압수 · 수색 영장을 발부받아야 한다. 영장주의의 예외가 적용될 수 없는 경우임에도 불구하고 전자정보에 관하여 영장 없이 압수수색을 하는 경우 원칙적으로 압수된 전자정보의 증거능력은 배제되어야 한다.[38]

그런데 지난 2017년 7월 14일 한 지하철역에서 4회에 걸쳐 여성의 신체부위를 핸드폰으로 몰래 촬영하던 사람이 사인에게 검거되어 경찰에 인계되었다. 범

---

38) 최윤정, "전자정보 압수수색에 적용되는 영장주의 원칙과 그 예외에 관한 법적 검토-휴대폰 등 모바일 기기를 중심으로-", 「저스티스」 통권 제153호, 2016.4, 110쪽.

인은 경찰에서 자신의 범행에 대하여 자백을 하였음에도 불구하고 무죄판결이 나왔다. 이유는 경찰이 핸드폰을 압수하는 과정에서 영장을 발부받지 않는 바람에 범행에 사용한 핸드폰이 위법수집증거로서 증거능력이 없었기 때문이었다. 이로 인하여 피고인의 자백은 피고인에게 불리한 유일한 증거가 되어서 피고인이 자백을 하였지만 이 또한 유죄의 증거로 사용할 수 없었기 때문이었다.

이 사건에서 몇 가지 문제점을 살펴볼 수 가 있을 것이다. 첫째, 사인에 의한 현행범체포가 적법했는지 여부이다. 둘째, 사인이 현행범의 소유물인 핸드폰을 압수하는 것이 적법한가이다. 셋째, 사인이 압수한 핸드폰을 수사기관이 임의제출에 의하여 압수할 수 있는가 하는 것이다. 넷째, 영장 없이 압수한 핸드폰에 저장된 정보를 압수수색할 수 있는가 하는 것이다. 다섯째, 핸드폰에 저장된 정보를 압수수색할 수 있는 범위는 어디까지일까 등에 대하여 심도 있는 논의가 필요하다고 생각한다.

몰카 현행범체포에 있어서 핸드폰의 압수 · 수색이 문제되는 이유는 핸드폰이 범행도구로서 이용되었다는 점과 핸드폰은 단순한 유체물이 아니라 방대한 양의 정보를 저장할 수 있는 저장매체라는 점이 공존하고 있기 때문이다. 따라서 이러한 양면성을 가지고 있는 핸드폰을 압수 · 수색할 경우에 영장 없이 가능한가, 아니면 사전에 법관이 발부한 영장에 의하여 압수해야 할 것인가의 문제가 발생하게 되는 것이다.

이번 사건은 지구대나 파출소에서 매일 마주치는 전형적인 형태의 사건이라고 할 수 있다. 그런데도 불구하고 시민들이 기껏 잡아주었고, 범인이 자백까지 하였는데도 경찰이 적법절차를 준수하지 않아 무죄가 선고되는 어이없는 일이 벌어지고 만 것이다. 경찰입장에서는 임의제출이라고 주장할 수 있겠지만, 사인이 체포한 현행범의 경우에 그 사인이 압수한 증거물을 적법하게 소지한 것이라고 인정하고 임의제출을 받았다고 주장한다는 것은 수사기관인 경찰의 전문성을 의심하게 하는 것이다. 그렇다면 사인이 체포한 현행범을 인수한 경우이든지 현장에서 현행범으로 체포한 경우에는, 피의자가 소지한 증거물이나 몰수물에 대해서는 48시간 이내에 사후영장을 발부받아야 했었다. 수사기관인 경찰은 범죄에 대한 실체적 진실을 밝히는 것이 가장 중요한 임무일 것이다. 그러나 이에 못지않게 중요한 것이 피의자에 대한 인권보장일 것이다. 또한 최근 검찰과의 수사권

조정을 거쳐 수사권을 독자적으로 행사하게 될 경찰입장에서는 실체적 진실발견과 인권보장뿐만이 아니라 적법절차의 준수가 매우 중요하다고 할 수 있을 것이다. 형사소송법에서도 절차를 위반하여 수집한 위법수집증거에 대해서는 위법수집증거배체법칙에 따라 증거능력을 인정하지 않고 있다[39]. 경찰은 이번 사건에서 적법절차를 준수하지 아니하여 범죄자를 처벌하지 못함으로써 국민의 신뢰를 얻지 못하였고, 피해자보호에 소홀하였다고 볼 수밖에 없다. 따라서 이 사건에 대한 철저한 분석과 보완을 통해서 다시는 이러한 실수를 하지 않도록 하여야 할 것이다. 첫째, 현행범체포 그 중에서도 사인에 의한 현행범체포의 문제이다. 현행 형사소송법상 현행범에 대해서는 누구든지 영장 없이 체포할 수 있다. 그러나 증거물에 대한 압수·수색이나 범인을 검거하기 위하여 타인의 주거에 침입할 수 있는가에 대하여 정확한 인식이 필요하다고 할 것이다. 둘째, 압수·수색검증에서의 영장주의의 예외가 인정되는 범위이다. 수사기관이 현행범을 체포하였을 경우에는 체포현장에서 영장 없이 압수·수색을 할 수 있다. 그러나 48시간 이내에 사후영장을 발부받아야 한다. 그리고 임의제출의 경우 영장 없이 압수할 수 있지만 그 적법성의 한계에 대하여 명확한 인식이 있어야 할 것이다. 셋째, 핸드폰은 저장매체로서의 성격을 가지고 있기 때문에, 핸드폰을 압수할 경우에 별도의 압수·수색영장을 발부받아야 하는가 그리고 어느 정도의 범위에서 압수·수색을 할 수 있을 것인가가 문제이다. 따라서 이 논문에서는 이러한 문제들에 대한 법률의 규정과 판례를 살펴보고, 지구대나 파출소의 경찰관들이 매일 부딪치는 현행범체포와 관련된 문제점들을 도출하여 개선방안을 제시해보고자 한다.

39) 형사소송법 제308조의2

Ⅱ. 이론적 배경

1. 현행범인 체포

가. 현행범인의 개념

1) 고유한 의미의 현행범인

현행범인(現行犯人)이란 범죄의 실행 중이거나 실행의 즉후(卽後)인 자를 말한다.[40] 범죄의 실행 중이란 범죄의 실행에 착수하여 종료하지 못한 상태를 말한다. 범죄는 특정된 죄임을 요하지만 죄명이나 형의 경중을 묻지 않는다. 미수가 처벌되는 범죄에 있어서는 실행의 착수가 있으면 족하며, 예비 · 음모를 벌하는 경우에는 예비 · 음모가 실행행위에 해당한다. 교사범과 방조범의 경우에는 정범의 실행행위를 전제로 하므로 정범의 실행행위가 개시된 때에 실행행위가 있는 것으로 보지만 교사의 미수로 예비.음모에 준하여 처벌되는 경우에는 교사행위도 실행행위가 된다고 할 것이다.[41] 범죄의 실행 즉후란 범죄의 실행행위를 종료한 직후를 말한다. 구체적으로 범죄행위를 실행하여 끝마친 순간 또는 이에 아주 접착된 시간적 단계를 의미하므로 시간적으로나 장소적으로 보아 체포를 당하는 자가 방금 범죄를 실행한 범인이라는 점에 관한 죄증이 명백히 존재하는 것으로 인정되는 경우이다.[42] 따라서 범죄의 실행행위를 종료한 직후라고 함은 범죄행위를 실행하여 끝마친 순간 또는 이에 아주 접착된 시간적 단계를 의미하는 것으로 해석되므로, 시간적으로나 장소적으로 보아 체포를 당하는 자가 방금 범죄를 실행한 범인이라는 점에 관한 죄증이 명백히 존재하는 것으로 인정되는 경우에만 현행범인으로 볼 수 있을 것이다.[43]

2) 준현행범인

준현행범인(準現行犯人)이란 현행범인은 아니지만 현행범인으로 간주되는 자로서, ① 범인으로 호창(呼唱)되어 추적되고 있는 때 ② 장물이나 범죄에 사용되었

---

40) 형사소송법 제211조
41) 이재상 · 조균석, 「형사소송법」, 박영사, 2017, 254쪽.
42) 대판 2007.4.13. 2007도 1249.
43) 대판 1991. 9. 24. 91도1314.

다고 인정함에 충분한 흉기 기타의 물건을 소지하고 있는 때 ③ 신체 또는 의복류에 현저한 증적(證跡)이 있는 때 ④ 누구임을 물음에 대하여 도망하려 하는 때에 해당하는 자이다.[44]

나. 체포의 요건

1) 범죄의 명백성

현행범인은 체포시에 특정범죄의 범인임이 명백하여야 한다. 형식상 죄를 범한 것처럼 보일지라도 구성요건해당성이 인정되지 않는 경우에는 현행범으로 체포할 수 없다. 현행범 체포의 적법성은 체포 당시의 구체적 상황을 기초로 객관적으로 판단하여야 할 것이다.[45] 또한 위법성조각사유나 책임조각사유가 명백한 경우에도 현행범인으로 체포할 수 없다. 다만, 소송조건의 존재는 체포의 요건이 되지 않는다고 할 것이다. 다만, 예외적으로 고소나 고발의 가능성이 처음부터 없는 경우에는 수사를 할 수 없으므로 현행범인의 체포도 허용되지 않는다고 할 것이다.

2) 체포의 필요성

긴급체포의 경우에는 도망이나 증거인멸의 우려와 같은 사유를 그 요건으로 하고 있고[46], 체포영장에 의한 체포의 경우에도 도망할 염려와 증거인멸 염려 등 체포의 필요성을 영장발부의 요건으로 규정하고 있다.[47] 그러나 현행범인 체포의 경우에는 이와 같은 사유가 법령상 명시되어 있지 않다. 따라서 현행범인 체포의 경우에도 법령상의 규정은 없지만 체포의 필요성이 요구되는 여부에 대하여 긴급체포, 체포영장에 의한 체포와 동일한 체포의 일환이라는 등의 이유로 도망 및 증거인멸 염려가 필요하다는 적극설, 이를 요구하지 않는 소극설, 도망의 염려가 있거나 신분이 확인될 수 없는 것은 현행범인 체포요건에 해당하지만 증거인멸의 위험은 체포사유가 될 수 없다고 해석하는 절충설이 대립하고 있다.[48] 판례는 "현행범인으로 체포하기 위해서는 행위의 가벌성, 범죄의 현행성·

44) 형사소송법 제211조 제2항
45) 대판 2013. 8. 23. 2011도4763.
46) 형사소송법 제200조의3 제1항
47) 형사소송규칙 제96조의2

시간적 접착성, 범인 · 범죄의 명백성 이외에 체포의 필요성 즉, 도망 또는 증거인멸의 염려가 있어야 하고, 이러한 요건을 갖추지 못한 현행범인 체포는 법적 근거에 의하지 아니한 영장 없는 체포로서 위법한 체포에 해당한다. 여기서 현행범인 체포의 요건을 갖추었는지는 체포 당시 상황을 기초로 판단하여야 하고, 이에 관한 검사나 사법경찰관 등 수사주체의 판단에는 상당한 재량 여지가 있으나, 체포 당시 상황으로 보아도 요건 충족 여부에 관한 검사나 사법경찰관 등의 판단이 경험칙에 비추어 현저히 합리성을 잃은 경우에는 그 체포는 위법하다고 보아야 한다."라고 판시하고 있다.49)

3) 비례성의 원칙

현행 형사소송법에서는 다액 50만원이하의 벌금, 구류 또는 과료에 해당하는 죄의 현행범인에 대하여는 범인의 주거가 분명하지 아니한 때에 한하여 현행범인으로 체포할 수 있다고 규정하고 있다.50)이는 수사비례의 원칙을 적용하여 경미사건에 대한 체포를 제한하고 있는 것이라고 할 수 있다.

다. 체포의 절차

1) 현행범인 체포의 주체

현형범인은 누구든지 영장 없이 체포할 수 있다.51) 누구든지 체포가 가능하므로 수사기관인 검사 또는 사법경찰관리는 물론이고 일반 사인(私人)도 현행범인을 체포할 수 있다. 현행범인에 대해서는 긴급한 체포의 필요성이 인정될 뿐만 아니라, 죄증이 확실하여 부당한 인권침해의 염려가 없기 때문이다.52)

가) 수사기관의 체포

검사 또는 사법경찰관리가 현행범인을 체포하거나, 사법경찰관이 사인이 체포한 현행범인을 인도(引渡)받은 경우에는 피의사실의 요지, 체포의 이유와 변호인

48) 이순옥, "현행범인 체포 및 임의제출물 압수와 관련한 대법원의 태도에 대한 연구", 「중앙법학」 제18집 제4호, 2016, 346쪽.
49) 대판 2011. 5. 26. 2011도3682.
50) 형사소송법 제214조
51) 형사소송법 제212조
52) 이재상 · 조균석, 「형사소송법」, 박영사, 2017, 255쪽.

을 선임할 수 있음을 말하고 변명할 기회를 주어야 한다.[53] 이와 같은 고지는 체포를 위한 실력행사에 들어가기 전에 미리 하여야 하는 것이 원칙이지만, 달아나는 피의자를 쫓아가 붙들거나 폭력으로 대항하는 피의자를 실력으로 제압하는 경우에는, 붙들거나 제압하는 과정에서 하거나 그것이 여의치 않은 경우에는 일단 붙들거나 제압한 후에 지체 없이 하면 된다.[54]

나) 사인의 체포

검사 또는 사법경찰관리 아닌 자가 현행범인을 체포한 때에는 즉시 검사 또는 사법경찰관리에게 인도하여야 한다.[55] 여기서 '즉시'라고 함은 반드시 체포시점과 시간적으로 밀착된 시점이어야 하는 것은 아니고, '정당한 이유 없이 인도를 지연하거나 체포를 계속하는 등으로 불필요한 지체를 함이 없이'라는 뜻으로 볼 것이다. 또한 검사 등이 현행범인을 체포하거나 현행범인을 인도받은 후 현행범인을 구속하고자 하는 경우 48시간 이내에 구속영장을 청구하여야 하고 그 기간 내에 구속영장을 청구하지 아니하는 때에는 즉시 석방하여야 한다.[56]

2) 체포에 수반하는 강제처분

검사 또는 사법경찰관은 현행범인을 체포하는 경우에 필요한 때에는 영장없이 타인의 주거 등에서 피의자를 수색하거나, 체포현장에서 압수, 수색, 검증을 할 수 있다.[57] 그러나 사인은 현행범인을 체포하기 위하여 타인의 주거에 들어갈 수 없으며 체포현장에서 압수, 수색, 검증을 할 수도 없다. 또한 현행범인을 체포하기 위하여 필요하다고 인정되는 상당한 이유가 있을 때에는 필요한 한도 내에서 수갑 등의 경찰장구(警察裝具)를 사용할 수 있고,[58] 다른 수단이 없다고 인정되는 상당한 이유가 있을 때에는 무기를 사용할 수 있다.[59] 그러나 사인은 위와 같은 경찰장구 등을 사용할 수 없다.

---

53) 형사소송법 제200조의5, 제213조 제2항.
54) 대판 2012. 2. 9. 2011도7193.
55) 형사소송법 제213조 제1항
56) 대판 2011. 12. 22. 2011도12927.
57) 형사소송법 제216조 제1항
58) 경찰관직무집행법 제10조의2
59) 경찰관직무집행법 제10조의4

2. 압수 · 수색

가. 압수 · 수색

1) 압수 · 수색의 의의

압수라고 함은 증거물 또는 몰수가 예상되는 물건의 점유를 취득하는 것으로 강제적으로 점유를 이전하는 압수와 임의적인 이전인 영치를 합하여 통칭 압수라고 한다. 점유를 취득하는 처분이라는 점에서 공통하기 때문이다. 수색은 압수할 물건이나 피의자를 발견하기 위하여 사람의 신체, 물건 또는 주거 기타의 장소에 대한 강제처분을 말한다. 수색은 물건의 수색과 사람의 수색이 있다. 전자는 사람의 신체, 물건, 주거 기타 장소에 관해 압수 또는 몰수할 물건으로 생각되는 것의 발견을 목적으로 하는 것이고, 후자는 주거 기타의 장소에 관하여 피의자의 발견을 목적으로 하는 것이다. 이러한 압수와 수색은 주로 장래 공소유지를 위한 증거의 보전차원에서 이루어지는 강제처분이다.

헌법 제12조 제1항은 압수할 물건을 명시한 영장에 의하도록 하고, 형사소송규칙 제107조 제1항 제2호는 압수수색하여야 할 물건을 영장의 필요적 기재사항으로 하고 있다. 이는 ① 법관의 사법심사대상과 수사기관의 집행범위를 명확히 함으로써 수사기관의 권한남용을 방지하고 ② 피처분자는 영장의 제시를 통해 압수수색의 이유와 범위를 확인할 수 있도록 개인의 프라이버시, 재산권침해를 최소화하고자 함에 있다.[60]

2) 압수 · 수색의 요건

가) 범죄의 혐의

대물적 강제수사인 압수 · 수색 또는 검증을 함에 있어서는 범죄의 혐의가 존재하여야 한다. 그것은 강제처분의 대상과 필요성을 판단하는 기준이 되기 때문이다. 문제는 대물적 강제수사인 압수 · 수색 또는 검증의 경우에 신체구속의 경우와 같은 정도의 혐의를 요구하는가에 있다. 그러나 압수 · 수색 · 검증에 있어서 요구되는 범죄의 혐의는 신체구속의 정도는 아니라고 할 것이다. 왜냐하면 형사소송법이 체포와 구속의 사유로는 "죄를 범하였다고 의심할 만한 상당한 이유"를

60) 노명선, "압수 · 수색 영장의 기재정도와 집행", 「고시계」 제56권 제9호 통권655호, 2011.9, 38쪽.

요구하는데 반하여, 압수·수색·검증에 있어서는 "피의자가 죄를 범하였다고 의심할 만한 정황"이 있을 것만을 요구하고 있기 때문이다. 따라서 압수·수색·검증에 있어서의 범죄혐의는 구속의 경우에 요구되는 범죄혐의의 정도까지는 아니라고 해석하는 것이 타당할 것이다.[61]

나) 압수·수색의 필요성

필요성은 단순히 범죄수사를 위하여 압수·수색·검증이 필요할 뿐만 아니라 강제처분인 압수·수색·검증을 하지 않으면 수사의 목적을 달성할 수 없는 것을 말한다고 할 것이다. 어떤 물건이 긴급체포의 사유가 된 범죄사실 수사에 필요한 최소한의 범위 내의 것으로서 압수의 대상이 되는 것인지는 당해 범죄사실의 구체적인 내용과 성질, 압수하고자 하는 물건의 형상·성질, 당해 범죄사실과의 관련 정도와 증거가치, 인멸의 우려는 물론 압수로 인하여 발생하는 불이익의 정도 등 압수 당시의 여러 사정을 종합적으로 고려하여 객관적으로 판단하여야 한다.[62]

다) 해당사건과의 관련성

압수·수색·검증은 해당 사건과 관련성이 인정되는 경우에 할 수 있다. 그 이유는 압수·수색·검증이 그 사건에 대한 증거물과 몰수물을 확보하기 위한 강제처분이기 때문이다. 아울러 형사소송법 제215조에서도 "해당 사건과 관계가 있다고 인정할 수 있는 것에 한정하여 압수, 수색 또는 검증을 할 수 있다."라고 규정하고 있다. 판례도 "압수의 대상을 압수·수색영장의 범죄사실 자체와 직접적으로 연관된 물건에 한정할 것은 아니고, 압수·수색영장의 범죄사실과 기본적 사실관계가 동일한 범행 또는 동종·유사의 범행과 관련 된다고 의심할 만한 상당한 이유가 있는 범위 내에서는 압수를 실시할 수 있다."고[63]판시하고 있다.

나. 정보저장매체의 압수·수색

1) 정보저장매체압수의 의의

61) 이재상·조균석, 앞의 책, 2017, pp.313~314.
62) 대판 2008. 7. 10. 2008도2245.
63) 대판 2009.7.23. 2009도 2649.

전자정보가 저장된 매체에는 혐의사실과 관련된 정보뿐만 아니라 혐의사실과 관련이 없는 정보도 포함되어 있다. 즉, 정보저장매체에는 개인의 사생활이나 기업의 경영에 관한 정보가 대량으로 포함되어 있어서, 정보저장매체에 대한 압수 수색은 사생활의 비밀과 자유, 정보에 대한 자기결정권 등을 침해할 우려가 크기 때문에 필요 최소한의 범위 내에서 이루어져야 한다.64)이에 관하여 형사소송법 제106조 제3항에서는 "법원은 압수의 목적물이 컴퓨터용 디스크, 그 밖에 이와 비슷한 정보저장매체인 경우에는 기억된 정보의 범위를 정하여 출력하거나 복제하여 제출받아야 한다. 다만, 범위를 정하여 출력 또는 복제하는 방법이 불가능하거나 압수의 목적을 달성하기에 현저히 곤란하다고 인정되는 때에는 정보저장매체 등을 압수할 수 있다."라고 규정하고 있다.

전자정보에 대한 압수 · 수색영장의 집행에 있어서는 원칙적으로 영장 발부의 사유로 된 혐의사실과 관련된 부분만을 문서 출력물로 수집하거나 수사기관이 휴대한 저장매체에 해당 파일을 복사하는 방식으로 이루어져야 하고, 집행현장의 사정상 위와 같은 방식에 의한 집행이 불가능하거나 현저히 곤란한 부득이한 사정이 있더라도 그 같은 경우에 그 저장매체 자체를 직접 또는 하드카피나 이미징 등 형태로 수사기관 사무실 등 외부로 반출하여 해당 파일을 압수 · 수색할 수 있도록 영장에 기재되어 있고, 실제 그와 같은 사정이 발생한 때에 한하여 예외적으로 허용될 수 있을 뿐이다. 나아가 이처럼 저장매체 자체를 수사기관 사무실 등으로 옮긴 후 영장에 기재된 범죄 혐의 관련 전자정보를 탐색하여 해당 전자정보를 문서로 출력하거나 파일을 복사하는 과정 역시 전체적으로 압수 · 수색영장 집행에 포함된다고 보아야 한다. 따라서 그러한 경우 문서출력 또는 파일복사의 대상 역시 혐의사실과 관련된 부분으로 한정되어야 함은 헌법 제12조 제1항, 제3항, 형사소송법 제114조, 제215조의 적법절차 및 영장주의의 원칙상 당연하다. 그러므로 수사기관 사무실 등으로 옮긴 저장매체에서 범죄혐의와 관련성에 대한 구분 없이 저장된 전자정보 중 임의로 문서출력 또는 파일복사를 하는 행위는 특별한 사정이 없는 한 영장주의 등 원칙에 반하는 위법한 집행이 된다.65)

64) 최윤정, 앞의 논문, 113쪽.
65) 대판 2012. 3. 29. 2011도10508.

2) 정보저장매체 압수 · 수색의 적법요건

다른 강제수사와 마찬가지로 전자정보에 대한 압수 · 수색 역시 적법절차 및 영장주의 원칙을 준수하여야 한다. 이와 관련하여 전자정보에 대한 압수 · 수색에서 특히 강조되는 사항은 ① 대상정보와 범죄사실의 관련성(형사소송법 제106조 제1항, 제215조, 제219조), 즉 포괄적 압수 · 수색의 금지 ② 당사자의 참여권 보장(형사소송법 제121조, 제123조, 제219조) ③ 압수대상 전자정보 목록의 작성 · 교부(형사소송법 제129조, 제219조)이다. 그리고 이는 영장에 의한 압수 · 수색 절차집행이 종료될 때가지 일련의 과정에서 모두 지켜져야 한다.[66]

판례는 "[1] 수사기관의 전자정보에 대한 압수 · 수색은 원칙적으로 영장 발부의 사유로 된 범죄 혐의사실과 관련된 부분만을 문서 출력물로 수집하거나 수사기관이 휴대한 저장매체에 해당 파일을 복제하는 방식으로 이루어져야 하고, 저장매체 자체를 직접 반출하거나 저장매체에 들어 있는 전자파일 전부를 하드카피나 이미징 등 형태(이하 '복제본'이라 한다)로 수사기관 사무실 등 외부로 반출하는 방식으로 압수 · 수색하는 것은 현장의 사정이나 전자정보의 대량성으로 관련 정보 획득에 긴 시간이 소요되거나 전문 인력에 의한 기술적 조치가 필요한 경우 등 범위를 정하여 출력 또는 복제하는 방법이 불가능하거나 압수의 목적을 달성하기에 현저히 곤란하다고 인정되는 때에 한하여 예외적으로 허용될 수 있을 뿐이다. 이처럼 저장매체 자체 또는 적법하게 획득한 복제본을 탐색하여 혐의사실과 관련된 전자정보를 문서로 출력하거나 파일로 복제하는 일련의 과정 역시 전체적으로 하나의 영장에 기한 압수 · 수색의 일환에 해당하므로, 그러한 경우의 문서출력 또는 파일복제의 대상 역시 저장매체 소재지에서의 압수 · 수색과 마찬가지로 혐의사실과 관련된 부분으로 한정되어야 함은 헌법 제12조 제1항, 제3항과 형사소송법 제114조, 제215조의 적법절차 및 영장주의 원칙이나 비례의 원칙에 비추어 당연하다. 따라서 수사기관 사무실 등으로 반출된 저장매체 또는 복제본에서 혐의사실 관련성에 대한 구분 없이 임의로 저장된 전자정보를 문서로 출력하거나 파일로 복제하는 행위는 원칙적으로 영장주의 원칙에 반하는 위법한 압수가 된다.

[2] 저장매체에 대한 압수 · 수색 과정에서 범위를 정하여 출력 또는 복제하는

66) 최윤정, 앞의 논문, 2016.4, 119쪽.

방법이 불가능하거나 압수의 목적을 달성하기에 현저히 곤란한 예외적인 사정이 인정되어 전자정보가 담긴 저장매체 또는 하드카피나 이미징 등 형태(이하 '복제본'이라 한다)를 수사기관 사무실 등으로 옮겨 복제 · 탐색 · 출력하는 경우에도, 그와 같은 일련의 과정에서 형사소송법 제219조, 제121조에서 규정하는 피압수 · 수색 당사자(이하 '피압수자'라 한다)나 변호인에게 참여의 기회를 보장하고 혐의사실과 무관한 전자정보의 임의적인 복제 등을 막기 위한 적절한 조치를 취하는 등 영장주의 원칙과 적법절차를 준수하여야 한다. 만약 그러한 조치가 취해지지 않았다면 피압수자 측이 참여하지 아니한다는 의사를 명시적으로 표시하였거나 절차 위반행위가 이루어진 과정의 성질과 내용 등에 비추어 피압수자 측에 절차 참여를 보장한 취지가 실질적으로 침해되었다고 볼 수 없을 정도에 해당한다는 등의 특별한 사정이 없는 이상 압수 · 수색이 적법하다고 평가할 수 없고, 비록 수사기관이 저장매체 또는 복제본에서 혐의사실과 관련된 전자정보만을 복제 · 출력하였다 하더라도 달리 볼 것은 아니다."라고 판시하고 있다.[67]

다. 압수 · 수색에서의 영장주의의 예외

1) 의 의

압수 · 수색 · 검증을 하기 위해서는 사전에 영장을 발부받아야 함이 원칙이나,[68]긴급성 등을 고려하여 일정한 경우에 영장주의의 예외를 인정하고 있다.

형사소송법상 영장에 의하지 아니한 압수 · 수색으로는 ① 체포 또는 구속을 위한 피의자수색(제216조 제1항 제1호), ② 체포현장에서의 압수 · 수색 · 검증(제216조 제1항 제2호), ③ 피고인 구속현장에서의 압수 · 수색 · 검증(제216조 제2항), ④ 범죄장소 에서의 압수 · 수색 · 검증(제216조 제3항), ⑤ 긴급체포 후의 압수 · 수색 · 검증(제217조 제1항), ⑥ 유류물 또는 임의제출물의 영치(제108조, 제218조)가 있다.

---

67) 대판 2015. 7. 16. 2011모1839.
68) 형사소송법 제215조

2) 체포현장에서의 압수 · 수색

가) 의의

검사 또는 사법경찰관이 피의자를 체포영장에 의한 체포(법 제200조의2), 긴급체포(법 제200조의3) 또는 현행범인체포(법 제212조)에 의하여 체포하거나 구속영장에 의하여 구속하는 경우(법 제201조)에 필요한 때에는 영장없이 체포현장에서 압수 · 수색 · 검증을 할 수 있다(법 제216조 제1항 제2호). 여기서 체포현장이란 피의자에 대한 체포의 현장뿐만 아니라 피의자에 대한 구속의 현장도 포함하는 의미이다. 피의자를 체포 또는 구속하는 경우에 체포현장에서의 증거 수집을 위하여 행하는 압수 · 수색에 대하여 영장주의의 예외를 인정하고 있는 것이다.

나) 법적성격

신체구속에 수반하여 영장없는 압수 · 수색 등을 인정하는 근거에 대해서는 견해가 대립하고 있다. 긴급처분설에 의하면 영장없는 압수 · 수색 등은 영장에 의할 여유가 없는 경우나, 피체포자의 신체 및 그 직접적인 지배하에 있는 물건에 대하여 무기 또는 도망을 위한 도구를 빼앗거나 기타 증거인멸을 방지하기 위하여 허용된다고 본다. 합리설은 체포의 현장에는 증거가 존재할 개연성이 높기 때문에 합리적인 증거수집수단으로서 영장 없는 압수 · 수색이 허용된다고 본다. 부수처분설은 대는 소를 겸한다는 원리에 따라 수사상 가장 강력한 기본권인 신체구속이 허용되는 이상 이에 수반하는 경한 침해는 영장 없이도 가능하다는 이론이다.

부수처분설은 대물적 강제수사의 독자성을 간과했다는 점에서 타당하지 않다. 긴급처분설은 피의자 등이 증거를 파괴 · 은닉하는 것을 방지하기 위한 긴급행위라는 소극적인 측면을, 합리설은 체포의 기회를 이용하여 행하는 증거수집이라고 하는 적극적인 측면을 강조하는 점에서 본질적인 차이가 없다. 하지만 공범자 등에 의한 증거인멸에 대하여 적절하게 대처하고, 체포현장에서 체포의 기회에 사건과 관련성이 있는 증거를 보다 넓게 수집할 수 있는 길을 열어주는 것이 합리적이라는 점에서 합리설이 타당하다고 할 수 있다.[69]

---

69) 이은모, “대물적 강제처분에 있어서의 영장주의의 예외”, 「법학논총」 제24집 제3호, 2007, pp. 132~134.

다) 압수 · 수색이 허용되는 시간적 범위

영장에 의하지 아니한 압수 · 수색 · 검증이 허용되는 체포현장은 체포행위와 압수 · 수색 · 검증과의 사이에 시간적 접착성(時間的 接着性)이 있는 장소이어야 한다. 그런데 체포행위와 압수 등과의 사이에 어느 정도의 시간적 접착성을 요하는 가에 대하여 견해가 나뉘고 있다.

체포접착설은 체포행위에 시간적 · 장소적으로 접착되어 있으면 충분하고, 체포의 전후를 불문한다는 견해이다. 체포설은 피의자가 현실적으로 체포되었음을 요한다는 견해이다. 현장설은 압수 · 수색의 당시에 피의자가 현장에 있음을 요한다는 견해이다. 체포착수설은 피의자가 수색장소에 현재하고 체포의 착수를 요건으로 한다는 견해이다. 그러나 체포할 피의자가 있는 장소에서 압수 · 수색한 이상 체포의 전후나 그 성공여부는 불문하고, 먼저 체포에 착수한 때에는 피의자가 도주한 경우에도 압수수색이 허용된다고 보는 체포착수설이 타당하다고 생각한다.[70]

라) 압수 · 수색의 대상과 장소적 범위

압수수색의 대상은 체포자에게 위해를 줄 우려가 있는 무기 기타의 흉기, 도주의 수단이 되는 물건 및 체포의 원인이 되는 범죄사실에 대한 증거물에 한한다. 그 장소적 범위도 피체포자의 신체 및 그 직접적 지배하에 있는 장소에 제한된다.[71]

마) 압수의 계속과 사후 압수 · 수색영장

검사 또는 사법경찰관은 체포현장에서 압수한 물건을 계속 압수할 필요가 있는 경우에는 지체 없이 압수 · 수색영장을 청구하여야 하고, 이 경우에 압수 · 수색영장의 청구는 체포한 때로부터 48시간 이내에 하여야 한다.[72] 이와 같이 체포현장에서의 압수 · 수색 · 검증은 영장 없이 할 수 있지만 압수물을 계속 압수하려면 사후에 압수 · 수색영장이 반드시 필요한 것이다. 판례는 현행범인으로 체포하면서 체포현장에서 증거물을 압수하였으나 사후에 압수 · 수색영장을 발부받지 않은 때에는 압수물과 압수조서는 위법하게 수집된 증거라는 이유로 증거능력을 부정하였다.[73]

---

70) 이재상 · 조균석, 앞의 책, 2017, pp.325~326.
71) 대판 2010. 7. 22. 2009도14376.
72) 형사소송법 제217조 제2항

3) 유류물 또는 임의제출물의 영치

법원은 소유자, 소지자 또는 보관자가 임의로 제출한 물건 또는 유류한 물건을 영장없이 압수할 수 있고[74], 검사 또는 사법경찰관은 피의자 기타인의 유류한 물건이나 소유자, 소지자 또는 보관자가 임의로 제출한 물건을 영장 없이 압수할 수 있다.[75]임의제출한 물건의 압수가 적법하기 위해서는 제출이 임의적 · 자발적이어야 한다. 제출과정에서 수사기관의 우월적 지위에 의하여 임의제출 명목으로 실질적으로 강제적인 압수가 행하여질 수 있으므로, 제출의 임의성은 검사가 합리적 의심을 배제할 수 있을 정도로 증명해야 한다.[76]

Ⅲ. 핸드폰압수 · 수색의 문제점

1. 사후 압수 · 수색영장의 결여

범죄증거물이나 몰수물에 대한 압수 · 수색은 판사가 발부한 영장에 의하여 하는 것이 원칙이다. 그러나 현행범체포 등의 긴급한 경우에는 영장없이 체포현장에서 압수, 수색을 할 수 있다. 그러나 검사 또는 사법경찰관은 압수한 물건을 계속 압수할 필요가 있는 경우에는 늦어도 48시간 이내에 압수 · 수색영장을 청구하여야 한다. 그리고 압수 · 수색영장을 발부받지 못한 때에는 압수한 물건을 즉시 반환하여야 한다. 현행범인 체포현장에서의 압수 · 수색은 영장 없이 할 수 있지만 압수물을 계속 압수하려면 사후에 압수 · 수색영장이 반드시 필요한 것이다. 판례는 현행범인으로 체포하면서 체포현장에서 증거물을 압수하였으나 사후에 압수 · 수색영장을 발부받지 않은 때에는 압수물과 압수조서는 위법하게 수집

73) 대판 2009. 5. 14. 2008도10914 "음란물 유포의 범죄혐의를 이유로 압수수색영장을 발부받은 사법경찰리가 피고인의 주거지를 수색하는 과정에서 대마를 발견하자, 피고인을 마약류관리에 관한 법률 위반죄의 현행범으로 체포하면서 대마를 압수하였으나 그 다음날 피고인을 석방하고도 사후 압수수색영장을 발부받지 않은 사안에서, 위 압수물과 압수조서는 형사소송법상 영장주의를 위반하여 수집한 증거로서 증거능력이 부정된다."고 판시

74) 형사소송법 제108조

75) 형사소송법 제218조

76) 대판 2016. 3. 10. 2013도11233

된 증거라는 이유로 증거능력을 부정하였다. 판례는 "기본적 인권 보장을 위하여 압수 · 수색에 관한 적법절차와 영장주의의 근간을 선언한 헌법과 이를 이어받아 실체적 진실 규명과 개인의 권리보호 이념을 조화롭게 실현할 수 있도록 압수 · 수색절차에 관한 구체적 기준을 마련하고 있는 형사소송법의 규범력은 확고히 유지되어야 한다. 따라서 헌법과 형사소송법이 정한 절차에 따르지 아니하고 수집한 증거는 물론, 이를 기초로 하여 획득한 2차적 증거 역시 기본적 인권 보장을 위해 마련된 적법한 절차에 따르지 않은 것으로서 원칙적으로 유죄 인정의 증거로 삼을 수 없다."고 판시하였다. 아울러 구 정보통신망 이용촉진 및 정보보호 등에 관한 법률상 음란물 유포의 범죄혐의를 이유로 압수 · 수색영장을 발부받은 사법경찰리가 피고인의 주거지를 수색하는 과정에서 대마를 발견하자, 피고인을 마약류관리에 관한 법률 위반죄의 현행범으로 체포하면서 대마를 압수하였으나, 그 다음날 피고인을 석방하였음에도 사후 압수 · 수색영장을 발부받지 않은 사안에서, 위 압수물과 압수조서는 형사소송법상 영장주의를 위반하여 수집한 증거로서 증거능력이 부정하였다.[77]

이러한 맥락에서 서론에서 언급한 몰카 현행범 체포시 핸드폰을 임의제출 받아 압수하고 압수 · 수색영장을 청구하지 않은 경우에, 위법수집증거로서 증거능력을 인정할 수 없게 되는 것이다.

2. 사인이 압수한 물건의 임의제출의 적법성 결여

현행범인은 누구든지 영장 없이 체포할 수 있기 때문에 수사기관이 아닌 사인도 체포할 수 있다. 그러나 일반 사인이 현행범인을 체포하기 위하여 타인의 주거에 들어갈 수 없으며, 현장에서 압수나 수색도 허용되지 않는다.

판례는 "형사소송법 제218조는 '사법경찰관은 소유자, 소지자 또는 보관자가 임의로 제출한 물건을 영장 없이 압수할 수 있다'고 규정하고 있는바, 위 규정을 위반하여 소유자, 소지자 또는 보관자가 아닌 자로부터 제출받은 물건을 영장 없이 압수한 경우 그 압수물 및 압수물을 찍은 사진은 이를 유죄 인정의 증거로 사용할 수 없는 것이고, 헌법과 형사소송법이 선언한 영장주의의 중요성에 비추어

77) 대판 2009. 5. 14. 2008도10914

볼 때 피고인이나 변호인이 이를 증거로 함에 동의하였다고 하더라도 달리 볼 것은 아니다.

기록에 의하면, 충청남도 금산경찰서 소속 경사 공소외 1은 피고인 소유의 쇠파이프를 피고인의 주거지 앞마당에서 발견하였으면서도 그 소유자, 소지자 또는 보관자가 아닌 피해자 공소외 2로부터 임의로 제출받는 형식으로 위 쇠파이프를 압수하였고, 그 후 압수물의 사진을 찍은 사실, 공판조서의 일부인 제1심 증거목록상 피고인이 위 사진을 증거로 하는 데 동의한 것으로 기재되어 있는 사실을 알 수 있는바, 앞서 본 법리에 비추어 보면, 이 사건 압수물과 그 사진은 형사소송법상 영장주의 원칙을 위반하여 수집하거나 그에 기초한 증거로서 그 절차 위반행위가 적법절차의 실질적인 내용을 침해하는 정도에 해당한다고 할 것이므로, 피고인의 증거동의에도 불구하고 위 사진은 이 사건 범죄사실을 유죄로 인정하는 증거로 사용할 수 없다고 할 것이다."라고 판시하고 있다.[78)]

따라서 핸드폰으로 여성의 신체부위를 몰래 촬영한 현행범인의 핸드폰을 사인이 압수한 것을 경찰관이 임의제출 받아 압수한 것은 적법한 임의제출에 의한 압수가 아니라 위법수집증거에 해당된다. 당연히 이러한 증거물은 증거능력이 없고, 다른 보강증거가 없는 경우에는 피고인이 자백을 했다고 하더라도 그 자백을 유죄의 증거로 할 수 없기 때문에 무죄판결이 나올 수밖에 없는 것이다.

3. 사생활 및 참여권 침해

핸드폰은 통화기록, 문자메시지 기록, 이메일, 사진, 동영상, 인터넷 검색기록 등 많은 정보를 저장하고 있다. 뿐만 아니라 핸드폰에는 물품구매내역이나 은행서비스 이용내역과 같은 개인의 금융정보가 담겨져 있을 수 있고, 핸드폰에 의해 특정 질병을 가지고 있다는 점도 드러날 수도 있다.[79)]

정보저장매체인 핸드폰을 사전영장에 의해 압수·수색하는 때에는 '해당사건'과 관계가 있다고 인정할 수 있는 것에 한하여 압수·수색이 가능하고, 휴대전화 자체를 수사기관 등으로 옮긴 후 영장에 기재된 범죄혐의 관련 전자정보를 탐색

---

78) 대판 2010. 1. 28. 2009도10092.
79) 조기영, "사전영장 없는 휴대전화 압수수색의 허용 여부", 「동북아법연구」제9권 제3호, 2016.1, 223쪽.

하여 해당 전자정보를 문서로 출력하거나 파일을 복사하는 과정 역시 전체적으로 압수·수색영장의 집행에 포함되므로 당사자인 피고인의 참여권이 보장되어야 한다.[80]

체포현장에서 영장 없이 휴대폰 등을 압수·수색하는 경우 휴대폰 등 기기 자체와 그에 저장된 전자정보를 구별하여, 전자정보를 영장 없이 압수하여야 할 긴급한 상황이 아닌 경우 사전 압수·수색영장을 발부받아야 한다. 영장주의의 예외가 적용될 수 없는 경우임에도 불구하고 전자정보에 관하여 영장 없이 압수수색을 하는 경우 원천적으로 압수된 전자정보의 증거능력은 배제되어야 한다.[81]

사후영장주의의 예외 규정의 인정 취지에 비추어 휴대전화와 관련된 긴급한 위험이나 증거인멸의 상황이 인정될 때에는 예외적으로 휴대전화에 대한 긴급수색이 허용된다고 보아야 한다. 예를 들면, 체포된 피의자가 공범에게 폭탄을 폭발시킬 준비를 하라는 문자를 보내거나, 유괴범이 유괴된 사람의 위치에 관한 정보를 휴대전화에 소지하고 있는 경우와 같이, 휴대전화에 특유한 생명·신체에 대한 위험이 인정되는 때에는 휴대전화에 대한 영장 없는 압수수·색이 정당화될 수 있을 것이다.[82] 몰래 카메라 사건에 있어서도 핸드폰은 범행도구인 동시에 저장매체로서의 성질을 동시에 가지고 있다. 범행도구인 핸드폰은 현행범인 체포시에 영장 없이 압수할 수 있다. 그러나 언론보도로만 보았을 때, "그 남성들로부터 전화기를 받아 안에 저장된 영상을 확인했다"고 되어있다. 이는 저장매체를 영장 없이 수색하였다고 볼 수 있을 것이다. 엄밀하게 따지면 현행범을 체포한 사람들에게나 경찰관에게 위해를 가할 무기도 아니고 도주할 물건도 아닌 핸드폰을 영장 없이 압수한 것은 위법의 소지가 다분한 것이다. 또한 이미 압수된 핸드폰은 증거인멸의 위험성도 없는 상황에서 수색을 한다는 것은 사생활침해의 위험성이 크다고 보아야 할 것이다. 다행히 해당 범죄사실과 관련된 부분만을 보았다고 보여 지지만, 저장매체인 핸드폰의 특성상 해당범죄사실이 저장된 부분을 찾기 위해서는 다른 부분도 본의 아니게 볼 수 있기 때문에 위법의 소지가 있다고 할 것이다.

---

80) 조기영, 앞의 논문, 2016.1, 231쪽.
81) 최윤정, 앞의 논문, 2016.4, 110쪽.
82) 조기영, 앞의 논문, 2016.1, 238쪽.

4. 사인이 체포한 현행범인을 범죄현장에서 인수하는 경우

지구대나 파출소에서 112신고 등 범죄 신고를 받고 출동했는데 주민들이나 경비원들이 범인을 잡아놓고 있는 경우에 경찰이 현행범인으로 체포하는 것이 합리적인가 아니면 현행범인 인수를 하는 것이 타당한가에 대한 검토가 필요하다고 생각한다. 사인이 현행범인을 검거한 시간이 경찰이 현장에 도착하기 10분정도 전이라고 가정할 경우, 구태여 현행범인 인수절차를 밟고, 법률의 규정대로 체포자의 성명, 주거, 체포의 사유를 묻고 필요한 때에는 체포자에 대하여 경찰관서에 동행을 요구하는 것이 합리적인가 하는 것이다. 장소가 범행현장이고 시간이 극히 짧은 경우에는 현장에 도착한 경찰관이 현행범인으로 체포하는 것이 타당하다고 할 것이다. 왜냐하면 현행범이라 하여도 범죄의 명백성, 체포의 필요성, 비례성의 원칙에 따라 현행범인 체포여부를 출동경찰관이 다시 한 번 검토해 보는 것이 피의자의 인권보호에 보다 합리적이기 때문이다. 아울러 사인이 증거인멸을 우려하여 증거물을 빼앗아 놓은 경우에는 피의자의 의사를 물어 임의제출을 받든가 영장주의 예외에 해당하는 체포현장에서의 압수를 하고 48시간 이내에 압수·수색영장을 신청하도록 하는 것이 바람직하다고 할 수 있다. 그러나 핸드폰 등의 저장매체의 내용을 압수·수색하는 경우에는 긴급을 요하는 경우를 제외하고는 별도의 사전 압수·수색영장을 발부받는 것이 타당하다고 생각한다.

Ⅳ. 효율성 제고방안

1. 입법적 정비 및 실무운영을 통한 개선

휴대폰 등 모바일기기의 증거가치는 더욱 높아지고 그에 대한 수사의 필요성은 점점 더 증가하고 있다. 반면에 전자증거의 수집에 수반하여 사생활의 보호와 정보에 대한 자기결정권 등의 기본권 침해의 우려도 증가하고 있다. 따라서 휴대폰 등 정보저장매체에 대한 압수·수색의 권한과 한계를 법률적으로 명확히 규정할 필요가 있을 것이다. 즉, 수사기관은 체포현장에서 영장 없이 압수한 피체포자의 휴대폰 속 디지털정보를 검색·분석하기 위하여 지체 없이 압수·수색영장을 발부받도록 하여야 할 것이다. 일반적으로 사전 영장을 발부받아 모바일 분석을 하되, 다만, 증거 인멸이 급박한 경우, 공범 도주 우려 등 긴급한 상황에서는 피체포자의 휴대폰에 저장된 정보를 검색 · 분석한 후 체포시로부터 48시간 이내에 사후 압수 · 수색영장을 발부받을 수 있도록 하여야 할 것이다. 또한 실무적으로 수사기관은 체포현장에서 상대방의 동의나 승낙에 의하여 휴대폰에 대한 모바일 분석을 먼저 마친 후 범죄사실과 관련이 없으면 휴대폰을 환부할 수 있도록 해야 할 것이다. 그러나 휴대폰에 저장된 정보 내용 중 범죄사실과 관련된 디지털 증거가 확인되면 지체 없이 사전영장을 발부받아 휴대폰을 압수 · 수색할 수 있도록 하는 것이 바람직할 것이다.[83] 그리고 정보저장매체에 대한 압수 · 수색의 효율성 제고를 위하여 입력장치를 통하여 원격지서버에 보관된 정보를 압수 · 수색할 수 있는 원격수색제도와 정보를 보관하거나 이용할 수 있는 자를 통해 필요한 정보를 획득할 수 있도록 기록명령 후 압수제도를 도입할 필요가 있을 것이다. 아울러 컴퓨터의 비밀번호 제공 등 피압수 · 수색 당사자의 협력을 요청할 수 있는 법적 근거를 마련하는 방안을 검토할 수 있을 것이다. 또한 개인의 기본권 보호를 위하여 압수한 정보저장매체의 탐색과정에 관한 참여권 보장을 명시하고, 영장 제시의 시점범위와 압수목록 교부기간을 명확히 하며, 압수한 정보의 환부방법으로서 삭제 · 폐기에 관한 절차를 마련하는 방안을 고려해 볼 수도 있을 것이다.[84]

2. 효율적 선별분석기법의 개발

디지털포렌식 기법을 발전시켜 저장매체 자체를 이미징하지 않고서도 유관정보만을 선별하여 분석, 복제할 수 있는 기술을 개발할 필요가 있다. 검색에 착수한 이후에도 디지털 증거의 비가독성 · 비가시성 때문에 검색 · 분석의 잠재적 대상이 휴대폰의 저장정보 전체가 될 수밖에 없더라도, 가급적 분석대상을 피압수자의 동의 등 특별한 사정이 없는 이상 검색어에 의한 관련 파일의 검색 등 적절한 작업을 통해 해당범죄 혐의와 관련 있는 부분에 한정하고, 나머지는 대상에서 제외여야 할 것이다. 영장 없이 압수한 피체포자의 휴대폰에 대한 긴급분석은 사

83) 김영규, "미국 연방대법원의 "휴대폰에 저장된 개인정보 보호"에 대한 판결의 의의", 「형사정책연구」제25권 제4호, 2014, pp.243~244.

84) 박지영, "정보저장매체에 관한 압수수색제도의 문제점과 개선방안", 현안보고서, 2015.12, 6쪽.

법적 통제를 받기 이전에 이루어지는 예외적 상황이므로 더욱 신중함이 요구된다고 하겠다. 그래서 검색 과정 및 종료시까지 범죄 경중 등에 비추어 실체진실 발견을 위한 공익과 사생활 보호라는 사익의 비교형량에 따른 검색의 허용범위에 대한 적절한 기준을 제시하여 비례성 원칙을 준수할 필요가 있다.85)

3. 핸드폰 등 정보저장매체 압수 · 수색시 준수사항

대법원은 전자정보에 대한 압수 · 수색영장을 집행할 때 원칙적으로 다음의 여섯 가지를 준수하라고 밝히고 있다. 첫째, 영장발부의 사유인 혐의사실과 관련된 부분만을 문서출력물로 수집한다. 둘째, 수사기관이 휴대한 저장매체에 해당 파일을 복사하는 방식으로 한다. 셋째, 예외적인 경우, 외부 반출 후 혐의사실 관련 부분 한정하여 문서출력 또는 파일을 복사한다. 넷째, 검사나 사법경찰관이 압수 · 수색영장을 집행할 때에는 자물쇠를 열거나 개봉 기타 필요한 처분을 할 수 있지만 그와 아울러 압수물의 상실 또는 파손 등의 방지를 위하여 상당한 조치를 하여야 한다. 다섯째, 전체 과정을 통하여 피압수 · 수색 당사자나 변호인의 계속적인 참여권 보장이 이루어져야 한다. 여섯째, 복사대상 전자정보 목록의 작성 · 교부와 압수 · 수색 대상인 저장매체 내 전자정보의 왜곡이나 훼손과 오 · 남용 방지를 위한 적절한 조치가 이루어져야 한다. 이러한 준수사항을 숙지하여 핸드폰 등 저장매체의 압수 · 수색시에 무죄판결이 나오지 않도록 하여야 할 것이다.

4. 적법절차의 준수

핸드폰에는 방대한 양의 민감한 개인정보가 담겨져 있어 자칫하면 개인의 사생활의 비밀을 침해할 가능성이 많다. 특히나 핸드폰은 거의 24시간 몸에 지니고 있기 때문에 현행범 체포시 영장 없는 압수 · 수색의 대상이 될 위험성이 크다. 그러나 이는 아무리 실체적 진실발견을 위한 것이라 하여도 자칫 적법절차를 위반하게 되기 십상이다. 그럴 경우 애써서 범인을 잡아놓고도 처벌을 할 수 없게 되고, 심지어는 수사기관인 경찰이 처벌을 받아야 하는 문제가 발생할 수도 있다. 가장 큰 문제는 국민을 지켜주어야 할 경찰이 국민으로부터 신뢰를 받지

---

85) 김영규, 앞의 논문, 2014, 270쪽.

못하고 법질서의 경시현상을 불러올 수도 있다는 것이다. 따라서 주로 현행범 체포 업무를 수행하는 경찰의 입장에서는 핸드폰 압수 · 수색과 관련된 사생활의 비밀과 자유의 중요성에 대한 확고한 인식을 가지고, 범죄자를 검거하는데 있어서 적법절차를 준수하도록 하여야 할 것이다.

V. 결론

이 논문에서 살펴본 사례에서는 핸드폰을 이용하여 여성의 신체부위를 촬영하는 일명 몰카 범인을 사인이 검거하였고, 그 사인이 범인의 핸드폰을 압수하였다. 그리고 현장에 출동한 경찰관이 이를 임의제출 받아 영장 없이 압수하였다. 아울러 경찰관은 범행사실을 확인하기 위하여 영장 없이 휴대폰에 저장된 영상을 확인하였다. 이러한 사건은 현장에서 흔히 마주칠 수 있는 일임에도 불구하고 경찰은 사후압수 · 수색영장을 신청하지 않아서 범인에게는 무죄가 선고되었다.

이 사건은 비교적 간단한 사건임에도 시사하는 바가 매우 크다고 할 수 있다. 첫째, 사인이 현행범을 체포하는 경우에 압수 · 수색도 가능한가이다. 결론적으로 사인은 타인의 주거에 침입하거나 증거물을 압수 · 수색할 수 없다. 둘째, 사인이 압수한 증거물을 경찰이 임의제출 받아 영장 없이 압수할 수 있는가이다. 이는 임의제출이 적법하지 않기 때문에 위법수집증거배제법칙에 의하여 그 증거물은 증거능력이 없다. 셋째, 휴대폰을 압수한 경우에 영장 없이 저장내용을 수색할 수 있는가이다. 휴대폰은 개인의 민감한 정보를 대량으로 담고 있어서, 원칙적으로 법관의 사전영장을 발부받아야 할 것이다. 물론 저장매체의 압수 · 수색에 관한 일반적인 준수사항을 준수해야 할 것이다. 핸드폰을 압수 · 수색할 경우에는 해당사건과 관련이 있는 부분에 대해서만 범위를 정하여 수색하여야 할 것이다. 아울러 납치사건 등과 같이 긴급한 경우에는 불가피하게 먼저 압수 · 수색을 하고 사후에 지체 없이 압수 · 수색영장을 발부받아야 할 것이다.

핸드폰 등의 저장매체에 대한 압수 · 수색의 효율성을 제고하고, 피처분자의 기본권을 보호하기 위해서는 첫째, 정보저장매체에 대한 압수 · 수색의 권한과 한계를 법률적으로 명확히 규정할 필요가 있을 것이다. 아울러 원격수색제도, 참여권 보장 등의 제도적 정비가 필요하다고 할 것이다. 둘째, 유관정보만을 선별하여 분석, 복제할 수 있는 기술을 개발할 필요가 있을 것이다. 셋째, 대법원에서 제시한 핸드폰 등 저장매체 압수·수색시 준수사항을 철저히 지켜야 할 것이다. 넷째, 가장 중요한 것은 국민의 사생활의 비밀과 자유에 대한 중요성을 인식하고, 적법절차를 준수하고자 하는 수사기관의 노력이 절실하게 요구된다고 할 것이다.

7 경비원 직무교육의 문제점과 개선방안

7. 경비원 직무교육의 문제점과 개선방안

Ⅰ. 서론

현재 전국에는 법인 수 3,836여개 업체(업종 4,556개)에 150,030명[86]의 경비원이 민간경비업무를 담당하고 있다. 공경비를 담당하는 경찰이 전 · 의경을 포함하여 15만여 명이 되는 것을 감안하면, 우리나라에서도 공경비와 민간경비가 인원수에 있어서는 비슷한 수준에 있다고 해도 과언이 아니다. 그러나 현실적으로는 경비원의 자질이나 낮은 보수, 전문성 부족, 잦은 이직률, 열악한 근무환경 등 많은 문제점을 가지고 있다.

특히 지난 2012년 7월에 발생한 경기 안산의 SJM사태는 이러한 문제점들이 복합적으로 작용하여 발생했다고 볼 수 있을 것이다. 즉, 2012.7.27.04:30경 경비업체 컨택터스 경비원 198명이 안산 SJM노사분규 현장에 진입하는 과정에서, 농성중인 노조원과 사설 경비업체간 대규모 유혈사태가 발생하였다. 당시 SJM 사측은 노조파괴를 위하여 경비업체 컨택터스에게 노조원들에게 폭력행사를 지시했고, 이로 인해 근로자 등 40여명이 최대 전치 12주의 상해를 입는 등의 불미스러운 폭력사태가 발생하였다.(박형식, 2013: 2) 이러한 폭력사태가 발생한 것은 1차적으로는 해당 경비업체에 가장 중요한 책임이 있다고 할 수 있다. 그러나 그 이면을 살펴보면 수많은 경비업체 중에서 용역을 따내기 위한 경쟁이 치열하고, 대부분의 경비업체가 영세하기 때문에 용역을 주는 업체의 불법적인 요구사항을 거절할 수 없는 실정이 더 큰 원인이라고 볼 수 있다.

이러한 경비업체의 폭력 등 불법행위를 시정하기 위해서 정치권에서는 경비업법에 대한 대폭적인 법률개정을 하여(2013.6.7 법률 제11872호 개정, 2014.6.8시행), 총31개 조문 중에서 17개 조문이 개정되었다. 개정 경비업법의 핵심내용은 경비원의 배치전 신임교육의 의무화와 경찰의 통제권 강화로 요약해 볼 수 있다. 물론 경비업이 다른 산업과는 다르게 국민의 안전을 지킨다는 공공

86) 경찰청, 「경찰백서 2013」, p. 106.

성을 띠고 있다는 점에서는 어느 정도 경찰에 의한 통제가 필요하다고 생각한다. 그러나 경비업도 영리추구를 목적으로 하는 기업 활동인데 지나친 통제는 오히려 경비업의 발전을 위축시킬 수 있기 때문에 적절한 조화가 필요하고, 기업 스스로가 살아남기 위해서는 자율성과 더불어 자기혁신이 절대적으로 필요하다고 생각한다.

그 동안 경비업체가 양적으로는 크게 성장을 했지만, 질적인 면에서는 많은 문제점을 안고 있다고 할 수 있다. 그 중에서도 가장 중요한 문제가 경비원들의 자질에 대한 문제라고 할 수 있을 것이다. 경비원의 자질은 두 가지 측면에서 살펴볼 필요가 있을 것이다. 첫 번째는 소극적인 측면에서 경비원들에 의한 자체사고의 발생이다. 즉, 고객의 안전을 지켜야 할 경비업체직원이 오히려 강도나 절도, 폭력, 성폭행, 교통사고 등의 범죄를 저지르거나, 시위현장에 참여했다가 행정처분을 받는 등의 문제가 끊이지 않고 있는 실정이다. 두 번째는 적극적인 측면에서 경비원들의 전문성 향상의 문제이다. 경비원은 경비를 필요로 하는 시설 및 장소에서 절도나 화재, 위험발생을 방지하는 것을 임무로 하고 있다. 따라서 경비원들은 이러한 임무를 수행하기 위해서 필요한 전문지식과 실무능력을 갖추어야 할 것이다. 전문지식과 실무능력을 갖추기 위해서는 경비원들에 대한 소양교육과 실무교육이 대폭 강화되어야 할 것이다.

현재 경비원교육은 신임교육과 직무교육으로 나누어져 있고, 신임교육은 경비협회, 경찰교육기관, 경찰청장이 지정한 기관 등에서 교수 등 전문가들이 24시간의 소양교육을 실시하고, 직무교육은 경비업자가 매월 4(특수6)시간씩 이론과 실무교육, 정신교양을 실시하도록 하고 있다. 그리고 경비원의 직무교육에 대해서는 경비지도사가 교육계획을 수립하여 실시하고, 경비원 직무교육 실시대장에 그 내용을 기록하여 2년간 보존하도록 하고 있다.

그런데 신임교육은 외부교육기관에서 실시하고 있기 때문에 규정대로 실시되고 있지만, 직무교육은 소규모 현장이나 소규모업체에서는 제대로 실시되지 않고 서류상으로만 실시되고 있는 실정이다. 따라서 경비지도사에 의한 법에 규정된 경비원의 직무교육이 유명무실한 상황이고, 그로인한 경비서비스의 질적 저하나 나아가 경비원에 의한 사고발생으로 인한 피해는 고객에게 고스란히 돌아갈 것이다.

따라서 이 논문에서는 현행 경비원교육의 법적근거와 경비원교육의 실태를 살펴보고, 문제점을 도출하여 해결방안을 제시해보고자 한다.

Ⅱ. 경비원직무교육의 법적근거

1. 일반경비원의 직무교육

2013.6.7개정된 경비업법 제13조 ①항에서는 일반경비원의 교육에 대하여 “경비업자는 경비업무를 적정하게 실시하기 위하여 경비원으로 하여금 대통령령으로 정하는 바에 따라 경비원 신임교육 및 직무교육을 받게 하여야 한다.”라고 규정하고 있다. 그리고 교육시간에 대해서 경비업법 시행령 제18조 ③항에서는 “일반경비업자는 법 제13조제1항의 규정에 의하여 소속 일반경비원에 대하여 매월 안전행정부령이 정하는 시간 이상의 직무교육을 실시하여야 한다.” 라고 규정하고 있고, 교육의 주체에 대해서 ①항에서는 “ 신임교육은 경비협회, 경찰교육기관, 경찰청장이 지정하여 고시하는 기관 또는 단체 등에서 실시하고, 직무교육은 경비업자가 실시한다.”라고 규정하고 있다. 교육의 내용에 있어서는 ④항에서 “일반경비원에 대한 교육의 과목 · 시간 그밖에 교육의 실시에 관하여 필요한 사항은 안전행정부령으로 정한다.”라고 규정하고 있다. 아울러 경비업법 시행규칙 제13조 ①항에서 “영 제18조제2항의 규정에서 안전행정부령이 정하는 시간이라 함은 4시간을 말한다.”라고 규정하고 있고, 제②항에서는 “영 제18조제4항에 따른 일반경비원에 대한 직무교육의 과목은 일반경비원의 직무수행에 필요한 이론 · 실무과목, 그 밖에 정신교양 등으로 한다.”라고 규정하고 있다. 따라서 이를 종합해보면 일반경비원의 경우에 경비업자가 매월 4시간 이상 이론, 실무, 정신교양을 실시하도록 규정하고 있다고 할 수 있겠다.

2. 특수경비원의 직무교육

경비업법 제13조 ②항에서는 “특수경비업자는 대통령령으로 정하는 바에 따라 특수경비원으로 하여금 특수경비원 신임교육과 정기적인 직무교육을 받게 하여야 하고, 특수경비원 신임교육을 받지 아니한 자를 특수경비업무에 종사하게 하여서는 아니 된다."라고 규정하고 있다. 그리고 경비업법 시행령 제19조 ③항에서는 "특수경비업자는 법 제13조제2항의 규정에 의하여 소속 특수경비원에 대하여 매월 안전행정부령이 정하는 시간 이상의 직무교육을 실시하여야 한다."라고 규정하고 있고, ④항에서는 "특수경비원에 대한 교육의 과목·시간 그밖에 교육의 실시에 관하여 필요한 사항은 안전행정부령으로 정한다."라고 규정하고 있다. 아울러 경비업법 시행규칙 제16조 ①항에서는 "영 제19조제3항에서 안전행정부령이 정하는 시간이란 6시간을 말한다."라고 규정하고 있고, ③항에서는 "영 제19조제4항에 따른 특수경비원에 대한 직무교육의 과목은 특수경비원의 직무수행에 필요한 이론·실무과목, 그 밖에 정신교양 등으로 한다."라고 규정하고 있다. 따라서 이를 종합해보면 특수경비원의 경우에는 특수경비업자가 매월 6시간 이상 이론과 실무, 정신교양을 실시하도록 의무화하고 있다고 할 수 있겠다. 특히 특수경비원의 경우에는 그 중요성에 따라 경비업법 시행규칙 제16조 ②항에서 "관할경찰서장 및 공항경찰대장 등 국가중요시설의 경비책임자(이하 "관할경찰관서장"이라 한다)는 필요하다고 인정하는 경우에는 특수경비원이 배치된 경비대상시설에 소속공무원을 파견하여 직무집행에 필요한 교육을 실시할 수 있다."라고 규정하고 있다.

Ⅲ. 경비원 직무교육의 내용

1. 경비원 직무교육의 의의

경비원 직무교육이란 경비원이 직무수행에 필요한 전문지식을 습득하고, 복무적응능력을 배양하기 위하여 실시하는 교육이라고 할 수 있다. 직무교육은 경비원들의 기본소양 뿐만 아니라 업무적인 능력과 업무에서 배울 수 없는 교육내용을 통해 직무능력을 향상시키고자 하는 교육이다. 직무교육을 통하여 경비원들의 능력을 향상시켜 경비업무의 질과 능력을 향상시킬 수 있는 것이다.

2. 직무교육의 관리

법적으로 경비회사와 경비지도사는 매월 4시간(특수경비원 6시간)이상의 직무교육을 실시하고 그 기록을 유지하여야 한다. 직무교육은 연간교육계획 작성-월간교육계획 수립-직무교육실시-직무교육결과작성 순으로 진행되며, 연간교육계획은 일반적으로 전년도 12월까지 수립하여야 한다. 현장 직무교육을 진행한 후, 그 내용을 기록하면 교육결과를 효율적으로 관리할 수 있다는 장점이 있다. 따라서 현장직무교육일지 작성시에는 직원의 직급과 성명, 교육과정의 명칭 등을 정확히 기재하여야 한다. 또한 교육내용을 비롯하여 평가결과를 명확히 약술하도록 하여야 한다. 직무교육은 반드시 경비원들을 교육장으로 불러들여서 실시할 필요는 없고, 현장상황에 따라 현장에서 교대시간에 맞춰서 교육을 진행하는 것이 현실적이라고 볼 수 있다.

3. 직무교육의 주체

현행법상 경비원 직무교육의 주체에 대해서 일반경비원의 경우에는, 경비업법 제13조①항과 경비업법시행령 제18조②항, ③항에 의하여 경비업자가 된다. 그리고 경비업법 제12조 ②항1호와 경비업법시행령 제17조③항에 의하여 경비지도사도 가능하다. 특수경비원의 경우에는, 경비업법 제13조②항과 경비업법시행령 제19조③항에 의하여 특수경비업자가 된다. 그리고 경비업법시행규칙 제16조②항에 의하여 관할경찰관서장이 필요하다고 인정한 경찰관도 가능하다. 아울러 경비업법 제12조 ②항1호와 경비업법시행령 제17조③항에 의하여 경비지도사도 경비원 직무교육의 주체가 될 수 있다. 이를 정리해보면 현행법상 경비원 직무교육의 주체는 경비업자와 경비지도사, 관할경찰관서 경찰관만이 될 수 있다고 할 수 있다. 그러나 경비업법 13조①항에서는 “경비업자는 경비원으로 하여금 경비원 교육을 받게 하여야 한다.”라고 규정하고 있고, 경비업법시행령 제18조②항에서는 일반경비업자는 “소속 일반경비원에 대하여 직무교육을 실시하여야 한다.”라고 규정하고 있기 때문에 반드시 경비업자나 경비지도사, 관할경찰관에만 한정할 필요는 없다고 본다. 따라서 이들뿐만 아니라 이론, 실무, 정신교양 분야에서 사회적으로 저명한 인사나 전문가, 경비업무분야에 풍부한 경험을 가진 사람 등도 경비원 직무교육의 주체가 될 수 있다고 생각한다.

4. 직무교육의 방법

현행 경비업 관련 법률에서는 경비원 직무교육에 대해서 직무교육시간(일반경비원 월4시간 이상, 특수경비원 월6시간 이상)과 직무교육과목(이론, 실무, 정신교양)만을 규정하고 있고, 직무교육의 장소나 직무교육의 횟수 등에 대해서는 규정하고 있지 않다. 또한 직무교육의 과목에 대해서도 구체적인 적시가 없이 포괄적으로 규정하고 있어서 다양한 교육을 실시할 수 있을 것이라고 생각한다. 따라서 첫째, 교육장소의 경우에는 지정된 교육장에서 집체교육을 실시할 수도 있고, 한 장소에 집합할 것이 아니라 근무지에서 교대근무시간을 활용해서 직무교육을 실시할 수 있다고 보아야 한다. 또한 경비지도사의 직무로서 경비현장에 배치된 경비원에 대한 순회점검 및 감독, 집단민원현장에 배치된 경비원에 대한 지도·감독 등을 규정하고 있기 때문에 이러한 기회에 직무교육을 실시할 수도 있다고 보아야 할 것이다. 둘째, 직무교육의 횟수도 한번에 4시간 이상을 실시할 수도 있지만, 2시간씩 나누어서 2회를 실시할 수도 있고, 30분씩 나누어서 8회에 걸쳐서 직무교육을 실시할 수도 있다고 하여야 할 것이다. 셋째, 직무교육의 과목에 있어서도 반드시 경비업무와 관련된 것이 아니라 하여도, 시사문제나 건강에 관련된 내용, 자기계발을 위한 자격증 교육 등 다양하게 실시할 수 있을 것이다. 다만, 현재 많은 수의 경비원들이 고령임을 감안한다면 지나치게 어려운 이론교육보다는 해당 사업장에 맞고 관심을 유발할 수 있는 사례위주의 교육이 바람직하다고 생각한다.

5. 경비원 직무교육의 내용

경비업무는 "인력중심 서비스"인 만큼 서비스를 제공하는 사람의 마인드와 사람의 품질이 곧 서비스의 품질과 경비업무의 수준을 결정한다고 볼 수 있다. 따라서 경비원들에 대한 현장에서의 지속적인 교육은 반드시 필요하다고 할 수 있다. 현행법상 경비원의 직무교육은 이론, 실무, 정신교양 등을 실시하도록 규정하고 있다. 그러나 경비원의 직무교육은 경비업무 수행시 필요한 공통적인 내용도 실시하여야 하지만, 경비업무의 종류에 따라 시설, 호송, 신변보호, 기계경비, 특수경비업무에 맞게 실시하여야 할 것이다.

가. 공통적인 교육내용

경비원은 일반적으로 근무하는 시설 및 장소의 경비 및 도난과 화재예방, 그리고 그 밖의 위험발생을 방지하는 것을 업무로 하고 있다. 따라서 직무교육은 이러한 업무를 수행하는데 필요한 내용이 주가 되어야 할 것이다. 예를 들면, 근무방법, 강·절도사건 등 발생시 조치요령, 주민응대시 친절교육, 인터폰 응대요령, 성범죄 예방교육, 주차관리요령, 교통사고·음주운전 등 자체사고 방지 등에 대하여 교육이 실시되어야 할 것이다.

나. 경비업무의 종류에 따른 교육

1) 시설경비 직무교육

시설경비는 대상시설에서의 도난·화재 그 밖의 혼잡 등으로 인한 위험발생을 방지하는 업무이다. 따라서 시설경비원의 직무교육은 출입자에 대한 감시, 불심자에 대한 질문검색요령, 위험발생이 예상되는 시설 및 장소에 대한 관찰, 업무수행 중 특이사항에 대한 기록요령, 주민과의 대화기법, cctv관찰 및 관리, 경봉, 무전기 등 장비관리, 특이사항 발생시 조치 및 보고, 근무일지 작성, 범죄동향파악 및 경찰에 대한 신고를 위한 연락체계구축, 화재예방과 소화기 사용 등을 위한 소방교육, 응급환자 등을 위한 구급법 등 직무와 관련된 교육이 이루어져야 할 것이다.

2) 기계경비 직무교육

기계경비는 경비대상시설에 설치한 기기에 의하여 감지·송신된 정보를 그 경비대상시설외의 장소에 설치한 관제시설의 기기로 수신하여 도난·화재 등 위험발생을 방지하는 업무이다. 따라서 가입시설 순회점검요령, 가시적 순찰활동 방법, 중요사건 발생시 조치, 경찰과의 유대강화 방법, 출동 대비태세 유지, 각종 감지기의 특성, 출동 및 현장도착시 점검 원칙, 은행, 금은방 등 주요 장소별 행동요령, 기계경비의 원리 등에 대한 직무교육이 이루어져야 할 것이다.

3) 신변보호 직무교육

신변보호는 사람의 생명이나 신체에 대한 위해의 발생을 방지하고 그 신변을 보호하는 업무이다. 신변보호업무는 고객의 안전을 확보해야 하는 업무이기 때문에 경호무도, 체포·호신술, 위해상황 발생시 대처요령, 테러대응, 경호이론, 예방경호와 현장경호활동, 이동간 경호대형, 응급조치요령 등에 대한 교육이 이루어져야 할 것이다.

4) 호송경비 직무교육

호송경비는 운반중에 있는 현금·유가증권·귀금속·상품 그 밖의 물건에 대하여 도난·화재 등 위험발생을 방지하는 업무이다. 따라서 호송경비원 직무교육 시에는 가스총, 전자충격기, GPS차량추적 장비 사용 및 관리, 현금호송안전수칙, 호송차량 경보기 및 2중금고 점검, 현금호송가방 안전고리 관리, 현금호송차량 탈취사건 발생시 대처방법, 호송차량 출발 및 도착 직후 행동요령, 경비원 승차, 금고 개폐시 주의사항 등에 대한 교육이 이루어져한 할 것이다.

5) 특수경비 직무교육

특수경비는 공항 검색대, 공항 청사, 항만, 원자력발전소, 핵물질 운반 경비 등 대통령령이 정하는 국가중요시설의 경비 및 도난·화재 그 밖의 위험발생을 방지하는 업무이다. 특히 특수경비원은 총기를 휴대하고 근무할 수 있기 때문에 무기휴대 및 관리, 무기사용의 원칙, 테러대응요령, 경계근무요령, 폭발물처리요령, 화재대처요령, 38권총, 45구경 권총, k2소총 사격과 총검술 등에 대한 교육이 이루어져야 할 것이다.

Ⅳ. 직무교육의 실태 및 문제점

1. 경비원 직무교육의 실태

가. 경비지도사의 역할 부재

경비지도사 제도는 1995년 제5차 경비업법 개정으로 도입된 제도로서, 경비지도사가 경비원의 지도·감독 및 교육을 전담함으로써 경비원의 자질향상을 도모하기 위한 제도라고 할 수 있다. 즉, 경비지도사 자격제도의 도입은 당시의 사회적인 여건변화로 인하여 경비업무 수요증대 및 전문화·고급화의 필요성이 요구되고 있으나 경비원에 대한 현장 및 전문교육이 전무하고, 경비원들의 경비업무 수행능력 등 전문성의 수준이 매우 낮아 사회적 수요에 부응하지 못하고 있는 실정이므로, 소정의 자격을 갖춘 경비지도사로 하여금 경비원의 지도교육을 전담하게 하여 경비원의 자질향상 및 전문성을 제고하기 위한 것이었다.(이상훈, 2013: 223) 그러나 현재 경비지도사는 대부분이 단순히 경비업무에만 종사하고 있고, 경비업법에 규정된 직무는 거의 수행하지 않고 있는 실정이다. 즉 경비지도사 자격증은 경비업체에 걸어놓고 있는 것에 불과하고, 경비지도사는 경비지도사 수당만 수령하고 있다고 해도 과언이 아니다.

나. 경비지도사의 전문성 부족

현행 경비지도사는 필기시험만으로 평가한 후 교육을 받으면 자격증을 받을 수 있다. 그러나 몇 개월의 단순 암기를 잘하여 선발되면 실제 현장에 배치되어 적정한 직무를 수행하기가 어려운 면이 있다. 그리고 경비지도사 시험에 만18세 이상부터 응시하는 것이 문제점으로 대두되고 있다. 만18세인 자가 경비지도사 자격을 취득하여 현장에 배치되는 경우, 경력과 연령이 다양한 경비원을 지도·감독·교육하는 것은 쉽지 않은 일일 뿐만 아니라 전문성도 떨어져 형식적으로 직무를 수행할 가능성이 높아진다. 또한 현행 경비지도사에 대한 보수교육의 규정이 없어 시행되지 않고 있다. 시큐리티 환경은 급변하고 있다. 즉, 치안환경의 급격한 변화와 경비업 관련 법령의 변경, 과학기술의 발달로 인한 기계경비장비의 변화 등이다. 그럼에도 불구하고 이러한 변화에 대한 보수교육제도가 없어서 경비지도사가 담당하고 있는 경비원직무교육의 실효성이 떨어지고 있다고 볼 수 있을 것이다.

다. 서류상의 직무교육

경비원이란 우리가 흔히 알고 있는 경비아저씨가 아닌 대한민국 법률에서 정하고 있는 전문직업인이라고 할 수 있다. 따라서 법률에 규정된 신임교육과 매월 4시간(특수경비원 매월 6시간)이상의 직무교육이 내실 있게 이루어져야 할 것이다. 그러나 현실적으로는 몇몇 대형업체를 제외하고는 규정대로 이루어지지 않고 있다. 나아가 직무교육을 실시하지 않고서 실시한 것으로 서류상으로만 정리해 놓는 경우가 아주 많은 것이 현실이다. 이를 방지하기 위해서 경찰청에서는 직무교육장면을 사진을 찍어서 보고하도록 하고 있다. 그러나 이것도 한번 사진을 찍어서 날짜만 바꾸어서 사용하는 경우가 비일비재하다. 그리고 매월 4시간(특수경비원 매월 6시간)이상의 교육을 하루에 하지 말고 1~2시간씩 나누어서 실시하라고 하니까, 이 또한 매월 한번 씩 정리하던 것을 몇 번에 나누어서 서류상으로 정리함으로써 종이만 낭비하는 결과를 초래하고 있다. 이러한 실정임에도 불구하고 경찰청에서는 일방적인 감독명령으로 법대로 실시하도록 강요하고 있고, 이를 위반시 과태료, 정지 등의 처분을 실시하고 있다.

2. 경비원 직무교육의 문제점

가. 소규모 단위 교대근무

현재 대다수의 경비원들은 여러 군데의 근무 장소에 1~2명 단위로 교대근무를 하고 있는 실정이다. 따라서 이들에 대한 직무교육을 실시하기 위해서는 한 장소에 집합을 시켜야 되는데, 거리가 멀리 떨어져 있는 경우에는 집합시켜서 교육시키는 것이 현실적으로 어려운 경우가 많다. 그 결과 경비원에 대한 직무교육이 제대로 이루어지지 않고 있는 경우가 많다.

나. 잦은 이직률

경비업무는 경비업체가 수주업체로부터 용역을 의뢰받아서 실시하게 된다. 따라서 경비업무를 수주 받지 못하는 경우에는 근무를 하기 어렵고, 계약기간이 종료되면 다시 계속해서 근무한다는 보장이 없다. 더구나 경비원들의 보수가 낮은 편이고, 노후에 대한 보장이 없기 때문에 하시라도 더 좋은 조건의 직장이 생기면 그만두는 특성이 있다. 따라서 직무교육을 원칙대로 시켜서 숙달되어도 언제 그만둘지 모르게 되는 것이다. 이러한 문제점 때문에 경비업자들도 경비원들을 숙련시킬 수 있는 직무교육에 대한 열의가 부족하다고 할 수 있다.

다. 경비원들의 고령화

경비원들의 보수가 낮고 신분보장이 안 되기 때문에 젊은 층의 사람들은 지원자가 드물고, 대부분이 60대 이상의 노령 층이 많다. 대부분 24시간 맞교대 근무를 하고 있는 고령의 근무자들을 근무시간이 끝난 후에 집합시켜서 교육한다는 것은 현실적으로 어려움이 많을 수밖에 없다.

라. 경비업체의 영세성

근무가 끝난 경비원들을 집합시켜서 직무교육을 실시하기 위해서는 추가근무수당을 지급해야 한다. 그러나 대부분의 경비영체들이 영세성을 면치 못하고 있는 상황에서 추가경비의 지급은 경비업체들에게 부담으로 작용할 수밖에 없는 것이다. 따라서 실제로는 직무교육을 실시하지 않고, 감독시 지적을 면하기 위해서 서류상으로만 교육을 실시한 것으로 작성해 놓는 것이다.

마. 강 · 절도, 성폭력 등 경비원들의 자체사고

경비원들이 근무 중에 교통사고를 내거나 성범죄를 저지르는 경우, 또는 강절도, 폭행사건 등 범죄행위를 저지르는 경우도 발생하고 있다. 소규모 경비업체도 아닌 우리나라의 대표적인 경비업체 직원이 고객의 집에 침입하여 강도, 성폭행을 저지르거나, 전직 경비업체 직원이 현금 수송차에서 5억원을 절취하는 등 경비원들의 범죄행위가 종종 발생하고 있다.(헤럴드경제, 2010.4.24) 이러한 문제는 경비원의 교육에도 문제가 있지만 경비원의 결격사유를 확인하지 않은 경비업체에 더 큰 문제가 있다고 보아야 할 것이다. 따라서 경비원의 선발과 직무교육을 보다 더 강화해 나가야 할 것이다.

V. 개선방안

사회가 발전해감에 따라 개인의 안전욕구는 점점 더 높아져 가고 있다. 그러나 날로 지능화, 흉포화 되고 있는 범죄의 증가에 경찰력은 한계를 드러내고 있다. 이에 따라 개인이 스스로 자기의 안전을 지키기 위한 노력으로 민간경비에 대한 수요가 증가하고 있는 것이다. 그러나 민간경비업체의 난립으로 그 영세성을 면치 못하고 있어서 서비스의 질은 떨어지고, 심지어 경비업체 경비원이 폭력, 강절도, 성폭력 등의 범죄를 저지르기도 하는 경우가 발생하고 있다. 이러한 문제점을 해결함으로써 고객의 안전을 확보하고, 민간경비의 지속적인 발전을 위해서는 많은 노력이 필요할 것이라고 생각한다. 그리고 경비업은 "인력중심 서비스"이기 때문에 우수한 자원을 확보해서 좋은 교육을 시키는 것이 가장 중요하다고 할 수 있겠다. 선발과 교육 그리고 교육 중에서도 직무교육은 매일 부딪히는 문제들을 눈에 보이게 개선할 수 있는 것이기 때문에 매우 중요하다고 할 수 있을 것이다. 현재 경비업체의 영세성으로 인하여 제대로 이루어지고 있지 않는 직무교육을 활성화시키기 위해서는 다음과 같은 개선방안이 강구되어야 할 것으로 생각한다.

1. 직무교육을 보수교육으로 전환

현재 경비원들에 대한 직무교육은 일부의 경비업체를 제외하고는 형식적이고, 서류상 교육한 것으로 만 정리하고 실제적으로는 교육이 이루어지지 않고 있다고 할 수 있다. 또 경비업무의 단순성, 반복성 때문에 직무교육이 없어도 큰 지장이 없을 수도 있다. 그러나 고객들의 기대수준은 점점 높아져 가고, 경비업체의 수가 하루가 멀다 하고 늘어나는 상황하에서 서비스의 질을 향상시키지 않고는 살아남을 수 없을 것이다. 따라서 현실적으로 제대로 이루어지지 않는 직무교육을 경찰청의 감독명령으로 강요만 할 것이 아니라, 직무교육을 보수교육으로 과감하게 전환해야 할 것이다. 즉, 현재 매월 4시간(특수경비원 6시간) 이상씩 하는 방식이 아니라 1년 또는 6개월 단위로 집합시켜서 교육하는 보수교육체계로 바꾸는 것이 훨씬 합리적이라고 생각한다.

2. 순회교육의 강화

현행법상에도 경비지도사는 경비원에 대한 교육뿐만 아니라 경비현장에 배치된 경비원에 대하여 순회점검 및 감독을 하도록 규정하고 있다. 따라서 경비원들을 꼭 소집하여 집합교육을 시킬 것이 아니라 순회 점검하는 현장에서 필요한 직무교육을 실시하는 것이 바람직하다고 할 수 있다. 다만, 경비지도사가 여러 개의 현장을 순회하여 교육하는 것이 힘들다면, 경비지도사를 더 채용을 해서 업무를 분담시키는 방안도 고려해 보아야 할 것이다. 이렇게 하는 것이 위법행위를 방치하거나 경비원을 소집하는 것보다 훨씬 비용이 적게 든다고 생각한다.

3. 원격교육시스템의 도입

현재의 직무교육은 대부분이 경비원들을 모아서 교육을 실시하고 이를 증명하기 위하여 사진을 찍어서 보고하는 시스템이다. 그러나 세계최강의 인터넷망이 설치되어 IT강국이라는 대한민국에서, 오프라인 강의만을 고집한다는 것은 이해하기 힘들다. 따라서 경비협회나 한국경비협회, 각 대학의 교수 등의 주가 되어서 인터넷강의 프로그램을 개발하고, 경비원들은 가정이나 근무지에서 온라인을 통해서 교육을 받을 수 있는 원격교육시스템을 도입하는 것이 바람직 할 것이다. 그리고 경비지도사는 경비원들이 원격강의를 들었는지 여부를 감독하고, 그 기록을 유지관리하면 되리라고 생각한다.

4. 경비업체의 정비

현재 전국에는 28,000여개 업체에 15만여 명의 경비원이 민간경비업무를 담당하고 있다. 경비업체는 경찰과는 달리 국가예산이 아니라 개인 간의 용역계약에 의하여 경비용역을 제공한다. 따라서 지나치게 많은 경비업체들이 생기게 되면, 용역을 도급받기 위해서 덤핑을 하게 되고, 이는 곧 경비업체가 영세화 될 수밖에 없는 원인이 된다. 그 결과 서비스의 질이 하락하게 되고, 직무교육의 미실시 또는 경비원들의 일탈로 이어질 수 있는 것이다. 따라서 현재 허가된 경비업체라고 하여도 1년 이상 도급실적이 없다거나 일정 액수 이하의 도급을 받은 경우, 또는 불법행위를 한 경비업체에 대해서는 과감하게 허가를 취소하여야 할 것이다.

아울러 신규로 허가를 받고자 하는 경비업체에 대해서는 현재보다 진입장벽을 높여야 할 것이다. 즉, 새로이 경비업을 하고자 하는 업체에 대해서는 자본금이나 경비인력, 시설 및 장비를 현재보다 훨씬 높은 수준의 기준을 마련해야 할 것이다. 즉, 경비인력 면에서는 시설경비의 경우 20명에서 50명, 호송경비는 5명에서 20명, 기계경비는 10명에서 30명 정도로 높여야 할 것이다. 그리고 자본금에 있어서는 일반경비는 5억 이상, 특수경비는 10억 이상으로 상향조정할 필요가 있다. 장비면에 있어서는 제복 및 장구는 기준인력의 2배 이상을 확보하도록 하고, 호송경비차량은 3대 이상, 호송백은 10개 이상으로 하고, 기계경비의 경우 출동차량을 5대 이상 확보하도록 하는 것이 바람직하다고 할 수 있다.

그리고 경비업은 고객의 생명과 신체, 재산을 지키는 업무이기 때문에 경비업체 임원의 자격요건을 대폭 강화할 필요가 있을 것이다. 즉, 성폭력, 강·절도 등 강력범죄를 저지른 사람은 경비업체의 임원이 될 수 없도록 하여야 할 것이다.

8 한국경찰의 다중범죄진압에 관한 연구

8. 한국경찰의 다중범죄진압에 관한 연구

Ⅰ. 서 론

대한한국은 과거 독재정권에 항거하는 과정에서 학생들에 의한 폭력시위가 끊임없이 이어져 왔다. 그 후 민주화과정에서는 노동자들의 권리를 찾고자하는 시위가 전국을 뒤흔들기도 하였다. 그리고 근래에 들어와서는 재개발 등 자기이익을 챙기고자하는 민원성시위가 하루가 멀다 하고 계속되고 있다.

한편 경찰은 이러한 수많은 집회 및 시위에 대하여 많은 희생을 치러가면서도 슬기롭게 대처해왔다고 할 수 있겠다. 돌과 화염병, 쇠파이프를 앞세운 불법·폭력시위에 경찰은 최루탄을 사용한 강경진압으로 맞서면서 악순환이 계속되기도 하였다. 그러나 1999년 경찰이 '무최루탄 원칙'을 천명하면서 각종 집회시위에 근무복, 교통, 여경 위주로 경력을 배치하여 진압이 아닌 보호하고 인내진압을 하면서 시위양상이 바뀌기 시작하였다. 이는 국민들의 의식변화와 건전한 집회·시위문화가 정착되는 계기를 마련하게 되었다. 이와 더불어 2002년 주한미군 장갑차량에 깔려 숨진 여중생을 추모하면서 시작된 촛불시위가 전 시민이 참가하는 새로운 형태의 평화적 집회로 정착되었다.

그러나 2008년 미국산 쇠고기 수입재개 협상에 반대하는 촛불시위가 처음에는 평화적으로 진행되었지만, 100일 이상 계속되면서 대운하반대, 정권퇴진 등으로 쟁점이 정치적으로 확대되면서 불법·폭력시위로 변질되었다. 그리고 2008년 말 시작된 쌍용자동차의 구조조정으로 인하여 2009년 5월 22일부터 8월 6일까지 77일간 쌍용자동차 노조원들이 쌍용차 공장을 점거하고 화염병을 투척하는 등 폭력을 행사하며 불법농성을 전개하였다. 그리고 이와함께 2009년 1월 20일 용산참사가 발생하였다. 용산 제4구역 도심재개발 사업과 관련하여 상가세입자들이 전국철거민연합회 소속 회원들과 연합하여 건물을 점거하고 농성하면서 경찰과 행인, 차량 등에 화염병을 투척하였다. 이에 경찰은 경찰특공대를 투입하여 강제 진압하는 과정에서 경찰관 1명과 민간인 5명이 사망하는 참사가 발생하였다.

이러한 불법·폭력시위의 악순환을 보면서 두 가지 관점에서 살펴볼 필요가 있다고 생각한다. 첫 째는 시위자들의 문제이다. 현대 민주주의 사회에 있어서 표현의 자유 및 집회·시위의 자유는 보장되어야 할 것이다. 물론 이에 대해서는 헌법[87]과 법률[88]로 보장하고 있다. 그런데도 불구하고 시위자들은 과연 자기의 주장을 관철시키기 위해서 꼭 불법적이고 폭력적인 수단을 사용해야만 하는 것이다. 전쟁무기인 화염병을 투척하고 쇠파이프를 휘두르는가 하면 죽창으로 경찰관을 찌르기도 한다. 또한 새총과 사제 발사기를 만들어 볼트 등을 발사하기도 한다. 심지어 염산을 뿌리고 화염을 방사하기까지 하는 상황이다. 이와 같은 불법폭력시위로 인하여 경찰차량 등 공공기물을 파괴하고 경찰관들을 상해·사망케 하는 일이 발생하기도 한다. 또한 주변 상인들의 영업에 커다란 지장을 주는가하면 시민들의 평온한 생활을 방해하고 나아가 국민경제에 악영향을 끼치기도 하는 것이다. 이러한 행태는 이미 공공의 안녕과 질서를 위협하는 심각한 문제라고 보아야 할 것이기 때문에 단순히 형사책임 뿐 아니라 민사상의 손해배상책임도 물어야 할 것이다. 둘째는 단순한 집회·시위를 벗어나 소요죄나 다중불해산죄, 공무집행방해죄 등을 구성하는 다중범죄에 대한 경찰의 대처 방식에 대한 문제이다. 경찰은 어디까지나 국민을 위해 존재하는 것이고 경찰의 가장 중요한 임무는 '국민의 생명과 신체, 재산의 보호'일 것이다. 당연히 선량한 국민뿐 만아니라 불법과 폭력을 행사하는 국민도 경찰의 보호대상인 것이다. 따라서 다중범죄에 대한 진압은 위정자에 대해 충성심을 나타내기 위해서 이루어져서는 결코 안 되고, 다중범죄 상황에 대한 충분한 상황파악과 문제점 검토, 합리적 대안을 모색하여 이루어져야 할 것이다. 또한 전문적으로 훈련받은 경찰관들에 의하여 변수 없이 진행되어야 할 것이다. 그런데도 불구하고 용산사태의 다중범죄를 진압하는 과정에서 6명이나 되는 생명이 희생되었다는 것은 어떠한 변명으로도 해

87) 헌법 제21조 ① 모든 국민은 언론·출판의 자유와 집회·결사의 자유를 가진다
88) 집회 및 시위에 관한 법률 제1조(목적) 이 법은 적법한 집회(集會) 및 시위(시위)를 최대한 보장하고 위법한 시위로부터 국민을 보호함으로써 집회 및 시위의 권리 보장과 공공의 안녕질서가 적절히 조화를 이루도록 하는 것을 목적으로 한다.

결이 되지 않을 것이다. 더욱이 이러한 희생이 진압과정의 정치적 고려 때문이라든가 경찰지휘관의 정책결정상의 문제, 진압경찰이 전문화되지 못하고 미숙하게 대처하였기 때문에 발생한 문제라면 시위자들의 문제보다도 훨씬 더 심각한 문제라고 생각하지 않을 수 없다. 따라서 이 연구에서는 다중범죄 및 정책결정에 대한 이론적 배경을 살펴보고, 외국의 진압사례 및 대처방법에 대해서 비교법적인 관점에서 살펴보고자 한다. 그리고 우리나라에서 발생한 불법·폭력적인 다중범죄의 진압사례를 검토하여 문제점을 도출하고 이에 대한 개선방안을 제시해 보고자 한다.

Ⅱ. 이론적 배경

1. 다중범죄이론

가. 개념

다중범죄 진압과 밀접한 관련이 있는 집회와 시위 그리고 다중범죄의 개념을 살펴보면 다음과 같다.

1) 집회의 개념

집회란 특정 또는 불특정 다수인이 특정한 목적을 위해 일시적으로 일정한 장소에 결집하는 것이다(헌재 1994.4.28. 91헌바14). 여기서 특정한 목적이란 집회 참여인들 간의 최소한의 내적 유대가 형성된 공동의 목적으로서 반드시 공적인 것으로 한정될 필요는 없다. 또한 다수인의 기준에 대해서는 2인설과 3인설이 대립하고 있는데, 3인설은 독일 민법 제56조와 제73조의 규정에 근거하는 것으로 우리나라의 판례에 따르면 공동목적만 존재하면 인원의 수는 문제되지 않으며 2인으로도 가능하다는 태도를 취하고 있다(김종수, 2008 : 144).

2) 시위의 개념

시위란 여러 사람이 공동의 목적을 가지고 도로, 광장, 공원 등 일반인이 자유로이 통행할 수 있는 장소를 행진하거나 위력 또는 기세를 보여, 불특정한 여러

사람의 의견에 영향을 주거나 제압을 가하는 행위이다.[89)]

3) 다중범죄의 개념

다중범죄란 흥분한 다중이 정치적 · 경제적 · 사회적 · 문화적 문제 등에 관한 특정 집단의 주의, 주장, 요구조건 등을 관철시킬 목적으로 시위, 소요, 폭동 등을 행함으로써 사회공공의 안녕과 질서를 해하는 범죄를 말한다. 다중범죄의 실정법상의 구체적인 위반 형태에는 형법상의 소요죄, 다중불해산죄가 있고, 집회 및 시위에 관한 법률상의 불법집회 및 시위와 도로교통법, 노동쟁의조정법, 폭력행위 등 처벌에 관한 법률, 경범죄처벌법상의 특별법규 등이 있다(지성우, 1987 : 131). 다중범죄는 2인 이상의 집단에 의하여 이루어지며, 초기에는 평화적으로 시작하나 종국에 가서는 폭행, 협박, 손괴 등의 폭력사태를 유발하게 되는 경우가 많다.

나. 다중범죄자들의 특성

다중범죄에 효과적으로 대처하기 위해서는 다중범죄자들의 특성에 대한 충분한 검토가 필요하다. 첫 째, 다중범죄자들은 확신을 가지고 행동하는 경우가 많다. 즉, 다중범죄의 주동자나 참여자들은 자신들의 주장이나 사고가 정의라는 생각을 가지고 행동하기 때문에 죄의식을 느끼지 않는 경우가 많다는 것이다. 따라서 투신이나 분신 등의 과격한 행동을 하는 경우가 많다. 둘 째, 다중범죄자들은 조직적 연계성을 가지고 있다는 것이다. 다중범죄는 대부분 그 중심에 특정 이념과 사상을 추종하는 조직을 중심으로 이루어진다. 과거에는 국가정책이나 지역사업에 반대하는 집단시위는 조직성과 이념성이 결여되었으나 최근에는 이러한 성격의 다중범죄에도 다중을 배후에서 조종하고 움직이는 전국적인 조직이 연계되어 있는 경우가 많다. 셋 째, 비이성적이고 단순하게 행동한다는 것이다. 시위군중들은 자신들에게 반대하는 사람들은 적으로 생각하기 때문에 타협이나 설득이 극히 어렵다. 그리고 자신들의 주장을 관철하기 위해서는 폭력을 쓰더라도 무방하다고 생각한다. 넷 째, 부화뇌동적 성격을 가지고 있다. 다중범죄는 군중심리로 발생하는 경우가 많으므로 일단 발생하면 부화뇌동으로 인하여 갑자기 확

89) 집회 및 시위에 관한 법률 제2조 2호

대될 수 있다. 다섯 째, 수단과 방법이 비윤리성을 띠는 경우가 많다. 다중범죄를 획책하는 집단은 사회적 약자인 장애인, 노인과 여성 그리고 심지어는 어린아이까지도 불법시위에 끌어들이는 비윤리적인 행동을 마다하지 않는다. 이는 불법시위에 대한 경찰의 강력대응을 무력화시키고 진압과정에서의 성추행시비의 유발과 사회적 약자에 대한 경찰의 공권력 행사를 여론화하여 사법처리를 피하려고 하는 교묘한 행동전술이다(김충남, 2008 : 437-439).

다. 다중범죄에 대한 대처유형

다수의 군중심리에 좌우되어 비이성적으로 행동하는 다중범죄를 변수 없이 진압하기 위해서는 다양한 대처기법이 요구된다고 하겠다. 이중 중요한 대처기법에 대해서 살펴보면 다음과 같다. 첫 째, 선수승화법이다. 선수승화법은 특정한 불만집단에 대한 정보활동을 강화하여 사전에 불만 및 분쟁요인을 찾아내어 해소시켜주는 방법이다. 예를 들어 특정회사 노동조합의 시위가 예상되는 경우에 경찰서 정보과에서 노사간의 면담을 주선하여 대화에 의한 타협을 보는 방법이다. 둘 째, 경쟁행위법이다. 이 방법은 불만집단과 반대되는 대중의 의견을 부각시켜 불만집단이 위압되어 스스로 해산되도록 하는 것이다. 예를 들어 지하철노조의 명분 없는 파업에 대해 언론에 일반시민의 불만과 비난의 목소리가 커지자 지하철노조가 스스로 파업을 철회하는 경우 등이 이에 해당한다. 셋 째, 지연정화법이다. 지연정화법은 불만집단의 고조된 주장을 시간을 끌어 이성적으로 생각할 기회를 부여하고 정서적으로 감정을 둔화시켜서 흥분을 가라앉게 하는 방법이다. 넷 째, 전이법이다. 전이법은 다중범죄의 발생 징후나 이슈가 있을 때 국민들의 관심을 집중시킬 수 있는 경이적인 사건을 폭로하거나 규모가 큰 행사를 개최하여 원래의 이슈가 상대적으로 약화되도록 하는 방법이다.(조철옥, 2008 : 644)

라. 다중범죄에 대한 단계별 진압방법

우리나라의 경찰은 다중범죄발생시 다음과 같은 원칙에 입각하여 진압을 실시하고 있다. 첫 번째는 봉쇄와 방어이다. 군중이 중요시설이나 기관 등 보호대상물의 점거를 기도할 경우 사전에 진압부대를 배치하여 시위대의 진입을 봉쇄하는 방법이다. 두 번째는 차단배제이다. 차단배제는 군중이 목적지에 집결하기 전에 중간에서 차단하여 집합을 못하게 하는 방법이다. 이 방법은 군중이 이동하는 중요 목 지점에서 검문검색을 실시하여 불법시위가담자를 색출 · 격리시킴으로서 다중범죄의 발생을 사전에 차단하는 것이다. 세 번째는 세력분산이다. 시위대가 대규모 집단을 형성하여 불법시위를 할 경우에 시위대를 수 개의 소집단으로 분산시켜 세력을 약화시키는 방법이다. 네 번째는 주동자의 격리이다. 다중범죄를 배후조정하거나 선동하는 주동자를 사전에 검거하거나 군중과 격리시킴으로써 결속력을 약화시키는 방법이다. 다섯 번째는 과격시위자의 검거 및 사법처리이다. 사수대 등 폭력시위를 주도하는 과격시위자들은 현장에서 검거하거나 채증하여 형사처벌을 받도록 하는 것이다. (조철옥, 2008 : 646-647)

2. 정책결정이론

가. 정책결정의 개념

정책결정이란 문제해결 및 변화유도를 위한 공적 수단으로서 미래에 관한 정부의 제반 활동지침을 만들어 내는 것이다. 정책결정은 다음과 같은 특징을 갖는다. 첫 째, 정책결정은 공공성과 정치성, 복잡성과 역동성을 띠고 있다. 둘째, 정책결정은 단속적인 활동이 진행되며 시간에 따라 변동하는 동태적 과정이다. 셋째, 정책결정은 공식적 · 비공식적 성격을 가진 하위구조가 관련되는 다원적 구조요소로서 이루어진다. 넷째, 정책결정은 의사결정의 한 형태로서 의사결정에 관한 이론이 적용되는 부분이 많다. 다섯째, 정책결정은 세밀한 지시가 아니라 일반적 주요지침을 결정하는 것이다. 여섯째, 정책결정은 의도 · 감정이 아니라 일반적 주요지침을 결정하는 것이다. 일곱째, 정책결정은 예측이 어려운 장래를 지향하는 활동이다. 여덟째, 정책결정은 주로 정부의 공공기관에 의해 이루어진다. 아홉째, 정책결정은 공익의 실현을 의도하며 가능한 최적 · 최선의 수단에 의한다. 예를 들어 재개발에 따른 불만을 해결하기 위해서 불법단체를 끌어들여 망루를 세우고 화염병을 투척하는 등 사회공공의 안녕질서를 위협하고 있을 때, 경찰이 평온한 상태를 실현하기 위해서 진압에 대한 목표를 설정하고 그에 따른 수단을 결정하는 것이라고 할 수 있겠다(최봉기, 2008 : 191-192).

나. 정책결정의 기준

정책결정자가 정책을 결정할 때 고려하거나 준거하게 되는 기준은 무수히 많을 수 있다. 이러한 기준에는 정책결정자라면 누구든지 당연히 고려해야 할 규범적 · 당위적 기준과 시간과 장소 그리고 정책자체의 성격 등과 관련하여 특히 고려할 수 도 있고 하지 않을 수도 있는 실증적 · 경험적 기준이 있다.

1) 규범적 · 당위적 기준

규범적 · 당위적 기준으로는 공익과 정책철학 그리고 정책이념이 있다. 먼저 공익(Public Interest)은 정책의 전 과정에 걸쳐 참여자들이 항상 염두에 두고 행위나 판단의 기준으로 삼아야 할 규범적인 기준이다. 공익의 개념에 대해서는 견해가 분분하다. 하지만 일반적으로 공익이란 "불특정 다수인의 이익, 즉 사회 전체에 공유된 가치로서 사회일반의 공동이익"이라고 정의할 수 있다.

그리고 정책철학(policy philosophy)이란 "정부의 목적이나 그러한 목적을 달성하기 위해 가장 바람직하다고 생각되는 수단에 대한 제반 가치들의 총체"라고 할 수 있다. 정책철학은 국가의 발전목표와 연관된 바람직한 방향에서 적용해 나가야 할 것이다.

또한 정책이념이란 정책이 구현하고자 하는 최고가치 내지 지도정신을 의미한다. 정책철학이 정책의 실현을 위한 수단적 가치의 총체 혹은 정책을 보는 시각이라고 한다면, 정책이념이란 정책과정을 통한 기능적 가치나 정책이 구현하고자 하는 종국적 가치를 의미한다. 따라서 정책을 결정하는 정책결정자들은 이러한 정책이념을 항상 염두에 두고 있어야 하며, 정책의 유형이나 성질에 따라 각기 다양하게 나타날 수 있는 정책이념들을 신중하게 고려해야 할 것이다.

2) 실증적 · 경험적 기준

현실적 · 경험적 기준으로는 가치, 유권자 및 이익집단, 여론, 결정규칙 및 선례관행 등이 있다.

먼저 가치(value)란 정책결정자의 가치 및 정책결정자에게 영향을 미칠 수 있는 사회적 가치를 뜻한다. 즉 첫째, 정책결정자는 정책대안의 탐색 · 평가 · 결정과정에서 정당이나 의원, 고객집단, 선거구 주민 등의 이익을 염두에 두는 정치적 가치의 영향을 받게 된다. 둘째, 정책결정자는 조직적 가치에 영향을 받아 자신이 속한 조직의 발전이나 권력유지, 활동 강화 등에 유리한 정책을 결정하게 된다. 셋째, 정책결정자는 공익이나 도덕, 윤리 등 규범적 가치에 의해서도 영향을 받는다.

그리고 유권자 및 이익집단이 정책결정에 영향을 미친다. 그 이유는 정책결정자들은 그들에게 영향을 미치고 있는 개인이나 집단의 이익을 옹호하겠다는 심리적 경향을 강하게 소유하게 되기 때문이다. 따라서 이러한 경향이 정책결정의 기준으로 역할하게 되는 것이다. 또한 여론도 정책결정의 기준으로 작용한다. 여론(public opinion)은 정책결정과정에서 결정자의 행위에 영향을 미침으로써 정책결정자가 실제 정책결정당시에 판단의 기준으로 삼거나 참고로 하는 중요한 기준 중의 하나다.

아울러 결정규칙 및 선례·관행도 중요한 기준이 된다. 정책결정자들은 규칙이나 절차를 그들의 행위기준으로 고려할 수도 있다. 이뿐만 아니라 경우에 따라서는 과거의 선례를 기준으로 정책을 결정할 수도 있고, 문제의 성격에 따라 관례대로 결정행위를 하기도 한다(최봉기, 2008 : 207-208).

다. 정책결정의 과정(Policy Making Process)

정책결정과정은 궁극적으로 목표달성과 문제해결을 위한 가장 바람직한 정책을 산출하는 과정이다. 정책결정은 해결해야 할 문제에 대한 문제의 정확한 분석·파악과 문제정의, 정책목표의 설정, 정책대안의 탐색·개발, 정책대안의 결과예측, 각 대안에 대한 비교·평가, 최적대안의 선택의 동태적인 과정을 거치게 된다.

1) 문제의 파악과 정의

문제의 파악이란 정책적 해결을 시도하는 문제의 원인, 결과 그리고 이들 간의 인과관계를 알아내는 것을 말한다. 문제란 시시각각 변하기 때문에 정책결정과정에서 재검토·재파악 되어야 한다. 문제의 정확한 파악을 위해서는 문제의 원인, 문제 자체, 문제의 결과 등의 구성요소를 먼저 파악해야 한다. 둘째, 예상되는 문제의 심각성과 그로인한 피해 집단 또는 피해 계층을 알아내야 한다. 셋째,

원인과 결과 간에는 어떤 관계가 있는지 인과관계를 밝혀내야 한다. 넷째, 문제를 정확하게 파악하기 위해서는 이와 같은 정책문제가 야기시킬 미래의 결과를 예측해 보아야 한다.

문제의 정의란 "정책문제의 원인이 무엇이다"라고 규정하는 것이다. 이러한 정책문제의 정의는 정책목표를 설정하고 정책대안을 탐색하는 등 1차적인 정책내용의 범주를 결정해 준다. 예를 들어 공직자의 부정을 공무원의 문제로 볼 것인가 아니면 제도의 문제로 볼 것인가 또는 교통사고의 증가현상이 도로 때문인가 아니면 교통법규 때문인가 등은 문제정의를 어떻게 하느냐에 따라 전혀 성격이 다른 정책목표와 대안이 나올 수 있기 때문이다.

2) 정책목표의 설정

정책목표는 정책을 통해 구현하고자하는 미래의 이상적인 상태이다. 정책목표는 최선의 정책수단을 선정하는 기준이 되며 정책집행의 지침, 정책평가의 기준이 된다. 따라서 정책목표가 바람직하고 분명하게 설정되지 못하면 정책수단은 물론 정책효과까지도 잘못될 수 있기 때문에 정책목표의 바람직한 설정은 정책대안의 탐색단계와 함께 정책결정과정의 가장 중요한 분야이다. 정책목표는 내용면에서는 바람직해야 하고 형식적인 면에서는 구체적이고 명확해야 한다. 하지만 정책목표는 시간의 경과, 여건의 변화, 과학기술의 발전 등에 따라 수정·변동하게 된다.

3) 정책대안의 탐색과 개발

정책대안의 탐색·개발이란 정책목표달성을 위해 필요한 일련의 정책수단의 조합을 찾아내는 작업을 말한다. 최선의 정책대안을 선택하기 위해서는 가능한 많은 대안들을 광범위하게 탐색하고 개발하여야 한다. 대안의 탐색과 개발은 첫째, 목표달성을 위한 가능한 모든 수단의 창출, 둘째, 수단의 조합으로 대안의 구성, 셋째, 구성된 대안의 스크린(screen)과 세부적 설계, 넷째, 대안의 작성 등의 단계로 작업이 진행된다. 그러나 정책대안의 탐색·개발은 정책결정자 및 그 관련자들의 능력부족, 정치적 영향력 및 지지의 부족, 이해관계집단들의 압력 등의 여러 가지 요인에 의하여 제약을 받기 때문에 소수의 대안만이 비교·평가되는 경우가 많다.

4) 정책대안의 결과예측

정책대안의 결과예측이란 선별된 정책대안들에 대하여 장차 그것이 정책으로 채택되어 집행 또는 구체화되었을 경우에 나타날 결과들을 미리 예측해 보는 것이다. 정책대안의 결과는 바람직한 결과와 바람직하지 못한 결과로 구분되는데, 전자를 정책효과라 하고 후자를 정책비용이라 한다. 정책효과는 정책 활동으로부터 나타나는 바람직한 상태를 의미하며, 정책비용이란 정책을 집행할 때 희생되는 제반가치를 말한다.

그리고 정책대안의 결과를 예측하는 방법에는 우선 정책결정자들의 직관적인 판단이나 과거의 정책경험들을 이용하는 비분석적 방법과 정책실험 또는 이론과 모형에 의한 분석적 방법들이 있다.

5) 정책대안의 비교 · 평가

정책대안들에 대한 미래의 결과예측이 끝나면 예측된 결과들이 정책문제의 해결이나 정책목표의 달성을 위해 얼마나 소망스러운지를 비교 · 평가해야 한다. 그러나 어떤 대안이 좋은 것이지는 평가자의 주관에 따라 다를 수 있기 때문에 대안을 비교 · 평가하기 위해서는 일정한 평가기준이 필요하게 된다. 이러한 평가의 기준으로는 크게 합리성과 실현가능성의 두 가지 기준을 들 수 있다. 합리성이란 정치적 합리성, 법적 합리성, 경제적 합리성, 규범적 합리성을 들 수 있다. 정치적 합리성이란 민주성, 대응성, 형평성을 들 수 있고, 법적 합리성은 합법성, 경제적 합리성으로는 능률성, 효과성, 생산성, 규범적 합리성으로는 공익을 들 수 있다. 그리고 실현가능성으로는 기술적, 경제적, 행정적 실현가능성과 법적, 정치적, 시간적 실현가능성을 들 수 있다.

6) 최적대안의 선택

최적대안의 선택 단계는 대안들을 비교, 분석한 후에 목표달성을 위한 가장 효과적인 최적대안을 선택하는 단계이다(권기헌, 2008 : 155). 그러나 어떤 대안이든 간에 완전히 만족할 만한 결과를 가져오지는 못한다. 따라서 정책결정자들은 선택된 대안의 집행에 따르는 제반 위험과 시행착오를 극복하고 이해관계자 및 정치세력들 간의 대립과 갈등을 조정·통제해 나가야 할 것이다.

Ⅲ. 다중범죄 진압에 대한 사례분석

1. 외국경찰의 다중범죄에 대한 대처 사례분석

가. 영 국

영국에서는 1960년대 이래 10여 년간 시위와 행진이 폭력화한 양상을 보였다. 이중에서 대표적인 폭력시위로는 1981년 브릭턴(brixton)마을에서의 흑인 폭동시위(257명 체포, 172명 유죄판결)와 최대의 피해와 최장의 시위를 기록한 1984년의 광부파업시위 등이 있었다.

영국경찰은 시위진압의 중점을 확산방지에 두고 시위 주동자의 체포보다는 시위대의 해산에 역점을 두는 전략을 사용하였지만 불법과격집회에 대해서는 엄격하게 법을 적용하여 강경 진압하였다. 이러한 경찰의 진압자세는 국민의 신뢰와 지지를 받았고, 정부의 개혁정책이 성공하면서 평화적 집회시위체제가 확립되었다(양태규, 2001 : 124-126).

나. 미 국

미국에서는 1960년대 흑인인권운동, 핵무기 실험중단, 군비경쟁중지, 민권운동, 월남전반대, 징집반대 등의 과격한 시위가 벌여졌다. 특히 1964년 10월 UC 버클리대 사태, 1965년 미시간대 등 여러 대학에서 발생한 Teach-in집회, 1967년의 콜롬비아 대학사태, 1970년 켄트대학 사태 등으로 인하여 233명의 시위참가자가 사망하였다.

이러한 시위에 대해서 경찰은 경찰의 전문화, 시위대와의 효율적인 의사전달체제의 구축, 진압과정의 신중한 대응 등의 전략을 채택하였다(박경래 외, 2009: 55-67). 즉 진압전술은 구체적 체포가 아니라 시위대의 조용한 해산 유도, 불법시위 주동자의 적절한 기회를 이용한 체포 등으로 시위대에 미치는 역효과를 최소화하였다. 아울러 70년대 중반이후 월남전의 마감, 인종차별정책의 폐지, 사회복지

정책의 확대 실시 등 집회원인 행위가 제거되면서 평화적 시위가 정착되었다.

다. 독 일

독일에서는 1965년 베트남전쟁 반대시위를 기점으로 시위가 확대되었다. 또한 1967년 이란 팔레비국왕의 반대시위와 이를 진압하는 과정에서 일어난 학생 사망사건 등으로 집회가 확대되었다. 그러나 1968년 기본법 개정, 70년대의 과감한 개혁 정책 추진 등으로 시위가 약화되었다. 경찰은 엄격한 법 집행을 강조하면서도 집회의 정도에 따라 그 진압의 강도를 달리하는 신축성을 보였다. 즉 시위가 폭력화할 때는 강경진압책을 쓰고, 평화시위는 국가의 보호의무 이론에 따라 적극 보호하고 있다. 아울러 독일은 「집회 및 시위에 관한 법률」에서 적정한 수의 질서유지인을 두도록 해서 시위대와 경찰의 직접적인 충돌을 줄일 수 있도록 하고 있다(김보환, 2005: 214).

라. 일본

일본에서는 60년대에서 70년대 초반까지 과격폭력시위가 많이 발생하였다. 특히 좌익계열의 학생운동세력이 중심이 된 60년대의 일본 집회는 미·일안보조약반대투쟁, 나리타 공항건설 반대투쟁 등 노동자·농민들의 광범위한 연대투쟁이 있었다. 특히 60년대의 동경대사태는 시위학생들이 건물을 점거하고 장기농성을 하여 학사운영이 마비되기도 하였다.

일본은 과격폭력시위의 진압을 위해 1962년에 기동대를 편성하였으며 현재까지도 운영해오고 있다. 또한 경찰은 60년대의 화염병시위에 대하여 시위대와 경찰 간의 피해를 최소화하기 위해서 경찰의 자제력을 강조하였다. 그 결과 80년대에는 학생시위가 현저하게 줄어들었으며, 90년대 이후에는 합법적평화적 양상의 시위만이 간헐적으로 전개되고 있다. 또한 언론의 폭력배제 입장은 불법·폭력시위에 대한 비판 여론을 확산시키는 데 결정적인 역할을 하였다(조병인, 2002: 104).

2. 한국경찰의 다중범죄 진압 사례분석

가. 일산 국민은행연수원 파업농성 해산작전

1) 상황

2000년 12월 22일 국민은행과 주택은행은 경쟁력을 강화하기 위해서 합병을 선언했다. 이에 대하여 노조는 인력감축 등을 우려하여 경기 일산 국민은행 연수원에서 「합병철회」를 요구하며 노조원 1만여 명이 12월 21일 23: 00부터 불법 파업농성에 돌입하였다. 노조집행부는 경찰의 수차례에 걸친 경고와 해산촉구에도 불구하고 12월 22일부터 사수대를 동원하여 출입자를 통제하며 노조원의 이탈을 저지하고, 영하 10도를 밑도는 한파 속에서 운동장에 150여개의 텐트를 설치하는 등 장기파업하려는 양상을 보였다(경찰청, 2001 : 272). 이러한 국민은행과 주택은행 노조원의 합병반대 파업으로 인하여 일부 기업이나 개인은 만기가 된 어음이나 수표를 현금으로 찾지 못해 혼란이 벌어졌다. 또한 일선 창구에 직원이 없어 영업이 중단되었고, 현금인출기마저 제 기능을 못해 돈을 제때 찾지 못하는 고객들이 거세게 항의하는 소동이 벌어지기도 하였다[90].

2) 경찰의 대처

경찰은 2000. 12. 23. 16 : 30경 30개 중대 3천여 명을 동원하여 농성장 인근까지 진입하여 노조 사수대와 근접 대치한 상태에서 자진해산을 요구하다 철수하였다. 12. 24. 09 : 00경 연수원 외곽에 20개 중대 2천여 명의 경력을 배치했으나 농성장 근처로 진입하지 않았다. 그리고 당일 16 : 00경 "즉각 해산하지 않으면 법에 따라 처벌 받는다"는 내용의 전단 수천여장을 헬기를 통해 공중살포하였다. 12월 26일 농성노조원들의 안전해산 및 인권침해 변수방지를 위한 대책회의를 갖고 사전 적법절차 준수 , 심리전과 안전귀가 보장 , 경력 투입절차와 행동지침 등 치밀한 계획을 수립하였다(작전명 : 낮은 단계의 해산 유도 작전)[91]. 아울러 작전에 투입되는 대원들에게는 안전조치 등 철저한 교양을 실시하였다. 경찰은 12월 27일 노사집행부와 언론에 해산작전을 사전 통보하여 자진해산을 유도하였다. 그리고 관할 경찰서장은 시설관리자인 연수원장에게 체포영장과 압

90) 한국경제. 2000년 12월 24일자.
91) 한국일보. 2000년 12월 27일자.

수수색영장을 제시하고 병력투입 사실을 정식으로 통보하였다[92]. 12. 27. 08 : 00부터 해산작전에 나선 경찰은 51개 중대 6천여 명의 경찰력을 현장에 투입하였다. 경찰은 물리적 충돌을 피하기 위해 여경을 투입하고[93] 헬기를 저공비행시켜 바람을 이용한 지·공 입체작전으로 단 한명의 부상자도 없이 노조원을 해산조치하여 은행 업무를 정상화시켰다.

3) 진압작전에 대한 분석

일산 국민은행 연수원 파업농성 해산작전은 여러 가지 면에서 성공적인 평가를 받을 만하다고 생각한다. 첫째, 자진해산 위주의 진압작전을 실시했다는 점이다. 병력을 배치하여 위력을 과시하면서 자진해산을 요구하고 헬기를 이용하여 자진해산을 촉구하는 전단을 살포하였으며, 해산작전에 돌입하기 전에 언론에 공개하여 농성자들에게 자진해산을 유도하는 등의 설득과정을 거침으로써 쇠파이프로 저항하는 사수대와 유혈 충돌 등 불상사를 막았다는 것은 높이 평가할 만하다고 하겠다. 둘째, 대책회의를 통하여 치밀한 계획을 세웠다는 것은 문제에 대한 올바른 정책결정이 이루어졌고 평가할 수 있겠다. 우리나라의 거대한 금융기관의 파업으로 인하여 국가 경제에 미치는 타격이 클 것으로 예상되는 상황에서도 조급하게 서두르지 않고 냉철하게 대처함으로써 오히려 더 신속하게 사태를 해결할 수 있었다고 평가한다. 셋째, 적법절차를 준수했다는 것이다. 관할 경찰서장이 노조지도부에 대한 체포영장과 연수원에 대한 압수수색영장을 제시하는 등의 적법절차를 준수하는 장면이 국민들에게 보여짐으로써 경찰의 업무집행에 대한 정당성을 획득하고 국민의 지지를 받을 수 있었다고 생각한다. 넷째, 인권보호이다. 은행원들의 많은 숫자가 여자들인 점을 감안하여 여경들을 배치하여 여자 농성자들에 대한 성희롱 시비를 사전에 차단했다는 것은 인권보호차원에서 한 단계 진전된 진압작전이라고 평가할 수 있겠다. 다섯째, 새로운 진압방법을 통한 안전진압이었다는 점이다. 경력으로 위력과시를 함으로써 노조원들을 심리적으로 지치게 하는 심리전을 구사하였고, 헬기를 저공비행시켜 바람을 일으켜 노조원들을 해산하는 새로운 진압방법을 택함으로써 부상자 없이 안전하게

92) 연합뉴스. 2000년 12월 27일자.
93) 머니투데이. 2000년 12월 27일자.

진압했다는 점에서 높이 평가할 만하다.

나. 평택 쌍용차 노조 파업

1) 상황

쌍용자동차는 2009년 4월 8일 경영정상화 방안으로 총 인원의 36%에 달하는 2,646명에 대한 인력감축안을 발표하였다. 노조원들은 이에 반발하며 5월 21일 조합원 결의대회를 개최하여 정리해고 철회를 요구하며 무기한 총파업에 돌입하였다. 그런데 쌍용차노조가 평택공장 정문을 봉쇄하고 공장을 점거하면서 상황이 더욱 악화되었다. 이에 사측은 5월 31일 노조원들을 퇴거시키고자 평택공장에 대해 직장폐쇄 조치를 하고, 6월 8일에는 정리해고 대상자 976명에 대하여 해고를 단행했다. 6월 26일에는 사측 직원 3,200명이 기숙사 문과 철조망을 통해 공장으로 진입하자 노조 측에서는 쇠파이프를 휘두르고 너트와 화염병을 던지며 저항하였다. 이와 함께 노조 측이 도장작업용 페인트 및 시너 등 인화물질이 다량 보관돼 있는 도장 공장으로 진입하여 옥쇄파업을 하면서 쌍용차 사태는 장기화 국면으로 돌입했다. 그리고 7월 20일에는 집행관, 변호사, 사측 직원 등 4명이 강제집행을 위해 3차례에 걸쳐 도장 2공장 앞으로 진출하려 하였으나 노조의 저항으로 무산되었다.

2) 경찰의 대처

쌍용차 파업은 명백한 불법집회였지만 페인트 · 시너 · 엔진오일 등 공장 내 인화물질이 산재해 있었고, 노조원들이 새총을 제작해 너트를 발사하는 등 극렬히 저항하였다. 따라서 물리적인 강제해산이 이루어질 경우 경찰관 · 농성자의 부상 및 공장 내 화재 등 사고발생이 우려되었다. 이 때문에 파업 초기에는 '안전'에 중점을 두고 인내심을 갖고 대응하면서 사후 사법조치를 위한 채증자료 확보에 주력하였다. 하지만 불법 파업의 장기화로 인한 지역 경제 위축으로 여론의 질타가 이어지면서 경찰은 단계적으로 압박을 강화해 나갔다.

경찰은 7월 6일 압수수색영장을 발부받았으며, 11일에는 노조가 점거 중이던 공장 출입문 4곳을 확보했다. 7월 20일 경기경찰청장이 노조원 강제해산 방침을 발표하였다. 7월 24일 15시경 경찰특공대 3개 제대와 4개 기동부대가 화염병을 투척하며 저항하는 노조원들을 제압하기 위하여 헬기로 최루액을 투하하며 로디우스 차체공장에 진입하여 그 일대를 장악하였다. 8월 4일 경찰은 노조원이 체류하고 있는 주요 거점을 확보하기 위해 26개 기동부대를 동원해 복지동과 조립공장으로 진입을 시도하였으나 노조 측에서 볼트를 투척하고 카이런 차체공장 옥상에서 시너를 뿌리고 방화하는 등 강력 저항하여 일시 후퇴하였다. 8월 5일 아침 8시 경 크레인에 연결된 컨테이너 박스 3개와 사다리를 이용하여 조립공장 옥상으로 진입하는데 성공하였다. 10시 경에는 경찰특공대와 기동 부대원들이 헬기와 고가 사다리차를 통해 도장 1공장 옥상에 진입하였다. 8월 6일 남아 있던 노조원 450여 명은 점거농성을 풀고 해산하였다.

경찰은 쌍용차 노조원 농성과 민주노총 등 외부단체의 지원 집회(총 68회, 63,310명 참여)를 관리하면서 延 1,708개 경찰 기동대와 39개 특공 제대를 운용 하였다. 이 과정에서 143명이 부상당했으며 경찰버스 23대를 비롯한 장비 148점이 파손되었다. 이에 경찰은 불법 폭력시위를 주도한 쌍용차 노조를 상대로 경찰의 인적·물적 피해액 총 20억 5,444만원에 대하여 법원에 손해배상 청구 소송을 제기하였다(경찰청, 2010 : 27-31).

3) 진압작전에 대한 분석

평택 쌍용차 노조 파업 진압작전은 화염병과 볼트발사 새총, 다연발사제총, 삼지창 등으로 극렬히 저항하는가 하면, LPG 개스통에 불을 붙여 굴리기도 하고, 심지어 지게차로 공격하는 위험한 상황하에서 큰 사고 없이 사태를 해결했다고 평가할 수 있겠다. 첫째, 진압과정에 있어서 8월 4, 5, 6일 사이의 작전에 있어서 무리하게 밀어붙이지 않고 축차적으로 진압했다는 것은 평가받을 만하다. 정책결정과정에 있어서 상황변화에 대한 환류작용이 적절하게 이루어진 것이라고 생각한다. 아울러 5월 21일부터 8월 6일까지 77일간이라는 장기간에 걸쳐 상황파악과 채증, 단계적 경력배치, 여론의 동향, 노사협상의 추이 등을 살펴가며 헬기와 특공대를 투입하여 입체진압작전을 실시한 것은 좋게 평가할 수 있겠다. 그러나 적절한 심리전을 활용한 자진해산 유도 부족, 일부 진압부대의 망치 휴대, 테이저건 사용으로 인한 적법절차준수 미흡 등은 시정해야할 문제점으로 볼 수 있겠다.

다. 용산 화재사고

1) 상황

용산 제4구역 도심 재개발 사업과 관련하여 보상 내용에 반발하는 상가 세입자 26세대가 남아 2008년 4월 철거대책위원회를 구성하였다. 회원들은 투쟁비용을 마련하고 화염병·염산, 세녹스, 골프공, 새총을 제조한 뒤 전국철거민연합회 소속 회원들과 함께 2009년 1월19일 새벽 3시경 용산 남일당 건물을 불법으로 점거하였다. 이들은 이주대책요구 조건을 관철시키기 위해 농성을 벌이며 경찰과 행인, 차량 등을 상대로 화염병을 투척하였다. 경찰은 건물 주변곳곳에 화재가 발생하는 등 상황이 심각해지자 관련자 대화 주선을 통해 평화적인 해결을 모색 하였으나 농성자들은 장기 투쟁을 공언하고 경찰력 철수를 주장하면서 대화를 거부하였다(경찰청, 2010 : 31).

2) 경찰의 대처

이후 경찰은 현장을 점검하고 사전 안전대책을 강구한 후 1월 20일 6시 25분 경찰 특공대를 투입해 불법농성을 종료시키고 27명을 검거하였다. 그러나 이 과정에서 경찰관 1명을 포함해 6명이 사망하고 25명이 부상을 입었다. 철거대책위원회, 시민단체 등은 정부의 강제 진압으로 참사가 벌어졌다고 주장하며 345일간 추모대회를 열었다.

3) 진압작전에 대한 분석

용산화재사고에 대한 진압작전은 전형적인 실패사례라고 평가할 수 있을 것이다. 첫째, 건물을 불법 점거하여 화염병 등을 투척하는 건물이 대로변에 위치하여 국민의 안전을 위협한다고 해도 너무 졸속적인 진압결정이 이루어졌다고 볼 수밖에 없다. 그 이유는 1. 19 새벽 3시에 점거하였는데 하루 만에 진압작전을 감행했다는 것은 해산위주의 안전진압을 해야 한다는 기본원칙에 위배된다. 충분한 문제파악 및 대안 검토, 최선의 대안 선택의 정책결정과정 없이 지휘관의 일방적인 지시에 의하여 무리한 진압작전을 졸속으로 진행하였다고 볼 수밖에 없는 것이다. 둘째, 사전에 체포영장이라든가 압수수색영장의 발부 없이 실시되었기 때문에 적법절차를 준수했다고 보기 어렵다. 셋째, 농성자들에 대한 충분한 설득과정이 생략되어 있다는 것이다. 관련자와 대화 주선을 통해 해결하려고 하였으나 거부하였다고 하나, 그걸로 대화를 중단하고 바로 진압에 돌입했다는 것은 처음부터 대화로 해결할 의사가 없었다고 볼 수밖에 없다. 넷째, 안전조치가 제대로 갖추어지지 않았다는 것이다. 농성자들이 화염병, 세녹스 등 가연성물질을 소지하고 있었다는 것을 알았다면 화재진압을 위한 충분한 준비가 있었어야 했다고 본다. 다섯째, 자진해산을 유도하기 위한 심리전, 경고 등이 전혀 없었다는 것이다. 여섯째, 농성자들도 대한민국경찰의 보호를 받아야하는 국민이라는 사실이다. 이들은 단지 법을 위반해서 처벌을 받을 대상이지 보호되지 않아도 좋을 사람은 아니라는 것이다. 따라서 이들도 인권, 가장 중요한 생명이 보호되어야 할 사람들인 것이다.

라. 동의대학교 사건

1) 상황

동의대학교 사건은 1989년 5월 동의대학교의 입시부정에 항의하던 동의대학교 학생들이 전투경찰 5명을 납치, 폭행하고 학내에 감금하여 이를 구출하려던 경찰관 7명이 화재와 추락으로 숨진 사건이다. 1989년 5월 2일 15시 30분경 300여 명이 전일 파출소 습격에 의한 공포탄 발사를 계기로 '경찰총기난사 규탄 실천대회'를 벌인 다음 교문 밖으로 진출해 재차 화염병을 투척했다. 경찰이 본 시위에 참가한 장 모 씨 등 8명을 추가로 검거하자, 학생들은 학교 밖 300m 지점에서 근무하고 있었던 부산 사복80중대(2080) 소속 전투경찰 5명을 납치하고 학내에 감금하여 폭행했다. 학생들은 경찰의 수회에 걸친 전경 석방요구에도 불구하고 불응하였으며, 이를 통고받은 대학교 총장의 설득에도 응하지 않았다.

2) 경찰의 대처

부산진경찰서장은 5월 3일 오전 3시경 더 이상 기다릴 수 없다는 판단을 하여 학교 측에 학내진입을 통보하였다. 경찰이 학생들에게 납치된 전경을 구출하기 위해 도서관에 진입하자 학생들은 미리 진입로에 설치한 가연물질 트랩에 화염병을 투척, 경찰관 7명이 숨지고 11명이 중화상을 입었다.

3) 진압작전에 대한 분석

동의대학교 사건도 진압작전이 실패한 전형적인 사례라고 할 수 있을 것이다. 먼저 전경 5명이 납치된 것도 그렇지만 이를 구출하기 위하여 투입되었던 경찰관 7명이 목숨을 잃었다는 것은 무슨 말을 하여도 변명의 여지가 없을 것이다. 먼저 당시의 사회적인 분위기도 있었겠지만 다음날 오후 2시까지 석방하겠다고 하였는데도 불구하고, 종합적인 대안의 탐색도 없이 하루 만에 구출작전을 감행했다는 것은 합리적인 정책결정과정이 없었다고 볼 수밖에 없을 것이다. 마찬가지로 자진 석방을 위한 설득과정이나 구출을 위한 안전조치가 제대로 이루어지지 않았다고 볼 수밖에 없다.

Ⅵ. 다중범죄진압의 문제점과 개선방안

1. 다중범죄진압의 문제점

가. 정책결정상의 문제

불법과 폭력 등에 의한 다중범죄가 발생한 경우에 공공의 안녕과 질서를 회복하기 위해서는 올바른 철학과 공익이라는 기준에 입각하여 합리적인 정책결정과정을 거쳐서 그에 맞는 다중범죄진압이 이루어져야 할 것이다. 그러나 이러한 기준이 아니라 위정자의 눈치를 본다거나 자신의 정치적 입장을 유리하게 하기 위해서 졸속적인 결정을 한다면 반드시 비난을 면할 수 없게 될 것이다.

나. 전문가의 부재

현재 우리나라는 일반적인 집회나 시위를 막는 경찰력은 주로 전·의경으로 구성된 기동부대이다. 그리고 테러 등을 진압하기 위해서 경찰특공대가 만들어져 있다. 그러나 최근 우리나라에는 수많은 새로운 유형의 집회시위가 합법을 가장하여 생겨나고 자신들의 이익을 위해서는 극단적인 방법이나 사제발사기, 볼트 새총 등 불법적·치명적 수단을 사용하는 다중범죄가 급증하는 상황이다. 이러한 변화에 경찰이 능동적으로 대처하기 위해서는 이러한 임무를 수행할 수 있는 전문경찰관부대가 만들어져야 한다고 생각한다. 왜냐하면 이러한 다중범죄는 일반적인 집회시위가 아니기 때문에 기존의 전·의경 기동부대가 감당하기에는 역부족이고, 테러진압을 주 임무로 하는 경찰특공대가 투입되는 것도 위법 소지가 있기 때문이다.

다. 현장지휘상의 문제

진압방식을 지시한 지방경찰청장이 현장에서 지휘를 하지 않는다는 것이다. 문제가 발생했을 경우 무전으로 지시하지도 않았고, 심지어는 무전을 듣고 있지도 않았다고 변명을 하는 경우도 있다. 공공의 안녕질서를 위협할 정도의 중대한 불법폭력시위를 진압하는 현장에는 진압을 지시한 지방경찰청장이 현장에서 지휘를 해야 하고 현장을 보면서 문제점이 발생하면 바로 피드백이 이루어져야 할 것이다. 용산참사라든가 동의대사태와 같은 한 지역의 경찰서장이 지휘하기에는 문제가 있거나, 경찰의 주장대로 국민들에게 화염병과 골프공 등을 던져 그렇게 위험한 상황이었다면, 이러한 사건을 진압할 때에는 최소한 기동본부장이든 지방경찰청장이 현장에서 상황을 보아가면서 지휘를 했어야 할 것이다. 그래야 상황이 좋지 않으면 중단할 수도 있고, 다른 수단을 동원할 수도 있을 것이다. 즉 정책결정에 대한 환류가 이루어질 수 있을 것이다.

라. 다중범죄 진압방식의 문제

다중범죄를 오로지 기동부대 등의 힘에 의해서만 진압하려고 하면 반드시 충돌이 생기게 된다. 따라서 충돌 없이 해결하기 위해서는 첫째, 정보기능, 민간인 참관단, 언론협조 등을 통해서 대화채널이 구성되어야 할 것이다. 이러한 대화채널을 통해서 지속적으로 소통할 수 있도록 해야 할 것이다. 둘째, 수사기능을 최대한 활용해야 할 것이다. 수사를 단순히 다중범죄자들을 검거해오면 사법처리하는 역할에 그칠 것이 아니라 다중범죄를 주동하는 사람에 대한 범죄사실을 구증하고, 출석요구, 전화통지 등을 통해서 범죄의지를 제압하는 기능으로 활용해야 할 것이다. 또한 영장신청 등 적법절차를 지킬 수 있도록 활용해야 할 것이다. 그리고 이러한 정보, 경비, 수사기능이 유기적으로 협조체제가 이루어질 수 있도록 해야 할 것이다.

2. 다중범죄진압을 위한 개선방안

가. 합리적인 정책결정

다중범죄 진압방식에 대한 합리적인 정책결정이 이루어져야 한다는 것이다. 즉, 진압의 방법, 시기, 진압부대, 진압의 단계 등이 지휘관의 일방적인 지시나 위정자의 눈치를 보고 결정되어서는 안 될 것이다. 다중범죄의 원인, 시위용품, 시위대의 폭력정도, 참가자의 성향, 주동자, 공공의 질서에 미치는 영향 등을 종합적으로 분석하여 문제를 명확히 파악하여 야 할 것이다. 그리고 강제해산, 불법폭력시위자 검거, 특공대 투입, 물대포 등 진압장비 사용 등의 대안을 강구해야 할 것이다. 또한 이러한 진압방법이 가져올 결과를 예측해 보아야 할 것이다. 그 다음에 각 대안들에 대한 비교평가가 이루어져야 할 것이다. 그리하여 공공의 안녕질서를 회복하기 위해서 최선의 대안을 선택하고, 이러한 대안의 집행과정에 있어서 문제점이 발견되면 신속히 보완할 수 있어야 할 것이다.

나. 진압방식의 다양화

다중범죄를 오로지 기동부대 등의 힘에 의해서만 진압하려고 할 것이 아니라 정보나 수사기능의 활용, 민간참관단, 언론의 협조 등 다양한 방법을 강구해야 할 것이다. 즉, 정보기능, 민간인 참관단, 언론협조 등을 통해서 대화채널이 구성되어야 할 것이다. 다중범죄의 주동자 등과 대화채널을 유지함으로써 설득을 통하여 해산을 유도할 수 있을 것이다. 그리고 대화채널이 구축되지 않으면 방송이라든가 전단 살포 등을 실시함으로써 의사를 전달하는 방법도 생각해 볼 필요가 있다. 이러한 설득과정은 강제력행사에 정당성을 부여해주고 여론이 경찰 쪽으로 기울게 하는 결정적인 역할을 할 것이기 때문이다. 또한 수사기능을 최대한 활용해야 할 것이다. 수사를 단순히 다중범죄자들을 검거해오면 사법처리하는 역할에 그칠 것이 아니라 다중범죄를 주동하는 사람에 대한 범죄사실을 구증하고, 출석요구, 전화통지 등을 통해서 범죄의지를 제압하는 기능으로 활용해야 할 것이다. 아울러 이러한 정보, 경비, 수사기능이 유기적으로 협조체제가 이루어질 수 있도록 해야 할 것이다.

다. 적법절차의 준수

아무리 다중이 범죄를 저지른다고 하여도 이를 진압하는 경찰은 반드시 적법절차를 준수하여야 할 것이다. 용산사태에서도 경찰진입에 따른 압수수색영장을 제시하지 않았다. 물론 행정상 즉시강제권을 행사했다고 볼 수도 있지만, 여기에는 항상 다툼의 소지가 있고 심지어 경찰관이 사법심판의 대상이 될 수도 있기 때문이다. 따라서 체포영장, 압수수색영장을 발부받아 집행하고 진압시에는 영장을 제시함으로써 강제력행사의 정당성을 확보할 수 있을 것이다. 또한 법에 규정된 장비만을 사용해야 할 것이다. 예를 들어 경찰장비가 아닌 망치를 들고 사용한다든가 함으로써 진압작전을 잘 수행하고도 비난의 대상이 되는 경우가 있어서는 안 될 것이다.

라. 안전조치의 강구

용산사태에서도 그렇고 동의대사태에서도 만일의 사태에 대비한 안전조치가 제대로 이루어지지 않았다. 따라서 돌발사태가 발생할 경우 커다란 희생이 따를 수 밖에 없는 것이다. 예를 들어, 휘발성 물질로 인한 화재의 위험성이 있을 경우에는 화학 소방 장비가 준비되어야 할 것이고, 추락의 위험이 있을 경우에는 매트리스의 설치 등 안전조치가 강구된 상태에서 진압작전이 이루어져야 할 것이다.

마. 인권보호

다중범죄를 진압하는 과정에 있어서는 같이 임무를 수행하는 동료가 다칠 수도 있고 본인이 상처를 입음으로 인하여 인간적인 감정을 조절하지 못하고 가혹행위를 할 소지가 많다. 따라서 진압작전이 개시되기 전에 이러한 부분에 대한 교육이 충분히 이루어져야 할 것이다. 그 이유는 다중범죄자가 적이 아니라 단지 법을 어긴 시민이기 때문이다.

바. 새로운 진압방법의 개발

다중범죄를 아무 사고 없이 안전하게 진압할 수 있는 새로운 진압방법을 계속적으로 개발해야 할 것이다. 예를 들어 곧 경찰력이 투입될 것이라는 첩보를 흘

림으로써 스스로 해산하게 한다든지 세력을 약화시킬 수 있는 심리전을 활용하는 것이다. 또한 헬기를 이용하여 바람으로 진압하는 방법, 헬기에서 최루액을 살포하는 방법 등 새로운 진압방법을 개발할 필요가 있다.

V. 결 론

이 논문에서는 다중범죄는 무엇이고, 외국에서는 어떻게 대처하고 있는지 그리고 우리나라의 다중범죄진압 사례를 살펴보았다. 그리하여 문제점을 도출하고 그에 대한 개선방안을 알아보았다. 선진 외국의 경우에도 다중범죄가 많이 발생하였지만 범정부차원에서 다중범죄원인에 대한 개혁정책을 실시하고 아울러 경찰은 검거보다는 해산위주의 진압방법을 사용함으로써 평화적인 집회시위가 정착되었음을 알 수 있었다.

우리나라는 급격한 산업화, 도시화, 민주화 과정을 겪으면서 국민들의 욕구가 한꺼번에 분출되어 다양한 형태의 집회, 시위, 다중범죄가 끊임없이 발생하여 왔다. 그러나 이러한 다중범죄를 적절히 통제할 임무를 수행하는 경찰은 이러한 변화에 능동적으로 대처하지 못했다고 볼 수 있다. 가장 큰 이유 중의 하나는 공익과 신념에 입각하여 진압을 하는 것이 아니고 위정자의 눈치를 본다든가 상부의 지시에 무조건 복종하는 형태의 진압을 해왔기 때문이라고 생각된다. 그러나 다중범죄는 여러 가지 특성을 가지고 있기 때문에 즉흥적으로 대처할 것이 아니라 전략적 · 체계적으로 대처해야 할 것이다. 한순간 지휘관의 잘못된 진압결정으로 국민과 경찰의 생명을 앗아갈 수 있기 때문이다. 따라서 다중범죄의 문제점과 각종 진압방법에 대해서 더욱더 많은 연구가 이루어져야 한다고 생각한다. 아울러 경찰은 우선 기본적으로 다중범죄를 저지르는 사람들은 싸워서 이겨야 될 적이 아니고 국가의 보호를 받아야 할 국민이라는 사실을 명심하여야 할 것이다. 따라서 다중범죄를 진압하는 임무를 맡고 있는 경찰은 진압에 대한 정책을 결정하는 과정에서 정치적 고려가 아니라 공익과 철학에 입각하여 합리적인 결정을 할 수 있도록 해야 할 것이다. 아울러 법을 위반한 사람을 진압하는 경찰은 진압하는 과정에 있어서 반드시 적법절차를 준수해야 할 것이다. 그리고 진압과정에 있어서 변수가 발생하지 않도록 안전을 도모해야 할 것이며, 다중범죄자들의 인권도 보호해 줄 수 있도록 해야 할 것이다. 또한 더욱더 안전한 진압을 위해서 끊임없이 새로운 진압방법의 개발에도 노력하여야 할 것이다.

9 사법경찰관리의 관할 외 수사

9. 사법경찰관리의 관할 외 수사

Ⅰ. 서론

2011년 형사소송법개정과 검사의 사법경찰관리에 대한 수사지휘 및 사법경찰관리의 수사준칙에 관한 규정을 대통령령으로 제정하면서 한동안 계속되던 검·경간의 갈등이 조용해지나 싶었더니, 검찰이 경찰청 지능수사대에서 수사하던 사건을 관할이 아니라는 이유로 이송지휘를 하면서 다시금 뜨거워지고 있다.

그동안 수사권조정을 둘러싼 검·경간의 갈등을 해결하기 위해서 2004년 9월 10일 사상 최초로 검·경간 수사권 조정을 위하여 검찰과 경찰 양측이 '검·경 수사권 조정협의체'를 만들어 논의를 전개하였고, 의견합치가 이루어지지 않는 점에 대해서는 2004년 12월 민간위원이 참여하는 '수사권조정 자문위원회'조직되어 장기간의 논의를 진행하였다(조국, 2009: 1).

그 결과 형사소송법에 검사만이 수사의 주체로 되어있던 것을 경찰도 법적으로 수사의 주체로 인정받게 되었다. 그리고 고소·고발사건에 대한 검찰의 이송지휘에 대해서는, 수사절차의 신속한 진행을 통하여 국민의 권익의 증진을 도모함과 동시에 경찰수사의 자율성을 높여주기 위하여, 2006. 2 .1부터 검사의 경찰에 대한 사건이송지휘를 폐지하기로 하였다[94]. 또한 2006년 이후 2011년까지 단 한 차례도 이송지휘를 한 적이 없어서, '경찰에 대한 사건이송 지휘 폐지' 관례는 실무적으로도 6년 가까이 장기간에 걸쳐 확립되어 있는 상황이었다.

그런데 2012. 3. 13. 경남 밀양경찰서에 근무하는 사법경찰관이 대구지방검찰청 서부지청에 근무하는 검사를 상대로 모욕죄, 협박죄, 강요죄, 직권남용죄 등의 혐의로 경찰청에 고소한 사건에 대하여 관할권이 없다는 이유로 피고소인의 주거지인 대구성서경찰서로 이송하여 수사할 것을 지휘하였다.

그리고 경기도 용인시장이 2010년 6. 2지방선거 출마를 앞두고 업체관계자 등에게 억대의 선거자금을 받은 혐의 등에 대하여, 경찰청 지능범죄수사대에서

94) 대검찰청 혁신기획과 -948(2006. 1. 23)

1년 가까이 수사하던 사건을 경기지방경찰청 또는 용인동부경찰서로 이송할 것을 지휘하였다.

이로 인하여 다시금 경찰과 검찰은 독자적인 수사권에 대한 침해라는 주장과 모든 사건에 대하여 수사지휘를 할 수 있기 때문에 적법한 지휘권의 행사라는 주장을 하면서 대치하고 있는 국면이다.

따라서 이 논문에서는 사법경찰관리의 관할 외 수사에 대하여 법적근거를 살펴보고, 관할권의 개념 및 범위에 대한 이론적 배경을 살펴볼 필요가 있다고 생각한다. 아울러 다른 나라에서는 관할 외에서 수사할 경우 어떻게 하는지 검사가 이송지휘를 하는지에 대해서도 알아보고자 한다. 그리고 관할 외라고 해서 이송지휘한 사건들에 대해서 경찰과 검찰의 주장을 구체적으로 분석하여, 문제점을 도출해보고 그에 대한 대안을 제시하고자 한다. 또한 국가의 형벌권을 행사하는 중추기관인 검찰과 경찰이 계속해서 갈등을 빚는 구체적인 이유가 무엇인지 이에 대한 해결방안은 무엇인지에 대해서도 알아보고자 한다.

Ⅱ. 이론적 배경

1. 관할의 개념

관할이 아니라는 이유로 이송지휘를 하였는데, 그 관할의 기준이 무엇인가 하는 문제이다. 관할은 법원의 관할과 수사기관의 관할로 나누어서 생각해 볼 필요가 있다. 왜냐하면 법원의 관할에 대해서는 명백한 법적근거가 있지만, 수사기관의 관할에 대해서는 행정기관으로서의 관할구역일 뿐 수사권의 실행과 관련해서는 명백한 법 규정이 없기 때문이다.

먼저 법원관할이란 각 법원에 대한 재판권의 분배, 즉 특정법원이 특정사건을 재판할 수 있는 권한을 말한다. 전국의 모든 사건을 1개의 법원에서 심판하는 것은 불가능하므로 재판권의 행사는 각 법원에 분배하지 않을 수 없는 것이다. 이와 같은 재판권의 행사를 위하여 각 법원에 분배된 직무의 분담을 관할이라 한다(이재상, 2008: 65). 법원의 관할은 크게 사물관할과 토지관할로 나누어볼 수 있는데, 사물관할이란 사건의 경중 또는 성질에 의한 제1심 관할의 분배를 말한다.

그리고 현재 논의의 대상이 되고 있는 토지관할이란 사건의 토지적 관계에 의한 동등법원 간에 있어서의 제1심 관할의 분배를 말한다. 토지관할은 범죄지, 피고인의 주소·거소 또는 현재지로 한다.[95]범죄지라 함은 범죄사실, 즉 범죄구성요건에 해당하는 사실이 발생한 장소를 말하는데, 행위지뿐만 아니라 결과발생지, 그 일부가 발생한 장소도 포함한다. 주소는 생활의 근거가 되는 곳을 말하고[96], 거소는 주소이외에 사람이 다소 계속적으로 거주하는 곳을 말한다. 현재지란 임의 또는 적법인 강제에 의하여 공소제기 당시 피고인이 현재하는 장소를 말한다. 가장 중요한 점은 "주소·거소 및 현재지는 공소제기의 시를 표준으로 하여 정하고, 그 후의 변경은 관할에 영향이 없다"라는 것이다(정영석, 1989: 41-44).

검찰의 관할구역에 대해서는 검찰청법에서 "각급 검찰청과 지청의 관할구역은 각급 법원과 지방법원 지원의 관할구역에 따른다"라고 규정하고 있다[97]. 공소제기 및 유지 임무를 담당하고 있는 검찰은 법원의 관할에 맞추어서 검찰의 관할을 규정하고 있는 것이다.

그러나 경찰의 관할구역에 관해서는 경찰법에서 "경찰청의 사무를 지역적으로 분담하여 수행하게 하기 위하여 지방경찰청을 두고, 지방경찰청장 소속으로 경찰서를 둔다. 이 경우 인구, 행정구역, 면적, 지리적 특성, 교통 및 그 밖의 조건을 고려하여 시·도지사 소속으로 2개의 지방경찰청을 둘 수 있다"라고 규정하고 있다[98]. 그리고 고소·고발사건 이송 및 수사촉탁에 관한 규칙에서는 "이 규칙에 사용된 관할이라 함은 경찰관서의 관할구역을 말한다"라고 규정하고 있다.[99]경찰법의 규정에서 보듯이 경찰관서의 관할구역은 인구, 면적, 교통 등 행정적인 요인을 기준으로 하여 나누어져 있기 때문에 법원이나 검찰의 재판권행사를 위한 관할 구역과는 차이가 있다고 할 수 있다는 것을 알 수 있다.

2. 관할 외 수사의 필요성

현대 사회는 교통, 통신의 급속한 발달로 인하여 범죄사건 발생지 중심의 사건

95) 형사소송법 제4조 ①항
96) 민법 제18조
97) 검찰청법 제3조 ③항
98) 경찰법 제2조 ②항
99) 고소·고발사건 이송 및 수사촉탁에 관한 규칙 제2조 5호

해결은 거의 불가능해지고 있다. 심지어는 국경을 초월하여 각종 범죄가 발생하고 있는 상황이다. 따라서 사법경찰관리의 관할 외 수사는 일상적인 일이라고 할 수 밖에 없다. 사법경찰관리가 관할 외에서 수사할 수밖에 없는 구체적인 경우를 살펴보면 다음과 같다. 첫째, 범죄행위가 수개의 시 · 도 · 읍 · 면에 걸쳐서 일어난 경우이다. 예를 들어 서울에서 독약을 혼합한 빵을 대전에 있는 피해자에게 우송하여, 피해자는 대전에서 이를 먹고 대구에서 병원에 입원하여 사망한 경우이다. 이때 결과발생지인 대구의 사법경찰관리가 사건을 접수했다고 하면, 관할인 대구뿐만 아니라 중간발생지인 대전과 행위지인 서울 모두가 범죄지이기 때문에 관할 외에서의 수사가 불가피한 것이다. 둘째, 범인의 연속적인 범행이 수개의 시 · 도 · 읍 · 면에 걸쳐서 일어난 경우이다. 과거와 달리 대부분의 강 · 절도범 등 범죄자들은 전국을 무대로 범죄를 일삼는 경우는 비일비재하다. 심지어 범죄자들은 뉴스를 보고 자기가 범행한 지역에서 집중적으로 범죄예방 및 검거활동을 하면 그 지역을 피해서 범행을 하기도 한다. 따라서 타 관할에서의 수사는 당연히 이루어져야 하는 것이다. 셋째, 사건관계자가 수개의 시 · 도 · 읍 · 면에 걸쳐서 있는 경우이다. 요사이는 범죄자들이 인터넷으로 '한탕하자'며 공범을 모아서 범죄를 하고는 흩어지기도 한다. 교통뿐 아니라 인터넷, SNS 등의 발달로 인하여 지역적 경계가 무너진 지 오래되었다. 그 결과 당연히 관할 이외의 수사를 할 수 밖에 없는 상황이다. 넷째, 범죄를 저지르고 타관할로 도주하는 경우이다. 연쇄살인범 정남규도 자기가 거주하는 지역에서 멀리 떨어진 장소에서만 범행을 했다고 진술하였다. 이러한 경우 범인을 추적하기 위해서 타 관할에서 수사를 할 수 밖에 없는 것이다. 이 이외에도 마약범죄나 조직폭력범죄, 인신매매, 각종의 사이버범죄 등 이루 헤아릴 수 없는 많은 범죄의 수사를 위해서는 관할 외에서의 수사를 할 수 밖에 없는 것이다.

3. 관할 외 수사의 법적근거

사법경찰관리의 관할 외 수사에 대해서 우리나라 형사소송법 제210조에서는 "사법경찰관리가 관할구역 외에서 수사하거나 관할구역외의 사법경찰관리의 촉탁을 받아 수사할 때에는 관할 지방검찰청검사장 또는 지청장에게 보고하여야 한다. 다만 긴급을 요하는 경우에는 사후에 보고할 수 있다"라고 규정하고 있다.

그러나 검사의 사법경찰관리에 대한 수사지휘 및 사법경찰관리의 수사준칙에 관한 규정인 대통령령에서는 관할 지방검찰청검사장 또는 지청장에게 보고의무가 생략되어있다. 그리고 제11조에서 "사법경찰관리는 소속 관서의 관할구역 내에서 직무를 수행한다. 다만, 관할구역 내의 사건과 관련성이 있는 사실을 발견하기 위하여 필요한 때에는 관할구역 외에서도 그 직무를 수행할 수 있다"라고 규정하고 있어서 관할 외에서도 검사의 지휘 없이 자율적으로 수사할 수 있다고 규정하고 있는 것이다. 또한 제14조에서는 "사법경찰관리는 직무를 수행할 때 사법경찰관리 상호간에 성실하게 협조하여야한다"라고 규정하여 사법경찰관리 상호간의 공조의무를 규정하고 있다.

한편 범죄수사규칙 제2조 제1항에서는 "사법경찰관리인 경찰공무원은 소속관서의 관할구역 내에서 관할구역 내의 사건에 대하여 직무를 행하여야 한다. 다만 필요한 경우에는 관할구역 밖에서도 그 직무를 행할 수 있다"라고 규정하여 원칙적으로 관할 내에서 수사하지만 필요할 경우에는 관할 밖에서도 수사할 수 있다고 규정하고 있다. 제2항에서는 "관할이 경합하여 책임수사 관서를 결정할 수 없을 때에는 차상급 기관에 보고하여 지휘를 받아야 한다"라고 규정하여 검사의 지휘가 아닌 경찰조직 자체에서 관할에 대한 결정을 하도록 하고 있는 것이다.

그리고 법원의 관할에 대하여 형사소송법 제4조 제1항에서는 "토지관할은 범죄지, 거소 또는 현재지로 한다"라고 규정하고 있다. 이와 함께 제3조에서는 "법원은 사실발견을 위하여 필요하거나 긴급을 요하는 때에는 관할구역 외에서 직무를 행하거나 사실조사에 필요한 처분을 할 수 있다"라고 규정하고 있어서, 법관도 필요시 관할 외에서 직무를 수행할 수 있음을 규정하고 있다.

검찰과 관련해서는 형사소송법 제256조에서 "검사는 사건이 그 소속검찰청에 대응한 법원의 관할에 속하지 아니하는 때에는 사건을 서류와 증거물과 함께 관할법원에 대응한 검찰청검사에게 송치하여야 한다"라고 규정하고 있다. 그리고 검사의 직무관할에 대해서는 검찰청법 제5조에서 "검사는 법령에 특별한 규정이 있는 경우를 제외하고는 소속 검찰청의 관할구역에서 직무를 수행한다. 다만 수사에 필요한 때에는 관할구역이 아닌 곳에서 직무를 수행할 수 있다"라고 규정하여, 관할 내에서 수사를 하되 아무런 제한 없이 관할 외에서도 수사를 할 수 있다고 할 수 있다.

종합적으로 보면 경찰이나 법관, 검사는 원칙적으로 관할 내에서 직무를 수행하지만, 필요시에는 관할 외에서도 직무를 수행할 수 있다고 할 수 있겠다.

4. 수사지휘권

이송지휘가 과연 수사지휘권의 범위내의 권한인가 하는 것이다.

검사의 수사지휘권에 대해서 법무연수원 교재인 수사지휘론에서는 "사법경찰관의 독자적인 의사결정에 의한 자율적인 수사권 행사를 인정하면서, 일반적 지침과 일반적 · 구체적 지시 등으로 조정 · 통제하고 의견불일치가 생긴 경우 법률 전문가인 검사의 의사가 우월하다는 의미이다"(법무연수원, 2003: 12)라고 정의하고 있다. 이에 대하여 박노섭은 "사법경찰관도 수사의 주체로서 제한된 범위 내에서 수사권을 행사하되, 수사와 법률 전문가인 검사가 일반적 지침 또는 일반적구체적 지시와 지휘를 통해 사법경찰관의 수사 활동을 법적으로 조정통제하고, 검사와 사법경찰관의 의견이 일치하지 아니할 경우에는 검사의 법률적 판단에 따라 수사를 진행하고 사건을 처리하는 제도"(박노섭, 2010: 10)라고 구체화하였다.

수사지휘와 관련하여 형사소송법 제196조에서는 "사법경찰관리는 모든 수사에 대하여 검사의 지휘를 받아야하고, 검사의 지휘가 있으면 이에 따라야한다"[100]라고 규정하고 있다. 그리고 검찰청법 제5조에서는 검사의 직무와 권한으로서 범죄수사에 관한 사법경찰관리의 지휘 · 감독을 규정하고 있다.[101]

그렇다면 검사의 지휘는 무제한적으로 허용되는 것일까? 이에 대하여 검사의 사법경찰관리에 대한 수사지휘 및 사법경찰관리의 수사준칙에 관한 규정에 보면, 검찰총장은 일반적 지침을 시행하고, 검사는 구체적 지휘를 할 때 서면 또는 형사사법정보시스템을 이용하도록 하고 있다. 그리고 구체적 지휘는 수사절차상 이의가 제기되거나 사건관계인의 인권이 침해될 우려가 현저한 경우에 하도록 규정하고 있다. 그럼에도 불구하고 수사실무에서는 수사지휘를 통한 권한남용 및 법령왜곡이 적잖게 벌어지고 있다. 따라서 현행법상 검사의 수사지휘권이 인정된다고 하더라도 그 행사에는 일정한 제한이 반드시 이루어져야 할 것이다.

---

100) 형사소송법 제196조①항, ③항
101) 검찰청법 제4조①항 제2호

즉, 검사는 수사경찰의 비리나 인권침해 등의 특별한 이유가 없다면 경찰수사의 초입단계부터 개입하거나, 경찰수사 진행 중에 사건을 검찰로 이첩하는 것을 자제하여야 할 것이다. 또한 수사지휘는 수사종결시 경찰에게 수사의 재개 또는 보강을 요구하는 방식으로 이루어져야 할 것이다.(조국, 2009: 62)

검사의 수사지휘권의 한계에 대해서는, 강릉경찰서 상황실장으로 근무하면서 검사가 긴급체포하여 검찰청에 유치중인 피의자를 강릉경찰서로 호송하여 유치장에 구금하라는 지휘에 불응했다는 이유로, 직무유기죄로 4개월의 선고유예를 받은 장신중 경정의 상고이유서를 살펴볼 필요가 있겠다. 장경정은 상고이유서에서 다음과 같이 검사 수사지휘권의 한계를 주장하였다. 첫째, 목적에 따른 한계로서 검사의 수사지휘는 사법경찰관의 인권침해를 통제하기 위한 목적으로 행사되어야 한다는 것이다. 둘째, 주체 및 절차상의 한계로서 수사지휘의 주체는 검사이기 때문에 수사지휘는 원칙적으로 검사 본인에 의하여 직접 수행되어야 한다는 것이다. 셋째, 내용상의 한계로서 검사는 수사지휘권을 통하여 경찰에게 '무엇을 할 것인지'를 지휘할 수는 있으나, '어떻게 할 것인가'라는 경찰의 고유한 집행영역에 대하여는 지휘할 수 없다는 것이다. 넷째, 대인적 한계로서 검사는 특정 사건을 배당받은 사법경찰관리에 대해서만 지휘할 수 있다는 것이다. 다섯째, 형식적 한계로서 정당한 권한을 가진 검사가 소정의 절차와 형식을 갖추어서 해야 한다는 것이다. 특히 행정의 일반원칙에 따라 문서로 이루어져야 한다는 것이다.(조국, 2009: 66-67)

결론적으로 검사의 지휘권은 무제한적이고 자의적으로 행사되어서는 안 되고, 위와 같은 주체, 내용, 방법, 대상, 형식의 한계 속에서 이루어지는 것이 타당하다고 생각한다.

Ⅲ. 관할 외 수사에 대한 입법례 및 사례분석

1. 외국의 입법례

가. 독일

「독일연방 및 주의 통일경찰법 표준안」제3장과 제6장에서 경찰의 관할 외 수사에 대해서 명시적으로 규정하고 있다. 먼저 제3장에서는 직접 강제가 사용되어야 하지만 타행정기관이 그에 필요한 강제력을 갖지 못한 경우에는 타행정기관의 요청에 따라 집행협조를 하도록 하고 있다[102]. 이때 경찰은 집행의 종류 및 방법에 대해서만 책임을 부담한다. 그리고 집행협조요청은 원칙적으로 문서로 해야 한다[103]. 그리고 집행협조요청이 자유박탈을 내용으로 하는 경우에는 자유박탈의 허용에 관한 법관의 결정을 제시하거나 그 협조요청에 표시하여야 한다.[104]

그리고 타주 및 연방의 경찰관은 (1) 관할 행정기관의 요청이 있거나 그 동의를 얻은 경우 (2) 기본법에 규정한 공공의 안전과 질서의 유지나 회복을 위하여 특별히 중대한 경우, 자연재해나 사고가 한 州 이상의 영역을 위협할 때에 효과적인 극복에 필요한 경우 (3) 중대한 현행범 추적, 도주자체포 (4) 범인호송 (5) 협정에 의한 범죄, 질서위반행위의 수사 및 위험방지 등의 같은 경우에는 당해 주에서 직무행위를 할 수 있도록 규정하고 있다.[105]

주경찰집행관들은 타주 또는 연방의 관할구역 내에서 각각의 주법 또는 연방법에 따라 행동할 수 있으며, 타주의 요청이 있을 경우에는 이에 응하여야 한다.[106]

나. 프랑스

프랑스에서는 사법경찰의 관할 외 수사에 대하여 형사소송법에서 규정하고 있다. 프랑스에서 사법경찰관은 원칙적으로 그가 임무를 수행하는 지역에 한하여 행사될 수 있다.[107] 그러나 중죄 또는 경죄의 현행범죄의 경우 사법경찰관은 수사의 계속과 참고인 조사 및 압수수색 등을 위하여 인접지방법원의 관할까지 이동할 수 있다. 더 나아가 지검장 또는 예심판사의 수사위임 사항 또는 수사지휘의 집행을 위하여 전 국토에 대한 수사관할권을 갖는다. 이 경우 해당 지검장은 위임 또는 지휘를 한 법관으로부터 그 사실을 통보받게 된다(김택수, 2006:

102) 독일연방 및 주의 통일경찰법 표준안 제25조
103) 독일연방 및 주의 통일경찰법 표준안 제26조
104) 독일연방 및 주의 통일경찰법 표준안 제27조
105) 독일연방 및 주의 통일경찰법 표준안 제52조
106) 독일연방 및 주의 통일경찰법 표준안 제53조
107) Article 18 En savoir plus sur cet article... Les officiers de police judiciaire ont compétence dans les limites territoriales où ils exercent leurs fonctions habituelles.

141).[108]또한 경찰청 본부에 소속된 사법경찰관의 권한도 전국적으로 행사될 수 있다.

다. 일본

일본 경찰법 제61조 (관할구역 외에서의 권한)에서는 "도도부현 경찰은 거주자, 체류자 기타 그 관할구역 관계자의 생명, 신체 및 재산의 보호와 그 관할구역 내에서의 범죄 진압 및 수사, 피의자의 체포 기타 공안유지와 관련하여 필요한 한도 내에서는 그 관할구역 밖으로도 권한을 행사할 수 있다"라고 규정하고 있다[109].

일본의 경우 사법경찰직원인 경찰관 가운데 실제로 범죄수사 활동에 종사하는 도도부현경찰관의 직무집행의 지역적 범위는 원칙적으로 당해 도도부현경찰의 관할구역 내에서 행해져야 하나 폭넓은 예외가 인정되어 있다. 우선 현행범인의 체포에 있어서는 경찰관은 어떠한 지역에 있어서도 그 직무를 수행할 수 있다[110]. 그리고 2개 이상의 도도부현경찰의 관할구역에 걸쳐 직무를 수행하는 이동경찰은 관계 도도부현경찰의 협의에 의해 정하는 바에 따라 전체 관할구역에 있어서 그 직무를 수행할 수 있다(이동희, 2006: 563-564).[111]

2. 우리나라의 사례분석

가. 밀양 검사 고소사건

1) 사건개요

정 경위는 고소장에서 '2011년 9월부터 폐기물처리업체에서 농민을 속여 사업장폐기물(슬러지) 수만ton을 농지에 무단 매립한 사건을 수사해 대표이사를

108) 프랑스 형사소송법 제18조 2항~5항

109) 第61条　都道府県警察は、居住者、滞在者その他のその管轄区域の関係者の生命、身体及び財産の保護並びにその管轄区域における犯罪の鎮圧及び捜査、被疑者の逮捕その他公安の維持に関連して必要がある限度においては、その管轄区域外にも、権限を及ぼすことができる。

110) 第65条　警察官は、いかなる地域においても、刑事訴訟法（昭和23年法律第131号）第212条に規定する現行犯人の逮捕に関しては、警察官としての職権を行うことができる。

（移動警察等に関する職権行使）

111) 第66条　警察官は、2以上の都道府県警察の管轄区域にわたる交通機関における移動警察については、関係都道府県警察の協議して定めたところにより、当該関係都道府県警察の管轄区域内において、職権を行うことができる。

구속했지만, 구속 한 달여 만에 보석으로 석방돼 불구속상태에서 재판중이며, 대표이사의 공금유용과 횡령 혐의가 사실로 밝혀진 데다 속아서 회사에 투자한 주주가 1,700여 명이 넘고 투자금액이 수백억 원이 넘는 정황사실이 있는데도 검사가 수사범위를 확대하지 말 것을 지시하고 종용했다'고 주장하였다. 또한 폐기물처리업체로부터 3년간 150여 차례에 걸쳐 8,700만원의 금품을 받은 지역 언론사 기자에 대해 구속영장을 신청했으나 범죄 혐의가 소명되지 않았다는 이유로 기각됐으며, 3년에 걸쳐 해당 폐기물처리업체의 점검을 누락한 시청공무원을 기소의견(직무유기 혐의)으로 수사지휘를 건의했으나 불기소의견으로 변경해 송치하라는 지휘를 받았다고 하였다. 특히 정 경위는 2012년 1월 박 검사 사무실에서 "'야 임마, 뭐 이런 건방진 자식이 다 있어, 정신 못 차려', '너네 서장, 과장 불러봐?' 등의 폭언을 들음으로써 평생 씻을 수 없는 모멸감과 수치심을 느꼈다''며 "지금까지의 수사서류와 수사과정을 전 국민 앞에 공개하고 수사를 심판받고 싶다"며 고소장을 제출한 사유를 밝혔다.[112]

2) 진행경과

2012. 3. 8 경남지방경찰청 밀양경찰서 지능범죄수사팀당인 정 모 경위가 전 창원지검 밀양지청(현 대구지검 서부지청) 박 모 검사가 수사 방법이 잘못됐다며 폭언과 협박을 해 모욕 · 협박 · 직권남용 · 강요 등의 혐의로 경찰청장 앞으로 고소장을 제출하였다.

경찰청은 이 사건을 경찰청 지능범죄수사대에서 수사하도록 조치하여 서울중앙지검의 수사지휘를 받게 되었다.

서울중앙지검은 이 사건을 피고소인의 주거지를 관할하는 대구성서경찰서에 이송하라고 지휘하였다. 서울중앙지검은 이 사건에 대하여, 고소인(정 경위)은 경남 밀양에 피고소인(박 검사)은 대구에 거주하는 등 주거지와 사건 발생지가 경남과 대구 등지이다. 따라서 형사소송법 제4조 제1항 법원의 토지관할에 따라 서울중앙지검은 관할권이 없기 때문에, 이 사건을 피고소의 주거지 등을 담당하는 경찰서로 이송하도록 지휘하였다는 것이다.

경찰청 지능범죄수사대는 이 사건을 대구성서경찰서로 이송하면서, 경찰청 수

112) 조선일보, 2012.3.8

사관을 대구성서경찰서에 파견하여 수사하기로 하였다.

나. 용인시장 선거자금수수 사건

1) 사건개요

현 용인시장은 2010년 6.2 지방선거 출마를 앞두고 업체 관계자 등에게 억대의 선거자금을 받은 혐의로 수사를 받고 있다. 또한 현 용인시장은 체납세금 5000만원을 지인에게 대신 납부하도록 하고 시장 당선 뒤 시 산하기관의 임원으로 채용한 혐의도 받고 있다.113)

2) 진행경과

경찰청 지능범죄수사대에서는 현 용인시장의 정치자금법위반 혐의에 대하여 조사를 하고 있었다. 그런데 7개월에 걸쳐 지휘하던 서울 중앙지방검찰청은 관할권이 없다는 이유로 지휘주체를 수원 지방검찰청으로 변경하였다. 그리고 2개월에 걸쳐 지휘하던 수원 지방검찰청은 또다시 사건을 경찰청에서 경기지방경찰청 또는 용인동부경찰서로 이송할 것을 지휘하였다. 또한 용인동부경찰서에서 조사하던 관련사건을 2011.12.13 수원 지방검찰청의 수사지휘에 따라 경찰청 지능범죄수사대에서 조사하던 사건과 병합하여 처리하라고 지휘하였었다. 그럼에도 불구하고 이송 받았던 사건을 다시 용인동부경찰서로 이송하라는 일관성 없는 수사지휘를 한 것이다.

다. 이송지휘에 대한 평가

경찰청에서 수사하는 사건을 토지관할이 아니라는 이유로 이송 지휘한 것은 3가지의 논점에서 살펴볼 필요가 있을 것이다. 첫째, 경찰청 수사부서의 관할구역이 어디까지인가 하는 것이다. 둘째, 수사기관의 토지관할이 법원의 토지관할에 해당하는가 하는 문제이다. 셋째, 관할 외 수사에 대한 이송지휘가 검찰의 수사지휘권의 범위에 포함되느냐 하는 것이다.

첫째, 경찰청 수사부서의 관할구역의 문제이다. 경찰청 지능범죄수사대, 사이버테러 대응센터, 특수수사과 등은 2개 이상의 지방경찰청에 걸치는 사건이나

---

113) 세계일보, 2012.5.18

성격상 관할구역을 정할 수 없는 사건, 그 밖에 토착비리 기타 지방경찰청에서 처리하기 어려운 사건 등을 수사하는 부서이다. 이는 지방경찰청에 광역수사대를 두고 경찰서에서 처리하기 어려운 지능범죄 사건이나 조직폭력 사건 등을 수사하는 경우에도 마찬가지이다. 따라서 이러한 현실을 무시한 채 경찰 내부의 수사주체를 바꾸라는 지휘는 광역수사가 원천적으로 불가능하게 만들 위험이 있다. 또한 현대사회에 있어서 범죄는 날로 광역화·기동화 되어가고 있는 상황에서 범죄에 효과적으로 대처할 수 없어서 치안은 마비상태가 될 것이다. 이는 공공의 안녕과 질서를 유지하고, 국민의 생명·신체·재산을 지키는 경찰과 검찰의 존재이유를 부정하는 것과 같은 것이라고 할 수 있다. 따라서 경찰청 수사부서의 관할구역은 전국적인 것이라고 보아야 할 것이다. 아울러 지방청의 광역수사대도 해당 지방경찰청이 관할하는 전 지역이라고 해야 할 것이다.

둘째, 형사소송법 제4조 제1항 법원의 토지관할이 수사기관의 토지관할과 일치해야 하는 가의 문제이다. 형사소송법상의 관할은 소송조건이지 수사의 조건이 아니다. 토지관할은 동등법원 간의 재판권의 분배에 관한 문제로 법원의 토지관할과 달리 수사기관의 토지관할은 명문규정이 없다. 또한 법원의 토지관할 규정을 수사단계에 적용하려면 압수·수색·체포·구속 등과 같이 법원의 규정을 수사단계에 준용한다는 명문규정이 있어야 한다. 그러나 아무런 근거규정이 없기 때문에 수사절차에 직접 적용할 수는 없다는 것이 법해석상 타당하다고 할 수 있다. 수사기관의 관할구역은 토지관할을 정하는 기준이 행정구역을 의미하는 것이다. 즉, 법원·검찰·경찰 등 각 기관은 별도의 행정조직법규에 따라 관할구역을 지정하고 있으며, 이는 각 기관이 인력·예산·규모 등을 고려하여 합리적으로 설정한 것이기 때문에 상호 존중되어야 할 것이다.

셋째. 관할 외 수사에 대한 이송지휘가 수사지휘의 범위에 포함되느냐하는 문제이다.

사건을 담당할 경찰관서의 지정은 관할의 문제가 아니라 경찰내부의 사무분배의 문제로 수사행정에 해당한다고 할 수 있다. 이는 사건의 성격과 경중, 수사의 난이도 및 효율성, 담당부서의 규모와 역량 등을 종합적으로 고려하여 경찰이 독자적으로 판단할 영역이라고 보아야 할 것이다.

그리고 2011년 형사소송법 개정을 통하여 검사의 수사지휘에 관한 구체적인 사항은 대통령령으로 정하도록 하였고[114], 이에 따라 대통령령에서는 수사지휘의 범위와 요건에 대하여 열거적으로 제한하고 있는데, 대통령령에는 사건이송에 대한 검사의 지휘와 관련해서 아무런 규정이 없다. 오히려 경찰의 관할구역 외 수사를 인정[115]하고 있기 때문에 사건이송은 수사지휘의 범위에 포함되지 않는다고 해석하는 것이 타당하다고 생각한다.

그리고 검찰 스스로도 대검훈령[116]을 통해 경찰에 대한 사건이송 지휘를 폐지하기로 하였다. 또한 실무적으로도 전국을 수사대상 관할구역으로 하는 경찰청 수사부서는 그간 서울 중앙지방검찰청에 영장신청 및 사건송치를 해왔고, 검찰은 필요시 공소제기 단계에서 당해 관할 지방검찰청으로 타관 송치하는 방식을 활용해왔다. 이러한 점을 고려할 때, 경찰청 수사부서가 서울 중앙지방검찰청의 수사지휘를 받아왔다고 하더라도 경찰청 수사부서의 관할구역이 서울 중앙지방검찰청의 관할구역으로 축소되거나 일치되어야 할 이유는 없을 것이다.

3. 국가 간 관할 외 수사권에 대한 비교분석

독일의 경우에는 경찰관이 관할 외에서 수사할 수 있으며, 그 지역의 경찰관들은 관할 외 수사에 대하여 협조하도록 법에 명시적으로 규정하고 있다. 그렇지만 관할 외 수사를 할 수 있는 구체적인 사유와 권한을 명시하고 있다고 할 수 있겠다.

프랑스 경찰은 원칙적으로 관할 내에서 수사를 하지만, 위임을 받았을 경우에는 전 국토에 대한 수사관할권을 갖는다. 아울러 검찰에 대한 보고의무도 없을 뿐 아니라 검찰에게 통보하는 것도 사법경찰이 아닌 법관이 지검장에게 한다는 점에서 시사성이 크다. 왜냐하면 수사기밀도 유지될 뿐 아니라 현장에서 긴급하게 수사를 해야 하는 경찰의 부담도 덜어줄 수 있기 때문이다. 특히 프랑스의 경찰청 본부에 소속 사법경찰관들이 전국적으로 권한을 행사할 수 있다는 것은, 우리나라 검찰이 경찰청 지능범죄수사대에서 수사하던 사건을 관할이 아니라고 이송 지휘한 것과 비교할 때 매우 흥미 있는 대조가 된다고 할 것이다.

일본의 경우에는 관할구역내의 수사와 관련이 있는 경우에는 관할구역 밖에서

---

114) 형사소송법 제196조 제3항
115) 검사의 사법경찰관리에 대한 수사지휘 및 사법경찰관리의 수사준칙에 관한 규정 제11조
116) 서울지역 지방검찰청간 검찰업무 조정협의 규정 제12조 제2항

도 권한을 행사할 수 있도록 하고 있다. 독일이나 프랑스와 마찬가지로 검사에 대한 보고의무는 없는 것이다. 또한 2개 이상의 관할에 걸쳐 수사할 경우에는 상호 협의에 의하도록 하고 있다. 즉 관할 외에서 수사시 검사의 지휘를 받는 것이 아니라 경찰관청 상호간의 협의를 통해서 하도록 하고 있는 것이다.

이에 반해서 한국에서는 관할 외 수사시 해당 지방검찰청 검사장 또는 지청장에게 보고하도록 규정하고 있다. 한국의 경우에도 검사에 대한 보고의무 규정을 폐지하고 경찰관청 상호간의 협의에 의하도록 하고, 협의가 어려울 경우 상급관청의 조정에 의하여 수사하도록 하여야 할 것이다.

〈각국의 검사권한 비교표〉(경찰청, 2010: 298)[117]

구분	관할 외 수사시 보고	사건이송지휘
한국	0	0
프랑스	x	x
독일	x	x
영국	x	x
미국	x	x
일본	x	x

관할 외 수사에 대하여 종합적으로 검토해보면, 한국을 제외하고는 프랑스, 독일, 영국, 미국, 일본 등 어느 나라에서도 관할 외 수사시 보고의무가 있는 나라는 찾아볼 수가 없다고 할 수 있다. 물론 자치경찰과 국가경찰 등 경찰제도의 차이는 있지만 사건이송을 검사가 지휘하는 나라도 우리나라 밖에 없는 것을 알 수 있다.

117) 수사구조개혁백서

Ⅳ. 관할 외 수사의 문제점 및 개선방안

1. 관할 외 수사의 문제점

가. 개요

관할 외 수사와 관련된 문제는 두 가지 관점에서 살펴볼 필요가 있을 것이다. 첫째는 발생사건이나 인지사건과 같이 외근 형사들이 타 관할에 가서도 수사를 할 경우이다. 현행 형사소송법에서는 사법경찰관리가 관할구역 외에서 수사하거나 관할구역외의 사법경찰관리의 촉탁을 받아 수사할 때에는 관할 지방검찰청검사장 또는 지청장에게 보고하도록 하고 있다.[118] 과연 이 규정이 현실성이 있느냐 하는 것이다. 둘째는 고소 · 고발사건과 같이 지능팀이나 경제팀에서 수사하는 경우이다. 이에 대해서는 명문규정이 없다. 다만 현재는 경찰 내에서 고소 · 고발사건 이송 및 수사촉탁에 관한 규칙에 의하여 "사건에 대하여 범죄지, 피의자 주소, 거소 또는 현재지 중 어느 1개의 관할권이 있는 한 사건을 접수한 경찰관서가 사건을 이송하지 아니하고 수사촉탁 등 공조수사를 활용하여 수사 · 송치함을 원칙으로 하고 있다.[119] 그런데 검찰에서 일방적으로 관할이 아니라고 타관할로 이송지휘를 하는 경우이다.

나. 관할 외 수사 시 보고의무

먼저 보고의무를 규정하고 있는 형사소송법의 문제점에 대해서 살펴보고자 한다.

첫째, 민생치안 역량을 약화시킬 우려가 크다. 현대는 전국이 일일생활권이 되고 범죄는 광역화 · 기동화 되고 있어 관할을 벗어나서 수사하게 되는 것이 일상화 되어있다. 그런데도 타 관할 내에 수사 시 이를 일일이 보고하게 하는 것은 수사현실에 부합하지 않는다. 수사는 범인검거 이외에도 증거물 확보를 위한 압수수색, 참고인 조사 등 여러 단계의 절차로 이루어지고 있다. 그런데 개개의 절차가 다른 관할에서 이루어질 경우 이를 모두 보고하면서 수사한다는 것은 현실적으로 불가능하다. 수사에 쏟아야 될 정력을 보고에 허비함으로써 정작 민생치안역량이 약화될 것이 불 보듯 뻔하다.

---

118) 형사소송법 제210조
119) 고소 · 고발사건 이송 및 수사촉탁에 관한 규칙 제4조

둘째, 경찰수사의 자율성을 침해한다고 볼 수 있다. 타 관할 내에서 수사 시 보고하도록 강요하는 것은 자칫 경찰수사의 자율성을 침해하여 검경간의 갈등을 심화시킬 소지가 있다. 형사소송법의 개정으로 이제 경찰도 독자적 수사권을 가지고 있기 때문에 관할의 문제는 경찰조직 자체에 맡겨두는 것이 합리적이라고 할 수 있다.

셋째, 수사의 기밀성, 신속성을 저해할 수 있다. 수사는 범죄첩보를 입수했을 경우 범인이나 관련자가 눈치 채지 못하게 은밀하고 신속하게 수사하여 범인을 검거하여야 한다. 그럼에도 도주경로를 추적할 때마다 보고를 해야 한다면 수사활동에 엄청난 지장을 초래하게 될 것이다.(경찰청, 2011, 388-389)

물론 검찰에서 주장하는 대로 중요사건에 대한 수사지휘의 통일성을 저해하거나 청탁수사 등으로 인한 인권침해의 우려가 있을 수도 있을 것이다. 그러나 이에 대해서는 관할 외 수사의 필요성에 대한 근거자료를 수사기록 등에 반드시 첨부하도록 하고, 중요범죄에 대해서는 현행 보고체제를 유지하는 등 보완책을 마련하도록 하면 될 것이다.

현대 사회에 있어서 범죄는 지역적 관할을 초월해서 발생하는 경우가 다반사이다. 심지어 사이버범죄나 마약과 테러 등과 같은 초국가적 범죄가 비일비재하게 발생하고 있다. 그런데도 불구하고 관할 외에서 수사할 때마다 보고하도록 한다는 것은 비현실적이다 못해 어리석어 보이기도 한다. 결과적으로 관할 외에서 수사할 경우 보고하도록 하고 있는 형사소송법의 규정은 하루빨리 폐지되어야 할 것이다. 폐지되기 전이라도 현재도 사문화되어 있는 이 규정은 더 이상 거론하지 말아야 할 것이다.

다. 고소 · 고발사건에 대한 이송지휘

검사의 사건이송지휘는 대검훈령으로 이미 폐지되었고, 경찰 내부적으로 사무분배에 의하여 이송여부를 결정하여야 할 것이다. 현재 경찰에서는 고소 · 고발에 관한 이송 및 수사촉탁에 관한 규칙에 의하여 원칙적으로 이송을 금지하고, 꼭 필요성이 있는 경우에는 이송심의위원회의 결정에 의하여 이송하도록 하고 있다. 따라서 검찰에서는 더 이상 힘겨루기식의 자의적인 이송지휘를 더 이상 하지 말아야 할 것이다.

2. 관할 외 수사의 개선방안

가. 법 개정상의 개선방안

1) 관할 외 수사 시 보고의무의 폐지

사법경찰관리의 관할 외 수사 시 보고의무를 규정한 형사소송법 제210조는 수사현실에 맞지 않는 전근대적인 규정이라고 할 수 있다. 사실 관할 외 수사보고 규정을 엄격히 준수하기 위해서는 개별 사건 수사팀에 별도의 보고전담팀을 두어도 부족할 것이다. 이러한 문제 때문에 수사권조정자문위원회에서는 관할 외 수사 시 보고의무를 폐지하되(형사소송법 제210조 폐지), 관할 외 수사의 필요성에 대한 근거자료를 수사기록 등에 반드시 첨부하도록 하였다. 또한 사법경찰관리집무규칙 제11조에 규정된 중요범죄에 대해서는 현행 보고체계를 유지하는 등 경찰의 자체 보완책을 마련토록 하였다. 그런데도 형사소송법 개정 시에 보고의무에 관한 조항이 폐지되지 아니하였던 것이다. 또한 새로이 제정된 검사의 사법경찰관리에 대한 수사지휘 및 사법경찰관리의 수사준칙에 관한 규정에서는 보고의무가 빠져있다. 그 대신에 사법경찰관리는 원칙적으로 관할 내에서 직무를 수행하되, 필요시 관할 외에서도 직무를 수행할 수 있도록 명문화하고 있다. 반면에 검사의 사법경찰관리에 대한 수사지휘 및 사법경찰관리의 수사준칙 제74조에서는 내란, 외환, 살인, 국가보안법 위반 그리고 피해규모, 광역성, 연쇄성, 수법 등에 비추어 사회의 이목을 끌만한 범죄, 기타 검찰총장의 승인을 얻어 지방검찰청 검사장 또는 지청장이 지정한 범죄 등에 대해서는 수사를 개시하고 관할 지방검찰청 검사장 또는 지청장에게 보고하도록 하고 있다. 따라서 현재도 이미 사문화되어 있는 조항이기는 하지만 조속히 형사소송법 제210조는 폐지하는 것이 마땅하다고 생각한다. 그리고 검사의 사법경찰관리에 대한 수사지휘 및 사법경찰관리의 수사준칙 제7장에서는 수사제도에 관한 제도 개선 방안을 논의하기 위해 협의회를 두도록 되어있다. 따라서 이러한 수사협의회에서 관할 외 수사 시 보고의무의 폐지를 논의하는 것이 바람직하다고 생각한다.

2) 검사의 지휘범위에 관한 규정의 명문화

검찰과 경찰 간의 갈등을 일으키는 가장 큰 원인은 검사의 수사지휘의 범위에 관한 명확한 명문규정이 없다는 것이다. 형사소송법 제196조에서 사법경찰관리는 모든 수사에 대하여 검사의 지휘에 따라야 한다고 규정하고 있다. 그리고 대통령령에서는 일반적 준칙 또는 지침에 의한 지휘와 구체적 사건에 관하여 필요한 지휘를 할 수 있다고 규정하고 있다. 따라서 검찰은 일반적인 지휘와 구체적인 지휘를 할 수 있다는 것이다. 그러나 경찰에게 독자적인 수사개시·진행권이 인정되었고, 경찰과 검찰은 엄연히 서로 다른 정부조직이기 때문에 무제한적인 지휘권이 인정된다고는 할 수 없을 것이다. 그렇게 한다면 현재와 같은 검찰 지휘권의 남용으로 인한 경찰과의 갈등을 해결할 수 없을 것이다. 이러한 이유 때문에 수사지휘권 행사에 관한 명문규정이 필요하다고 생각한다. 수사지휘권의 행사에 대한 기준을 생각해보면 다음과 같다. 첫째, 수사지휘권 행사의 주체인 검사가 직접 지휘해야 한다는 것이다. 수사를 하는 현실에서 보면 검사가 직접 지휘하는 경우는 드물고, 검찰서기가 마치 자신이 검사인양 사법경찰관리에게 지시하는 경우가 많다. 따라서 다른 행정기관인 사법경찰관리에 대한 수사지휘는 반드시 검사가 직접 해야 할 것이다. 둘째, 수사할 내용을 지휘하여야지 수사의 방법이나 수단까지 지휘해서는 안 된다는 것이다. 방법이나 수단은 경찰기관 자체에서 알아서 해야 할 문제라는 것이다. 셋째, 수사지휘의 대상을 한정해야 할 것이다. 현재 대법원의 태도나 검찰의 입장은 사법경찰관리는 누구에 대해서라도 검사가 지정하여 수사지휘를 할 수 있다는 것이다. 그러나 이는 행정조직상 지휘명령통일의 원칙에 위배되는 것이다. 사법경찰관리의 입장에서 소속 상관의 지시와 검사의 지시가 상이할 경우, 매우 곤란한 입장에 처할 것이다. 따라서 이러한 모순이 생기지 않도록 구체적 규정을 두어야 한다고 생각한다. 예를 들면 수사과장이나 형사과장과 같이 사법경찰관리를 총지휘하는 사람에게 지휘를 하는 것이 바람직할 것이다. 넷째, 검찰에게 일반적·구체적 지휘권이 인정된다고 할지라도 조직이나 개인의 인격을 존중하는 방식으로 지휘가 이루어져야 한다는 것이다. 수사지휘권이 있다고 해서 일방적으로 명령을 한다거나 개인의 인격을 무시하는 폭언이나 막말을 하는 것은 지양되어야 할 것이다.

결론적으로 검사의 지휘권 행사와 관련하여 그 범위를 한정할 수 있는 구체적 법률을 제정하는 것이 시급한 문제라고 하겠다.

나. 운영상의 개선방안

1) 광역수사시스템의 구축

현재 우리나라 경찰의 수사구조는 기본적으로 관할구역 위주로 편성되어 있다. 그 결과 연쇄살인범이 여러 지역에 걸쳐 범행을 하고 다녀도 해당 경찰서 위주의 수사를 하기 때문에 검거에 많은 시간과 노력이 소요되었다. 그로 인하여 조기에 검거하였더라면 희생되지 않았을지도 모르는 피해자들이 늘어나는 결과를 초래했는지도 모른다. 심지어 연쇄살인범 정남규의 경우에는 같은 경찰서에서 발생한 동일범에 의한 살인사건을 다른 형사 팀에서 수사하면서 동일범인지도 모르는 경우도 있었다. 그 이유는 오로지 자기 관할, 자기 팀 위주의 수사가 이루어지고 있기 때문이다.

이와 반대로 범죄는 관할의 경계를 넘어서 광역화, 조직화, 기동화 되는 추세이며, 성격이상자 등에 의한 무동기 범죄, 사이버공간을 이용한 각종 신종범죄 등이 증가하는 상황이다. 나아가 국가 간의 국경을 넘어서 벌어지는 초국가적 범죄도 생겨나고 있다. 이러한 범죄에 경찰이 적극적으로 대처하기 위해서는 관할에 구애받지 않고 전국적으로 수사할 수 있는 전문적이고 체계적인 광역수사체제를 구축할 필요가 있다고 생각한다. 광역수사체제는 범죄와 수사라는 두 가지 관점에서 생각해 볼 필요가 있다. 첫째, 수사측면에서 보면 단순한 절도나 사기라도 수사범위가 전국에 걸쳐있을 때에는 해당 경찰서에서 관할을 넘어 수사할 수 있도록 하여야 할 것이다. 둘째, 범죄의 측면에서 보면 구조적 비리사건, 대형조폭사건, 납치나 유괴사건, 대형 마약사건, 무장 강도사건, 사회적 이목을 집중시키는 사건 등에 대해서는 전문성을 갖춘 광역수사대가 관할구역에 관계없이 폭넓게 수사를 전담할 수 있는 체제를 구축해야 할 것이다.

2) 공조수사체제의 확립

관할구역 외에서의 수사가 효과를 거두기 위해서는 해당 지역 경찰과의 유기적인 공조수사체제의 확립이 필수적이라고 할 수 있겠다. 왜냐하면 우선 타 지역의 경찰관들은 해당지역에 대해서 지리적으로 잘 알지 못하기 때문에 수사에 어려움을 겪을 수 있다. 그리고 평상시 자기가 근무하는 지역이 아니기 때문에 해당지역의 범죄에 관한 정보를 전혀 알 수 없기 때문이다. 따라서 관할구역 외에서 수사하는 경찰과 해당지역 경찰은 범죄에 관한 정보교환과 활동의 공조가 이루어져야 할 것이다.

그러나 현재 우리 경찰의 수사시스템으로는 공조수사가 이루어지기가 매우 어렵게 되어있다. 범인검거로 인하여 특진이나 포상시에 공조수사를 하여 사건 해결에 기여한 자에 대한 특진이나 포상이 미흡하기 때문이다. 과거 탈주범 신창원을 검거하기 위하여 전국에 있는 모든 경찰관들이 비상이 걸려있는 상황에서, 신창원의 소재를 파악한 형사가 다른 형사도 아닌 민간인을 동반하여 검거하려다 놓친 사건은 공조수사의 문제점을 그대로 보여주는 것이라고 할 수 있다. 최근에는 이러한 문제점을 인식하고 첩보를 제공하거나 결정적인 단서를 제공한 사람에 대해서는 특진이나 포상을 하고 있지만 아직 미흡한 실정이다.

공조수사에 대해서는 대통령령 제14조에서 "사법경찰관리는 직무를 수행할 때 사법경찰관리 상호간에 성실하게 협조하여야한다"라고 규정하여 공조수사의 의무를 부여하고 있다. 또한 범죄수사규칙 제5조 제2항에서도 "경찰관은 수사를 할 때에는 상사의 지시명령을 성실히 수행하고 경찰관 상호 협력하여야한다"고 규정하고 있다. 그러나 현재에도 공조수사가 유기적으로 된다고 할 수는 없을 것이다. 따라서 공조수사가 제대로 되기 위해서는 다각적인 노력이 이루어져야 할 것이다. 첫째, 공조수사의 의무가 프랑스나 일본처럼 형사소송법이나 경찰법에 규정되어야 할 것이다. 둘째, 공조수사 기여한 자에 대해서는 검거자와 동일하게 특진이나 포상이 이루어져야 할 것이다. 셋째, 사법경찰관리에 대한 근무평정시에 첩보의 제공 등 공조수사에 대한 배점이 이루어져야 할 것이다. 또한 공조수사의 중요성에 대한 지속적인 교육과 경찰관들의 의식개혁이 있어야 할 것이다.(양문승, 1997: 183)

Ⅴ. 결론 및 정책적 제언

2011년 형사소송법의 개정으로 경찰에게도 수사개시 · 진행권이 주어졌다. 한국경찰 창설 66년 만에 처음으로 독자적인 수사권을 가지게 되었다. 지난 여러 해 동안 검찰과 경찰의 지난한 신경전속에서도 앞이 보이지 않았던 형사소송법 개정이 작년 국회에서 전격적으로 통과되었던 것이다. 그러나 대통령령을 제정하면서 검찰의 지휘는 오히려 강화된 것으로 보인다. 이러한 과정에서 검찰은 기득권을 놓치지 않기 위해서 지난 6년 동안 한 번도 없었던 이송지휘라는 무리수를 두고 있다. 더군다나 법원의 토지관할과 수사기관의 관할은 엄연히 다른데도 불구하고 관할이 아니라는 이유로 이송 수사지휘를 한 것이다. 그것도 수사검사가 현직 경찰간부에게 폭언과 협박을 하고 사건축소수사를 지시하는 등으로 고소된 사건을 해당 검사가 근무하는 대구지역으로 이송하도록 지휘를 한 것이다. 이뿐만이 아니라 정치자금법위반 혐의로 전국적인 수사관할권을 가지고 있는 경찰청 지능범죄수사대에서 1년 가까이 수사하던 사건을, 더군다나 수사가 마무리 단계에 있고 영장신청만 남은 상태에서 경기지방경찰청이나 용인동부경찰서로 이송하라는 이송지휘를 한 것이다. 그런데 경찰청 지능범죄수사대에서는 용인동부서에서 수사하던 것을 수원지방검찰청의 지휘로 이송 받아 수사를 계속해오고 있었던 상황이었다. 그리고 이 사건은 원래 서울중앙지검에서 7개월여를 지휘하다가 느닷없이 관할권이 없다고 수원지방검찰청의 지휘를 받으라고 해서, 2개월여를 수원지방검찰청의 지휘를 받아 수사하고 있었던 상황이었다. 사실 법적으로도 맞지 않고 합리성이 없는 지휘이기도 하지만 지휘의 일관성도 결여된 수사지휘라고 생각할 수밖에 없을 것이다. 따라서 이 논문에서는 이러한 관할 외 수사를 이유로 한 이송지휘가 과연 타당한 가에 대해서, 관할 및 수사지휘권의 개념에 대해서 알아보고, 외국의 사례를 살펴보았다. 그리고 이번 사례에 대해서 구체적으로 분석하여 보았다. 그런데 주요 외국의 어느 나라도 타 관할에서 수사하는 경우에 검사에게 보고하는 나라는 없었다. 아울러 이송지휘를 하면서 근거로 제시한 관할은 법원의 재판관할로서 수사기관의 관할과는 전혀 상관이 없는 것이었다. 또한 검찰의 수사지휘권은 무제한적으로 행사될 수 있는 것이 아니고 독립적인 수사기관인 경찰을 존중하는 차원에서 행사되어야 할 것으로 생각된다. 또한 수사지휘권의 행사는 주체, 내용, 형식, 절차, 대상 등에 있어서 한계가 있다고 할 수 있을 것이다. 이번 사례을 분석해 본 결과 법적으로도 근거가 없고, 검찰 스스로가 폐지한 이송지휘를 한 것은 금반언의 원칙에도 어긋나는 지휘였다고 할 수 있을 것이다.

따라서 이러한 문제를 해결하기 위해서는 첫째, 형사소송법 제210조 관할 외 수사 시 보고하도록 되어있는 조문을 폐지하여야 할 것이다. 둘째, 검찰의 수사권의 범위에 대하여 형사소송법에 구체적으로 명문화해야 할 필요가 있다고 생각한다.

10 대전광역시의 범죄발생 특성과 지역 공동체내 예방시스템 구축

10. 대전광역시의 범죄발생 특성과 지역 공동체내 예방시스템 구축

I. 서 론

우리나라는 1960년대 이후 산업화와 도시화가 급속하게 진행되어 왔다. 경제적으로는 많이 윤택하여 졌지만, 급격한 도시화로 인한 과도한 인구집중은 주택문제, 교통문제, 환경문제, 교육문제 등 여러 가지 사회병리현상을 발생하게 하고 있다. 그중에서 국민의 안전을 위협하는 범죄가 급격하게 증가하여 심각한 사회문제로 대두되고 있다. 도시화로 인한 범죄의 증가 요인은 무수히 많지만, 도시 · 계획적 관점에서 보면 유대감의 약화, 익명성의 강화, 경제적 불평등의 강화, 범죄의 학습, 일탈지역의 탄생 등 5가지를 들 수 있다.[120)]이러한 도시범죄는 도시화로 새로운 인구가 유입되는 등 급격한 사회 변화를 겪는 지역에서 주민간의 연결망이 붕괴되기 때문이다. 즉, 사회구성원의 빈번한 교체는 지역사회의 유대와 결속을 약화시키며, 이로 인한 비공식적 사회 통제력의 약화는 범죄의 증가로 이어지는 것으로 해석할 수 있다. 따라서 무엇보다도 지역사회의 공동체의식을 가질 수 있는 다양한 치안 대책의 수립이 매우 중요하다고

할 수 있겠다.[121)]특히 사회전반에 걸쳐 심각한 문제로 대두되고 있는 범죄의 증가를 예방하기 위해서는, 종래와 같이 경찰력에만 기반을 둔 범죄예방활동으로는 많은 한계가 있다고 하겠다. 따라서 현대 산업사회의 특성을 고려하여 범죄유발요인을 억제하거나 범죄가 발생할 수 있는 지역적 특성을 사전에 파악하여, 범죄로부터 사전에 시민을 보호할 수 있는 효과적인 방법을 모색하는 것이 무엇보다도 중요하다고 할 수 있다. 이러한 사전예방활동을 통하여 지역사회에서의 시민의 관심과 협력활동을 이끌어 내며 궁극적으로 범죄에 대한 두려움을 줄이

---

120) 박성수, "구미시의 범죄발생 특성분석 및 대책", 「한국경찰연구」제14권 제2호, 2015. 여름, p. 96.
121) 박성수, "구미시의 범죄발생 특성분석 및 대책", 「한국경찰연구」제14권 제2호, 2015. 여름, p. 102.

고 범죄를 예방할 수 있을 것이라고 생각 한다[122]. 대전광역시의 범죄증가는 예전보다 도시의 규모가 커지고, 교통망의 발달로 인해 서울과의 거리가 좁혀짐으로써, 교통수단이 편리한 곳인 역과 지하철을 중심으로 범죄가 크게 늘어났기 때문인 것으로 보인다. 어느 지역에서나 그렇듯이 인구의 잦은 이동과 문화 및 교육, 상업시설이 많이 분포되어 있는 곳에는, 범죄가 많이 발생하기 때문이다. 대전시는 서구지역을 중심으로 많은 범죄가 발생하고 있음을 알 수 있는 바, 지하철이나 상가 중심지역의 인구이동이 많은 곳이나 유흥업소 밀집지역 등에 대한 범죄예방대책의 마련이 필요할 것이다. 범죄의 사전 예방을 위해서는 대전시의 범죄예측지도를 분석하여 범죄의 분포와 유형을 미리 예측하여 범죄가 발생하는 것을 통제하여야 할 것이다. 대전시의 경우, 중구의 선화동과 대흥동 일대에 유흥업소가 많이 분포되어 있다. 이런 지역은 폭력이나 절도 범죄가 낮보다는 밤에 일어날 수 있는 가능성이 크므로, 심야시간의 범죄에 대한 대책이 강구되어야 할 것이다.[123]

최근에는 합리적 형사정책 수립을 위해서 범죄가 사회계층별, 연령별, 성별, 지역별 또는 기타 범죄와 관련이 있는 사회적 제 변수별로 어떻게 분포되고 있는지 역학적인 연구가 진행되고 있다. 이에, 일반적인 사후진압적 범죄통제에 따른 범죄율이 공간적 차이를 보이는 점에 주목하여, 범죄취약지역에 대한 이해와 예측을 통한 심층적인 분석이 필요할 것이다. 범죄분포추세에 따라 그 사회가 직면하고 있는 범죄의 실태를 파악하고, 범죄에 대처하기 위한 예방 및 조치방법 마련과 원인규명을 통한 문제해결이 절실히 요구되고 있는 상황이다.[124] 따라서 본 연구에서는 광역도시범죄의 원인과 지역공동체 내에 범죄예방시스템에 대한 개념 정립과 광역도시범죄의 발생에 대한 이론적 배경을 살펴보고자 한다. 그리고 대전광역시의 특성 및 대전광역시 범죄의 특성에 대해서 알아보고, 그 원인을 규명해 보고자 한다. 아울러 대전광역시에 맞는 범죄예방시스템을 구축하기 위

---

122) 곽영길 · 오세연, "도시의 지역적 특징과 범죄와의 관계를 통한 범죄예방에 관한 연구", 「한국경찰연구」제7권 제2호, 2008. 여름, p. 66.
123) 곽영길 · 오세연, "도시의 지역적 특징과 범죄와의 관계를 통한 범죄예방에 관한 연구", 「한국경찰연구」제7권 제2호, 2008. 여름, p. 86.
124) 허준 · 이유나, "광역도시의 지역특성과 범죄율에 관한 연구", 「 사회과학논총 」제27권 제1호, 2012, p. 192.

한 방안을 제시해 보고자 한다.

II. 이론적 배경

1. 범죄의 원인

초기에는 주로 범죄의 원인을 범죄자의 개인적 자질과 속성이라는 개인적 요인에서 찾았으나, 지역과 계층에 따른 범죄유형의 다양성과 그 원인 제거에 있어 개인적 요인을 지향하는 이론만으로는 지역 간의 범죄율의 차이를 설명할 수 없는 한계 등으로, 1920년대 미국 시카고학파의 사회생태학적 연구를 시작으로 범죄자의 사회적 환경을 중심으로 다양한 연구가 진행되고 있다. 거시적 측면에서 Shaw & Mckay(1931)의 사회해체이론(Social Disorganization Theory)은 급격한 산업화와 도시화 등에 의해 제도적 지역사회에 기초한 통제의 붕괴로 범죄가 야기된다고 주장한다. 그들은 지역사회의 구조적 특성인 인종의 이질성, 인구이동, 빈곤이 지역의 사회적 통제능력을 약화시켜 범죄를 증대시킨다고 한다. 또한 이동(mobility)은 문화적 이질성과 가치갈등을 낳고, 친밀한 일차적 관계를 유지하기 어렵게 하기 때문에 내적 · 외적 사회통제를 감소시키고 일탈행동을 조장시킨다고 한다. 또한 지역사회에 실업률의 증가는 지역의 불이익을 증가시키고, 이는 지역사회에 대한 주민들의 관심을 감소시켜 범죄율에 영향을 미치는 요인으로 작용한다.

Cohen & Felson의 일상활동이론(Routin Active Theory)은 범죄발생과 관련된 지역의 사회구조적인 특성으로 지역의 경제적 수준, 주택형태, 가구구조와 같은 범죄목표물과 방어기제와 관련된 요인을 분석의 틀에 포함시킨다.[125] 따라서 실업률의 증가는 가계소비지출의 감소로 외부활동도 감소하여 길거리 범죄피해의 가능성도 감소할 것이며, 가정 내 활동의 증대와 감독기능의 강화로 절도범죄의 기회가능성이 감소할 것이라고 예측할 수 있다.[126]

---

125) 이현희, 「범죄발생률의 지역별 차이에 관한 연구 : 사회해체이론과 일상활동/기회이론의 통합모델을 적용하여」, 이화여자대학교 박사학위논문, p. 10.

126) 윤우석, "경제위 상황과 범죄발생의 관계검증", 한국공안행정학회, 2010.9, p. 162.

Merton(1938)의 아노미 · 긴장이론(Anomie Strain Theory)은 성공적 목표 달성을 위한 수단의 부재시 일탈적 수단이나 새로운 목표로 대체한다고 주장한다.[127]따라서 실업률이 증가하게 되면 불법적 수단을 통해 목표를 달성하려는 사람들이 증가할 것이므로 범죄의 증가가 예측된다고 한다.[128]

2. 지역적 특성과 범죄의 원인

가. 거대이론(Grand Theory)

근대화이론(Modernization Theory)에서는 사회가 근대화되고 문명화됨에 따라 산업화, 도시화되면서 급속한 사회적 변화는 전통적인 가치의 붕괴를 일으키며, 그룹과 계층들 간에 갈등과 사회적인 불평등을 유발하여 그 결과 범죄율이 증가하게 된다고 본다. 문명화이론(Civilization Theory)은 정부와 시민이 보다 더 인간화되고, 문명화됨에 따라 범죄율이 감소된다고 본다. 즉, 국가가 문명화나 근대화가 되어감에 따라 사람들은 그들의 욕망을 억제하는 방법을 배우고, 사회는 결과적으로 덜 폭력적으로 되어간다는 것이다. 기회이론(Opportunity Theory)은 사회의 구조와 제도, 문화 및 사회화의 과정이 변화함에 따라 범죄기회의 증가로 국가의 범죄율이 높아진다고 보는 견해이다. 세계시스템이론(World System Theory)은 자본주의의 팽창으로 힘이 약한 국가는 가난과 불평등, 불공정하다는 느낌이 증가되고 이는 곧 범죄의 증가로 이어진다는 것이다.

나. 구조이론(Structural Theory)

문화이론(Cultural Theory)은 한 사회 또는 사회 내에 존재하는 특정 집단들 간의 삶의 방식과 가치, 태도와 신념의 차이점으로 인해 범죄율에 차이가 발생한다고 본다. 긴장이론(Strain Theory)은 경제적 상황의 지위좌절을 범죄발생률 증가의 원인이라고 보는 이론이다. 사회해체이론(Social disorganization Theory)은 국가를 포함한 어떤 지역 내에서 구성원들 사이의 결속력이 붕괴됨으로써 범죄율이 증가된다고 보는 견해이다. 그리고 사회의 결속력을 파괴하는 요인으로는 가난, 이질성, 거주지 이동, 가족의 붕괴, 인구밀도의 증가 등을 들고 있다.[129]

---

127) 이윤호, 「현대사회와 범죄」, 다해, 2008, p. 270.
128) 윤우석, "경제위 상황과 범죄발생의 관계검증", 한국공안행정학회, 2010.9, p. 158.

3. 개념

먼저 도시란 1) 특정 지역에 인구가 대량으로 모여 거주인구 규모가 큰 곳이며 2) 생산양식이 근대화되어 1차 산업보다 2아, 3차, 4차 산업의 구성비가 큰 곳이다.3) 시민들이나 지역내 이익집단은 강한 이질성과 개별성을 띠며 4) 지역 내 활동은 세분화되고 전문화되어 있으며, 그러한 활동을 위한 기반시설이 충분히 갖추어져 있는 지역이라고 정의할 수 있을 것이다. 그리고 '지역공동체'라는 용어는 한 지역의 일정한 범위 안에서 지연에 따라 자연스럽게 이루어진 생활공동체를 말하는 것으로 '지역사회'와 같은 의미이다. '범죄'하는 용어는 '실정법에 위배되는 일체의 작위범죄 및 부작위범죄를 총칭하는 것'이라고 정리하였다. '예방'이라는 용어는 국내에서는 '인간의 본능과 욕구를 억제하는 것이고, 서양의 'prevention'은 욕구가 쌓여서 폭발하는 지경에 이르기 전에 미리 해소할 방도를 제공하는 것이다. 이 연구에서는 '예방'의 개념을 넓게 해석하여 양쪽을 모두 포함하는 것으로 정의하였다. '시스템'이라는 용어는 '지역공동체 차원에서 범죄예방을 목적으로 시행하고 있는 일체의 공식적 제도와 법령의 규정을 근거로 이루어지는 모든 범죄예방활동'을 일컫는 것으로 정의하였다.

Ⅲ. 대전광역시 범죄의 특성 및 원인

1. 대도시범죄의 발생원인

가. 인구집중

대도시는 대규모 인구의 도시집중현상으로 인구밀도가 크게 증가되었다. 이로 인하여 개인 간의 이질성, 익명성, 비인격성, 상대적 박탈감이 심화되면서 사람들은 범죄에 빠지게 되는 것이다. 즉, 도시의 성장은 범죄율의 증가와 비례하는 경향을 나타내고 있다.

129) 곽영길 · 오세연, "도시의 지역적 특징과 범죄와의 관계를 통한 범죄예방에 관한 연구", 「한국경찰연구」제7권 제2호, 2008. 여름, pp. 68~72.

나. 빈부격차

대도시의 각종 교육, 주택, 교통, 환경, 실업 등의 각종 문제는 범죄를 증가시키는 요소로 작용된다. 특히 빈부격차로 인한 기대수준의 변화와 좌절 속에서 범죄를 저지르도록 이끌리기 쉬운 강한 압력을 받게 되는 것이다.

다. 가치관의 충돌

도시인들은 도시화 현상에 따라서 가치관, 윤리의식에 혼란 및 갈등을 일으키기 쉽다. 그 결과 공동체의식보다는 개인주의적 사고방식이 지배하는 경향이 크기 때문에 상대적으로 범죄발생률이 증가하게 된다.

라. 이웃감시 시스템의 부재

도시화의 진전에 따른 핵가족 및 맞벌이 부부의 보편화로 위험변별력이 부족한 어린아이들이 납치, 유괴, 성폭행, 살인 등의 강력범죄에 노출될 수 있다.또한 이웃들의 상호감시와 보호막이 사라진 도시의 복잡성과 개인주의적 성격을 노리고 흉악범죄와 강력범죄가 증가하고 있는 것이다.

2. 대전광역시 범죄의 특성

가. 총범죄발생

- 2014년 전체범죄의 지역별 발생비를 살펴보면, 제주도가 인구 10만 명당 5,307.0건으로 가장 높았고, 그 다음은 광주광역시 4,823.0건, 부산광역시 4,203.7건 순 이었다. 반대로 발생비가 가장 낮은 지역은 충북으로 인구 10만 명당 3,195.1건 이었으며, 그 다음은 대전광역시 3,294.5건, 전북은 3,349.8건 등의 순이었다.
- 지난 10년 동안 인천광역시, 대전광역시와 강원도, 전라북도, 충청북도 등의 전체범죄 발생비는 감소하는 추세를 보이는 반면, 이외의 시도지역에서는 증가하는 추세를 보였다.

〈전체범죄의 지역별 발생비 추이(2005년~2014년)〉

지역	2005	2006	2007	2008	2009	2010	2011	2012	2013	2014
서울	3,737.3	3,681.2	3,782.4	4,111.7	4,227.7	3,614.0	3,763.0	3,764.9	3,874.2	3,853.8
부산	3,487.5	3,611.8	4,084.0	5,001.5	5,169.4	3,959.7	4,046.3	4,131.0	4,273.2	4,203.7
대구	4,001.8	3,722.0	4,108.4	4,571.8	4,255.6	4,085.8	4,142.4	4,191.0	4,119.4	4,149.9
인천	4207.7	4,416.4	4,250.2	4,376.0	4,352.6	3,521.1	3,421.0	3,664.4	3,744.9	3,578.2
광주	4,778.1	4,309.6	4,618.5	4,678.0	4,641.3	4,581.5	4,735.1	4,933.8	4,959.0	4,823.0
대전	3,757.8	3,312.2	3,634.2	3,718.2	3,869.1	3,572.7	3,372.4	3,166.9	3,348.7	3,294.5
울산	3,908.9	4,055.6	4,574.7	4,485.2	4,637.1	4,110.7	3,693.4	3,751.7	4,091.6	3,900.1
경기	3,471.1	3,401.5	3,626.3	4,531.7	4,183.4	3,307.4	3,429.3	3,500.4	3,583.6	3,584.6
강원	4,419.7	4,400.6	4,682.0	4,624.8	4,499.0	4,189.9	4,027.3	4,322.5	4,238.5	3,806.9
충북	4,035.3	3,714.9	4,288.2	4,436.7	4,177.7	3,836.5	3,380.5	3,245.6	3,299.2	3,195.2
충남	4,196.7	3,907.1	4,103.2	4,094.0	4,043.8	3,869.5	3,458.5	3,837.9	3,940.8	3,911.8
전북	3,671.5	3,633.9	3,577.8	3,838.8	3,971.8	38,34.8	3,703.2	3,892.4	3,787.6	3,349.8
전남	4,363.4	4,282.9	4,661.8	4,588.3	4,729.1	4,593.4	4,331.1	4,241.6	4,538.8	3,771.1
경북	3,767.1	3,698.4	4,025.0	4,371.4	4,301.5	4,037.7	3,664.6	3,745.9	3,922.1	3,536.5
경남	3,634.1	3,612.3	4,347.2	4,638.1	4,566.9	4,428.2	4,084.2	3,768.7	3,923.4	3,641.1
제주	4,926.2	4,757.8	4,627.6	5,544.8	4,909.7	4,976.1	4,892.9	4,983.6	5,975.0	5,307.0

출처 : 대검찰청 범죄백서

〈2014년 전체범죄의 지역별 발생비〉

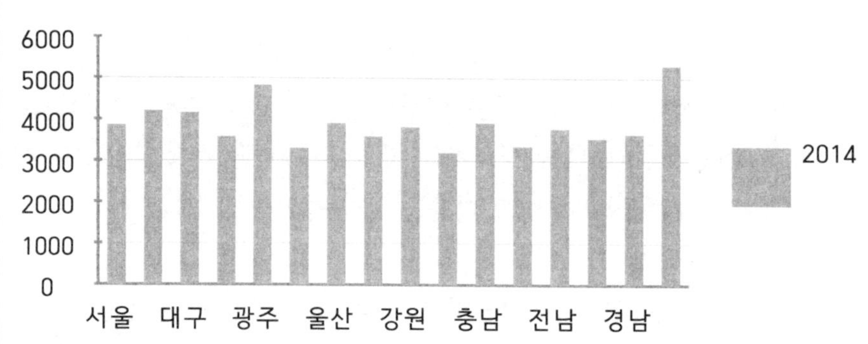

출처 : 대검찰청 범죄백서

나. 강력범죄

2013년에 발생한 강력범죄에 대하여 살펴보면, 서울 6,279건, 부산 2,193건, 대구 1,379건, 인천 1,532건, 광주 978건, 대전 810건, 울산 551건이 발생하였다. 강력사건에 있어서도 대전은 2번째로 적게 발생하였다.

지역	서울	부산	대구	인천	광주	대전	울산
발생건수	6,279	2,193	1,379	1,532	9,78	810	551

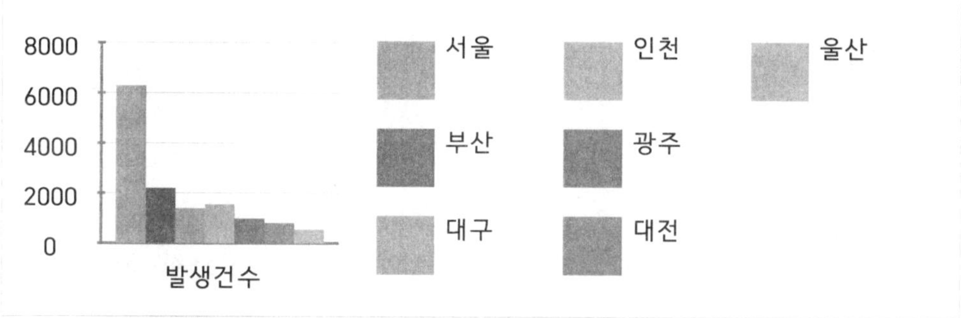

출처 : 경찰청 범죄백서

다. 절도범죄

2013년에 발생한 절도범죄에 대하여 살펴보면, 서울 61,585건, 부산 23,854건, 대구 17,465건, 인천 10,945건, 광주 12,432건, 대전 11,757건, 울산 6,648건이 발생하였다. 절도사건에 있어서는 대전은 3번째로 적게 발생하였다.

지역	서울	부산	대구	인천	광주	대전	울산
발생건수	61,585	23,854	17,465	10,945	12,432	11,757	6,648

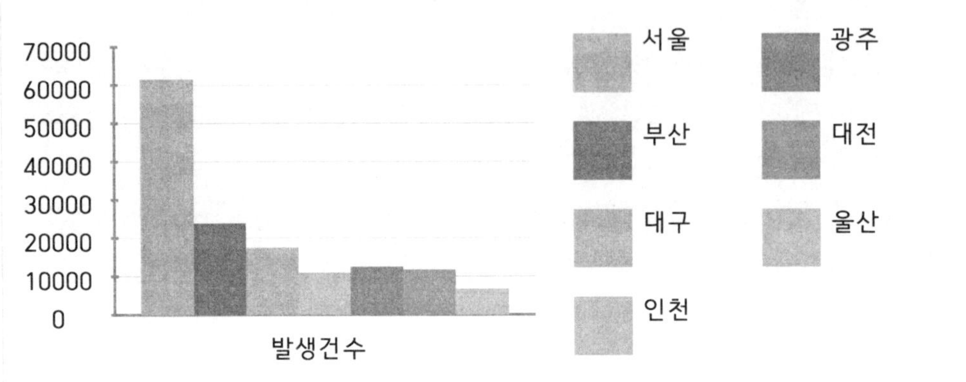

출처 : 경찰청 범죄백서

라. 폭력범죄

2013년에 발생한 폭력범죄에 대하여 살펴보면, 서울 65,457건, 부산 21,100건, 대구 14,212건, 인천 16,518건, 광주 10,224건, 대전 7,035건, 울산 7,711건이 발생하였다. 폭력사건에 있어서는 대전은 1번째로 적게 발생하였다.

지역	서울	부산	대구	인천	광주	대전	울산
발생건수	65,457	21,100	14,212	16,518	10,224	7,035	7,711

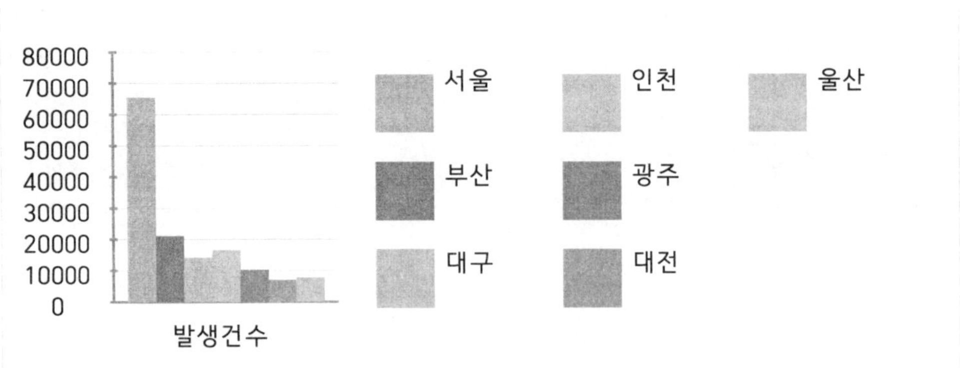

출처 : 경찰청 범죄백서

마. 교통범죄

2013년에 발생한 교통범죄에 대하여 살펴보면, 서울 86,858건, 부산 31,628건, 대구 35,426건, 인천 30,229건, 광주 26,216건, 대전 11,850건, 울산

13,941건이 발생하였다. 교통범죄에 있어서는 대전은 1번째로 적게 발생하였다.

지역	서울	부산	대구	인천	광주	대전	울산
발생건수	86,858	31,628	35,426	30,229	26,216	11,850	13,941

출처 : 경찰청 범죄백서

바. 교통사고 사망자

2013년에 발생한 교통사고 사망자에 대하여 살펴보면, 서울 371명, 부산 232명, 대구 157명, 인천 172명, 광주 110명, 대전 87명, 울산 119명이 발생하였다. 교통사고 사망자에 있어서는 대전은 1번째로 적게 발생하였다.

지역	서울	부산	대구	인천	광주	대전	울산
발생건수	371	232	157	172	110	87	119

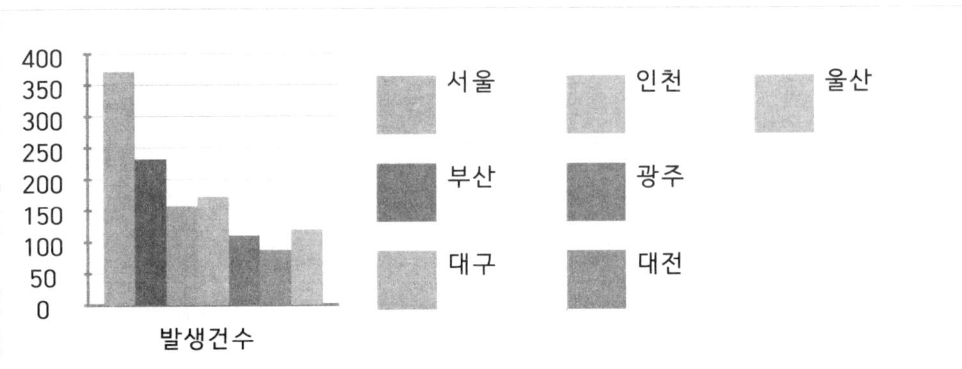

출처 : 경찰청 범죄백서

사. 분석

2013년도에 발생한 범죄에 대하여 분석해보았을 때에, 대부분의 범죄에 있어서 대전광역시는 7대 광역시 중에서 범죄가 가장 적게 또는 2번째로 적게 발생하는 것으로 분석되었다. 대전광역시가 다른 광역시에 비해서 상대적으로 범죄가 적게 발생하는 이유는 첫째, 인구의 유입이나 전출이 크지 않다는 것이다. 대전과 비교해서 최근 인구유입이 가장 큰 경기도의 경우에는 각종 범죄가 가장 많이 발생하고 있는 실정이다. 둘째, 유동인구가 많지 않다는 것이다. 대전은 KTX 본부가 있는 곳이고, 전국으로 갈 수 있는 교통의 요충지이지만 대부분 내리지 않고 지나치는 경우가 대부분이라는 점에서 유동인구가 많지 않다고 볼 수 있다. 또한 경부고속도로, 대전-통영고속도로, 호남고속도로 등 각 지역으로 갈 수 있는 도로망이 사통팔달로 잘 구성되어 있지만, 이 또한 지나갈 뿐 들렀다가 가지는 않기 때문에 유동인구가 많지 않다고 볼 수 있다.

아. 대전광역시 5대 범죄 발생 및 검거 현황

대전광역시에서의 살인, 강도, 강간, 절도, 폭력 등 5대 범죄는 2004년부터 2012년까지 지속적으로 증가하다가 2013년 급격하게 감소하였다. 그 이유는 폭력사건이 17,524건, 절도사건이 1,712, 강도사건이 606건, 살인사건이 55건이나 감소했기 때문이다. 그러나 강간·강제추행 등은 지속적으로 증가추세를 보이고 있는데다, 전년도에 비해 오히려 2,691건이나 증가하였다. 따라서 살인, 강도, 절도, 폭력 등은 감소하고 있지만, 성관련 범죄는 급격하게 증가하고 있는 것으로 분석된다. 따라서 성관련범죄의 예방 및 검거에 경찰력을 집중적으로 투입할 필요가 있을 것이다.

〈최근 10년간 5대 범죄 발생 및 검거 추이〉

구분		2004	2005	2006	2007	2008	2009	2010	2011	2012	2013
계	발생	455,640	487,690	489,305	521,890	544,527	590,366	585,637	617,910	624,956	607,750
	검거	363,369	354,121	354,034	386,212	407,451	485,406	415,704	383,538	382,248	384,560
살인	발생	1,083	1,061	1,073	11,11	1,109	1,374	1,251	1,204	984	929

구분		2004	2005	2006	2007	2008	2009	2010	2011	2012	2013
	검거	1,041	1,023	1,054	1,069	1,087	1,341	1,228	1,154	960	913
강도	발생	5,832	5,170	4,838	4,439	4,811	6,346	4,409	3,994	2,586	1,980
	검거	4,937	4,022	4,070	3,728	4,125	5,895	3,866	3,385	2,239	1,857
강간 · 강제 추행	발생	6,950	7,316	8,755	8,726	9,883	10,215	18,220	19,491	19,619	22,310
	검거	6,321	6,441	7,936	7,796	8,654	9,167	16,104	16,399	16,581	19,774
절도	발생	15,5311	18,8780	19,2670	212,458	223,216	256,590	269,410	281,359	290,055	288,343
	검거	80,555	80,725	82,456	102,779	113,658	177,771	145,968	112,849	106,060	118,578
폭력	발생	286,464	285,363	281,969	295,156	305,508	315,841	292,347	311,862	311,712	294,188
	검거	270,515	261,910	258,518	270,840	279,927	291,232	248,538	249,751	256,408	243,438

〈출처 : 대전지방경찰청 경찰통계자료〉

〈최근 3년간 5대 범죄 발생 및 검거 추이〉

구분		2011	2012	2013
계	발생	617,910	624,956	607,750
	검거	383,538	382,248	384,560
살인	발생	1,204	984	929
	검거	1,154	960	913
강도	발생	3,994	2,586	1,980
	검거	3,385	2,239	1,857
강간	발생	19,491	19,619	22,310
	검거	16,399	16,581	19,774
절도	발생	281,359	290,055	288,343
	검거	112,849	106,060	118,578
폭력	발생	311,862	311,712	294,188
	검거	249,751	256,408	243,438

〈출처 : 대전지방경찰청 경찰통계자료〉

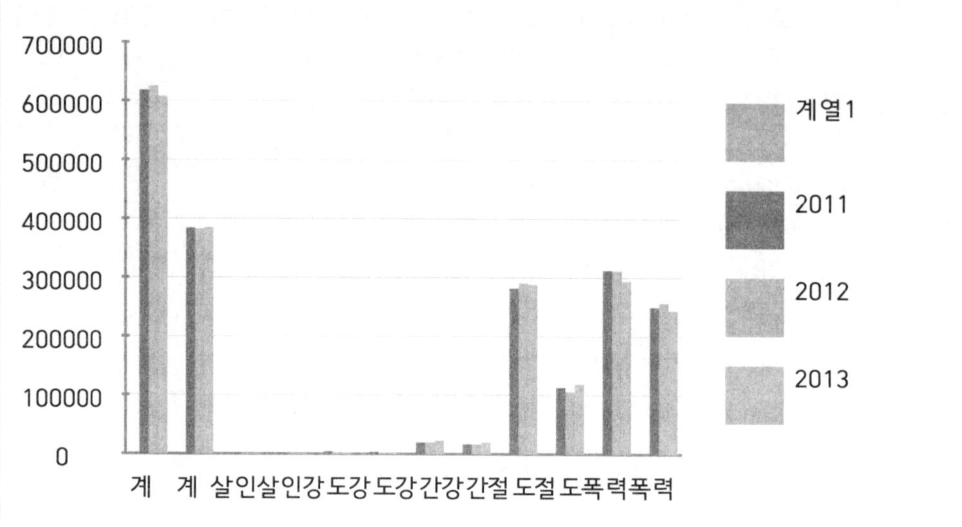

IV. 지역공동체 내 예방시스템 구축방안

1. 파트너십 강화를 위한 입법

지역사회에서 범죄와 무질서 문제를 효과적으로 대처하려면 유관기관들이 보유한 정보, 자원, 전문지식과 기술을 결집하여 통합적인 문제해결식 접근을 시도할 필요가 있다. 그동안 우리나라에서는 협력방범 파트너십의 입법화를 검토한 적이 없었다. 시청이나 구청과 같은 자치단체에서 경찰의 협조요청으로 자율방범대의 활동을 지원하기 위해 약간의 예산을 지원해 주거나 방범용 CCTV 설치와 운영을 위한 경찰과 지자체 간 파트너십 실무와 조례 제정 사례 정도가 있었을 뿐이다. 전통적으로는 기관 간 부처 간 배타주의나 이기주의 또는 부서간 협조부족 등으로 원활한 협력이 제대로 이루어지지 못하였다. 사회적으로 민감한 사안, 가령 언론의 관여, 인권 시비와 관련된 문제들에 봉착하면 기존의 원만하던 기관간의 협력마저도 무너지는 일들이 흔하게 생겼다. 그러므로 정식입법을 통해 유관기관에 협력의무를 부과함과 더불어서 협력을 위한 다양한 인력구조를 구비하면 이제까지 함께 일한 적이 없는 기관들과도 상호 정보교환 협정 등을 통해 유대와 협력을 강화할 수 있을 것이다. 학교폭력, 청소년 범죄, 주택가 절도,

각종 성폭력, 가정폭력 등 각급 국가기관이 연관된 문제들을 여러 관련기관이 함께 예방대책을 모색하는 접근방식이 필요하다고 할 것이다.130)

2. 지역치안협의회 운영개선

가. 지역치안협의회 구성 다양화

지역사회의 치안질서를 확립할 목적으로 설치되었기 때문에 지역치안협의회의 위원들은 법집행과 관련이 있거나 관심이 있는 기관·단체로 구성할 필요가 있다. 이러한 문제를 극복하기 위하여 위원 선정에 있어서 다음과 같은 개선이 필요하다.

첫째, 당연직 위원의 자격기준을 전향적으로 규정할 필요가 있다. 지역사회에서 법집행과 관련성이 큰 세무서장, 소방서장, 우체국장보다는 보건소장, 보호관찰소장과 같은 협의회의 목적과 관련성이 있는 기관의 장을 당연직 위원으로 규정하는 것이 옳을 것이다.

둘째, 위촉직 위원을 종교단체, 언론기관, 초·중·고교장 등으로 다변화 시킬 필요가 있다. 특히 가정폭력상담소, 한국성폭력상담소, 자살예방센타, 알코올상담센터, 청소년폭력예방재단, 마약퇴치본부, 범죄피해자지원센터 등 범죄 또는 치안분야와 관련이 있는 기관의 전문가들을 위원에 포함할 필요가 있다.

셋째, 청소년육성위원회, 아동위원협의회, 장애인복지위원회, 도시계획위원회, 교통안전대책위원회, 안전관리자문단, 학교폭력대책협의회, 생활안전협의회, 자율방범대 등 지역사회의 치안문제와 관련이 있는 단체의 전문가들을 위원으로 위촉할 필요가 있다.

넷째, 다원적이고 통합적인 예방시스템을 구성하려면 지방의회 의원, 이·통장협의회, 부녀회, 노인회 등의 참여가 필요한 측면도 있다.

나. 경찰책임자의 역할 강화

지역치안협의회 운영에 있어서 지방경찰청장 및 경찰서장의 적극적인 역할이 요구된다. 지방경찰청장이나 경찰서장 등 경찰기관장이 공동위원장 아니면 최소

---

130) 조병인, "지역공동체내 범죄예방시스템 구축방안 연구", 형사정책연구원, 2012.12, pp.14~15.

한 부위원장으로서 역할을 할 수 있도록 하여야 하며, 간사의 역할은 경무과장 등 경찰서의 과장급이 하도록 하는 것이 바람직하다.

다. 자치단체 내 유사기구의 통합

현행 법률에는 안전관리위원회, 민방위협의회, 교통안전심의위원회, 통합방위협의회 등 지역사회의 안전을 확립하기 위해서 경찰관서장을 포함한 지역 내 기관·단체장들의 협의기구가 많이 있다. 그러나 이들 협의체는 대부분 서면심의로 운영되고 있으며 운영실적도 미미하다. 네트워크 참여주체들의 이해관계 조정 및 합의도출 능력이 부족할 뿐 아니라, 사업추진에 필요한 재원도 부족하기 때문이다. 지역주민들의 안녕과 질서유지는 기관장의 짧은 임기 동안 몇 가지 시책으로 단기간에 이루어질 수 없으며, 장기간에 걸친 법집행기관의 노력과 지역사회의 공동노력에 의해 달성될 수 있는 것이다. 그러므로 관련법령의 정비를 통해 중복되는 협의기구들을 지역치안협의회로 통합할 필요가 있다. 그리하여 지역치안협의회가 명실상부한 지역사회의 중심적 기구로서 위상을 갖도록 하고, 그 산하에 재난안전분과, 민방위분과, 교통안전분과, 통합방위분과, 학교폭력예방분과, 피해자보호분과, 아동·청소년보호분과 등을 설치하는 것이 바람직하다고 생각된다.

라. 단일 자치단체 내 복수경찰관서간 협력

서울시 중구(중부경찰서, 남대문경찰서), 충청남도 천안시(서북경찰서, 동남경찰서)와 같이 1개의 시·구 관할구역에 2개 이상의 경찰서가 소재하는 경우는 지역치안협의회 운영이 부진한 측면이 많다. 한 개의 경찰서 관할 구역 내에 복수의 기초자치단체가 소재하는 경우도 같다. 자치단체와 경찰서의 관할구역이 1:1의 관계를 이루지 않을 경우에는 각 기관장간에 눈치를 보느라 지역치안협의회가 잘 운영되지 않고 있다.131)

그러므로 자치단체와 경찰서의 관할구역의 수가 다른 지역은 복수의 경찰관서

131) 조병인, "지역공동체내 범죄예방시스템 구축방안 연구", 형사정책연구원, 2012.12, pp.16~17.

끼리 의제설정 등을 미리 협력할 필요가 있다. 또한 간사역할을 하는 경찰서를 6개월씩 또는 격년으로 윤번제로 지정하는 등 지역치안협의회를 활성화시킬 수 있는 여러 가지 보완책이 필요하다. 이러한 문제를 조기에 개선하려면, 경찰관서 한 곳의 서장을 경무관으로 임명하여 경찰관서 및 자치단체 간의 조정 역할을 담당하도록 하려는 계획을 조기에 확대 시행할 필요가 있다.

마. 경찰의 지역치안협의회 예산 증액

경찰업무는 근본적으로 지역사회의 문제를 해결하는 것이기 때문에 지방자치단체의 업무와 중복되는 경우가 많다. 더구나 중앙단위에서 경찰의 예산확보는 쉽지 않기 때문에 경찰은 자치단체의 예산을 활용하여 치안문제를 해결하려고 하는 경향이 있다. 그러나 지역치안협의회를 경찰의 주관하에 운영하기 위해서는 최소한의 회의운영경비 정도는 국가의 예산으로 지원되어야 한다. 현재처럼 연간 30~40만 원 정도 지원되는 금액으로는 회의운영경비 조차도 자치단체의 손을 빌어야 하는 실정이다. 그러므로 지역치안협의회 운영에 필요한 경찰예산을 대폭적으로 늘릴 필요가 있다.

바. 지역치안협의회 관련 법률 보안

현재 지역치안협의회의 설치와 운영에 관한 조례를 제정한 자치단체는 3개 시·도, 13개 시·군·구에 불과하다. 그러나 안전관리위원회, 민방위협의회, 교통안전심의위원회, 통합방위협의회, 학교폭력대책위원회, 치안행정협의회 등 많은 협의기구들은 법률에 근거를 두고 전국의 모든 자치단체에 설치되어 있다. 따라서 경찰법이나 지방자치법에 관련 조문을 신설하여 법률에 근거를 두고 지역치안협의회를 구성할 수 있도록 하면 협의회의 운영을 지속화시킬 수 있고 예산확보도 용이할 것으로 예상된다.

3. 경찰-보호관찰 파트너십 확대

가. 전자발찌 대상자 정보 공유

보호관찰소와 경찰 간에 발찌부착자의 신상정보와 범죄정보를 공유함으로써 범죄예방 및 국민들의 불안을 해소하기 위해 발찌부착자의 신상정보를 경찰과 공유할 수 있도록 하는 것을 골자로 하는「위치추적법」의 제정을 서둘러야 할 것이다. 또 수사기관에서 사전에 압수·수색영장에 의해서만 전자장치 수신 자료를 열람·조회 하도록 되어 있어, 전자장치 발찌부착자가 범행을 한 경우에 신속한 검거 및 추가 범죄 방지에 어려움이 따를 수 있으므로, 긴급한 수사의 필요성이 있을 때에는 수신 자료를 열람·조회하고 사후에 법원의 허가를 받도록 하는 법안 개정도 서둘러야 할 것이다.

전자발찌제도 도입 이전에 성범죄를 저지른 전과자에게도 전자발찌를 채울 수 있도록 규정한 조항에 대하여 헌법재판소가 합헌 결정(2012.12.27.)을 내림으로써, 현행법상 전자발찌를 차야 하지만 소급적용 논란 때문에 대상에서 제외됐던 약 2,500명의 악성 성범죄자에게도 전자발찌를 채워야 되는 상황이 되었다. 이는「위치추적법」을 제정하고 경찰에게 수신자료 열람·조회를 허용할 필요성이 한층 더 커졌음을 의미하므로 새로운 법률의 제정 및 기존 법률을 정비하는 작업을 서둘러야 할 것이다.

나. 신상정보등록 대상자 정보 공유

성범죄자가 신상정보 등록시 제출한 신상정보가 사실인지 여부에 관하여, 등록대상자가 보호관찰 대상자일 경우에는 보호관찰소가, 보호관찰대상자가 아닌 경우에는 경찰관서가 이를 확인하도록 관련법을 서둘러 개정하여야 할 것이다. 신상정보 공개제도에 있어서 등록정보의 진위여부는 성폭력 사범에 대한 국가의 적극적인 범죄예방활동 외에 일반 국민들에게 자율적인 성폭력 예방장치를 제공한다는 제도의 취지상 매우 중요하다고 할 수 있으므로, 이에 대한 경찰과 보호관찰기관이 긴밀하게 협력하여야 할 것이다. 또한 신상정보로 등록된 정보는 등록대상자의 상세주소까지 포함하고 있어 유사범죄가 발생하였을 경우의 신속한 수사나 우범자의 동향을 파악하는 경찰의 범죄예방 활동에 있어서 매우 요긴한 자료라 할 수 있다. 그러므로 양 기관의 지속적인 정보공유를 통해 성폭력범죄자에 대한 신상정보공개제도가 그 취지에 부합하는 제도로 자리매김 할 수 있도록 경찰과 보호관찰기관 사이에 한층 더 공고한 협력관계가 필요하다고 할 것이다.[132)]

---

132) 조병인, "지역공동체내 범죄예방시스템 구축방안 연구", 형사정책연구원, 2012.12, pp.18~19.

다. 경찰-보호관찰관 합동순찰

청소년 성매매의 경우 야간외출금지를 특별준수사항으로 부과 받은 보호관찰 대상자의 신상정보를 경찰전산망과 연계되도록 함으로써, 유흥가 밀집지역, 호텔 등 숙박업소주변, 기타 우범지역을 순찰하는 경우 경찰관이 거동수상 청소년에 대한 불심검문을 통하여 준수사항위반을 손쉽게 적발할 수 있음은 물론 성매매를 보다 효과적으로 통제할 수 있다. 현재 우리의 경우 보호관찰기관이 별도의 순찰차량을 구비하지 못하고 있으며, 보호관찰 대상자의 위반사항을 발견하여 체포할 경우 보호관찰대상자가 저항할 때 대응할 수 있는 별도의 무기 소지가 어려우므로 경찰의 협력이 절대적으로 필요한 상황이다. 경찰 또한 한정된 인력과 장비로 급변하는 범죄양상에 대처하느라 많은 어려움을 겪고 있으므로 보다 효율적인 근무방식이 반드시 필요한 상황에 놓여 있다. 그러므로 경찰의 순찰차량에 보호관찰관이 주기적으로 동승하여 가두상의 보호관찰 대상자를 파악하고 감독하며, 보호관찰 대상자의 거주지를 방문하여 범죄성을 예측하는 방안을 적극 모색할 필요가 있다. 공동순찰이 효율적으로 시행되면 보호관찰대상자는 경찰의 감시와 추적을 의식하여 보호관찰 준수사항을 위반할 마음을 포기할 가능성이 높고, 재범을 저지르고 싶은 충동을 억제하는데도 도움이 될 개연성이 높다.

라. 학교폭력 근절을 위한 공조

2012년 2월 "학교폭력근절 종합대책"이 발표된 이후에도 지속적인 학교 내 폭력사건과 학생 피해자 자살 등이 발생하여, 온 나라가 심각한 사회문제를 안고 있는 상황이다. 학교와 경찰을 중심으로 한 폭력예방 교육, 일진(폭력서클) 검거 강화, 피해신고 확대, 엄정한 초기대응 및 학교폭력 전담경찰관 배치 등이 이루어졌으나, 아직도 가해자에 대한 획기적인 처벌·치료는 어렵기만 하고, 피해자의 2차 피해를 막을 방법이 매우 제한적이다. 학교폭력은 가해자, 피해자 모두가 미성년자라는 이유로 대다수의 폭력 가해자가 보호처분을 받고 다시 학교로 돌아올 가능성이 매우 크기 때문에 경찰-학교-지역사회 교정 파트너십을 활용한 예방활동이 가장 중요하다. 즉, 이미 범죄를 저지른 고위험군 청소년을 대상으로 한 보호관찰-경찰 파트너십 활동이 절실히 요구되는 상황인 것이다. 학교폭력을 막기 위해서 경찰 혼자 모든 학생을 조사·선도할 수 없고, 보호관찰관 혼자서

24시간 동안 가해학생을 지도·감독할 수도 없다. 즉, "보호관찰-경찰-학교"가 어떻게 협력하여 안전한 학교 환경을 함께 만들어 나갈 것인가가 학교폭력 근절의 관건이다. 유니폼을 입은 제복 경찰이 학교에 출현하여 범죄예방교육을 하는 것은 학생들에게 학교가 안전하다는 인식을 갖게 하는 데 큰 도움이 될 것이다. 학교폭력 신고체계 효율화와 신속한 경찰대응도 폭력문제를 해결하는 데 큰 도움이 된다. 그러나 여기서 더 중요한 문제는 경찰의 사건처리 결과가 공식적으로 "입건"또는 "불입건" 두 가지에 한정되고, 입건의 경우에도 많은 가해자가 소년법에 의거, 결국 피해자가 있었던 학교나 지역사회로 바로 돌아온다는 점이다. 막상 불입건 후 전환 프로그램을 통해 선도업무를 이행한다고 해도 결국은 보호관찰관이 사용하는 지역사회 자원과 중복된 서비스를 제공할 가능성이 매우 크다. 이에 가해 청소년이 보호관찰 등의 처분을 받아 학교로 돌아오면, 이전보다 더 심각한 학교폭력을 저지를 수 있다는 점에서 경찰과 보호관찰은 "고위험군 대상"중심의 협력 공조방안을 마련하여 학교폭력에 더 효과적으로 대처할 필요가 있다. 선도프로그램 운영 중에도 혹시 청소년시설 내에 보호관찰을 받고 있는 청소년 대상자가 있는지, 혹은 이미 보호관찰 전과가 있는 청소년인지 먼저 확인해봐야 할 것이다. 보호관찰관도 유사한 맥락에서 학교 외부인적 시각에서 사회복귀 및 교정활동에만 치중하여 소년보호관찰 업무를 한정시키지 말고, 학교 공간 속 다이내믹을 이해하는 적극적인 "학교폭력 예방" 및 "잠재적 피해자 보호"역할을 부각시켜야 한다. 경찰은 특히, 일부 학교폭력 청소년에게

내사종결 등의 불입건 결정을 내리는 경우, 가해학생이 이전에 다른 유사사건으로 보호관찰 처분을 받은 경험이 있는지, 혹은 다른 사건으로 현재 보호관찰을 받고 있지는 않는지, 세심히 조사하여 보호관찰-경찰 선도활동이 중첩되지 않도록 하여야 한다. 학교폭력대책의 핵심은 가해학생이 보호관찰을 받아 다시 학교나 사회로 돌아오게 되었을 때, 보호관찰관이 학교 및 경찰과 어떻게 협력하여 폭력을 저지른 학생을 집중적으로 지도, 감독하느냐에 달려있다. 당장 모든 학교에 전담경찰관 인력을 증원, 배치할 수 없는 상황이라면, 경찰은 현실적으로 학교폭력 행위로 보호관찰을 받고 있는 학생을 중심으로 "보호관찰-경찰 학교안전팀(가칭)을 구성하여 체계적으로 고위험군을 대상으로 한 파트너십 중심의 재범방지 활동에 주력할 필요가 있다.[133]

마. 가이드라인 마련

보호관찰-경찰 파트너십이 성공하기 위한 조건으로 업무상 명확한 가이드라인이 있어야 한다. 법적인 가이드라인은 보호관찰관과 경찰이 완전하게 업무를 수행할 수 있도록 업무의 테두리를 정함으로써 기관 간 연대 기능을 강화하는 역할을 한다. 보호관찰과 경찰이 협업함에 있어서 차이점이 발생하게 되는데 기관들의 기능이 겹칠 때, 더욱 기관간 협업의 어려움이 발생한다. 특히 조사는 업무특성상 이런 현상이 매우 자주 발생한다. 보호관찰관들은 보호관찰준수사항 위반을 조사하려고 하는 반면에 경찰은 새로운 범죄를 입증하려고 하기 때문이다. 그러므로 재범고위험군 범죄자를 효율적으로 관리하기 위해서 kics와 같은 매체를 활용하고 발전시켜 두 기관간 정보공유를 극대화함으로써 보호관찰-경찰파트너십의 중요한 모델을 개발할 필요가 있다. 영국의 MAPPA는 매우 좋은 벤치마킹의 모델이라고 할 것이다. 무엇보다도 특정범죄자에 대한 전자감독이 실시되면서 성폭력사범, 살인 또는 살인미수, 유괴 등에 있어서 전자감독을 시행하고 있고, 상습강도사범에 대해서도 추가적으로 전자감독 실시를 눈앞에 두고 있는 시점에서 경찰하고 보호관찰의 업무적 연대가 유기적으로 이루어져야 할 것이다. MAPPA와 같은 보호관찰-경찰 협의체 기구를 우리나라 형사사법 실정에 맞게 구성하여 도입함으로써 소년범죄자 및 재범 고위험군범죄자 특별관리, 대상자 선별 및 재범위험성 평가를 통한 정확한 대상자 분류, 실질적이고 구체적인 지도감독의 계획수립 및 방법 제시 등이 가능하리라 생각된다.

일본의 경찰-보호관찰 파트너십에 대한 연구결과는 다음과 같은 정책방향을 시사해준다.

첫째, 경찰과 보호관찰소간 파트너십의 성공을 위해서는 양 기관이 서로에게 기여할 수 있는 부분을 확인하여 공동목표를 설정해야 한다. 일본의 경우 경찰이 보호관찰소에 기여할 수 있는 부분으로 소재불명 보호관찰대상자 검거의 용이함이고, 보호관찰소가 경찰에 기여할 수 있는 부분은 지역사회 내 고위험범죄자의 정보를 획득할 수 있다는 점이다. 일본도 우리나라와 마찬가지로 이러한 과정이 생략된 채, 최고 의

---

133) 조병인, "지역공동체내 범죄예방시스템 구축방안 연구", 형사정책연구원, 2012.12, pp.20~21.

사결정기구인 내각의 결정으로 파트너십이 형성되었다. 우리나라도 일본과 마찬가지로 양 기관 파트너십의 기여점과 공동목표를 조직원들이 인식할 수 있도록 유도해야 한다. 즉 경찰과 보호관찰이 상호 상대방의 임무에 대한 이해도를 높이는 방안으로 상호 교육프로그램을 교류하는 방법이 제시될 수 있다.

둘째, 경찰과 보호관찰의 지속적인 파트너십을 발전시키기 위해서는 협의체가 조직되어야 한다. 일본은 미에켄과 같이 일선기관 간 필요에 의해 비상설적인 회의가 이루어지고 있으나, 정기적이고 공식적인 협력 장치가 없다. 따라서 일회적인 협력에 그치거나 기관장 또는 실무자의 교체로 인해 기존에 구축되었던 협력관계가 단절되는 문제점에 노출되어 있다. 이러한 문제는 우리나라에서도 종종 확인할 수 있다. 우리나라 보호관찰소가 타 형사사법기관과 공식적인 협의체를 구성하고 있는 것은 대법원 예규에 따라 법원과 연 2회 정기적으로 개최되고 있는 '보호관찰협의회'가 있다. 이와 같이 경찰과 보호관찰소는 공공의 안전을 확보한다는 기본목표를 공유하기 때문에 상설적인 협의체를 구성한다면 보다 원활한 파트너십이 형성될 수 있을 것이다.

셋째, 경찰과 보호관찰소 파트너십의 공고화를 위해서는 고위험 보호관찰대상자 정보 및 경찰활동 정보의 시스템적 정보교환과 정보범위의 확대가 필요하다.

최근 우리나라는 위치추적 보호관찰대상자의 재범방지를 위해 경찰과 보호관찰소 간 새로운 형태의 파트너십이 형성되어 가고 있는 과정인데, 이 파트너십의 핵심은 정보공유다. 따라서 형사사법처리절차의 전산화를 주 목적으로 하는 형사사법정보시스템(KICS) 이외에 경찰과 보호관찰소간 파트너십을 위한 정보시스템이 필요하다.

4. 경찰-민간경비 파트너십 확대

가. 협력에 필요한 인프라 구축

첫째, 책임자협의회 같은 기구를 설치하여 범죄예방활동의 효율성을 최대한도로 높일 필요가 있다. 이러한 협의체를 통해 범죄정보 교환, 특정 범죄에 대한 심층연구 등을 합동으로 실시하면 경찰과 민간경비 사이에 저절로 파트너십이 형성될 것이다.

둘째, 경찰과 민간경비의 업무협조와 상호조직에 대한 이해증진을 위하여 경찰 및 민간경비회사 양쪽에 전담책임자를 지명하고 파트너십 업무를 담당하게 할 필요가 있다.

셋째, 방범활동에 따른 상호간의 2중적 에너지 소비와 시간의 낭비를 막기 위하여 업무성격과 활동범위 그리고 업무수행의 절차문제 등에 대하여 사전에 업무분담과 역할기준을 설정해 줄 필요가 있다. 경찰과 민간경비의 한정된 인적·물적 자원을 효과적으로 사용해야 한다는 것이다.

넷째, 신속한 조치를 요하는 예방활동이나 비상사태 발생 시를 대비하여 경찰과민간경비회사 사이에 비상연락망이나 경보대책 등을 마련해두면 양자 사이의 파트너십 형성에 실질적인 도움이 되리라 본다.

다섯째, 국민의 방범의식 고취, 민간경비 상품의 종류나 민간경비업체의 추천 그리고 경찰방범활동의 중요사항들에 대한 교육과 홍보 등을 위하여 경찰과 민간경비업체 공동으로 경비자문서비스센터를 운용하는 방안도 고려해 볼 수 있을 법하다.

나. 교통유도경비 등 전문영역 확대

일본은 1972년 경비업법 제정시 교통유도경비를 경비업무로 지정하여 교통사고 사망자를 크게 줄이는 효과를 거뒀다. 물론 다양한 요인들이 복합적으로 작용하였지만 교통유도경비원들의 역할이 상당한 기여를 하였다. 2009년 12월 기준 일본경찰청 생활안전국에 등록된 경비업자 현황을 보면, 등록된 전체 경비업자 수 등록비율이 제일 높은 업무는 혼잡경비업무이고, 이 중에서도 교통유도경비가 34.9%(5,675개), 혼잡경비업무가 17.5%(2,854개)를 차지하고 있어, 교통유도경비가 가장 높은 점유율을 차지하고 있다.

우리나라의 경우 대도시에서의 출퇴근 시간 차량정체 현상이 상당히 심각하고, 이에 대응하기 위한 교통경찰인력도 턱없이 부족하여 경찰협력단체의 지원을 받고 있지만 교통유도업무를 하는 데에 여전히 많은 어려움을 겪고 있다. 그러므로 일본처럼 전문적인 교통유도경비를 경비업무의 전문분야로 지정하여 일상적인 교통체증 문제를 효율적으로 극복하는 방안을 적극적으로 모색해 볼 필요가 있다.

다. 민간경비 업종의 전문화

우리나라 전체 민간경비 활동분야를 보면 약80%정도는 인력 위주의 건물이나 아파트 경비 등의 시설경비이고, 그 이외는 신변보호 12.5%, 기계경비 3.5%, 특수경비 2.1%이다. 경비원의 평균연령은 49.6세이고, 연령분포를 보면 60대 이상이 전체 경비원 중 42.65%로 가장 큰 비중을 차지하고 있다. 그러므로 인력배치 위주의 건물경비 수준을 벗어나 다양한 전문영역으로 활동범위를 확장해 나갈 필요가 있다. 이와 더불어 민간경비 인력의 전문화가 요구된다. 경찰교육기관과의 협의를 통해 경찰과 일정기간 함께 훈련을 받도록 하는 것도 바람직한 방안이 될 수 있다.[134]

V. 결 론

현대 사회는 산업화, 도시화로 인하여 범죄가 급증하고 있지만, 경찰력은 한정되어 있는 상황이다. 따라서 보다 효율적으로 국민의 안전을 확보하기 위해서는 그 지역의 특성에 맞는 맞춤형 치안전략을 수립하여 시행할 필요가 있을 것이다. 사회에는 일정량의 범죄가 항상 존재하기는 하지만, 광역시의 특성에 따라 범죄의 양상이나 발생빈도에 차이가 있을 수밖에 없을 것이다. 따라서 지역별 특성에 따른 범죄의 원인을 규명하고, 그에 맞는 경찰활동이 이루어져야 할 것이다. 그러나 현대사회에 있어서 경찰활동의 핵심은 검거가 아니라 범죄가 발생하기 전에 미리 예방하는 것이 더욱더 중요한 것이라고 할 수 있다. 이러한 범죄의 예방은 경찰의 힘만으로는 절대 불가능한 것이다. 따라서 범죄의 예방을 위해서는 첫째, 시민들의 협력이 절대적으로 필요하다고 할 수 있다. 범죄가 발생한 후에 허둥지둥 검거한다고 해도, 그 범죄로 인한 피해를 회복하는 데는 한계가 있는 것이다. 사람의 생명을 잃는다든지, 강도에 의하여 신체에 상처를 입거나, 범죄로 인한 정신적·심리적 충격은 평생을 두고 트라우마로 작용할 수 있는 것이다. 따라서 범죄가 발생하기 전에 미리 예방하는 것이 중요하고, 그렇게 하기 위해서는

134) 조병인, "지역공동체내 범죄예방시스템 구축방안 연구", 형사정책연구원, 2012.12, pp.23~24.

평상시 주민들과의 협력 체제를 공고히 하여야 할 것이다. 범죄가 발생했을 때에도 주민들이 신속하게 신고를 해주어야 하고, 범죄를 예방하기 위해서도 주민들의 문제점들을 경찰과 주민들이 함께 풀어나가야 할 것이기 때문이다. 이러한 협력 체제를 갖추기 위해서는. 경찰의 행정을 주민들에게 공개하고, 경찰행정에 주민들을 참여시킬 수 있는 시스템을 구축하여야 할 것이다. 둘째, 정부의 각 기관간, 시민단체 간 협력시스템이 갖추어져야 할 것이다. 시민의 안전은 경찰의 힘만으로서는 완벽하게 보장할 수가 없다. 따라서 경찰, 행정기관, 보호관찰소, 학교 등 다양한 정부기관들이 상호 긴밀하게 협력해야 할 것이다. 그러나 정부기관들은 기관이기주의 때문에 원활한 협조체계를 구축하는데 한계가 있다. 따라서 정부기관들 간에 협력을 의무화하는 법령이 제정되어야 할 것이다. 법령에는 협력의무와 동시에 상호간 갈등이 발생하지 않도록 중복되는 업무의 경우 업무한계를 명확히 구분하여 줄 필요가 있을 것이다. 또한 이러한 협력이 원활하게 이루어 질 수 있도록 예산의 지원도 이루어져야 할 것이다. 아울러 법과 예산의 지원이 있다고 하더라도 정부 각 기관들은 자발적인 협력이 적극적으로 이루어질 수 있도록 구성원들의 의식개혁이 동반되어야 할 것이다. 셋째, 경찰과 민간경비분야의 협력이 필수불가결하다고 할 수 있을 것이다. 현재 시설경비, 기계경비 등 민간경비분야가 급격하게 증가하고 있는 실정이다. 과거와 같이 경찰과 민간경비와 별도로 움직일 것이 아니라, 상호 긴밀하게 협조하는 파트너십을 형성할 필요가 있을 것이다. 경찰과 민간경비업체에서는 협력 업무를 담당하는 사람을 별도로 지정하여, 지속적인 협력이 이루어질 수 있도록 하여야 할 것이다. 아울러 경찰에서는 협력을 강화하기 위해서 필요한 정보도 제공해주고, 교육도 실시하여 민간경비역량을 향상시킬 수 있는 노력을 경주하여야 할 것이다.

11 연쇄살인사건수사에 있어서 공간적 프로파일링

11. 연쇄살인사건수사에 있어서 공간적 프로파일링

Ⅰ. 서론

한국에서의 살인사건은 90년도에 606건(서울청, 2004: 12)이 발생하였고 98년에 963건(서울청, 2008: 12)이 발생한 이후 2001년 1051건(경찰청, 2002: 77), 2007년에는 1111건(경찰청, 2008: 114)이 발생하는 등 계속해서 증가하는 추세를 보이고 있다. 그중에서도 연쇄살인으로 인한 피해자수는 70년대 이후 지속적으로 증가하는 현상을 보이고 있다.

70년대에는 김 대두가 17명을 살해하는 등 2건에 21명이 살해되었고, 80년대에는 화성연쇄살인사건으로 11명이 살해된 것을 비롯하여 총 3건에 23명, 90년대에는 지존파가 5명, 정두영이 9명을 살해하는 등 총 7건에 34명(강지남, 2005: 44), 2000년대에는 유영철, 정남규, 강호순에 의하여 3건에 43명이 살해되었다.

이와 같이 살인사건 특히 연쇄살인사건이 급속하게 늘어나는 원인은 과연 무엇일까? 또한 연쇄살인의 동기는 무엇일까? 그리고 어떻게 하면 이러한 연쇄살인을 예방하고 신속하게 검거할 수 있을까에 대한 심각한 고민과 해결방안을 찾아내기 위한 노력이 절대적으로 필요하다고 생각한다.

일반적으로 살인의 동기에 대해서는 원한, 치정, 이욕 등으로 추정하는 경우가 많다. 그렇다면 연쇄살인의 동기는 과연 무엇일까?

70년대 대표적인 연쇄살인범 김 대두는 경찰에서 '무슨 짓을 해서라도 돈을 벌어 잘살아보겠다'는 결심이었다고 밝혔다(표창원, 2005: 103). 그러나 부산어린이 연쇄살인사건의 경우에는 4명을 강간 살해한 것이었다. 따라서 70년대의 연쇄살인의 동기는 돈과 성욕이었다고 볼 수 있겠다.

80년대의 화성부녀자연쇄살인사건은 부녀자 11명이 성폭행당한 뒤 살해되었다. 그리고 가정주부 김 선자가 청산가리를 넣은 음료수를 이용해 5명을 살해하였는데 그 이유는 빚 독촉에 시달리다 빚을 탕감 받고 금품을 빼앗기 위해서였다. 80년대의 연쇄살인의 동기 또한 성문제와 돈 때문이었다.

90년대에 지존파는 살인공장을 차려놓고 5명을 연쇄살해 하였다. 이들 일당 중 두목 김기환은 옥중에서 "고급 승용차를 탄 사람들을 납치해서 아지트로 데려온 후 고문하고, 몸값을 받아낸 다음 죽여라"고 지시하였다(표창원, 2005: 209). 또 다른 연쇄살인범 온보현은 전과 13범으로 택시를 훔쳐 38세인 자기 나이만큼의 여성을 살해하겠다고 마음먹고 범행을 시작하여 2명의 여성을 강간하고 살해하였다. 90년대의 연쇄살인의 동기도 돈과 성적인 욕구라고 할 수 있다.

2000년대 유 영철은 16건에 20명, 정남규는 9건에 13명, 강호순은 9건에 10명을 살해하였다. 유영철은 처음에는 부유층에 침입하여 금품에는 손을 대지 않고 사람만 살해하다가, 나중에는 출장마사지여성 등을 자기가 거주하는 원룸으로 유인하여 성관계후 살해하였다.

정남규는 전반부에는 노상 등 집밖에서 칼로 찔러 살해하였으나, 후반부에는 주택에 침입하여 성추행 후 둔기로 살해하고 방화하였다.

강호순은 처음 장모와 처를 방화 살인하고, 그 이후에는 노상에서 차로 유인하여 강간 후 살해하여 야산에 암매장하였다. 강호순의 연쇄살인 동기는 과도한 성적욕구 때문이라고 할 수 있겠다. 그러나 유영철의 경우 출장마사지여성 등은 성적욕구라 해도, 처음의 부유층살인은 부유층에 대한 뿌리 깊은 분노라고 할 수 있을 것이다.

정남규의 경우, 피해 여성들에 대하여 추행정도에 그치거나 성관계를 하지도 않고 살해하였다. 이것은 정상적인 성관계를 할 수 없는 관계로 여성에 대한 분노를 표출한 것으로 생각할 수 있다.

70년대에서 90년대까지는 연쇄살인의 동기가 성이나 돈을 강제로 뺏기 위한 것이었다면, 2000년대에 연쇄살인의 동기는 성이나 돈을 가진 자를 아예 없애버리기 위한 것이었다고 판단된다.

그렇다면 이러한 연쇄살인이 늘어나는 이유는 무엇일까? 정도의 차이는 있지만 경제적 불평등으로 인한 좌절과 성개방풍조로 인한 욕구불만이 가장 크다고 할 수 있을 것이다. 이에 대한 대책을 국가와 사회, 개인이 만들어 감으로써, 연쇄살인을 줄이고 나아가 예방할 수 있을 것이다. 그러나 모든 연쇄살인을 예방하지 못한다면, 발생했을 때 조금이라도 빨리 검거해야만 한사람의 생명이라도 더

살려낼 수 있을 것이다.

따라서 본 논문에서는 2000년대에 발생한 3가지 사건에 대해서 좀 더 빨리 검거하지 못한 원인을 찾아보고 그에 대한 대안을 제시해 보고자 한다.

일반적인 살인사건은 피해자와 관련된 살인동기를 가지고 있게 마련이다. 그러나 연쇄살인사건은 피해자와 관련되지 않은 오로지 연쇄살인범이 가지고 있는 범행동기와 관련이 있기 때문에 살인사건수사는 벽에 부딪치게 되고, 오히려 피해자 주변사람이 범인으로 몰릴 가능성이 많다.

이에 대한 수사방법으로 프로파일링기법이 도입되어 급속한 발전을 하고 있다. 그러나 현재까지는 범죄자에 대한 프로파일링내지는 심리학적인 프로파일링에 그치고 있어서, 실질적인 범인검거에는 보조적인 역할밖에 못하는 한계를 드러내고 있다. 따라서 실제 범인검거에 도움이 될 수 있도록 하기 위해서 범행 장소에 대한 공간적 프로파일링을 시도해 보고자 한다.

이 논문에서는 연쇄살인범에 대한 이론적 배경에 대해서 알아보고, 연쇄살인범들의 범행분석과 범행 장소에 대한 공간적 프로파일링을 통해서 효율적 수사방안을 도출해보고자 한다.

Ⅱ. 이론적 배경

1. 연쇄살인범의 정의

연쇄살인범의 정의에 대해서는 학자마다 살인 횟수, 범행간격, 수법의 동일성 여부, 범행의 동기 등에 따라 서로 다른 정의를 내린다.

먼저 외국의 경우, 미연방수사국(FBI)은 '범행 사이에 정서적 시간의 단절(심리적 냉각기, cooling-off period)을 두고 3명이상을 살해하며, 살해 자체가 범행의 목적인 경우'를 연쇄살인이라고 정의한다. 그리고 더글러스 등은 '연쇄살인이란 3곳 이상의 개별적 장소에서 각각의 개별적 사건이 발생하는 경우로 살인에 대한 공상과 환상을 가지고 범행을 준비하면서 특히 피해자를 살해하는 중에도 심리적 냉각기를 가지는 경우'라고 정의 한다(Douglas외, 1992: 21~22).

국내 학자들의 경우, 표창원은 '연쇄살인은 일반적으로 납득할 수 있는 살인의 동기나 계산 없이, 살인에 이르는 흥분 상태가 소멸될 정도의 시간적 공백을 두고 2회 이상 살인을 저지르는 행위다(표창원, 2005: 61)'라고 정의하고 있다.

그리고 이웅혁은 '연쇄살인범은 평상시의 대부분의 시간을 살인에 대한 공상, 계획, 준비, 실행, 회상 등에 사용하며, 사건 사이에 일정한 시기에서는 심리적 안정을 나타내어 살인행위를 중단하는 냉각기를 갖는 것을 특징으로 하고 있다. 보통 냉각기 후에는 도저히 억제할 수 없는 살인 충동에 다시 사로잡히게 되고, 환상과 범행의 수법은 계속하여 진화, 발달되는 것이다(이웅혁, 2006: 18~19)'라고 규정하였다.

또한 이승묵은 '오랜 기간 동안에 다수인을 살해하는 행위가 연쇄살인(이승묵, 2005: 344)'이라고 정의하고 있다.

이와 같이 연쇄살인에 대한 정의는 국내외 학자들 간에 약간씩 차이가 있다. 따라서 연쇄살인을 정의하는 몇 가지 쟁점들에 대해서 정리해 볼 필요가 있을 것이다.

첫째, 몇 건 이상의 살인사건이 발생해야 연쇄살인이라고 할 수 있을 것인가이다. 3건 이상일 경우에만 연쇄살인이라고 한다면, 3건 이상의 범죄를 저지르고도 증거가 없거나 자백을 하지 않아 2건만이 밝혀진 경우에도 단순 살인으로 볼 수밖에 없는 모순이 생길 수 있다.

둘째, 냉각기간의 정도이다. 과연 어느 정도의 기간이 경과해야 냉각기가 있다고 볼 수 있을 것인가 하는 문제이다. 유영철은 연쇄살인의 간격이 최단 2일부터 최장 3달 27일까지 다양하다. 정남규는 최단 1일부터 최장 8개월 2일까지, 강호순도 최단 1일부터 최장 1년 10월까지 간격이 다양하다. 그러면 1일이나 2일도 과연 심리적 냉각기라고 볼 수 있을 것인가 하는 것은 의문이 든다. 그렇다면 이러한 단기간의 범행은 연쇄살인에서 제외시킨다는 것 또한 모순이 있다.

셋째, 동일한 범행수법을 사용해야 연쇄살인이라고 할 수 있는가 하는 문제이다. 유영철은 처음에 주택에 침입하여 부유층을 살해하는 수법을 쓰다가 나중에는 여성들을 자기의 원룸으로 유인하여 살해하는 것으로 수법의 변화가 있었다. 정남규도 초기 노상에서 칼로 찔러서 살해하다가 나중에는 침입하여 파이프렌치 등 둔기를 사용하여 살해하는 것으로 수법의 변화가 있었다. 강호순은 최초 장모와 처를 방화 살인 하였으나, 중간에는 노래방도우미를 유인살해 하였고 그 후 버스정류장에서 차를 기다리는 부녀자를 호의 동승하여 살해하는 것으로 범행수법이 변화되었다. 그렇다면 범행수법이 변화된 이후의 범죄는 연쇄살인에서 제외시켜야 될 것이다. 이 또한 모순에 빠지게 된다.

따라서 여러 명의 생명을 앗아간 범죄를 몇 가지 항목에 어긋난다고 해서 연쇄살인사건이 아니라고 하는 것은 현실에 맞지 않는다고 할 것이다. 여러 생명을 차례로 빼앗았다는 사실 자체는 변하지 않기 때문이다.

그렇다면 연쇄살인을 어떻게 정의하는 것이 바람직할 것인가? 여기에 대해서는 연쇄살인의 의사, 준비행위, 실행행위의 세 가지 측면에서 살펴볼 필요가 있겠다.

첫째, 연쇄살인의 의사가 있었는가 하는 것이다. 예를 들어 100명을 죽이려고 했다든지, 나이숫자만큼 죽이려고 했다든지 하는 것이다. 유영철은 범행 후 자신의 모습에 대해 "난 사람을 죽일 때만큼은 동물이었다. 내가 악마로 보였고, 내 스스로 나를 섬뜩하게 느꼈다. 만약 안 잡혔으면 100명 이상을 살해했을 것이다"라고 진술하였다. 정남규는 검거 직후 면담과정에서 "연쇄범행을 하면서 부산까지 가려고 준비는 하고 있었지만 잡히는 바람에 못 갔다. 보라매공원 사건 이후 계속 범행충동을 느껴왔고 대상을 찾아 다녔다"고 진술하였다. 강호순은 범행동기를 묻는 질문에 대하여 "죽이고 싶어서 죽였고, 순간순간 드는 살인 충동을 참을 수 없었다. 성폭행 목적도 아니었고 돈이 필요한 것도 아니고, 딱히 뭐라 할 수 없지만 자신을 제어하지 못한 것 같다."라고 진술하였다. 결국 3명의 연쇄살인범들의 진술을 종합해보면 연쇄살인의 의사가 있었던 것으로 볼 수 있을 것이다.

둘째, 연쇄살인을 위한 준비행위가 있었는가 하는 것이다. 처음부터 또는 처음 살인행위를 저지르고 나서 이에 그치지 않고 계속 살인행위를 할 준비를 하고 있었는가이다. 유영철은 처음 부유층을 살해하기위해서 스스로 사용하기 쉽게 쇠망치를 제작하여 가방에 넣고 다니면서 연쇄살인을 하였고, 부녀자를 연쇄살인할 때도 망치, 칼, 톱 등을 물로 씻어서 계속 사용했다. 정남규는 처음 노상에서 부녀자를 연쇄살인 할 때에 사용한 레저용 칼과 부엌칼을 씻어서 자기 집에 보관하면서 계속 사용하였고, 나중 가정집에 침입하여 연쇄살인을 할 때에 사용했던 파이프렌치나 호일 복스대를 범행 장소 부근에 숨겨두었다가 계속해서 사용하였다. 강호순은 노래방도우미 또는 버스정류장 등에서 여자를 유인 · 강간 · 살해 후 자신의 차량에 미리 준비하고 있던 곡괭이로 구덩이를 파고 암매장하였는데, 이 곡괭이를 계속해서 사용하였다. 이와 같이 연쇄살인범 3명은 연쇄살인을 계속하기 위해서 준비를 하고 있었다고 할 수 있다.

셋째, 연쇄살인의 실행행위가 있었는가 하는 것이다. 실제로 이들은 여러 명의 사람들을 살해하였다. 유영철은 16건에 20명, 정남규는 9건에 13명, 강호순은 9건에 10명을 살해하였다. 따라서 연쇄살인의 의사를 가지고 그 준비행위를 하였으며, 그 실행행위가 있었다면 단 1건의 살인행위를 하였더라도 연쇄살인이 성립한다고 보아야 할 것이다. 즉 연쇄살인이란 연쇄살인의 의사를 가지고 준비행위를 해서 살인행위를 하는 것이라고 정의할 수 있겠다.

2. 연쇄살인범의 특징(로버트. D.헤어/조은경 · 황정하 역, 2005: 63~116)

유영철, 정남규, 강호순 3명의 연쇄살인범들은 전형적인 사이코패스(psychopath), 즉 반사회적 성격장애자들 이라는 것이다. 이러한 사이코패스들의 특징은 타인의 고통이나 슬픔을 잘 공감하지 못하고 잘못을 반성할 줄 모르며, 극도의 이기주의와 자기중심적 사고, 상황에 대한 과장된 영웅 심리를 가지고 있다(서미애, 2009: 395).

가. 감정과 대인관계

첫째, 달변이나 깊이가 없다는 것이다. 사이코패스는 둘러대기, 허풍, 과시 등의 경향이 있으며, 이러한 사실이 거짓으로 드러나도 전혀 개의치 않는다.

둘째, 자기중심적이다. 사이코패스는 어이없을 정도로 자기중심적이고 자신은 무엇이든 할 수 있다고 생각한다. 자신은 세계의 중심이며 자신만의 방식대로 살아도 무방한 특별한 인간이라고 생각한다.

셋째, 후회나 죄의식이 결여되어 있다. 사이코패스는 자신의 행동으로 인한 끔찍한 결과에 대해 놀라울 정도로 관심이 없다. 사건을 시종일관 직시하고도 아무런 죄책감이 들지 않는다고 태연하게 말하고, 자신으로 인해 고통당하거나 파멸에 이른 사람들에게 미안해하기는커녕 관심조차 없다.

넷째, 타인에 대한 공감능력이 부족하다는 것이다. 다른 사람의 정신 상태나 감정에 대해 머리만 이해할 뿐 그 사람의 입장이 되어 공감하지 못한다.

다섯째, 거짓말과 속임수에 능숙하다. 풍부한 상상력과 이기심으로 무장한 사이코패스는 거짓말이 들통 날 가능성이 있거나 밝혀진 다음에도 결코 당황하지 않는다. 그저 간단하게 말을 바꾸거나 사실을 재가공해서 거짓말에 모순이 없는 척 꾸며댄다. 결국 모순된 말들은 듣는 사람을 혼란에 빠뜨린다.

여섯째, 감정표현이 피상적이다. 사이코패스는 감수성이 부족해서 감정의 폭이나 깊이에 한계가 있다. 차갑고 냉정해 보이다가 갑자기 과격하게 변하거나 천박해지거나 감정을 마구 표현하기 일쑤이다.

나. 생활방식(사회일탈)

첫째, 행동이 충동적인 경향이 있다. 사이코패스는 어떤 행동의 옳고 그름을 비교 검토하거나 결과의 타당성 여부를 생각하지 않는다. “그냥 하고 싶어서 그랬다”는 것이 그들의 일반적인 대답이다.

둘째, 행동에 대한 제어능력이 부족하다. 사이코패스는 자신의 행동에 대한 통제력이 약해서 약간의 자극으로도 폭발한다. 사소한 일에도 부적절하게 화를 내거나 공격적인 태도를 취한다. 하지만 아무리 극단적인 감정폭발이라도 대개는 일시적이며, 금세 아무 일도 없다는 듯이 정상을 회복한다.

셋째, 극도의 자극을 추구한다. 사이코패스는 언제나 극도의 자극을 갈망하고 방탕하거나 스릴 넘치는 생활을 원한다. 이런 행동은 대부분 규칙에 어긋나는 것이다.

넷째, 자신의 일에 대하여 무책임한 경향이 있다. 사이코패스에게 책임과 의무란 아무 의미도 없다. 사이코패스의 무책임과 신뢰할 수 없는 행동은 생활 전반에 걸쳐 나타난다. 직장에서는 변덕스럽고 결근이 잦으며, 회사 자원을 오용하거나 사규를 위반하는 등 전반적으로 신뢰감을 주지 못한다.

다섯째, 어린 시절부터 문제행동을 하는 경우가 많다. 대부분의 사이코패스는 유년기부터 심각한 문제행동을 보이기 시작한다. 끊임없는 거짓말, 사기, 도둑질, 방화, 무단결석, 교실에서의 파괴적인 행동, 약물남용, 공공시설 파괴, 폭력, 급우 괴롭히기, 가출, 이른 성행위 등의 형태로 나타날 수 있다.

여섯째, 성인이 되어서도 계속적으로 반사회적인 행동을 한다. 사이코패스의 이기주의나 반사회적 행동은 놀라울 정도로 평생 계속된다. 사이코패스는 수많은 반사회적 행동으로 유죄판결을 받는다. 이들은 교도소에서 조차 눈에 띈다. 반사회적 위법행위가 다른 범법자보다 더 다양하고 빈번하기 때문이다.

3. 연쇄살인범의 유형

가. 유형(최응렬 · 성용은, 2006: 78)

연쇄살인범은 망상형, 사명감형, 쾌락형, 권력형의 네 가지 유형으로 나누어 볼 수 있다.(R. M. Holmes & S. T. Holmes, 2002: 110~115)

첫 번째는 망상형이다. 망상형은 환청이나 환각, 망상에 의해서 연쇄살인을 하는 경우이다. 예를 들어, '살인을 하라는 소리를 하늘로부터 들었다'든가 또는 '신의 계시가 있었다'고 하면서 연쇄살인을 정당화하는 경우 등이다.

두 번째는 사명감형이다. 사명감형은 자신의 기준이나 신념체계에 비추어 옳지 않은 일을 하는 집단이나 사람을 연쇄살인하는 경우이다. 예를 들어 사기꾼을 변호하여 돈을 버는 변호사는 없어져야 한다고 생각하여 살해한다거나, 구걸을 하거나 게으른 사람은 사라져야 한다고 생각하여 연쇄살인을 하는 경우 등이다.

세 번째는 쾌락형이다. 쾌락형은 살인을 함으로서 성적쾌락을 만족시키거나 스릴감을 느끼기 위해서 연쇄살인을 하는 경우이다. 예를 들어 목을 졸라 상대방이 죽어가는 모습을 보면서 성적만족을 느끼는 경우이다.

네 번째는 권력형이다. 권력형은 대상자의 삶과 죽음 자체를 통제할 수 있다는 정복감과 권력 욕구를 충족시키기 위해 연쇄살인을 하는 경우이다. 예를 들어 고문을 가하거나 성적으로 학대한 후 살해하는 경우 등이다.

나. 유영철, 정남규, 강호순의 유형분류

이웅혁은 유영철의 경우, 사명감형과 쾌락형, 권력형이 혼합된 혼합형으로 분류하였다(이웅혁, 2004: 21). 그 근거로 첫째, 부유층을 부정적인 집단으로, 출장안마사는 썩은 피와 같은 존재로 여겨 사명감을 가지고 살해했다는 것이다. 둘째, 범행준비, 증거인멸, 언론보도청취 등을 통해 쾌락을 느꼈다는 것이다. 셋째, 노인과 여성 등 약자를 대상으로 하고 피해자 수를 자랑했다는 점에서 권력형의 모습에도 해당된다고 보았다.

이수정은 유영철을 사명감형과 쾌락형중 욕망형에 속하는 연쇄살인범으로 분류하였다. 그 이유는 유영철이 매춘이나 병약한 노인을 범행대상으로 했고, 사체를 훼손하기도 하고 불을 지르기도 했기 때문이다. 그리고 정남규는 쾌락형 중에서 자극추구형으로 평가하였다. 강호순에 대해서는 쾌락형 중에서 욕망형으로 분류하였다. 그 이유는 사체를 훼손하기도 하고 불을 지르기도 했기 때문이다(이수정, 2009: 42).

사실 겉으로 드러난 것만으로 평가한다면 이웅혁과 이수정의 분류는 상당히 타당성이 있다고 본다. 그러나 먼저 유영철의 경우, 처음 부유층의 주택에 침입하여 연쇄살인을 자행할 당시에 노인을 살해하기 위해서 침입한 것이 아니고, 침입해보니 노인들이 있어서 살해한 것이다. 따라서 병약한 노인을 대상으로 범행을 했다는 것은 약간의 문제가 있다고 할 수 있겠다. 또한 출장마사지 여성들을 살해한 것은 쾌락을 얻기 위해서가 아니고, 이미 성관계를 가지고 나서 살해한 경우가 대부분이다. 쾌락형 연쇄살인이란 성관계를 가짐으로써 쾌락을 얻는 것이 아니라 살인을 함으로써 쾌락을 얻고자 하는 유형이라고 할 수 있다. 이러한 관점에서 유영철의 연쇄살인을 분석해보면 권력형 연쇄살인범으로 분류하는 것이 타당하다고 생각한다. 왜냐하면 유영철은 경제적 궁핍으로 인하여 처에게 강제이혼을 당했다고 생각했기 때문에 부유층에 대한 연쇄살인을 하게 되었다. 따라서 돈 많은 너희들이라 하여도 내가 마음대로 죽이고 살릴 수 있다고 생각했을 것이다. 또한 여성들에 대한 분노도 결국은 너희들이 나를 버렸지만 나는 너희들의 생사여탈권을 가지고 있다는 통제력 또는 권력욕을 느꼈을 것이다. 따라서 종합적으로 평가해 본다면 유영철은 권력형 연쇄살인범으로 보는 것이 타당하다고 생각한다.

정남규의 경우에는 초등학교, 고등학교, 군복무시 성폭행을 당했고, 살인행위를 저지를 때에도 정상적인 강간은 하지 못하고 구강에 의한 성교를 강요했을 뿐이다. 그렇다면 정상적인 성관계를 하지 못함으로 인해서 여성들에 대한 분노로 인하여 연쇄살인을 하게 되었다고 볼 수 있을 것이다. 따라서 정남규의 연쇄살인도 따지고 보면 여성들에 대한 생사를 자기가 결정할 수 있다고 생각했다는 점에서 권력형 연쇄살인범으로 분류하는 것이 타당하다고 하겠다.

강호순의 경우에도 살인을 함으로써 쾌락을 추구한 것이 아니라, 성관계 후에

살인을 했다는 점에서 쾌락형 연쇄살인범으로 보기에는 무리가 있다고 생각한다. 강호순의 경우에는 과도한 성욕구로 인하여 강간을 하고 증거를 인멸하기 위해서 연쇄살인을 했다고 생각된다. 따라서 강호순은 증거인멸형 연쇄살인범으로 새로운 분류를 하는 것은 어떨까 생각한다.

Ⅲ. 연쇄살인범의 범행분석

1. 유영철의 연쇄살인사건 분석

가. 범행개요(편집부, 2004: 15~16)

첫 번째는 2003년 9월 24일에 서울 강남구 신사동에서 숙대 명예교수인 이모씨(73세)와 부인 이모씨(68세)를 망치로 무참히 때려 살해하였다. 당시 방 안 장롱 패물함에 있는 귀금속과 현금 280만원은 손도 대지 않았다.

두 번째는 2003년 10월 9일에 서울 종로구 구기동에서 주차관리원 고모씨(61세)의 2층 단독주택에서 고씨의 어머니 강모씨(81.여) 등 일가족 3명을 둔기로 살해하였다. 당시 현장에서 용의자의 것으로 보이는 족적을 확보하였는데, 이는 유영철이 검거될 때 신고 있던 신발과 일치하였다.

세 번째는 2003년 10월 16일에 서울 강남구 삼성동 최모씨(71)의 단독주택에서 최씨의 부인 유모씨(69)를 둔기로 살해하였다. 유모씨가 머리를 둔기에 맞아 쓰러져 있는 것을 아들이 발견해 병원으로 옮겼지만 숨졌는데, 이때도 역시 금품에는 손을 대지 않고 노인을 둔기로 잔인하게 살해했다는 점에서 경찰은 이 사건 이후 연쇄살인 가능성에 수사력을 집중하게 되었다.

네 번째는 2003년 11월 18일에 서울 종로구 혜화동에서 김모씨(87)와 파출부 배모씨(53)를 둔기로 살해하고 방화하였다. 다섯 번째는 2004년 3월 15일에 서울 마포구 노고산동에 위치한 자신의 집에서 신촌 소재 전화방에 근무하는 권모씨(23, 여)를 살해하였다.

여섯 번째는 2004년 4월 14일에 황학동 도깨비 시장에서 경찰을 사칭하여 가짜 비아그라 등을 팔던 노점상 안모씨를 단속하겠다고 협박하여, 미리 준비한 수갑으로 채워 자신의 집 부근에서 살해한 후에 인천 월미도에서 방화 유기하였다.

일곱 번째는 2004년 7월 1일에 자기 집에서 출장마사지 여성 김모씨(25)를 둔기로 살해하였다. 여덟 번째는 2004년 7월 3일에 자기 집에서 출장마사지 여성 권모씨(25)를 둔기로 살해하였다. 아홉 번째는 2004년 7월 9일에 자기 집에서 출장마사지 여성 임모씨(25)를 둔기로 살해하였다.

그리고 유영철은 2004년 7월 13일에 자기 집에서 출장마사지 여성 고모씨(25)를 둔기로 살해하는 등 2004년 3월부터 모두 11명의 부녀자를 살해하여 마포구 봉원사 일대에 암매장하였다.

나. 범행분석

유영철은 총 16건에 20명을 연쇄살인 하였다. 초기에는 주로 낮 시간대에 부유층이 살고 있는 고급주택에 침입해서 망치를 사용하여 무차별적인 살인행각을 일삼았다. 그러나 후기에는 주로 밤 시간대에 출장마사지, 전화방에 근무하는 여성을 자기 집으로 유인하여 성관계후 살해하고 토막 내어 비닐봉지에 담아 심야시간대를 이용하여 거주지 부근 산에 암매장하였다. 유영철이 연쇄살인을 하게 된 원인은 경제적 궁핍과 믿었던 처에 대한 배신감 두 가지로 분석해 볼 수 있겠다.

첫째, 유영철의 어머니는 생활고 때문에 태어난 유영철을 죽여 버릴 생각까지 했다. 또한 유영철은 초등학교시절 한 번은 도시락 반찬으로 된장을 싸 가자 친구들에게 똥을 싸왔다고 놀림을 받은 적도 있을 정도였다(이은영, 2004: 132). 이러한 경제적 궁핍이 부유층에 대한 분노로 표출되어 부유층에 대한 연쇄살인을 하게 된 것이라고 생각할 수 있다.

둘째, 유영철의 전처 황씨는 가족이 빚 때문에 길거리에 나앉게 되자, 유영철의 제안으로 반 지하 전셋집에서 동거를 시작하게 된 것이었다. 그런데 유영철이 사창가에서 윤락여성을 강간한 혐의로 전주교도소에서 복역하고 있을 때 이혼을 당하게 된 것이다(이은영, 2004: 137~138). 따라서 이러한 분노가 여성에 대한 연쇄살인으로 이어진 것으로 분석된다.

2. 정남규의 연쇄살인사건 분석

가. 범행개요

첫 번째는 2004년 1월 14일에 부천시 원미구에서 초등생 2명을 부엌칼로 위협·납치하여 춘덕산으로 끌고 가서 구상성교 후 목을 졸라 살해하였다. 두 번째는 2004년 2월 6일에 동대문구 이문동 소재 골목길 노상에서 동대문 의류상가에 출근하는 피해자를 뒤따라가 옆구리를 5회 찔러 살해하였다. 세 번째는 2004년 2월 10일에 경기도 군포시 산본동에 소재한 교회 앞 노상에서 우유배달원인 피해자를 뒤따라가 피해자의 배, 가슴 부위를 4~5회 찔러 살해하였다.

네 번째는 2004년 4월 22일에 구로구 고척 2동 소재 빌라 2층에서 귀가중인 피해자를 뒤따라가 현관문을 열던 피해자의 복부, 대퇴부 등을 찔러 살해하였다. 다섯 번째는 2004년 5월 9일에 동작구 신대방동 보라매공원 남문에서 귀가중인 여대생을 뒤따라가 피해자의 등, 배, 하복부 등을 여러 차례 찔러 살해하였다. 여섯 번째는 2005년 5월 30일에 경기 군포시 산본동 소재 빌라 앞 노상에서 우유배달원인 피해자의 배, 목, 다리 등을 수차례 찔러 살해하였다.

일곱 번째는 2005년 10월 19일에 관악구 봉천 10동 소재 다세대 주택 지층에 침입하여, 가슴을 만지는 등 추행하다 잠에서 깬 피해자 1명을 호일복스대로 내려치고 목 졸라 살해하였다. 그리고 건넌방에 자고 있던 남동생도 둔기로 내리쳐 살해하고 종이와 옷에 불을 붙여 집안에 방화하였다. 여덟 번째는 2006년 1월 18일에 강북구 수유3동 소재 일반주택 2층에 침입하여, 건넌방에 자고 있던 피해자 1명을 구강성교 시킨 후 쇠몽둥이로 머리를 내리치고 목을 졸라 살해하였다. 그리고 옷가지와 종이에 불을 붙여 거실에 방화하여 안방과 작은방에 자고 있던 피해자 2명도 살해하였다. 아홉 번째는 2006년 3월 27일에 관악구 봉천 8동 소재 단독주택 2층에 침입하여, 방안에서 잠자고 있던 피해자들의 머리를 파이프렌치로 내리쳐 2명 살해하고 거실에 방화하였다.

나. 범행분석

정남규는 총 9건에 13명을 연쇄살인하고 19명에게 중상해를 입혔다. 정남규는 초기에 노상에서 여성을 상대로 레저용 칼이나 부엌칼을 휴대하고 다니면서 무차별적으로 살해하였다. 그러나 후기에는 심야나 새벽시간대에 주택가에 침입하여 부근에 숨겨놓은 파이프렌치나 호일복스대를 사용하여 머리 부분을 내리쳐 살해하고, 거실에 방화를 하여 잠자던 피해자들을 질식케 하여 살해하였다.

정남규는 10살 무렵에 동네 아저씨에게 산으로 끌려가 성추행을 당하였고, 고등학교 시절에도 버스운전수와 선배 자취생들로부터 성추행을 당하였다. 이로 인해 대인기피증세와 피해의식이 심해지면서 정상적인 가족관계나 교우관계를 형성하지 못하였고 여자를 사귀지도 못했다.

이러한 피해의식이 잠재해 있다가 여성에 대한 분노로 표출되어 여성을 무차별적으로 살해한 것으로 분석된다. 이것은 초등생납치사건이나 주택에 침입하여 살인을 자행할 때, 구강성교만을 강요했던 것에서도 확인된다 할 것이다.

3. 강호순의 연쇄살인사건 분석

가. 범행개요

첫 번째는 2005년 10월 30일에 안산시 상록구 본오동 소재 장모 집에 방화하여 장모와 처를 질식케 하여 살해하였다. 두 번째는 2006년 9월 7일에 강원도 정선읍 소재 애산교 부근에서 정선군청에 출근하는 피해자를 태워주겠다고 유인하여, 차량 내에서 강간하고 목을 졸라 살해 후 사체를 도로변에 유기하였다. 세 번째는 2006년 12월 14일에 군포시 산본동 소재 노래방에서 도우미로 나온 피해자에게 바닷가로 바람을 쐬러 가자고 유인하여, 화성시 비봉면 소재 국도에서 성관계를 맺은 후 목을 졸라 살해하였다.

네 번째는 2006년 12월 24일에 수원시 장안구 소재 노래방에 도우미로 나온 피해자에게 대부도로 가자며 유인하여, 성관계를 갖자고 속여 엎드리게 한 후 목을 졸라 살해하였다. 다섯 번째는 2007년 1월 3일에 화성시 신남동 소재 버스정류장에서 버스를 기다리는 피해자에게 행선지까지 태워주겠다고 유인하여, 차량 내에서 강간하고 목을 졸라 살해하였다. 여섯 번째는 2007년 1월 6일에 안양시 동안구에 소재한 노래방에 도우미로 나온 피해자에게 "사귀어 보자, 바닷가로 가자'라며 유인하여, 여러 차례 성관계 후 목을 졸라 살해하였다.

일곱 번째는 2007년 1월 7일에 수원시 권선구 소재 버스정류장에서 버스를 기다리고 있는 피해자에게 행선지까지 태워다 주겠다고 유인하여, 차량 내에서 피해자를 강간하려다 미수에 그치고 목을 졸라 살해하였다. 여덟 번째는 2008년

11월 9일에 피해자가 수원시 권선구 소재 버스정류장에서 버스를 기다리다 에쿠스 승용차를 타고 지나가는 강호순에게 안산까지 태워달라는 부탁을 하는 것을 기화로 차에 태워, 강간하려다 미수에 그치고 목을 졸라 살해하였다. 아홉 번째는 2008년 12월 19일에 군포시 부곡동 소재 군포보건소 앞 버스정류장에서 버스를 기다리던 피해자에게 같은 방향으로 간다고 속이고 차에 태워, 강간하려다 미수에 그치고 목을 졸라 살해하였다.

나. 범행분석

강호순은 총 9건에 10명을 연쇄살인 하였다. 강호순은 최초 경제적 곤란으로 인하여 네 번째 처와 장모를 방화 살인 하였다. 그리고 노래방 도우미를 유인하여 강간살해 하였고, 나중에는 수법을 바꿔 버스정류장에서 차를 기다리는 여성을 유인하여 강간살해 하였다. 강호순의 연쇄살인은 경제적인 문제와 과도한 성욕이라는 두 가지 특징을 가지고 있다.

첫째, 강호순은 2003년 경, 형으로부터 4,600여만 원을 빌려 시작한 마사지업소와 개사육의 실패로 인하여 3,000~4,000만원의 손해를 입었다. 이 때문에 생활비도 처의 수입에 의존하게 되면서 경제적으로 극도의 스트레스를 받자 이를 타개하기 위하여, 보험금을 노리고 장모와 처를 살해하였다고 볼 수 있겠다.

둘째, 강호순은 네 번이나 결혼을 했고 평상시 열두 명과 결혼하는 것이 목표라며 여성편력을 과시하였다. 또한 네 번째 처가 사망한 후에는 조선족 마사지사, 호프집여사장, 노점상 등 많은 여성과 지속적으로 성관계를 가졌다. 따라서 강호순은 과도한 성욕을 만족시키기 위해 피해자들을 강간하였고, 범행을 은폐하기위해서 연쇄살인을 한 것으로 분석된다.

4. 연쇄살인범에 대한 비교분석

3명의 연쇄살인범은 여러 사람을 연쇄적으로 살해했다는 공통점도 있지만 범행동기, 범행시기, 범행수법 등 여러 면에서 차이점이 있다. 연쇄살인범에 대해서 연구를 하는 이유는 이들의 공통점을 찾아내서 이러한 범죄를 예방하고 신속히 검거하기 위해서라고 할 수 있을 것이다. 이들 3명의 공통점을 살펴보면 다음과 같다.

첫째, 완전범죄를 노렸다는 것이다. 유영철은 부유층살해 당시, 살인사건이 아닌 강도사건으로 위장하기 위해 물건들을 흩뜨려 놓았다. 그리고 수건을 이용하여 족흔적을 제거하고 신발에 묻은 혈흔을 제거하기도 하였다. 또 출장마사지사 등 여성들을 살해하고 나서 바로 그 날 심야시간대에 주거지 근처 산에 암매장을 하였던 것이다. 또한 황학동 노점상 살인사건이나 혜화동 살인사건의 경우에는 방화를 하여 증거를 없애기도 하였다.

정남규는 검거되어 형기차에 승차할 때, 혼잣말로 “이제 완전 범죄는 끝났다”라고 말했다. 또한 정남규는 완전범죄를 위해 정액이 담긴 콘돔을 현장에 버리지 않고 집에까지 가져가서 물로 씻어서 버릴 정도였다. 정남규도 마찬가지로 주택에 침입한 경우에는 현장에 불을 질러 증거인멸을 기도하였다는 점에서 완전범죄를 꿈꾸었다고 볼 수 있겠다.

강호순은 완전범죄를 위해 자기와 안면이 있는 사람을 살해하지 않았다. 또한 자기의 범행이 드러나지 않도록 하기 위해서 자신과 관련성이 없는 사람들만을 범행대상으로 삼았다. 그리고 강간을 하고 나서는 반드시 피해자들을 살해하여 야산에 암매장하고 소지품은 불태워버렸다. 마찬가지로 자신의 범행이 의심받자, 마치 다른 사람이 불태운 것 같이 범행에 사용한 무쏘밴과 에쿠스차량을 유리를 깨고 방화하여 증거를 인멸하였다.

둘째, 언론보도이후 범행수법을 바꿨다는 것이다. 유영철은 부유층을 상대로 연쇄살인을 하다가 언론에 대대적인 연쇄살인가능성보도가 나간 이후에는 자신의 집으로 여성을 끌어들여 살해하였다. 정남규는 보라매공원살인사건이후 언론이 대대적인 보도를 하자, 노상연쇄살인에서 침입하여 살인을 하는 것으로 범행대상을 바꾸었다. 강호순은 노래방도우미나 버스정류장에서 유인하여 살해하다가 언론에서 연쇄범죄가능성의 보도가 나간 이후 거의 2년 동안 살인행각을 저지르지 않았다.

Ⅳ. 연쇄살인사건에 대한 공간적 프로파일링

1. 공간적 프로파일링의 필요성

지금까지와는 다른 범행동기를 가진 연쇄살인범에 의한 연쇄살인사건이 계속해서 발생하는데, 증거의 보고라고 하는 범행현장에는 범인을 잡을 수 있는 아무런 단서가 남아 있지 않다는 것이 가장 큰 문제이다. 따라서 기존의 수사방법에 대한 한계가 노출되자 이를 극복하기위한 새로운 수사기법으로 프로파일링이 도입되어 많은 발전이 이루어져 오고 있다. 그러나 지금까지는 범죄자에 대한 프로파일링에 그치고 있어서 프로파일링에 대한 필요성에 의문이 제기되고 있는 실정이다. 따라서 이에 대한 대안으로서 범행 장소에 대한 공간적 프로파일링을 시도해 볼 필요가 있을 것이다.

2. 범행 장소에 대한 공간적 프로파일링

가. 유영철사건

유영철이 연쇄살인을 한 장소에 대해서 분석을 해보면, 처음 강남구 신사동사건이 발생한 곳은 통행인이 적은 이면도로에 위치한 단독주택이다. 바로 뒤는 아파트가 위치하고 있고, 인근에 압구정역(3호선), 약간 떨어진 곳으로 논현역, 학동역, 강남구청역 위치하고 있다.

두 번째 구기동사건이 발생한 장소는 고급주택이 위치한 단독주택으로서, 인근에 불광역이 있고, 부근에 녹번역, 역촌역, 독바위역이 위치하고 있다.

세 번째 삼성동사건이 발생한 곳은 통행인이 많지 않은 단독주택으로서, 인근에 선릉역이 있고 부근에 학동, 논현, 청담, 역삼, 삼성역이 위치하고 있다. 네 번째 혜화동사건이 발생한 곳은 바로 옆에 한성대입구역이 있고, 부근에 혜화역과 성신여대입구역이 위치하고 있다. 황학동 도깨비시장 노점상이 있던 곳도 바로 옆에 신당역이 위치하고 있다.

그리고 유영철이 여성들을 유인하기 위해 만나기로 했던 장소는 신촌 다주쇼핑 앞, 신촌 현대백화점 앞·뒤, 신촌 그랜드마트 앞·뒤이다. 그런데 공교롭게 이들 장소와 유영철의 오피스텔은 모두 신촌전철역 바로 부근이라는 것이다. 실제로 유영철은 범행을 하기 위해 이동시 대부분 전철을 이용하였다. 신사동사건에서는 논현역에서 전철을 타고 도주하였으며, 구기동사건에서는 불광역에서 하차하여 사건현장으로 갔다. 유영철은 지하철이 가까운 위치에 있는 고급주택 중에서도 CCTV가 설치되어 있지 않고 경비원이 없는 집을 범행대상으로 삼았다.

나. 정남규사건

정남규가 연쇄살인을 한 장소에 대해서 분석을 해보면, 처음 부천남부에서 초등생 2명을 춘덕산으로 납치살해한 곳에는 바로 앞에 소사역이 있고 부근에 부천역, 역곡역이 위치하고 있다. 이문동 의류상가 종업원을 살해한 곳에는 바로 옆에 신이문역이 있고 인근에 외대앞역, 회기역이 위치하고 있다. 군포 우유배달원을 살해한 곳에는 바로 옆에 금정역이 있고, 인근에 산본역이 위치하고 있다. 고척동 여대생을 살해한 곳에는 바로 옆에 오류역이 있고, 인근에 개봉역, 온수역, 양천구청역이 있다. 보라매공원 남문에서 귀가하는 여대생을 살해한 곳에는 바로 옆에 신대방역, 보라매역이 있고, 인근에 구로디지털단지역, 신풍역이 있다. 군포산본동 우유배달원을 살해한 곳에는 바로 옆에 금정역이 있고, 인근에 명학역, 산본역이 위치하고 있다.

봉천 10동 남매를 살해한 곳에는 바로 옆에 서울대입구역이 있고, 인근에 봉천역, 낙성대역이 있다. 수유3동 3남매를 살해한 곳에는 바로 옆에 수유역이 있고, 인근에 미아역, 쌍문역, 미아삼거리역이 있다. 봉천 8동 세 자매를 살해한 곳에는 바로 옆에 봉천역이 있고, 인근에 서울대입구역, 신림역이 위치하고 있다.

또한 정남규의 거주지부근에는 부평역과 부개역, 부평시장역이 있다. 실제 정남규는 수유3동 살인사건의 경우에 부평역에서 마지막 전철을 타고 미아삼거리역에서 내려 버스를 갈아타고 쌍문역부근에서 내렸다. 그 후 공원 등을 배회하다가 새벽시간대에 열려진 문으로 들어가 범행을 하였다. 정남규 사건에 있어서 생각해야 될 점은 정남규는 대문이 열려있는 집만을 대상으로 하였다는 것이다. 대부분의 주택에 여러 세대가 거주하고 있기 때문에 문을 잘 잠그지 않는 경우가 많은데 이러한 집들이 범행대상이 되었다는 것이다.

또 한 가지는 정남규 자신이 거주하고 있는 주택과 유사한 집이 범행의 대상이 되었다는 점은 고려해 볼 필요가 있다.

다. 강호순사건

강호순의 연쇄살인은 크게 세 가지로 나눌 수 있다. 즉, 장모와 처 방화 살인과 노래방도우미 유인살해 그리고 차량호의동승 유인살해이다.

먼저 장모와 처를 방화 살인한 사건에 있어서는 이미 범인이 드러나 있는 상황이기 때문에 구태여 프로파일링이 필요 없다고 할 수 있을 것이다. 다만 방화 살인사건이 발생한 2005년 10월 30일은 날씨가 쌀쌀(섭씨 3.7도)하여 모기향을 피울 수 없었던 점, 보험사기전력이 있었던 점, 사건 10여일 전 2개의 보험에 가입한 점, 2년 동안 미뤄오던 혼인신고를 보험가입 다음날인 사건발생 5일 전에 한 점 등에 대한 심도 있는 수사가 이루어지지 못한 것은 아쉬움이 크다고 하겠다.

두 번째 노래방도우미를 유인하여 살해한 사건의 경우에도 공간적 프로파일링보다는 피해자주변에 대한 강도 높은 수사가 더 중요하다고 생각한다. 문제는 차량호의동승에 의한 살해사건에 대한 공간적 프로파일링이라고 할 수 있겠다. 그러나 여기에도 고려해야 할 아주 중요한 사실이 있다. 서울과 같은 대도시에서는 같은 방향이라 태워준다고 해도, 차량이 없으면 지하철 등 대중교통을 이용 하던가 빈번하게 왔다 갔다 하는 택시 또는 버스를 이용할 수 있다. 그러나 이러한 여건이 되지 않는 지역에서는 흔히 지나가는 차량에 동승하는 사례가 종종 있다는 것이다. 강호순은 바로 이러한 점을 악용하여 연쇄살인을 저지른 것이다. 따라서 강호순사건에 있어서는 버스정류장이 위치한 장소에 대해서만 공간적 프로파일링을 해보고자 한다. 회사원 박모씨가 납치된 화성시 신남동 버스정류장은 인근에 목장, 도정공장 등이 위치한 곳으로 인적이 드문 곳이다. 여대생 연모씨가 납치된 수원시 권선구 금곡동은 인근에 금곡저수지, 칠보중학교가 있지만 주택가와는 거리가 있기 때문에 왕래하는 사람이 많이 없는 지역이다. 주부 김모씨가 납치된 수원시 권선구 당수동은 인근에 서수원 IC, 경기 대명고등학교가 있지만 주택가와는 거리가 있는 곳이다. 대학생 안모씨가 납치된 군포시 부곡동 군포보건소 앞 정류장은 47번 국도변으로 안산과 군포를 이어주는 교통중심지이다. 이곳은 차량통행은 많으나 보건소 방문객이외는 인적이 드문 곳이다. 따라서 연쇄살인범 강호순이 노린 곳은 인적이 많지 않은 버스정류장이었다고 할 수 있다. 그런데 여기에 하나 더 고려할 점은 납치된 시점이 대부분 날씨가 쌀쌀한 시기라는 것이다. 버스정류장에서 납치사건이 난 시기는 11월, 12월, 1월 이었다. 강호순은 아마도 이러한 요인도 고려하였을 것이다.

3. 공간적 프로파일링의 활용

지금까지 살인사건과 같은 강력범죄의 수사는 피해자와의 연관성이나 범행 현장과의 연관성, 피해품 유무 등에 초점이 맞추어져 있었다. 그러나 연쇄살인사건에 있어서는 이러한 전통적 수사기법이 한계에 부딪치게 되었다. 이를 타개하기 위해서 범죄자 프로파일링이 이루어지고 있으나 실효성이 부족하다는 단점이 있다. 따라서 범죄현장에 대한 공간적 분석을 할 필요가 있다.

가. 지역적 특색의 고려

첫 번째, 먼저 범행시 지하철을 이동수단으로 사용했던 유영철과 정남규는 서울 등 대도시 지역에서 연쇄살인사건을 자행하였다. 또한 이들의 거주지도 서울과 부평이라는 대도시였다. 이러한 지역에서는 왕래하는 사람이 많기 때문에 쉽게 도주할 수 있는 지하철을 이용했을 것이라는 것이다. 따라서 범죄가 발생하고 더욱이 연쇄적으로 발생하거나 다른 증거를 찾기 힘들 때에는 당연히 범행시간대에 부근 지하철 CCTV에 대한 수사가 이루어졌어야 한다고 생각한다. 그리하면 연쇄사건이 일어난 장소간에 공통된 인물을 찾을 수 있었을 것이다.

두 번째, 강호순이 연쇄살인을 저지른 지역은 경기도에서도 인적이 많지 않은 버스정류장 등이었다. 이러한 지역에서는 버스가 자주 있는 것이 아니고 약속이 있는 등 바쁜 경우에는 지나가는 차량에 동승하는 일이 자주 일어난다는 것이다. 차량운전자가 먼저 제의하여 태우는 경우도 있고, 기다리던 사람이 급하니까 태워달라고 하는 경우도 종종 있는 일이다. 그렇다면 당연히 발생장소에서부터 예상이동경로에 대한 CCTV를 검색하여 발생시간대에 통과한 차량에 대한 수사가 이루어졌어야 하는 것이다. 이리하여 연쇄적으로 발생한 장소를 비교하여 공통된 차량을 찾아냈다면, 강호순은 좀 더 일찍 검거할 수 있었을 것이다.

나. 계절적 요인의 고려

강호순 사건에 있어서 한 가지 더 고려해야 될 사항은 범행이 계속 발생한 시점이 날씨가 추웠다는 것이다. 따라서 피해자들이 버스를 기다리기가 힘들기 때문에 강호순의 입장에서는 힘들이지 않고 피해자들을 태울 수 있었다는 것이다. 날씨가 따뜻했다면 버스가 오기를 조금 더 기다렸는지 범인을 의심해 볼 수도 있었을 것이다. 그러나 버스도 자주오지 않고 인적도 많지 않은데 날씨마저 추웠다면 차를 태워주겠다고 하면서 범죄를 저지르기에는 너무도 좋은 조건이었을 것이다.

다. 이동 동선의 파악

기존의 범죄수사는 피해자와의 관계, 범죄현장분석에 의한 수사단서 발견 등에 의하여 이루어졌다. 그러나 범죄자들이 범행현장에 지문 등의 증거를 남기지 않고, 심지어 범행시간대에는 핸드폰도 사용하지 않으며, 나아가 피해품도 없는 사건의 수사에 있어서는 범인의 예상도주로와 침입로상의 이동수단에 대한 수사가 가장 중요하다고 할 수 있겠다. 현대는 교통과 통신의 발달로 범죄가 과거와 같이 지역 내에서만 이루어지지 않고 있다는 점에서 범죄현장으로 접근하기 위한 또는 범죄현장에서 벗어나기 위한 이동수단에 대한 수사가 절실하다고 할 수 있겠다.

라. 범행시간에 대한 분석

이러한 범행현장과 이동수단에 대한 공간적수사가 이루어지기 위해서는 가장 기본적인 바탕이 되어야 할 것은 정확한 범행시간 추정이라고 할 수 있다. 물론 범행시간추정은 기존에 하던 대로 부검에 의한 사망시간추정, 현장주변에 대한 탐문 등을 통하여 가능할 것이다. 그러나 보다 세밀한 사건분석을 통하여 최대한 근접한 범행시간을 추정해 낼 필요가 있을 것이다. 지하철의 경우 범행시간대에 엄청난 수의 사람들이 출입을 하고 또한 범행시간대에 통과한 차량도 엄청나게 분량이 많을 것이기 때문이다.

V. 연쇄살인범에 대한 효율적 수사방안

살인사건 특히 연쇄살인사건이 발생하게 되면 경찰은 모든 수사기법을 동원해서 범인을 검거하고자 노력한다. 그러나 몇 년에 한 번 있을까 말까하는 엽기적인 사건이 발생하게 되면 당황하지 않을 수 없다. 따라서 유영철, 정남규, 강호순에 대한 경찰수사를 분석해보고 보다 효율적인 수사방안을 모색해 보는 것이 절대적으로 필요하다고 생각한다.

1. 경찰의 연쇄살인범수사에 대한 분석

가. 유영철사건 수사에 대한 분석

강남 신사동과 구기동, 삼성동, 혜화동에서 연쇄적으로 살인사건이 발생하자 서울청이 주관하여 수사에 착수하였다. 우선 금품과 패물을 그대로 두고 사람만 살해한 것으로 보아 원한 또는 증권, 양도성예금 등을 노린 범행으로 추정하였다.

따라서 우선 목격자를 찾기 위해 엄청난 탐문수사와 피해자 주변수사, 원한관계여부에 대하여 수사하였다. 아울러 통신수사, CCTV수사, 동일수법전과자, 최근 출소자 등에 대하여 강도 높은 수사를 실시하였다. 그러나 범인의 윤곽은 전혀 파악하지 못하였다.

그러던 중 최초로 혜화동 살인사건에서 용의자가 피해자의 점퍼를 절취하여 입고 범행현장 쪽에서 혜화동 로타리 방향으로 걸어가는 모습이 찍힌 CCTV화면을 확보하였다. 그러나 그 이후 경찰수사는 한걸음도 앞으로 나아가지 못하였다. 이러한 상황에서 출장마사지업소를 운영하는 민간인이 자기업소의 종업원이 계속 실종되는 것을 이상히 여기고 경찰에 제보하여 유영철을 검거하게 되었다.

수많은 경찰력이 동원되었으나 경찰의 수사에 의하여 범인을 검거한 것이 아니고 시민의 신고로 검거하게 된 것이다. 그런데 경찰은 유영철을 조사하던 중 유영철의 간질 발작 쇼에 속아 놓쳤다가 다시 검거하는 소동이 일어났다.(서울청, 2004: 17~63)

나. 정남규사건 수사에 대한 분석

정남규는 노상에서 여성을 레져용 칼이나 식칼을 사용해서 마구잡이로 찔러 살해하는 등 연쇄살인을 자행하고 있었다. 그러나 경찰은 12번째 보라매공원에서 여대생이 살해될 때까지 연쇄살인사건인지도 파악하지 못하였다.

그 이후 정남규는 수법을 바꿔 가정주택에 침입하여 살인행각을 이어갔다. 그러나 경찰에서는 이러한 범행이 노상에서 연쇄살인을 일삼던 정남규의 연쇄살인인지는 전혀 알지 못하고, 같은 경찰서에서 발생한 연쇄살인사건에 대해서 연관성이 없는 별개의 범죄로 보고 개별적인 수사를 진행하였다(서울청, 2009: 7~157).

여기에서도 뚜렷한 피해품이 확인되지 않고 범행수법이 잔인한 점 등으로 보아서 원한이나 치정에 관련된 범행이거나 정신이상자 등에 의한 범행으로 추정하였다. 이에 따라 평상시 하던 대로 현장주변 탐문수사, 피해자주변수사, 통신수사, 우범자수사 등의 수사를 진행할 뿐이었다. 그 결과 수유3동 삼남매 살인사건, 봉천8동 세 자매 살인사건의 경우에는 아버지가 주요 용의자가 되어 집중수사를 받았으며, 봉천10동 남매 강도살인 사건에 있어서는 직장 동료가 용의자로 몰려 집중수사를 받기도 하였다. 이러한 와중에서도 경찰에서는 범인에 대해서 전혀 단서도 찾지 못하고 있는 실정이었다.

그런데 영등포구 신길동에 침입하여 범행을 계속하던 연쇄살인범을 아버지와 아들, 처가 현장에서 검거하여 경찰에 인계하였다. 이렇게 어렵게 잡은 연쇄살인범을 경찰이 호송하려다 놓쳤다가 다시 검거하는 소동이 벌어졌다.

다. 강호순사건 수사에 대한 분석

처음 강호순이 장모와 처를 살해했을 때, 경찰은 강호순이 보험금을 노리고 방화 살인을 하였을 가능성이 많다는 의심을 하였다. 그리하여 여러 방면으로 수사를 하였음에도 불구하고 혐의를 밝히지 못하였다.

두 번째, 정선군청에 근무하는 여성을 유괴하여 살해했는데, 실종신고를 했을 것임에도 불구하고 살인사건임을 밝히지 못하였다.

이후 노래방에서 일하는 도우미들이 계속해서 실종되고, 버스정류장에서 버스를 기다리던 여성들이 연이어 실종되는데도 불구하고 연쇄살인이라는 것을 알지 못하였다.

그러나 군포여대생이 실종되고 피해자의 카드를 사용하는 범인이 CCTV에 찍

히면서 본격적인 수사에 착수하게 되었다. 이 사건에 대한 수사는 이전과 달리 신속히 수사에 착수하였다. 이번 수사에서는 초기에 피해자의 교통카드를 확인하여 피해자의 행적을 확인하였다는 점에서 시작이 좋았다. 다음에는 피해자와 피의자의 이동 동선을 따라 현장주변탐문과 CCTV, AVI 등 자료를 확보하였고, 주변 인물수사, 수색 등을 실시하였다. 또한 초기 수사과정에서 확보한 자료를 바탕으로 통과차량수사, 통신수사, 현금을 인출할 때 사용한 가발, 콘돔 구매자 수사, 우범자 수사 등 광범위한 수사를 전개하였다. 그 결과 용의차량을 선정하였고 영상판독팀이 부자유스러운 우측 팔, 우측하단을 응시하며 운행하는 것이 의심이 간다고 분석해냈다. 물론 압수수색영장이 발부되기 전에 용의자를 접촉함으로 인해서 범행에 사용한 차량을 불태워 버린 점에 있어서는 아쉬움이 남는다(경기청, 2009: 36~86). 그러나 강호순을 검거함으로써 경기 서남부 연쇄실종사건을 일거에 모두 해결할 수 있었다는 점에서 경찰수사능력을 한 차원 높이 올려놓았다고 보아야 할 것이다.

여기에서 중요한 것은 피해자주변수사나 탐문수사에 그치지 않고 범인의 이동 동선을 파악하였고, 이동 동선 부근의 CCTV에서 범인을 찾아낼 수 있었다는 것이다. 이것이 바로 공간적 프로파일링에 의한 연쇄살인범의 검거기법인 것이다.

2. 경찰의 연쇄살인범수사의 문제점

경찰의 연쇄살인범수사에서 드러난 문제점은 세 가지 정도로 요약해 볼 수 있을 것이다.

첫째, 사건분석시스템의 부재이다. 피해품이 없고 피해자와의 연관성이 없으며 현장에 증거가 전혀 없을 때, 과연 어떻게 수사할 것인가 하는 것이다. 과거와 같이 무작정 수사를 한다든가, 현장감식만이 과학수사의 모든 것으로 생각하는데, 막상 아무런 증거가 나오지 않을 때라도 사건을 면밀히 분석하고, 연관된 사건을 찾아내서 수사의 단서를 찾을 수 있는 사건분석시스템이 갖추어져 있지 않다는 것이다.

둘째, 공조수사의 부재이다. 물론 20명을 살해한 연쇄살인범인지 몰랐을 수도 있다. 그렇지만 출장마사지 여성 여러 명이 실종된 사건의 범인에 대한 제보를 받고도 형사 혼자서 검거에 나섰다는 것은 어불성설이다. 또한 유사한 사건이 여러 지역에서 연이어 발생하는데도 불구하고 경찰서간에 공조수사가 이루어지지 않는다는 것은 많은 문제점이 발생할 수 있고, 그 피해는 고스란히 국민들에게 돌아갈 수밖에 없을 것이다. 더욱이 한 경찰서 내에서도 서로 다른 형사팀에서 수사가 이루어진다고 해서 동일범에 의한 연쇄살인사건인지도 모른다는 것은 말이 안 된다.

셋째, 실종사건에 대한 처리가 너무 안이하다는 것이다. 강호순사건에 대한 수사는 정말 훌륭했다고 평가할 수 있다. 하지만 노래방도우미나 평범한 여성이 버스를 타려고 기다리다가 실종되었다면, 반드시 범죄로 인한 피해를 입은 것으로 생각하고 신속하게 강도 높은 초동수사가 이루어졌어야 한다고 생각한다.

3. 효율적 수사방안

연쇄살인범이 다시 발생하지 않기를 간절히 바라지만. 바람대로 되지 않을 경우를 대비하여 몇 가지 제안을 하고자 한다.

가. 공간적 프로파일링의 활용

지금까지는 수사가 범죄현장을 위주로 하여 현장 감식에 의한 수사단서 및 증거확보, 현장주변 탐문수사에 의한 목격자확보, 피해자 주변수사를 통한 관련성 확인 등에 의하여 이루어져 왔다고 할 수 있다.

그러나 수사가 한 단계 더 발전하기 위해서는 범죄현장 뿐만이 아니라, 현장으로 들어오고 나갈 수 있는 지역까지 확대해서 수사를 하여야 할 것이다. 따라서 축구에서 운동장을 넓게 쓴다는 말과 같이 범인의 이동 동선을 보다 폭 넓게 파악하고 이동수단에도 주목할 필요가 있다. 과거와 같이 관할 내에서만 용의자를 찾으려고 해서는 어려울 것이다. 요사이는 연쇄살인범들도 언론보도를 통하여 경찰의 관할, 수사방향을 파악하고 범행대상, 범행도구, 범행수법도 변화시키고 있다. 경찰의 입장에서가 아니라 범인의 입장에서 어떻게 할 것인가를 생각해 볼 필요가 있다.

간단히 예를 들어 보면, 연립주택의 한집에 절도나 강도범이 들었다면 그 집에 대해서만 감식을 할 것이 아니라 나머지 집들에 대해서도 감식을 한다면 훨씬 더 많은 범인을 검거할 수 있을 것이다. 범인은 그 집에 들어오기 전에 다른 집들도

문을 열어 보았을 것이고, 들어가지 않은 집에는 지문을 지우지 않았겠지만 범행을 한 집에는 지문을 지우고 장갑을 끼고 들어갔을 것이기 때문이다. 범인의 이동 동선을 파악해야 하는 이유가 여기에 있다.

나. 유전자은행의 설치

유전자가 일치할 확률은 10억분의 1정도라고 한다. 따라서 범인을 가장 정확하게 특정할 수 있는 기법은 유전자를 대조하는 것이다. 요사이 범인들이면 당연히 장갑을 끼고 범죄를 하는 것은 이제 상식이고, 범죄를 하는 동안이나 인접한 시간에는 핸드폰도 사용하지 않는다. 또한 증거가 없으면 절대 범행을 시인하지 않는 것이 현실이다. 가혹행위는 꿈도 꾸지 못하는 실정이다. 그렇다면 날로 늘어만 가는 범죄에 대처하기 위해서는 반드시 유전자은행이 만들어져야 한다고 생각한다.

다. CCTV의 증설

강호순의 검거에도 최근 새로 설치한 CCTV가 결정적인 역할을 하였다. 범인들이 지하철을 이용하고 버스정류장에서 유괴·살해하는 수법을 사용하였다. 범죄는 학습되고 진화하는 것이기 때문에 이러한 수법은 앞으로도 사용될 것이라고 생각한다.

따라서 지하철 승강장위주로 설치된 CCTV를 개찰구에도 양방향 모두 설치해야할 필요가 있다고 생각한다. 또한 인적이 많지 않은 버스정류장에도 시급히 CCTV를 설치해야 할 것이다.

라. 광역수사대의 개편

현재 경찰의 수사시스템은 관할 구역위주로 되어 있기 때문에 연쇄살인과 같은 강력범죄가 발생하면 적절히 대처하지 못하는 폐단이 있다. 또한 강력사건수사가 몰두하다보면 정상적인 업무처리가 되지 않아 민원이 야기될 소지가 다분하다.

따라서 살인사건과 같은 중요사건이 발생하면 초동조치는 해당 경찰서에서 하되 수사는 광역수사대에서 전담할 수 있는 시스템을 갖출 필요가 있다고 생각한다. 이러한 관점에서 광역수사대에 연쇄살인, 납치 등의 중요범죄 발생시에 범죄분석을 전문적으로 할 수 있는 체제를 갖추어 나가야 할 것이다.

그리고 광역수사대에서 모두 처리하는 것이 곤란하다면, 5~6개 경찰서를 관할하는 광역수사대를 구역별로 설치할 필요도 있다고 생각한다.

마. 공조수사시스템의 구축

범죄는 특정한 지역에서만 발생하는 것이 아니다. 또한 범인들이 한 지역에서만 범죄를 저지르지 않고 여러 지역에서 범죄를 하는 경우가 많다. 따라서 범죄에 보다 효과적으로 대처하기 위해서는 형사 개인간, 부서간, 기관간에 능동적으로 공조수사가 이루어질 수 있는 시스템을 구축해야 할 것이다.

예를 들어 표창이든 특진이든 간에 공조수사를 하는 것이 더 유리하도록 제도를 갖추어야 보다 더 효율적인 수사가 이루어질 것이다.

Ⅵ. 결론

현대사회에 들어오면서 우리나라에서는 연쇄살인이나 무동기범죄와 같은 전혀 예측할 수 없는 범죄가 급속도로 증가하고 있다. 특히 반사회적 인격장애자들에 의한 범죄는 많은 국민들을 공포에 떨게 만들기도 한다. 자기 자신이 착하게 살고 남에게 잘하면 해를 입지 않는다는 믿음이 있어야 하는데, 반사회적 인격장애자들은 이러한 믿음을 산산조각으로 만들어 버리기 때문이다.

이러한 현상은 급격한 산업화와 도시화로 인한 인간성상실로 인하여 발생하는 병리현상이라고 볼 수 있을 것이다. 그렇다면 이러한 문제들의 원인은 무엇이고 해결할 방법은 없는 것일까? 물론 그 원인에 대해서는 심리학적, 생물학적, 임상학적 관점에서 여러 가지가 있을 수 있을 것이다. 그러나 저자가 생각하는 가장 근본적인 원인은 분노라고 생각한다. 성적인 분노이든 특정 사회계층에 대한 분노이든 간에 이러한 분노를 조절하지 못하고 밖으로 폭발시킬 경우에 엄청난 피해를 가져올 수 있는 것이다. 또한 해결방법에 대해서도 여러 가지 의견이 있을 수 있고, 한 가지 방법으로 해결할 수 있는 것이 아니라 복합적인 처방이 이루어져야 할 것이다.

그런데 법을 집행하고 범죄자들을 처벌해야 하는 경찰의 입장에서 본다면, 반사회적 인격장애자들에 의한 범죄를 예방하고 신속히 검거하여 격리시키는 것이 가장 중요한 임무일 것이다. 그렇게 하기 위해서는 평상시 이러한 사람들에 관해서 관심을 가지고 관리해야 할 뿐만 아니라 신속히 찾아내서 검거할 수 있는 체제를 갖추어야 할 것이다.

법이나 제도만이 아니라 전문적인 지식을 갖추고 계속해서 수사기법을 발전시켜 나가야 할 것이다. 그렇게 하기 위해서 가장 우선적으로 보완해야 할 부분이 과학적인 범죄분석시스템과 경찰상호간의 긴밀한 공조수사체제 그리고 유전자분석, 공간적 프로파일링과 같은 한 차원 높은 수사기법의 개발이라고 할 수 있겠다.

12 개정 경비업법의 문제점과 개선방안

12. 개정 경비업법의 문제점과 개선방안

Ⅰ. 서 론

경비업은 점차 높아지고 있는 국민의 안전욕구를 충족시키고, 경찰의 업무를 분담하는 역할을 하고 있다고 볼 수 있을 것이다. 따라서 이러한 치안업무를 담당하는 파트너로서 경비업체의 발전은 매우 중요하다고 할 수 있을 것입니다.

그런데 이러한 경비업체의 활동을 직접적으로 통제하고 있는 경비업법(2013.6.7 법률 제11872호 개정, 2014.6.8시행) 이 총31개 조문 중에서 17개 조문이 개정되는 대폭 개정이 있었다. 이번에 경비업법이 개정되게 된 직접적인 원인은 2012년 7월에 발생한 경기 안산의 SJM사태라고 할 수 있다. 2012.7.27.04:30경 경비업체 컨택터스 경비원 198명이 안산 SJM노사분규 현장에 진입하는 과정에서, 농성중인 노조원과 사설 경비업체간 대규모 유혈사태가 발생하였다. 당시 SJM 사측은 노조파괴를 위하여 경비업체 컨택터스에게 노조원들에게 폭력행사를 지시했고, 이로 인해 근로자 등 40여명이 최대 전치 12주의 상해를 입는 등의 불미스러운 폭력사태가 발생하였다. 이로 인하여 국회·언론에서 현장 경찰관의 조치 미흡 등 집단민원현장에 대한 경찰의 총체적 문제점이 부각되었다. 이에 정치권에서는 차제에 용역폭력사태를 차단하기 위해서 대폭적인 법률개정을 하였다. 그동안 경비업법은 1976.12.31 용역경비업법이라는 이름으로 제정되어 1977.4.1 시행된 이후 17차례나 개정되었다[135]. 그런데 이번 개정된 경비업법은 주로 집단민원현장과 관련된 내용과 관련 사항에 대하여 규제를 강화하고 있다. 즉, 경비업체의 허가요건 강화, 경비원의 결격사유 강화, 경비업자의 의무 강화, 복장 및 장비차량 등 규제 강화, 배치전 교육 및 신고 강화, 경찰 감독 강화, 벌칙 및 형의 가중처벌, 과태료 강화 등 전반적인 규제 강화에 초점이 맞추어져 있다고 할 수 있다. 경비업은 기본적으로 공공성과 기업성이라는 이중적인 양면성을 가지고 있다고 할 수 있다[136]. 따라서 이들 경비업체를

135) 정진환 · 서진석, 「한국경비산업발전사」,진영사, p.59, 2013.

통제하는 경비업법은 공공성과 기업성의 조화가 가장 중요하다고 할 수 있다. 왜냐하면 공공성을 지나치게 강조하면 기업성이 위축되어 경비업체의 도산과 사경비의 축소 그리고 국민의 안전의 위협으로 이어질 것이기 때문이다. 반대로 기업성만을 강조하게 되면 경비업체의 난립으로 인하여 과도한 경비용역수주를 위한 경쟁이 발생할 것이고, 이는 경비업체의 영세성을 가속화 할 것이다. 또한 용역발주업체의 폭력요구를 거부하지 못하여 SJM사태와 같은 유혈폭력사태 및 불법행위가 발생할 것이고, 이는 국민의 치안에 대한 불안으로 이어질 것이 불을 보듯 명확하다. 그런데도 집단민원현장에서 발생할 수 있는 폭력사태를 방지하기 위해서 지나치게 공공성을 강화한 법개정을 함으로써, 빈대를 잡기 위해 초가삼간을 태우는 우를 범하였다고 볼 수 있을 것이다. 법률은 시대상황의 변화에 따라 현실에 맞게 개정되는 것이 당연한 일일 것이다. 그러나 지나치게 이상적으로 제정된다면 국민들이 지킬 수 없게 되고, 이로 인하여 질서를 유지하기 위한 법률이 오히려 갈등을 유발시키게 된다고 할 수 있을 것이다.

따라서 본 논문에서는 개정 경비업법의 주요내용을 살펴보고, 문제점과 개선방안을 도출해보고자 한다.

Ⅱ. 경비업법 주요 개정 내용

개정 경비업법에서는 집단민원현장에 경비원 배치시 경찰서장에게 48시간전 배치허가를 신청하도록 하고, 집단민원현장에서의 각종 의무위반시 형사처벌 또는 행정처분하는 등 규제를 대폭 강화하고 있다.

1. 허가요건의 강화

가. 자본과 인력요건 강화

자본금의 상향과 경비지도사 배치를 의무화하였다. 즉, 경비업 허가를 받으려는 법인의 자본금 최저 기준을 1억 원 이상으로하고, 시설경비업무의 경우 20인 이상의 경비원과 경비지도사 1명 이상의 경비인력을 갖추도록 하였다(경비업법

136) 서진석, "경비업체 지도점검 결과 분석을 통한 과제와 대책", p.2, 2009.

제4조 제2항).

나. 허가의 제한

동일명칭 사용을 금지하고, 허가 취소된 경우에는 동일명칭은 10년간 재허가를 불허하고, 취소된 법인은 5년간 허가를 받을 수 없도록 하였다. 즉, 전국적으로 1개의 경비업체만 동일명칭을 사용하도록 하고, 허가받은 경비업무외의 업무에 경비원을 종사하게 하여, 허가가 취소된 경우에는 누구라도 허가가 취소된 경비업체와 동일한 명칭으로 10년간 허가를 받을 수 없도록 하며, 허가가 취소된 법인이 법인명 또는 임원의 변경에도 불구하고 허가가 취소된 날로부터 5년간 경비업허가를 받을 수 없도록 하였다(경비업법제4조의2신설).

다. 허가취소사유의 추가

기존의 허가취소사유에 ① 소속 경비원으로 하여금 경비업무의 범위를 벗어난 행위를 하게 한 때 ② 관할경찰관서장의 배치폐지 명령에 따르지 아니한 때의 2가지를 추가하여 취소사유를 강화하였다.(경비업법제19조제1항제7호,제8호)

2. 의무의 강화

가. 경비업자의 의무강화

경비업자가 집단민원현장에 경비원을 배치하는 때에는 배치현장에 경비지도사를 선임·배치하여, 안전행정부령으로 정하는 바에 따라 경비원을 지도·감독하게 하여야 한다(경비업법 제7조 제6항 신설)라고 규정함으로써, 경비업자의 의무를 강화하였다.

나. 도급인의 의무 신설

누구든지 허가를 받지 아니한 자에게 경비업무를 도급하여서는 아니 된다.(경비업법 제7조의 2 제1항)라고 규정하여, 반드시 허가받은 경비업자에게 도급을 주도록 규정하고 있다.

3. 집단민원현장의 관리 강화

가. 집단민원현장의 명확화

집단민원현장을 노사분규, 재개발현장 등 구체적으로 열거하여 명확히 규정하였다. 즉, "집단민원현장"이란 노동쟁의조정신청을 한 사업장 또는 쟁의행위가 발생한 사업장, 정비사업과 관련하여 다툼이 있는 장소, 특정 시설물의 설치와 관련하여 민원이 있는 장소, 주주총회와 관련하여 다툼이 있는 장소, 소유권 · 운영권 · 관리권 · 점유권 등 다툼이 있는 장소, 100명 이상의 사람이 모이는 국제 · 문화 · 예술 · 체육 행사장, 대집행을 하는 장소 등이다.(경비업법제2조제5호신설)

나. 집단민원현장의 경비원배치

1) 직접고용금지

누구든지 집단민원현장에 경비인력을 20명 이상 배치하려고 할 때에는 그 경비인력을 직접 고용하여서는 아니 되고, 경비업자에게 경비업무를 도급하여야 한다. 다만, 시설주 등이 집단민원현장 발생 3개월 전까지 직접 고용하여 경비업무를 수행하는 피고용인의 경우에는 그러하지 아니하다(경비업법 제7조의 2 신설)라는 규정을 신설하였다.

2) 명부비치 및 배치허가

경비업자가 집단민원현장에 경비원을 배치할 경우에는 경비원의 명부를 배치현장에 작성 · 비치하도록 하고, 경비원을 배치하기 48시간 전까지 배치장소의 관할 경찰관서장에게 배치허가를 신청하도록 하며, 특수경비원과 집단민원현장 외에 배치되는 신변보호 경비원은 배치전까지 신고하도록 하였다(경비업법 제18조).

3) 배치금지

상해 · 폭행 · 체포 및 감금의 죄를 범한 경력이 있는 사람을 집단민원현장에 배치하지 못하도록 하고, 경비원 명부에 없는 사람을 경비업무에 종사하게 하여서는 아니되며, 경비원 신임교육 이수 후 경비원을 배치하도록 하였다(경비업법 제18조 제3항 및 제5항 신설).

4. 임원, 경비지도사 및 경비원의 결격사유 확대

가. 임원의 결격사유

허가받은 경비업무 외의 업무에 경비원을 종사하게 하여 허가가 취소된 경비업체의 임원은 취소된 날로부터 5년간 경비업체의 임원이 될 수 없도록 하였다(경비업법제5조 제6호 신설).

나. 전과자추가

경비지도사 및 경비원의 결격사유의 범위에 범죄단체의 조직 및 구성 활동 전과자, 경비업법 위반 전과자, 「형법」상 강도 · 절도 및 성범죄 전과자 등을 추가하였다(경비업법 제10조제1항 제5호, 제6호, 제7호, 제8호 및 제10조 제2항 제2호).

다. 범죄경력조회

경찰청장, 지방경찰청장 및 관할경찰관서장의 경비업체 임원, 경비지도사 및 경비원에 대한 범죄경력조회 근거를 신설하고, 경비업자도 필요한 경우 지방경찰청장 또는 관할경찰관서장에게 경비원 등에 대한 범죄경력조회를 요청할 수 있는 근거를 마련하였다(경비업법 제17조).

5. 복장 및 장비, 차량

가. 복장

경비업자는 경찰 또는 군인과 명확히 구별되는 경비원의 복장을 정하여 주사무소를 관할하는 지방경찰청장에게 사진을 첨부하여 신고하여야 하고, 경비원에게 소속 경비업체를 표시한 이름표를 부착하여 신고된 동일한 복장을 착용하게 하여야 하며, 지방경찰청장은 제출받은 사진을 검토하여 경비업자에게 복장 변경 등에 대한 시정명령을 할 수 있고, 경비업자는 이행 보고를 하도록 하였다(경비업법 제16조).

나. 장비

경비원의 휴대장비의 종류는 경적 · 단봉 · 분사기 등 행정안전부령으로 정하고, 누구든지 경비원의 휴대장비를 개조하여 다른 사람의 생명 · 신체에 위해를 가하여서는 아니되며, 경비원은 경비업무를 위하여 필요하다고 인정되는 상당한 이유가 있을 때에 한해 필요최소한도에서 장비를 사용할 수 있도록 하였다(경비업법 제16조의 2 신설).

다. 차량

경비업자는 출동차량 등의 도색 및 표지를 경찰차량 및 군차량과 명확히 구별될 수 있게 하여야 한다고 규정하였다.(경비업법 제16조의 3 신설)

6. 관리감독의 강화

가. 중지명령

경비업자나 경비원이 이 법이나 이 법에 따른 명령, 「폭력행위등처벌에관한 법률」에 위반하는 행위를 하는 경우, 지방경찰청장이나 관할 경찰관서장은 위반행위 중지를 명할 수 있도록 하였다(경비업법 제24조 제3항 신설).

나. 배치폐지명령

배치허가신청을 하지 않고 경비인력을 배치하거나, 배치허가신청의 내용을 거짓으로 하는 등의 사유가 있는 경우, 관할경찰관서장이 배치폐지명령을 할 수 있도록 하였다(경비업법 제18조 제8항 신설) .

7. 처벌의 강화

가. 행정처분의 기준 강화

경비원에게 경비업무의 범위를 벗어난 행위를 하게 한 경우와 관할 경찰관서장의 배치폐지 명령을 따르지 아니하는 경우 등을 추가하는 등 행정처분의 기준을 강화하였다(경비업법 제19조 제1항 및 제2항).

나. 형의 가중처벌

경비원이 경비업무 수행 중에 정해진 장비 외에 흉기 또는 그 밖의 위험한 물건을 휴대하고 상해 등의 죄를 범한 때에는 그 죄에 정한 형의 2분의 1까지 가중 처벌한다(경비업법 제29조 제2항 신설)고 규정하였다.

Ⅲ. 개정 경비업법의 문제점

이번 경비업법의 개정은 경비업체의 발전을 도모하는 방향이 아닌 경비업체의 위축을 가져올 위험이 높은 방향으로 개정되었다는 점에서 상당히 우려가 크다고 할 수 있다.

1. 배치전 신임교육의 의무화

개정 경비업법 제13조 제1항은 "경비업자는 경비업무를 적정하게 실시하기 위하여 경비원 신임교육 및 직무교육을 받게 하여야 한다"라고 개정하였다. 그리고 제18조 제7항에서는 "경비원을 배치하는 경우에는 제13조에 따른 신임교육을 이수한 자를 배치하여야한다"라는 규정을 신설하였다. 그 결과 모든 경비원은 배치되기 전에 신임교육을 이수해야만 하고, 교육을 받지 않고 배치되면 처벌을 받아야한다. 경비업무의 성격에 따라 사전교육의무를 차별화하지 않고, 모든 경비업무에 사전교육을 의무화하는 것은 경비업의 현실을 도외시한 탁상공론이라는 것입니다. 현재 한국에는 3,800여개의 경비업체에 15만여 명의 경비원이 근무하고 있다[137]. 그러나 1년 내내가야 한 건도 수주하지 못하는 업체도 있는 상황에서, 언제 어느 정도 규모의 일을 맡을지 모르는데 경비원을 미리 채용해서, 교육시키고, 대기시켜 놓을 수 없는 현실은 전혀 고려하지 않은 비현실적이고 이상에 치우친 입법이라고 할 수 밖에 없다는 것이다. 경비업체의 입장에서 보면 배치전 임금의 발생, 경비원배치와 교육일정의 불일치, 교육이수자 배치후 이직시 근무공백 등의 문제가 발생할 수 있을 것이다.[138]

2. 용역업체폭력의 원인제공자 처벌

노사분규나 재개발현장, 주주총회 등의 현장에서 용역업체 들의 폭력행위는 사회안전의 차원에서 반드시 뿌리 뽑아야 할 것이다. 그러나 이러한 민원현장에 동원되는 경비원들에게 폭력을 행사하도록 사주하는 도급업자들에 대한 처벌이 없이는 집단민원현장에서의 폭력은 사라지지 않을 것이다. 또한 집단민원현장에

137) (사)한국경비협회, 2013경비업법 개정공포에 따른 대토론회계획서, pp.7~8, 2013.
138) (사)한국경비협회, 경찰청건의사항, p.3, 2013.

서 노조나 농성자들이 화염병이나 쇠파이프, 죽창 심지어는 사제총 등을 사용할 경우에는 폭력의 위험성이 더욱 커질 수밖에 없다. 따라서 노조 등의 불법행위에 대해서도 강력한 단속 및 처벌이 병행되어야 할 것이다.

3. 경비업체에 대한 경찰의 인식

이번 경비업법 개정의 특징을 요약하면, 경비업체에 대한 규제 강화와 경찰의 감독 강화라고 말할 수 있을 것이다. 그러나 SJM노사분규현장의 폭력사태는 노조가 대치하고 있는 상황에서, 경비업체가 진입하게 되면 당연히 충돌이 예상되었음에도 불구하고 이를 방치한 경찰의 책임도 무시할 수 없을 것이다. 과거 철거현장에서 철거민들에게 폭력을 행사하는 것이 경비업체가 아니고, 치안을 공동생산하는 파트너로서 경비업체를 인정할 때에 규제와 감독이 아닌 자율과 협조체제가 형성될 수 있을 것이다.

4. 과도한 규제

개정 경비업법에서는 자본금을 5천만 원에서 1억 원 이상으로 상향조정하고, 경비원을 20명에 경비지도사 1명이상을 확보하도록 하여 경비업에 대한 진입장벽을 높였다고 볼 수 있다. 그런데 경찰은 업무의 과다로 인하여 치안공백이 생길 수밖에 없기 때문에 경비업체의 필요성은 날로 증가하고 있는 실정이다. 아울러 국민들의 안전에 대한 욕구가 높아지고 있는 상황에서 경비업체는 일자리를 창출하는 역할도 하고 있는 것이다. 따라서 경비업체에 대한 지나친 규제는 오히려 경찰의 부담이 증가될 수 있는 것이다. 그렇다면 잘 운영되고 있는 모든 경비업체를 일괄적으로 규제할 것이 아니라 폭력행사 등 상습적인 불법을 하는 업체에 대해서만 철저히 퇴출시킬 수 있는 방안이 마련되어야 할 것이다.

5. 처벌강화의 문제

이번 개정 경비업법에서는 3천만 원 이하의 과태료가 신설되고, 과태료 부과대상이 확대되었다.[139] 배치허가를 받지 않고 경비원을 배치한 경우는 몰라도

139) 안황권, "개정 경비업법의 문제점과 발전방안", 2013민간경비전문가 초청 대토론회, p.24, 2013.

명부미비치, 복장미신고, 이름표 미신고, 동일복장 미착용, 신임교육 미이수자 배치 등에 대하여 3천만원이하의 과태료를 부과한다는 것은 지나친 처벌의 강화라고 보여진다. 5백만 원 이하의 과태료부과에 있어서 추가된 근무상황 미기록 등에 대하여 과태료를 부과한다는 것은 과도하다고 할 수 있겠다. 상황에 대처하다보면 미처 기록하지 못할 수 도 있다는 점을 감안한다면, 실제 법집행에 있어서는 융통성이 요구된다고 하겠다.

6. 경찰의 지나친 감독권 강화

경비업자가 도급업자와 계약을 맺고 경비원을 배치하는 행위는 사인간의 거래라고 할 수 있을 것이다. 그러나 경비업의 목적이 도난이나 화재, 위험발생의 방지 등 공공의 안전과 관련이 있기 때문에 어느 정도 경찰의 개입이나 감독이 필요하다고 할 것이다. 그러나 원칙적으로 개인간의 계약에 의한 민사관계에 대한 지나친 간섭은 경찰공공의 원칙에 위반된다고 할 수 있을 것이다. 따라서 개정 경비업법상의 중지명령이나 배치폐지명령은 구체적인 사정을 정확히 파악하여 필요한 한도 내에서 최소한의 범위 내에서 행사되어야 할 것이다.

Ⅳ. 개선방안

1. 개인부담 교육수료 방안

개정 경비업법 제13조 제1항에서도 "경비업자는 대통령령으로 정하는 바에 따라 경비원 신임교육을 받게 하여야한다"라고 규정하고 있다. 따라서 개정할 경비업법 시행령이나 시행규칙에서 경비원이 되고자하는 자는 경찰청에서 지정한 교육기관에서 개인부담으로 교육을 받을 수 있도록 규정하는 것이 합리적이라고 생각한다.

2. 경비업법의 재개정

배치 전에 신임교육을 의무화하게 된 원인이 집단민원현장에서의 폭력 때문이라면, 집단민원현장에 배치되는 경비원만 사전교육을 의무화하고 기타 경비원은 현재와 같이 2개월 이내에 교육을 받도록 법을 재개정 하는 것이 타당하다고 생각한다.

3. 규제완화 및 자율성 강화

경비업은 공공성을 띠고 있기도 하지만 영리 추구가 목적이다. 그래서 지나친 규제나 처벌의 강화는 자칫 경비업의 위축을 가져올 수 있다.따라서 각종 규제를 완화하고 자율성을 보장할 수 있도록 해야 할 것이다.

4. 추가부담금의 정부부담

현재와 같이 경비업체가 영세성을 면치 못하고 있는 상황하에서, 공공의 안전에 기여하고 있는 경비업체의 발전을 위해서는 경비원의 사전교육에 소요되는 부담금을 정부에서 보조해주는 방안도 강구해 볼 필요가 있을 것이다.

5. 폭력요구 도급업자의 처벌

집단민원현장에서 근본적으로 폭력사태를 막기 위해서는 이를 명시적 · 묵시적으로 요구하는 도급업자에 대한 처벌규정을 마련하는 것이 시급하다고 하겠다.

6. 경비원자격증제의 도입

장기적으로는 일본의 제도와 같이 각 개인이 경비원교육을 받게 하고, 일정 수준이상의 교육이수자에게 경비원자격증을 부여하는 제도를 도입할 필요가 있을 것이다.[140]

140) 김정환, 서진석, 「한국경비산업발전사」, 2009, p. 606.

13 경찰의 핵심가치에 관한 연구

13. 경찰의 핵심가치에 관한 연구

Ⅰ. 서 론

경찰은 공공의 안녕과 질서, 국민의 생명과 재산 등 안전을 확보해야 할 책임을 지고 있다. 따라서 경찰이라는 조직과 작용이 이러한 역할을 감당할 수 있도록 체제를 갖추어야 할 것이다. 또한 경찰관 개개인들도 경찰이라는 신분에 맞는 공사생활을 하여야 할 것이다. 그리고 경찰관으로서의 직무를 수행할 때에는 국민의 기대수준에 부응할 수 있도록 직무를 집행하여야 할 것이다. 그러나 현실에 있어서는 국민의 경찰에 대한 기대를 저버려서 국민들의 분노를 사는 경우가 종종 발생하고 있다.

예를 들면, 3.15부정선거와 같이 경찰조직이 특정정당을 유리하게 하기 위하여 선거에 개입하는 경우이다. 이는 중립의무를 위반하는 것이다. 이러한 경찰조직의 행위는 결국 국가의 혼란과 국민의 분열 나아가 정부가 전복되기도 하는 것이다. 두 번째는 법을 집행하는 경찰이 음주운전, 도박 기타 범죄를 저지르는 경우이다. 그러나 가장 중요한 것은 경찰관이 직무를 제대로 수행하지 못하여 국민의 생명·신체·재산에 돌이킬 수 없는 피해를 발생케 하는 경우이다. 지난 2012년 4월 1일 경기도 수원에서 발생한 오원춘 사건이 그 대표적인 사례라고 할 수 있을 것이다. 이 사건은 조선계 중국인 오원춘이 휴대전화 부품 공장에서 일하고 퇴근하는 한국인 여성을 집으로 납치하여, 목을 졸라 살해한 뒤 시신을 토막 낸 사건이다. 그런데 문제가 되는 것은 살해당한 여성이 경찰에 신고를 했는데도 불구하고, 경찰의 늑장 대응으로 피해자를 구조하지 못했다는 것입니다. 이 사건은 112신고센터의 무능함으로 인한 상황 오판, 허술한 대처, 부실 수색, 사건 축소 및 거짓 해명 등 경찰의 심각한 문제점이 확인된 것이라고 할 수 있겠다. 이로 인하여 경기지방경찰청장이 직위 해제되고, 경찰청장이 사퇴하기까지 하였다.

그리고 이번 2014. 4. 17. 발생한 세월호 참사에 있어서도 수많은 피해자들을 구조할 수 있었음에도 불구하고, 해양경찰의 미흡한 초동조치로 인하여 국민의 분노를 사고 있다. 즉, 최초로 신고한 단원고 학생에게 침몰하는 배의 위도와 경도를 묻고, 배의 종류가 화물선이냐 여객선이냐고 묻는 등 신고 접수 체계의 미숙함을 드러냈다. 그 뿐 만 아니라 배가 가라앉고 있는 현장에서 퇴선명령을 내리지도 않았다. 사고 직후에도 해경은 우왕좌왕하면서 소방방재청 구조헬기의 도움을 외면하는 등 구조에 필요한 이른바 골든타임을 놓쳐버렸다. 그리고 승객을 버리고 탈출한 세월호 이준석 선장을 유치장이 아닌 경찰 집에서 재워 누군가 접촉을 도왔다는 의혹도 받고 있다. 해양에서의 국민의 안전을 책임지고 있는 해경의 총체적 부실이라고 할 수 밖에 없다. 신고 접수 및 처리, 사고 현장의 일사불란한 지휘체계, 위기 상황에서의 구조 매뉴얼, 해양 참사에 대한 기본적인 인식 등 해경으로서의 기본적인 시스템이 붕괴되어 있다고 할 수 있겠다. 안전한 사회를 대통령 공약으로 내세웠던 박근혜 정부에서 세월호참사와 같은 사건이 발생했다는 것은 정말 부끄럽기 짝이 없는 일이라고 할 수 밖에 없다.

따라서 본 논문에서는 경찰의 각종 윤리강령, 경찰교육기관의 교훈, 자랑스러운 경찰인의 행적 등을 분석하여, 국민의 신뢰를 얻을 수 있는 방안으로서 경찰의 핵심가치를 도출해보고자 한다.

Ⅱ. 이론적 배경

1. 핵심가치의 개념

핵심가치란 (Core Values)란 조직 내에서 어떤 방식으로 일이 진행되어야 하는가에 대한 행동의 기준이 되는 가치들 중에서 가장 중심이 되는 가치로, 한 조직의 조직문화를 구성하는 가장 중요한 기반이 된다. 즉, 핵심가치란 ‘우리의 내면세계에서 최우선 순위를 차지하고 있는 것으로, 조직 내에서 대다수의 구성원들이 공유하고 실천하는 의사결정과 행동방식의 기준’을 의미한다. 〔1〕

2. 경찰의 핵심가치의 필요성

경찰관이 직무를 수행함에 있어서 공통적인 핵심가치를 가지고 업무를 집행할 필요가 있다. 경찰의 핵심가치는 다음과 같은 면에서 필요하다고 할 수 있다. 첫째는 경찰의 정체성을 확립하기 위하여 핵심가치가 필요하다. 우리 경찰은 공공의 안녕과 질서유지를 하면서도, 국민의 생명과 재산을 보호해야 한다. 국민에게 명령・강제하는 권력적 작용을 하면서도, 국민을 위하여 봉사하는 비권력적 작용을 하기도 한다. 결국 경찰은 국가와 국민 모두에게 헌신하는 가치를 가져야 할 것이다. 둘째, 경찰관으로서의 의사결정에 있어 원칙과 기준을 제공하기 위해서 핵심가치가 필요하다. 경찰관은 일반 국민들보다는 보다 더 위험한 상황에 노출될 가능성이 높다. 예를 들면 흉기를 소지한 강도가 국민을 위협하고 있는 경우라든지, 범인을 검거하는 과정에서 흉기를 휘두르면서 대항하는 경우 일지라도 경찰관은 이를 제압해야할 의무가 있는 것이다. 이럴 경우 자신의 안전만을 위해서 도주할 수는 없는 것이기 때문에 경찰관만의 의사결정 기준과 원칙이 필요하다고 할 수 있을 것이다. 셋째, 경찰의 핵심가치는 경찰관들에게 일체감과 소속감을 부여하고 한 방향으로 나아갈 수 있는 구심점 역할을 하기 위해서 필요하다. 한국의 경찰은 국가경찰로서 국가통치권의 최일선 작용이라고 할 수 있다. 우리 경찰은 법집행과정에 있어서 많은 유혹에 빠지기 쉬운 여건에 처해 있다. 그러나 경찰의 핵심가치는 '가치관의 변화와 혼돈의 시대'에 스스로를 지탱해주는 정신적 지주가 되고, 변화와 혁신의 시대에 이를 주도하는 원동력이 될 수 있을 것이다.[2]

Ⅲ. 경찰의 핵심가치의 분석 및 도출

1. 경찰의 각종 윤리 강령 등 분석

가. 경찰윤리헌장[警察倫理憲章]

대한민국 경찰의 경찰윤리규범은 최초로(1966.07.12제정) 선포된 경찰윤리헌장이다. 경찰윤리헌장에는 자율성을 바탕으로 적극적인 봉사자로서 갖추어야 할 경찰관의 기본정신과 윤리적인 행동의 지표를 제시하고 있다. 즉 경찰 행동에서 갖추어야 할 규범성, 공정성, 청렴성, 근면성, 성실성, 합리성, 사명감 등과 같은 덕목을 제시하고 있다. 그 내용은 다음과 같다. Ⅰ. 우리는 헌법과 법률을 수호하고 명령에 복종하며 각자의 맡은 바 책임과 임무를 충실히 이행한다. Ⅰ. 우리는 냉철한 이성과 투철한 사명감을 가지고 모든 위해와 불법과 불의에 과감하게 대결하여 항상 청렴 검소한 생활로써 명리를 오직 양심에 따라 행동한다. Ⅰ. 우리는 주권을 가진 국민의 수임자로서 공공의 복리를 증진하고 국민의 자유와 권리를 존중하며 성실하게 처리한다. Ⅰ. 우리는 국민의 신뢰를 명심하여 편견이나 감정에 사로잡히지 않고 공명정대하게 업무를 처리한다. Ⅰ. 우리는 이 모든 목표와 사명을 달성하기 위해 끊임없이 인격과 지식의 연마에 노력할 것이며, 민주경찰의 발전에 헌신한다.

나. 새경찰신조

1980년에 경찰윤리헌장의 실천윤리강령으로서 새경찰신조가 제정되었으며, 그 내용은 다음과 같다. Ⅰ. 우리는 새시대의 사명을 완수한다 Ⅰ. 우리는 깨끗하고 친절하게 봉사한다 Ⅰ. 우리는 공정과 소신으로 일한다 Ⅰ. 우리는 스스로의 능력을 계발한다. 이 새 경찰신조는 경찰관의 사명감, 청렴성, 공정성, 봉사정신, 능력계발 등을 강조한다는 점에서 윤리헌장에 있는 내용을 간결하게 정리하여 실행의 행동지침을 제시하고 있다.

다. 경찰헌장(警察憲章)

경찰청이 행정안전부의 독립 외청으로 출범하면서 1991년 8월 1일 「경찰헌장」이 제정되어 오늘에 이르고 있다. 이 새로운 경찰헌장이 1966년에 제정된 「경찰윤리헌장」을 대치하는 것이었다. 경찰헌장의 제정배경은 경찰관의 공·사생활을 규율하여 시민의 사표(師表)가 될 수 있는 내용을 헌장으로 표현한 것이다. 경찰헌장의 내용은 다음과 같다. “우리는 조국 광복과 함께 태어나 나라와 겨레를 위해 충성을 다하며 오늘의 자유민주사회를 지켜 온 대한민국의 경찰이다. 우리는 개인의 자유와 권리를 보호하여 사회의 안녕과 질서를 유지하여 모든 국민이 편안하고 행복한 삶을 누릴 수 있도록 해야 할 영예로운 책임을 지고 있다. 이에 우리는 맡은 바 임무를 충실히 수행할 것을 굳게 다짐하며 우리가 나아갈 길을 스스로 마음에 새기고자 한다.” Ⅰ. 우리는 모든 사람의 인격을 존중하고 누구에게나 따뜻하게 봉사하는 친절한 경찰이다. Ⅰ. 우리는 정의의 이름으로 진실을 추구하며 어떠한 불의나 불법과도 타협하지 않는 의로운 경찰이다. Ⅰ. 우리는 국민의 신뢰를 바탕으로 오직 양심에 따라 법을 집행하는 공정한 경찰이다. Ⅰ. 우리는 건전한 상식 위에 전문지식을 갈고 닦아 맡은 일을 성실하게 수행하는 근면한 경찰이다. Ⅰ. 우리는 화합과 단결 속에 항상 규율을 지키며 검소하게 생활하는 깨끗한 경찰이다.

라. 경찰서비스헌장(1998년)

공직사회 개혁의 일환으로 경찰청에서 지난 1998년 9월 30일 '행정서비스헌장제정지침'에 따라 경찰서비스헌장이 제정되었다. 실천덕목으로 본문 6개항의 내용은 ① 엄정한 직무수행, ② 신속한 현장출동 봉사, ③ 민원의 친절·신속·공정한 처리, ④ 국민의 안전과 편의를 최우선으로 한 직무수행, ⑤ 인권존중 및 권한남용 금지, ⑥ 잘못된 업무처리의 즉시 확인 시정조치 등이다. 현재는 경찰 기능별로 생활안전·수사·교통·민원·경찰병원·진료서비스 헌장이 제정되어 있다. "우리는 국민의 생명과 재산을 보호하고 법과 질서를 수호하는 국민의 경찰로서, 모든 국민이 안전하고 평온한 삶을 누릴 수 있도록 다음과 같이 실천하겠습니다."

Ⅰ. 범죄와 사고를 철저히 예방하고 법을 어긴 행위는 단호하고 엄정하게 처리하겠습니다. Ⅰ. 국민이 필요로 하면 어디든지 바로 달려가 도와 드리겠습니다. Ⅰ. 모든 민원은 친절하고 신속, 공정하게 처리하겠습니다. Ⅰ. 국민의 안전과 편의를 제일 먼저 생각하며 성실히 직무를 수행하겠습니다. Ⅰ. 인권을 존중하고 권한을 남용하는 일이 없도록 하겠습니다. Ⅰ. 잘못된 업무처리는 즉시 확인하여 바로잡겠습니다.

2. 경찰교육기관의 교훈 분석

가. 경찰대학교

경찰대학생과 경감이상의 경찰간부들의 교육을 담당하고 있는 경찰대학은 국가관과 봉사정신이 투철한 신념의 경찰인, 전문인, 지성인을 양성하기 위하여 조국, 정의, 명예를 학훈으로 제정했다. 조국은 국가보위의 파수꾼이자 겨레의 선도자로서 자신보다 국가와 국민을 먼저 생각하고 사사로움 없는 충성심으로 자랑스러운 내 조국을 지켜나간다는 의미이다. 그리고 정의는 올바르지 않은 것은 배척하고 바른 것은 굳건히 지키는 공명정대하고 청렴결백한 경찰인이 된다는 뜻이다. 명예는 경찰과 자신의 명예를 목숨보다 소중히 여기며 이해를 초월하여 선악과 시비를 분명히 가릴 줄 아는 지도적 인격자가 된다는 의미이다.

나. 경찰교육원

경찰간부후보생과 경위이하 경찰관의 보수교육을 담당하고 있는 경찰교육원은 지식, 성실, 용기를 원훈으로 정하였다. 업무에 관한 깊은 지식과 국민에게 봉사하는 성실한 자세, 불의에 맞서는 담대한 용기를 갖춘 전문경찰관을 양성하기 위해 지식, 성실, 용기를 원훈으로 설정하였다.

다. 중앙경찰학교

신임경찰관의 교육을 담당하고 있는 중앙경찰학교는 성실함을 바탕으로 불의와 타협하지 않는 정의로운 젊은 경찰(청색), 따뜻하게 봉사하는 지혜와 덕을 겸비한 경찰(노랑색), 젊음의 열정과 정열로 솔선수범하는 경찰관 양성을(적색) 교훈으로 설정하였다.

3. 자랑스러운 경찰인 분석

가. 최규식 경무관

고 최규식 경무관은 1961년 경찰관이 되었으며, 1967년 10월 서울 종로경찰서 서장으로 부임하였다. 1968년 북한 무장공비 김신조 일당이 청와대를 기습하자 이들을 막아내다 순직하였다. 1968년 1월 21일 북한의 특수부대인 124군 부대 소속 무장공비인 김신조 일당 31명이 박정희 등 정부요인을 암살하기 위해 청와대를 기습하였다. 당시 최규식 경무관은 자칭 CIC대원이라는 거동 수상자 30여명이 세검정으로부터 지하방면으로 행진한다는 보고를 받고, 타격대 및 병력 출동을 지시하였다. 같은 날 오후 10시 35분경 종로구 청운동의 노상에 긴급히 출동하여 빠른 속도로 행진해오던 일당을 정지시켜 배치경찰관으로 하여금 검문 검색하도록 하였다. 이에 CIC대원으로 사칭한 일당은 검문에 불응하고 최규식 총경의 팔을 붙잡으려고 하였다. 최규식 총경은 이를 뿌리치고 배치 경찰관들에게 이들을 체포할 것을 명령하자 뒤에 따라 오던 일당이 기관총을 난사하고 수류탄을 투척하였다. 이 와중에 최규식 총경은 복부에 관통상을 입었으나 계속 현지에서 배치 경찰관을 지휘하며 격렬한 총격전을 전개하다 쓰러지며 간첩 1명을 사살하는 등 필사의 저지로 뒤따르던 간첩들을 분산시켜 청와대 기습을 완전 저지하였다. 이들과 맞서 싸우다 "청와대를 사수하라"란 마지막 명령을 남기고 순국하였다. 사후 경무관으로 특진되었으며 태극무공훈장이 추서되었다.[3]

나. 차일혁 총경

차일혁(1920.7.7.~1958.8.9)은 한국의 독립운동가 출신으로 대한민국의 경찰관이다. 그는 전북 김제군 금산면 성계리에서 태어나, 중국으로 건너가 중앙군관학교 황포분교 정치과를 졸업한 뒤 항일전을 위해 1938년부터 1943년까지 조선의용대에 들어가 팔로군과 함께 항일유격전 활동을 펼쳤다. 해방 후 귀국하여 유격대를 결성해 북한의 인민군과 싸우던 중 경찰에 특채되어 빨치산 토벌대 대장으로 복무하였다. 6.25전쟁 중에는 빨치산 소탕을 담당하는 전투경찰대 제2연대 연대장으로 근무하며 조선 공산당 총사령관인 이현상 등을 토벌하는 역할을 수행하였다. 그러나 그는 가급적 귀순을 유도하여 많은 빨치산의 목숨을 살렸다. 70명의 결사대원으로 2천여 명의 적을 격파하였고 남부군 총사령관 이현상도 사살하였다. 화엄사 대웅전 등의 문짝을 떼어내어 문짝만 소각함으로써, 천은사, 쌍계사, 선운사 등 유명한 사찰 등 문화재들에 대한 폭격도 될 수 있는 대로 피했다.[4] 차일혁 경무관은 이후 공주경찰서장으로 좌천된 후, 1958년 금강의 곰나루에서 가족과 함께 물놀이를 하다가 38세의 나이에 타계하였다. 2008년 문화재청에서는 빨치산의 근거지인 화엄사 등의 사찰을 불태우라는 상부의 명령을 거절하여 명찰들을 보존한 공적이 있는 차일혁 경무관에게 감사장을 추서하였다. 경찰청에서는 2011년 8월 차일혁 총경을 경무관으로 승진 추서하였다.[5]

다. 안병하 경무관

고 안병하경무관은 1980년 5.18 광주 민주화 항쟁 당시에, 전남의 치안 총 책임자인 전라남도 치안국장이었다. 전두환 신군부의 군 병력 투입을 요청하라는 강요, 협박 그리고 발포 명령을 끝내 거부했다. 이 때문에 5월26일 직위해제를 당하고 보안사 동빙고 분실로 끌려가, 10여 일간 혹독한 고문을 당했다. 그 후 고문 후유증으로 시달리다 1988년 10월10일 생을 마감했다. 안병하국장은 계엄하에서 무력사용 등 강경 진압 압력과 서슬 퍼런 협박성 지시를 거부하고, 오히려 경찰관들에게 총기 휴대를 금지하고, 무기 회수 명령을 내려 시민보호와 안전에 혼신의 노력을 하였다. 안병하 전남국장은 발포명령을 지시받던 순간 4 · 19 때 경찰이 국민을 향해 발사한 총탄이 가져온 불행을 떠올리고 경찰이 더는 역사의 죄인이 돼서는 안 된다는 생각을 하였다고 한다. 신군부에 적극 협조한다면 출세가 보장되고, 그러지 않으면 자신과 자신의 가족들에게 닥칠 고통이 얼마나 클 것인지를 알았음에도 안병하 경찰국장은 결국 쉽지 않은 정의의 길을 선택한 것이었다. 2005년에야 국립현충원에 안장되었고, 2006년 국가보훈처에 순직경찰로 등록되었다.[6]

Ⅳ. 경찰의 핵심가치 제안

1. 희생정신

흔히 우리 경찰을 건국경찰, 구국경찰, 호국경찰이라고 칭한다[7]. 건국경찰이라 함은 해방된 후 국가가 극도로 혼란에 빠져 있었는데, 이를 안정시키고 대한민국을 굳건히 건국하는데 크게 공헌하였다는 것이다. 구국경찰이라 함은 6.25 전쟁과 빨치산 등을 격퇴하는데 있어서 경찰이 많은 기여를 하였다는 것이다. 호국경찰이라 함은 외부의 적 뿐 만아니라 내부의 적으로부터도 우리 국가를 보호한 다는 의미라고 할 수 있을 것이다. 차일혁 경무관의 경우에는 빨치산 대장 이현상을 사살하는 등 지리산 공비들을 소탕하는데 혁혁한 전공을 세웠으며, 최규식 경무관은 김신조 일당을 맞아서 청와대를 지키려다 사망하였다. 이러한 경찰관들의 공통점은 자신을 희생해서 국가를 지켜냈다는 것이다. 국가나 국민에게 위기가 닥쳤을 때, 자신을 돌보지 않고 목숨까지도 바칠 수 있는 고귀한 희생정신이야말로, 경찰의 가장 중요한 핵심가치가 아닐까 생각한다.

2. 정의감

정의감은 올바르지 않은 것은 배척하고, 바른 것은 굳건히 지키는, 공명정대하고 청렴결백한 경찰정신이라고 할 수 있을 것이다. 안병하 전남경찰국장과 같이 신군부의 태산같은 압력에도 굴복하지 않고, 국민의 생명을 지킬 수 있는 마음자세가 곧 정의감이라고 할 수 있을 것이다. 경찰관이라는 공직생활을 하면서 눈앞의 이익과 자신의 안위, 나만의 부귀영달만을 위해서 부정과 타협하지 않는 정의감을 경찰의 핵심가치로 마음속에 간직하여야 할 것이다. 그렇게 할 때에만 경찰이 사회의 빛과 소금으로서 올바른 질서를 유지할 수 있고, 부패한 사회를 척결해 나갈 수 있을 것이다.

3. 명예심

물론 돈, 명예, 권세가 다 있으면 너무 좋을 것이다. 경찰관으로서 보람을 느끼기 위해서는 다른 누구보다도 자기 자신에게 떳떳한 경찰이 되어야 할 것이다. 몇 푼의 돈에 대한 유혹을 이기지 못하여 정당한 직무수행을 포기하는 일이 있어서는 안 될 것이다. 마찬가지로 흔히 '빽'이라고 일컫는 외압을 견디지 못하여 직무수행을 왜곡시키는 일이 있어서는 안 될 것이다. 경찰관이 업무를 수행하거나 의사결정을 해야 하는 순간에 눈앞의 이익이 아니라 진정 무엇이 국민을 위한 것인가가 판단의 기준이 되어야 할 것이다. 권세나 돈은 있으면 편리하지만 그것이 영원하지도 않고, 경찰이 권세나 돈을 좇아가게 되면, 국민은 경찰을 떠나가게 될 것이다.

14 피의자 신문시 참여의무

14. 피의자 신문시 참여의무

Ⅰ. 서 론

우리나라의 형사소송법은 1954년 제정 당시부터 현행 형사소송법에서까지도 사법경찰관이 피의자신문시 사법경찰관리가 의무적으로 참여하도록 규정하고 있다. 그런데 현재 각급 경찰관서에서 수사과, 형사과뿐만 아니라 교통조사계, 생활안전과 생활질서계, 여성·청소년계 등 어느 부서에서도 사법경찰관이 피의자신문을 하는 경우에 사법경찰관리가 참여하는 경우는 거의 없다고 할 수 있다. 즉 사법경찰관리 1명이 참여자 없이 피의자신문을 하고 있는 것이 현실이다. 그러나 참여자 없이 사법경찰관리가 단독으로 피의자신문을 받는 것은 형사소송법 제243조에 규정에 위배된다고 할 수 있다. 즉 법을 집행하는 사법경찰관리가 법을 위반하고 있는 결과가 발생하는 것이다. 이러한 현실은 형사소송법이 제정된 때부터 거의 60여 년간 지속되고 있는 상황이다. 그리고 더 큰 문제점은 피의자신문조서의 증거능력에 대한 것이다. 현행 형사소송법상 사법경찰관이 작성한 피의자신문조서는 성립의 진정이 인정되고, 피고인이나 변호인이 내용을 인정할 경우에 한해서 증거능력이 인정되고 있다. 그러나 만일 참여자 없이 작성한 피의자신문조서에 대하여 이의를 제기할 경우에는 이마저도 증거능력을 인정할 수 없다고 할 수 있겠다.

또 하나의 문제점은 인권보장의 문제이다. 원래 사법경찰관이 피의자신문을 할 때 사법경찰관리가 참여하도록 의무화한 이유는 조서기재의 명확성을 기하고, 인권을 보장하기 위해서였다. 그런데도 불구하고 참여자 없이 지금 이 순간에도 전국의 경찰관서에서 피의자신문이 이루어지고 있다는 것은 경찰이 인권보장에 소홀한 것이라고 밖에 볼 수 없는 것이다. 형사소송법의 기본이념은 실체적 진실발견과 인권보장이라고 할 수 있다. 그런데 이러한 기본이념에 충실하지 못한 사법경찰은 존재이유를 상실하는 것이라고 볼 수밖에 없는 것이다.

따라서 본 연구에서는 먼저 형사소송법 제243조에서 피의자 신문시 참여의무를 규정한 이유와 근거를 규명해 보고자 한다. 또한 참여의무에 대한 주요 선진 외국의 사례를 살펴보고, 피의자 신문시 참여의무 규정의 문제점을 알아보고 그 개선방안을 제시해보고자 한다.

Ⅱ. 이론적 배경

1. 피의자신문

가. 피의자신문의 의의

피의자신문이란 수사기관이 피의사건에 관하여 피의자를 신문하여 피의자로부터 진술을 듣는 것을 말한다. 이러한 피의자신문은 수사기관이 범죄의 혐의를 받고 있는 피의자의 진술을 통하여 직접 증거를 수집하는 절차일 뿐만 아니라, 피의자가 자기에게 유리한 사실을 주장할 수 있는 기회를 제공하는 의미도 가지고 있다. 진술거부권이 보장되어 있는 피의자에게 진술을 강제할 수는 없기 때문에, 피의자신문의 법적 성질은 피의자로부터 임의의 진술을 듣는 임의수사에 불과하다고 할 수 있다. 그러나 피의자신문에 의하여 피의자의 자백을 얻어낼 수 있으므로 수사기관은 이를 자백획득의 기회로 남용할 위험이 있다. 따라서 피의자신문에 대한 법적 규제가 필요하다고 하겠다(이재상, 2012).

나. 피의자신문의 주체

1) 검사

형사소송법에서는 “검사는 범죄의 혐의 있다고 사료하는 때에는 범인, 범죄사실과 증거를 수사하여야 한다.”라고 규정하고 있다. 아울러 “수사에 필요한 때에는 피의자의 출석을 요구하여 진술을 들을 수 있다.”라고 규정하고 있다. 따라서 검사는 피의자신문의 주체라고 할 수 있다. 검사는 수사의 주체로서 범죄에 대한 실체적 진실을 발견하기 위하여, 범죄혐의를 받고 있는 피의자를 상대로 범행동기, 범행이유, 범행수단, 범행사실, 범행후의 심경 등에 대하여 신문을 할 수 있다고 하겠다.

2) 사법경찰관

형사소송법 제196조 ②항에서는 “사법경찰관은 범죄의 혐의가 있다고 인식하는 때에는 범인, 범죄사실과 증거에 관하여 수사를 개시 · 진행하여야 한다.”라고 규정하고 있고, 제200조에서는 “검사와 더불어 사법경찰관도 수사에 필요한 때에는 피의자의 출석을 요구하여 진술을 들을 수 있다”고 규정하고 있어서 사법경찰관이 피의자신문의 주체임을 명시하고 있다.

3) 사법경찰리

사법경찰리는 경찰의 경우 순경, 경장, 경사를 의미한다. 그리고 검찰의 경우에는 검찰서기, 마약수사서기, 검찰서기보 및 마약수사서기보와 별정직공무원으로서 8급 상당 및 9급 상당 공무원을 말한다.이러한 사법경찰리가 피의자신문의 주체가 될 수 있는가에 대해서는 논란의 여지가 있다. 법 규정과 판례, 수사현실을 고려할 때, 사법경찰리도 피의자신문을 할 수 있는 피의자신문의 주체성을 인정하는 것이 현실적으로 타당할 것이다.

2. 피의자신문의 참여자

가. 피의자신문시 참여의무 규정

피의자신문시 참여의무에 대해서 우리 형사소송법 제243조에서는 “ 검사가 피의자를 신문함에는 검찰청수사관 또는 서기관이나 서기를 참여하게 하여야 하고, 사법경찰관이 피의자를 신문함에는 사법경찰관리를 참여하게 하여야 한다.”라고 규정하고 있다. 따라서 검사나 사법경찰관이 피의자를 신문할 때에는 반드시 서기 등이나 사법경찰관리가 참여하도록 의무화하고 있다. 이 규정을 둔 이유에 대해서 이재상 형사소송법에서는 조서기재의 정확성과 신문절차의 적법성을 보장하기 위한 것이라고 설명하고 있다. 그러나 현재 컴퓨터로 조사를 받는 것이 너무나도 당연한 현실에서 조서기재를 정확히 하기 위해서 참여자를 둔다는 것은 더 이상 의미가 없다고 할 수 있겠다. 또한 신문절차의 적법성을 보장하기 위한 것이라는 점도 타당성이 없다고 할 수 있겠다. 왜냐하면 참여인을 두어서 신문절차의 적법성을 보장한다는 것은 너무나 절차가 인위적이고 주먹구구식이라는 말 밖에 되지 않기 때문이다. 현재 형사소송법에 진술거부권의 고지, 신문사항, 조서의 작성, 변호인참여 등의 신문절차를 구체적으로 규정하고 있는데, 피의자신문시 참여인을 두어서 무슨 적법성을 보장한다는 것인지가 불분명하다고 할 수 있기 때문이다. 그리고 대통령령 제24550호인 「검사의 사법경찰관리에 대한 수사지휘 및 사법경찰관리의 수사준칙에 관한 규정」제25조⑦항에서는 "사법경찰관은 피의자에 대한 조사과정을 영상녹화 할 때에는 법 제243조의 참여 규정을 준수하여야 하며, 이 때 참여자는 반드시 조사실에 동석하여야 한다."라고 규정하고 있다. 따라서 피의자에 대한 신문을 영상 녹화할 경우에도 참여자를 두어야 하고, 더 나아가 조사실에 동석하도록 규정함으로써 참여방법까지도 구체적으로 명시하고 있다. 그리고 경찰청훈령 제669호인 범죄수사규칙 제77조에서도 "피의자 신문을 영상 녹화하는 경우 「형사소송법」 제243조의 규정에 의한 참여자는 조사실 내에 위치하여야 한다."라고 규정하고 있다. 또한 법무부훈령 제556호인「인권보호수사준칙」제41조 ①항【참여직원 등의 단독조사 금지】에서는 "검사는 참여주사를 비롯한 검사실 수사업무 종사자가 검사가 없는 자리에서 사건관계인을 조사하지 않도록 하여야 한다."라고 규정하고 있다. 이 규정을 반대해석하면 검사가 있는 경우에는 검사실에서 수사업무에 종사하는 서기, 서기보 등 사법경찰리의 업무를 수행하는 사람도 피의자신문을 할 수 있다고 볼 수 있다. 또한 참여의 의미에 있어서도 한 방안에 있으면 참여한 것으로 볼 수 있다는 오해를 불러일으킬 소지가 있다. 이 준칙의 목적은 인권보호와 적법절차를 확립하기 위한 것이라고 규정하고 있는데, 인권보호 측면에서는 이해가 되지만 형사소송법 제243조의 적법절차를 준수한다는 측면에서는 문제가 있는 규정이라고 할 수 있겠다.

나. 형사소송법 제243조상 참여의 의미

우리 형사소송법은 1954년 제정 당시부터 제243조에서 "(피의자신문과 참여자) 검사가 피의자를 신문함에는 검찰청수사관 또는 서기관이나 서기를 참여하게 하여야 하고 사법경찰관이 피의자를 신문함에는 사법경찰관리를 참여하게 하여야 한다."라고 규정하여, 피의자신문시 참여를 의무화하고 있다. 그런데 여기서 '참여'가 무엇을 의미하는가에 대해서는 명확하지가 않다. 사전적 의미에서 보았을 때, 참여는 "어떤 일에 끼어들어 관계하거나 재판 따위가 벌어지는 현장에 나가 지켜보는 것"을 의미한다. 그러나 행정학적인 면에서 보면 "참여란 의제 설정이나 정책대안의 제언, 정책대안의 결정, 정책평가에 실질적으로 개입하고 일정한 역할을 하는 것"이라고 할 수 있다. 또한 비슷한 의미인 참가나 참석, 입회, 참여를 비교해보면, 참가는 일회적인 행사나 집회 또는 전쟁 등에 나아가 그것에 관계된 일을 하는 것을 가리키고, 참석은 어떤 모임에 가서 단순히 그 곳에 있는 상태를 의미한다. 그리고 입회는 어떠한 사실이 발생하거나 존재하는 현장에 함께 참석하여 지켜보는 것으로서, 후일에 증인으로 삼거나 어떤 행위의 공정성을 기하기 위하여 특정한 일이 발생하거나 존재하는 자리에 참석하여 지켜보는 것을 말한다. 반면에 참여는 꾸준히 지속해야 하는 공적인 일이나 사회적인 운동 등에 관여하여 그것에 도움을 주는 일을 하는 것을 가리킨다. 그리고 관여란 "어떤 행위자가 특정의 이념 · 사상 · 권위 · 권력 또는 이해득실 등에 대하여 제 나름대로 평가하고서 그것에 이끌려 관심을 가지거나 참여하려는 태도 내지 지향성"이라고 할 수 있다. 에치오니(Amitai Etzioni)는 이러한 관여에 대하여 그 지향성의 강도에 따라 가장 강한 것, 보통의 것, 가장 약한 것 이렇게 3가지로 나누고 그 각각을 도덕적 관여, 타산적 관여, 소외적 관여라 부르고 있다(Amitai Etzioni, 1961). 그렇다면 형사소송법 제243조에서 규정하고 있는 '참여'의 의미는 어떻게 파악해야 할 것인가? 첫째, 입회가 아닌 참여라는 표현을 사용하고 있는 것으로 보아서, 검사나 사법경찰관이 피의자를 신문할 때에 검찰청수사관 등이나 사법경찰관리가 증인이 되거나 공정성을 기하기 위하여 참석해서 지켜보는 것만을 의미하지는 않는다고 보아야 할 것이다. 둘째, 참여라는 관점에서 보면, 공적인 일인 피의자신문에 적극적 또는 소극적으로 관여하여 도움을 주어야 할 것이다. 예를 들어, 검사나 사법경찰관이 피의자신문을 할 때에 보조적인 질문을 한다든지, 피의자신문조서를 작성한다든지, 피의자의 비협조적인 태도에 대하여 설득을 하는 등의 행위를 해야 한다고 볼 수 있을 것이다. 셋째, 그렇다면 어느 정도의 관여를 할 것인가의 문제이다. 먼저 형사소송법에서 피의자신문의 주체를 검사나 사법경찰관으로 규정하고 있고, 검찰청수사관 등이나 사법경찰관리는 검사나 사법경찰관의 수사지휘를 받는 위치에 있다는 점을 고려해 볼 때, 아주 강한 관여나 보통의 관여는 어려울 것이고 가장 약한 정도의 관여를 할 수 있다고 보는 것이 타당할 것이다. 이러한 관점에서 보면, 보조질문이나 조서작성, 협조 설득이외에도 피의자의 도주방지나 위해행위방지, 자해행위방지 등도 참여에 포함된다고 볼 수 있을 것이다. 다섯째, 검사나 사법경찰관이 피의자를 신문시에 참여자는 어느 정도의 거리 내에 위치하고 있어야 하는 문제이다. 참여의 의미에서 본다면, 검사나 사법경찰관 또는 신문을 받는 피의자의 바로 옆에 붙어 있을 필요는 없지만 피의자신문 내용을 들을 수 있고, 관여할 수 있는 정도의 거리 내에 있어야 한다고 볼 수 있다. 여섯째, 참여자가 다른 업무를 하면서 피의자신문에 참여할 수 있는가 하는 문제이다. 이 경우 참여자는 피의자신문에 집중할 수 없기 때문에 다른 업무를 하는 경우에는 피의자신문에 참여한다고 볼 수 없을 것이다.

다. 검사의 피의자 신문시 검찰청수사관 등의 참여

1) 피의자신문의 주체와 참여자

검사가 피의자를 신문함에는 검찰청수사관 또는 서기관이나 서기를 참여하게 하여야 하고(형소법 제243조), 검찰수사서기관, 검찰사무관, 검찰주사, 마약수사주사, 검찰주사보, 마약수사주사보, 검찰서기 및 마약수사서기는 수사에 관한 조서 작성에 관하여 검사의 의견이 자기의 의견과 다른 경우에는 조서의 끝 부분에 그 취지를 적을 수 있다.(검찰청법 제46조④항)라고 규정하고 있다. 따라서 검사는 검찰서기이상을 참여시켜 조사를 하도록 되어 있다고 할 수 있겠다.

2) 검찰에서 피의자신문시 참여의 형태

검찰에서 피의자를 신문하는 형태는 4가지로 나누어 볼 수 있겠다.

첫째, 참여계장이 검사를 입회시키고 피의자를 신문하는 경우이다. 형사소송법에서 규정하고 있는 것과는 정반대의 상황이 벌어지고 있는 것이다. 둘째, 참여계장이 조사를 한 후 검사가 서명·날인하는 경우이다. 사실 대부분의 피의자신문이 이러한 형태로 이루어지고 있다고 할 수 있겠다. 셋째, 검사가 검찰서기 등을 입회시키고 피의자신문을 하면서 자신이 피의자신문조서를 작성하는 경우이다. 사실상 이것이 법 규정대로 하는 것이지만, 이러한 경우는 매우 드물다고 볼 수 있다. 넷째, 검사가 구두로 피의자를 신문하면 검찰서기 등이 그 내용을 조서에 기재하는 경우이다. 그나마도 이 경우는 양호한 것이라고 보아 야 할 것이다.

그러나 검사가 피의자를 구두 신문 할 때에 검찰서기 등이 진술조서를 작성하는 것에 대한 직접적인 근거는 없다고 볼 수 있다.

3) 법규상 바람직한 참여형태

검사는 검찰서기 등을 참여시켜 피의자나 참고인 신문을 하도록 규정되어 있다. 따라서 형사소송법 규정에 따라 검찰서기 등을 참여시키고 검사가 피의자를 신문한 후, 검찰서기 등은 그 내용을 지켜보고 자기의 의견이 다른 경우 조서말미에 그 내용을 기재하도록 하여야 할 것이다. 이렇게 조서가 성립되어야 형사소송법 제312조 ①항의 규정에 따라 성립의 진정이 인정되면, 피의자가 법정에서의 부인한다고 해도 증거능력이 인정될 수 있을 것이기 때문이다.

라. 사법경찰관의 피의자신문시 사법경찰관리의 참여

1) 피의자신문의 주체와 참여자

형사소송법 제243조(피의자신문과 참여자)와 검사의 사법경찰관리에 대한 수사지휘 및 사법경찰관리의 수사준칙에 관한 규정 제25조(영상녹화)⑦항, 범죄수사규칙 제77조(영상녹화시 참여자)를 종합해보면, 사법경찰관이 피의자를 신문할 때는 사법경찰관리를 참여시키도록 하고 있다.

2) 경찰에서 피의자신문시 참여의 형태

경찰에서의 피의자신문은 수사, 형사, 교통사고조사, 여성청소년 등의 기능에 관계없이 4가지 정도의 형태로 나누어 볼 수가 있다. 첫째, 사법경찰리가 피의자신문을 하고 사법경찰관이 참여하는 경우이다. 이 경우는 팀원이 조사를 하고, 팀장인 경위내지 경감이 한 사무실에서 대기하면서 피의자신문을 감독하는 형태이다. 사실 대부분이 이 형태로 이루어지고 있다고 할 수 있다. 둘째, 사법경찰리가 사법경찰리를 참여시키고 피의자신문을 하는 경우이다. 이 경우는 강력범죄수사팀의 경우 조원과 조장이 피의자를 신문하는 경우이다. 이 두 가지 경우에는 사법경찰리가 피의자를 신문시 사법경찰관의 명의로 조사를 받고, 신문 종료 후에 사법경찰관의 서명 · 날인을 받는 형태이다. 셋째, 사법경찰관이 사법경찰리를 참여시키고, 피의자를 신문하면서 조서를 작성하는 형태이다. 이 경우는 수사과 경제팀과 같이 경위급 간부가 많이 배치되어 있는 경우에 해당된다. 넷째, 사법경찰관이 피의자를 신문하고 사법경찰리가 조서를 작성하는 경우이다.

3) 법규상 바람직한 참여형태

사법경찰관은 사법경찰관리를 참여시키고 피의자신문을 하도록 규정되어 있다. 따라서 형사소송법, 검사의 사법경찰관리에 대한 수사지휘 및 사법경찰관리의 수사준칙, 범죄수사준칙의 규정대로 피의자신문을 하고, 영상녹화의 경우에는 조사실에 동석하도록 해야 할 것이다.

마. 형사소송법 제243조 참여의무규정 위반의 효과

1) 진술의 임의성

형사소송법에서 적법절차를 준수하도록 강조하고 있는 이유는 국민의 인권을 보장하기 위한 것이라고 할 수 있다. 또한 피의자신문에서도 각종 적법절차를 준수하는 이유는 진술의 임의성을 확보하기 위한 것이라고 할 수 있다. 피의자신문시에는 이에 대한 조서를 작성해야 하는데, 진술을 기재한 서류에 관하여는 진술의 임의성뿐만 아니라 서류작성의 임의성도 인정되어야 한다. 서류작성의 임의성이 인정되지 않으면 진술의 임의성도 부정된다(이재상, 2012).

2) 적법절차의 준수

참여자 없이 피의자신문이 이루어진 경우에 그 피의자신문조서의 증거능력을 인정할 수 있느냐의 문제이다. 피의자신문조서가 증거능력을 인정받기 위해서는 검사의 경우, 적법절차의 준수와 성립의 진정 그리고 특신 상태의 세 가지 조건을 구비할 것을 요구하고 있다. 그리고 사법경찰관의 경우에는 적법절차의 준수와 내용의 인정이라는 두 가지 조건을 구비할 것을 요구하고 있다. 따라서 '참여의무'라는 적법절차를 준수하지 않은 경우에는 증거로 사용할 수 없다고 보아야 할 것이다.

Ⅲ. 참여의무규정의 근거

1. 일제강점기의 형사소송법

가. 대정(다이쇼) 형사소송법

1922년(대정11년 5월 5일)에 제정된 대정 형사소송법 제10장에서는 피고인 신문에 관하여 규정하고 있다. 대정 형사소송법 제136조에서는 이 연구의 핵심인 피의자신문시 참여의무를 규정하고 있다. 제136조에서는 “피고인을 신문하는 때에는 법원서기를 입회하게 하여야 한다.”라고 규정하고 있다. 그리고 제139조에서는 제136조 피고인신문 규정이 피의자신문에도 준용되며, 검사가 피의자, 증인, 감정인, 통역인, 번역인을 신문함에는 반드시 법원서기의 입회을 요한다. 라고 규정하고 있다. 그리고 제139조의 단서에서 “사법경찰관이 이 처분을 하는 때에는 반드시 사법경찰리를 입회하게 하여야 한다.”라고 규정하고 있다. 따라서 우리나라의 현행 형사소송법 제243조 피의자신문시 참여의무 조항은 조선형사령 당시의 대정 형사소송법 제136조와 제139조에 근거를 두고 있다고 할 수 있을 것이다.

나. 조선형사령

조선형사령은 조선에 있어서 형사에 관한 실체적 규정 및 절차규정을 포괄하며, 대부분 형사에 관한 법규의 전체를 이루는 중요한 법전이다. 이중에서 피의자신문시 참여의무에 대하여는 조선형사령 제12조에서 근거를 찾아볼 수 있다. 제12조 제1항에서는 “검사는 형사소송법에 규정한 경우 이외에 사건이 금고 이상의 형에 해당하고, 급속한 처분을 요하는 것이라고 사료하는 때에는 공소의 제기전에 한하여 압수, 수색, 검증 및 피의자의 구인, 피의자 또는 증인의 신문, 감정, 통역 또는 번역의 처분을 할 수 있다.”라고 규정하고 있다. 그리고 제2항에서는 “전항의 규정에 의하여 검사에게 허여된 처분은 사법경찰관도 또한 이를 할 수 있다.”규정하고 있고, 제3항에서는 “형사소송법 제87조 제1항, 제88조 및 제131조의 규정은 전2항의 피의자의 구인에, 형사소송법 제1편 제12장 내지 제15장 중 검사 또는 사법경찰관이 하는 처분에 관한 규정은 전 제2항의 증인의 신문, 감정, 통역 또는 번역의 처분에 관하여 이를 준용한다."라고 규정하고 있다(법원도서관, 2005).

2. 미군정기의 형사소송법

미군정기간 동안 단행된 남한의 사법제도개혁사업 중에서 한국의 민주주의적 발전사상 주목할 만한 조치중의 하나는 군정법령 제176호에 의해 단행된 형사소송법의 개정(1948.3.20 공포, 1948.4.1 발효)이었다(심희기, 1995). 그러나 조선형사령 제12조에 근거하여 검사 또는 사법경찰관이 공소 제기전에 피의자를 신문할 수 있고, 형사소송법 제139조에 의하면 검사가 피의자 신문시에는 반드시 법원서기의 입회가 있어야 한다. 또한 사법경찰관리가 피의자를 신문하는 경우에는 사법경찰리가 입회를 하여야 한다는 것이다. 그러나 미군정법령 제176호 제24조에 의해서 폐지되는 것은 조선형사령 제12조(급속을 요하는 경우 공소제기전 피의자신문)를 폐지하는 것이지 형사소송법 제139조를 폐지하는 것이 아니기 때문에 검사 또는 사법경찰관이 피의자신문시 법원서기 또는 사법경찰리가 입회해야 하는 의무규정은 여전히 살아있다고 보아야 할 것이다.

Ⅳ. 외국의 입법례

1. 영국의 입법례(영국의PACE상 피의자신문과참여)

영국의 '경찰과 형사증거법', 즉 PACE(the Police and Criminal Evidence Act 1984)는 경찰의 권한 이외에도 형사절차상 증거에 관한 중요한 규칙을 담고 있다. 그리고 경찰의 수사상 권한과 세부적인 절차에 대해서는 실무규칙(Code of Practice)에서 규정하고 있다. 영국의 경우, 피의자 신문시 계급 구분 및 몇 명의 수사관이 참여해야하는 지를 규정한 법이나 규칙은 없다. 그러나 피의자신문시 보통 2명의 수사관이 참여하지만 때로는 수사관 1명이 참여한다. 보통 경미한 범죄인 경우에도 한 사람은 질문하고, 한 사람은 기록하여야 한다. 그리고 피의자신문 방법이 법령에 위배되더라도 증거능력이 무조건 배제되는 것은 아니다.

2. 미국의 입법례

미국 형사소송법은 대부분의 주에서 범죄수사, 체포와 수색, 치안판사의 최초 출두, 예비심문, 공소제기, 기소인부절차, 재판절차, 판결, 상소 등의 과정을 거치고 있는 것이 공통적이다(오경식, 2009). 미국 사법제도의 가장 큰 특징은 당사자주의(Adversary System)와 배심재판제도(Jury Trial)이다. 미국에서 소송의 중심은 소송당사자들이며, 이들이 선정한 배심원이 소송을 판정하는 역할을 한다는 점이 대륙법계의 특징인 판사중심의 재판진행과 본질적으로 다른 점이다. 특히, 미국 형사소송의 경우 당사자주의에 의하여 동등한 조건에서 당사자의 유무죄를 결정하기 때문에 공판에서 검찰에 의한 피고인신문제도는 인정되지 않는다는 점이 한국의 형사소송과 차별화된 부분이다(하혜경, 2011). 따라서 미국 형사소송법에는 검사나 사법경찰관리가 피의자를 신문할 경우에 서기나 사법경찰리의 참여의무에 대해서는 규정하고 있지 않다.

3. 프랑스의 입법례(피의자신문조서(Procès-verbal))

프랑스 사법경찰은 형사소송법에 근거하여 피의자, 참고인, 기타 사건관련 진술에 대하여 조서(Procès-verbal)를 작성한다. 특히, 피의자신문조서에 대하여는 우리나라와 마찬가지로 엄격한 형식적 · 실질적 요건이 요구된다. 사법경찰관은 범죄수사를 위해 관련자를 신문할 경우 형사소송법에 의해 출석을 요구할 수 있고, 출석에 불응하거나 불응할 우려가 있는 경우 검사의 허가를 받아 소환명령을 통해 출석을 강제할 수 있다. 또한 중죄로 체포된 피의자의 신문과정은 영상녹화를 해야 하고, 체포된 피의자는 즉시 변호인의 조력을 받을 권리를 요구할 수 있다. 그리고 형사소송법에 의해 작성되는 피의자신문조서는 진술의 임의성과 조서의 증거능력을 위한 여러 가지 형식적 요건(La forme) 갖추어야 한다. 그러나 프랑스의 경우에도 피의자 신문시 참여의무에 대해서는 규정을 두고 있지 않다.

4. 독일의 입법례

독일형사소송법에서는 피의자신문에 대하여 제10장 제133조부터 136조a까지에서 규정하고 있다. 독일의 형사소송법 및 형사소송규칙에는 사법경찰관의 피의자신문시 사법경찰관리를 참여하도록 하는 규정이 존재하지 않는다. 다만, 피의자의 도주 위험의 방지, 예상되는 저항행위로 인한 경찰관의 안전의 확보를 위한 경우 그리고 경찰관을 상대로 자주 고소를 하는 사람에 대한 신문, 성폭행 관련 고소를 자주하는 여성에 대한 신문, 복잡한 사안으로 인하여 장시간 지속되는 신문 등의 경우에는 경찰관 1명이 신문하는 것을 경찰 내부지시로 금지하고 있다. 결론적으로 독일 형사소송법에서는 검사나 사법경찰관이 피의자를 신문할 때에 서기나 사법경찰리를 참여하도록 하는 의무규정이 존재하지 않는다.

5. 일본의 입법례

일본 형사소송법은 미국의 형사절차를 모방하여 당사자주의를 대폭 도입하였다(히라라기토키오, 2012). 일본의 경우, 수사관은 범죄의 수사를 하는데 필요한 때에는 피의자(형소법 제198조 제1항) 및 피의자이외의 자(형소법 제223조 제1항)의 출석을 요구하고 이를 신문할 수 있다. 피의자에 대한 신문은 수사관이 소속된 조사실에서 이루어지지만, 검증 현장이나 범죄지 등으로 호출하여 신문할 수도 있고, 피의자의 현재지로 가서 신문할 수도 있다. 피의자신문조서의 작성방법은 조사관의 재량에 맡겨져 있다. 일본에서는 보통 1명의 경찰관이 단독으로 피의자를 신문하지만 필요에 따라서는 동료 경찰관이나 통역 등을 입회시키는 경우가 있다. 일본의 현행 형사소송법에서도 검사나 사법경찰관리의 피의자신문시 서기나 사법경찰리의 참여의무를 규정하고 있지는 않다.

6. 중국의 입법례

중국 형사소송법은 총4편 225개 조문으로 이루어져 있다. 이중에서 범죄피의자신문에 대해서는 제2편 제2장 수사 중에서 제2절 범죄피의자신문에서 규정하고 있다. 중국 형사소송법 제91조에서 "범죄피의자 신문은 반드시 인민검찰원 또는 공안기관의 수사 인원이 이를 담당하여야 한다. 신문을 할 때 수사 인원은 2인 미만이어서는 안 된다."라고 규정하여 피의자신문시 참여의무를 규정하고 있다. 또한 중국 범죄수사규칙에서는 "피의자신문시 수사 인원은 2인 이상이어야 한다. 이렇게 할 경우의 장점은 다음과 같다. 1. 물으면서 기록할 수 있기 때문에 업무의 효율성을 높일 수 있다. 2. 서로 감독을 하여 불법행위를 방지할 수 있고, 피의자의 모함을 방지할 수 있다. 3. 피의자에 의한 공격을 방지하고, 피의자신문을 원활하게 진행할 수 있다."라고 규정하고 있다.

또한 중국수사기관의 실무에서는 피의자신문조서를 신문필록이라고 하는데 여기에 우리나라와 같이 "사법경찰관 갑이 사법경찰리 을을 참여케 하고 피의자를 신문하다"와 같은 문구는 없고, 편지지와 같은 종이에 신문을 한다. 중국에서는 피의자를 신문할 때에는 반드시 2명이 신문하고, 특별히 중요한 피의자신문의 경우에는 3명이상이 신문하는 경우도 있다. 그리고 여자피의자의 경우에는 참여자나 조사자가 여경이 반드시 참여한다.

V. 참여의무규정위반의 문제점 및 개선방안

1. 참여의무규정의 문제점

가. 피의자신문조서의 증거능력 불인정

검사나 사법경찰관리가 작성한 피의자신문조서가 증거능력을 가지기 위해서는 적법절차와 방식에 따라 작성되어야 할 것이다. 따라서 형사소송법 제243조의 참여의무규정을 위반하여 작성된 피의자신문조서는 증거능력을 인정받을 수 없을 것이다.

나. 참여의무위반에 대한 민원제기

1) 국정감사 질의자료

2010년 경찰청에 대한 행정안전위원회 국정감사에서, 행정안전위원회 박대해 의원이 피의자신문과 관련된 질의자료를 배포하였다. 그 내용은"피의자신문에 반드시 경찰관 2명 참여해야"라는 제하에,

"0. 피의자를 신문할 때는 경찰관 2명이 입회하에 실시하게 되어 있음. 그러나 현실은 인력부족의 이유로 1명만 신문에 참여하는 것이 관행

0. 법 위반행위를 관행적으로 해서야 되는지?

0. 불공정한 수사로 억울한 피의자가 발생하지 않도록 피의자 신문시 경찰관

2명이 입회하는 현행 법규를 반드시 준수토록 바람"이라는 것이었다.

2) 참여의무위반에 대한 이의제기사례

피의자 이00(여, 40세)은 2013.1. 18. 22:30경부터 같은 날 23:20경 사이 대전 중구 대흥동 491-7번지 2층 설탕과 수박 술집에 손님으로 방문하여 일행과 술을 마시던 중, 자신의 테이블에 모르는 남자 2명이 허락 없이 합석하자 이에 흥분하여 종업원인 피해자 한00(남31세)에게 "내 허락 없이 이런 경우가 어디 있느냐, 주인 나와라."하며 소리를 지르자 이를 제지하며 나가달라는 피해자 한00에게 "너는 주인이라는 새끼가 손님을 나가라고 해."라며 멱살을 잡아 2회 흔드는 등 시비가 벌어졌다. 이로 인하여 피의자는 폭행, 모욕, 업무방해 등의 혐의로 검찰에 불구속 기소의견으로 송치되었다. 이에 대하여 피의자 이00(여, 40세)는 관할 00경찰서에서 사건이 종결된 이후에, 상급관청인 00지방경찰청 수사과에 피의자신문시 참여하지 않았다는 이유로 이의신청을 하였다. 즉, 폭행, 모욕, 업무방해 등의 발생사건을 수사하는 과정에서 사건담당자가 피의자신문조서에 기재한 참여경찰관은 조사에 참여하지 않고, 자기 자리에서 자기 할 일만 하였다는 것이다. 결국 사건 담당자인 피진정인만 진정인에 대한 수사를 하였음에도 불구하고 수사결과보고서에 '수사참여경찰관 경위 000, 경사 000, 000'이라고 기재한 것은 수사결과보고서를 허위로 작성한 것이라는 것이다. 이에 대하여 해당 상급관청인 00지방경찰청에서는 무혐의 처리하였으나, 피의자는 상급관청의 담당자를 상대로 검찰청에 진정을 한 상태이다.

라. 위법수사논란

형사소송법 제243조에서는 검사나 사법경찰관이 피의자를 신문할 때에는 반드시 참여자를 두도록 하고 있다. 그럼에도 불구하고 참여자 없이 피의자를 신문하여 얻은 증거는 위법한 방법에 의하여 수집한 증거에 해당된다. 이는 제308조의 2 "적법한 절차에 따르지 아니하고 수집한 증거는 증거로 할 수 없다."는 규정에 따라 아무리 범죄사실을 명백히 증명할 수 있는 증거라 하여도 사용할 수 없으며, 이러한 증거에 의한 수사는 위법수사논란을 피할 수 없을 것이다. 또한 법정에서 변호인이 이점을 부각시킬 경우 무죄판결로 이어질 가능성이 농후하다고 하겠다.

마. 국민의 신뢰추락

공공의 안녕과 질서를 유지하고 국민의 생명과 신체를 보호해야 하는 경찰의 입장에서는 국민의 신뢰가 가장 중요하다고 할 수 있다. 국민은 법을 집행하는 경찰은 반드시 법을 지킬 것이라고 믿는데, 법을 지켜야 할 경찰이 법을 지키지 않는다면 더 큰 비난을 면키 어려울 것이다. 아울러 국민들에게도 법을 지킬 것을 강요할 수 없을 것이다. 따라서 피의자신문시 참여의무규정을 지키지 않는다면, 이는 곧 국민의 수사기관에 대한 신뢰의 추락으로 이어질 수 있을 것이다.

2. 제도개선을 위한 정책적 제언

가. 형사소송법 제243조 참여의무규정의 폐지

형사소송법상의 참여의무규정은 원래 일제강점기에 조선인에게 적용되었던 형사사건 법규인 조선형사령에 의한 일본의 대정 형사소송법에 그 근거를 두고 있다. 그러나 일본도 이 규정을 삭제하였고, 미국과 영국, 프랑스, 독일 등도 형사소송법에 피의자 신문시 참여자를 두도록 의무화하는 규정을 두고 있지 않다. 또한 현실적으로 참여의무를 이행하는 것이 불가능하다고 할 수 있다. 따라서 참여의무규정을 폐지하는 것이 바람직하다고 생각한다.

나. 조서중심주의에서 공판중심주의로의 전환

현행과 같이 자백에 의존한 수사와 조서중심의 재판체제하에서는 경찰과 검찰의 고질적인 가혹행위, 강압수사, 밀실수사 등의 인권침해를 근절하기 곤란하다고 할 수 있다. 따라서 피의자신문의 문제점을 근본적으로 해결하기 위해서는, 모든 증거자료를 공판에 집중시켜, 공판정에서 형성된 심증만을 토대로 심판하는 공판중심주의로 전환해야 한다고 생각한다.

다. 피의자 신문시 변호인참여의 확대

피의자 신문시 참여자를 두게 하는 기본적인 이유는 진술의 임의성을 보장하기 위한 것이다. 진술의 임의성은 피의자신문에 변호인 기타 객관적인 제3의 감시자를 참여시키는 방법을 통해 확보하는 것이 가장 효율적이라고 할 수 있겠다(김정한, 2006). 그렇게 되면 성립의 진정이 인정될 경우에 그 피의자신문조서의 증거능력을 인정하기에 충분할 수 있을 것이다.

마. 진술녹화실의 대폭 확충

참여의무규정을 폐지하는 대신에 진술녹화실을 대폭 확충하여, 피의자신문의 전 과장을 녹화하도록 하는 것이 바람직하다고 생각한다. 현재는 트여진 공간에서 피의자신문을 하기 때문에 수사기밀이 누설될 수도 있고, 조사받는 피의자의 사생활이 노출될 염려도 있다. 또한 주변의 소음으로 인하여 수사에 방해를 받을 수도 있는 것이다. 그렇게 함으로써 단독조사로 인한 부작용을 최소화 할 수 있을 것이다.

바. 참여의무사건의 구체적 적시

형소법의 참여의무규정을 개정하여 피의자신문을 단독으로 한다고 하여도 피의자에 따라서 참여자를 두어야 하는 경우가 있을 것이다. 강력범죄의 피의자나 사회적으로 문제가 되는 중요사건의 피의자를 신문할 때에는 참여자를 두는 것이 바람직할 것이다. 따라서 모든 사건의 피의자신문에 참여의무를 둘 것이 아니라 범죄수사규칙 정도에서 참여를 해야 하는 경우를 구체적으로 적시하는 것이 바람직하다고 할 수 있겠다.

사. 수사기관의 의식개혁

검사나 사법경찰관은 관행이나 업무의 과중을 이유로 현행법을 위반하는 것을 당연시 할 것이 아니라, 피의자 신문시에 반드시 참여하도록 하여야 할 것이다. 아울러 적극적으로 이러한 불합리한 면에 대해서는 형사소송법을 조속히 개정할 수 있도록 문제제기를 해나가야 할 것이다.

15 범죄증거자료 제보시 범죄신고 보상금지급 방안

15. 범죄증거자료 제보시 범죄신고 보상금지급 방안

Ⅰ. 서 론

범죄사건의 해결에 있어서 국민의 제보가 결정적인 역할을 하는 경우는 헤아릴 수없이 많다. 따라서 국가에서는 범죄 신고자에게 보상금을 지급하는 등의 방법으로 이를 적극적으로 유도하고 있다. 그러나 현재의 보상금지급 체계는 범죄신고와 범인검거에 초점이 맞추어져 있어서 시대의 변화를 반영하지 못하고 있다고 할 수 있다.

현재의 사법제도는 피의자의 인권보호가 엄청나게 강화되어 있는데 반해서, 범죄사실과 범인, 증거를 확보해야 하는 수사기관의 입장에서는 현실적으로 많은 어려움이 있다. 특히나 증거를 제시하지 않으면, 무조건 범죄혐의를 부인하기 때문이다. 그 결과 조직폭력범죄나 마약범죄, 뇌물수수사건 등과 같이 증거확보가 어려운 사건의 경우에는 무죄판결이 나오는 경우가 심심치 않게 발생하고 있다. 따라서 수사기관의 수사능력만으로는 범죄를 구증 하는데 한계가 있다고 할 수 밖에 없고, 이를 악용하는 범죄는 더욱더 지능화되고, 그 숫자도 늘어날 것이 불을 보듯 훤하다. 이러한 현실적인 문제점을 해결하기 위해서는 국민들의 적극적인 협조가 필요하다고 하겠다. 그러나 과거와 같이 단지 범죄사실만을 신고하는 것만으로는 부족하고, 나아가 범죄사실을 입증할 수 있는 증거를 제공해 줄 수 있도록 하는 시스템이 구축되어야 할 것이다.

다행히 최근 들어 거의 전 국민이 스마트 폰을 사용하고, 차량에도 블랙박스를 설치하는 사람이 폭발적으로 늘어나고 있다. 따라서 이러한 사람들이 적극적으로 협조할 수 있도록 유도한다면, 증거확보에 커다란 도움이 될 것이라고 생각한다.

과거 교통사고의 경우, 교통사고가 나면 증거가 없어서 일단 큰소리부터 치고 보기 때문에, 경찰서 교통사고조사계는 하루 종일 시끄러웠다. 그러나 최근 들어 블랙박스가 늘어나면서 사고 장면이 정확하게 채증이 되어 있어서 잘못을 부인할 수 없게 되는 것이다.

블랙박스와 마찬가지로 거의 전 국민이 항상 휴대하고 다니는 스마트 폰의 경우에도 카메라와 녹음장치가 있어서 언제 어디서나 채증이 가능하고 심지어 동영상까지도 녹화가 가능하다. 따라서 스마트 폰이나 블랙박스를 통하여 확보한 증거를 수사기관에 제출할 경우에 보상금을 지급함으로써, 범죄를 해결할 수 있는 방안이 시급히 마련되어야 할 것이다.

특히, 제조와 판매가 점조직으로 이루어지기 때문에 검거가 어려운 마약범죄사건, 피해를 당하고도 보복이 두려워 신고를 하지도 못하고, 범인이 검거되어도 지시를 한 두목을 처벌하기 어려운 조직폭력사건, 주로 현금으로 주고 받기 때문에 혐의입증이 어려운 뇌물수수사건 등의 경우에 효과적인 증거확보 수단이 될 수 있을 것이다.

따라서 범죄 신고나 범인검거 뿐만이 아니라 범죄증거를 제공한 사람에 대해서도 보상이 이루어질 수 있는 방안을 제시해보고자 한다.

Ⅱ. 이론적 배경

1. 범죄증거자료

가. 범죄증거자료의 개념

증거란 사실인정의 근거가 되는 자료를 말한다. 증거는 증거방법 또는 증거자료의 두 가지 의미를 포함하는 개념이다. 증거방법이란 사실인정의 자료가 되는 유형물 자체를 말한다. 증인, 증거서류 또는 증거물이 여기에 속한다. 이에 대하여 증거자료란 증거방법을 조사하여 알게 된 내용을 말한다. 예컨대 증인신문에 의하여 얻게 된 증언, 증거물의 조사에 의하여 알게 된 증거물의 성질이 그것이다(이재상, 2008: 496).

그러나 본 논문에서의 범죄증거자료는 책에서 이야기하는 증거자료의 의미와는 약간의 차이가 있다고 생각한다. 왜냐하면 국민들이 증인을 신문할 수도 없을 뿐 아니라 증거물을 조사할 수도 없는 것이기 때문이다. 따라서 본 논문에서 "증거자료"의 의미는 범죄의 증거가 될 수 있는 모든 수사 자료라고 보는 것이 타당할 것이다.

나. 사인이 녹화한 컴퓨터디스켓

컴퓨터디스켓에 들어 있는 문건이 증거로 사용되는 경우에 그 컴퓨터디스켓은 그 기재의 매체가 다를 뿐 실질에 있어서는 피고인 또는 피고인 아닌 자의 진술을 기재한 서류와 다를 바가 없다고 할 수 있다. 그리고 컴퓨터디스켓은 압수 후의 보관 및 출력과정에 조작의 가능성이 있으며, 기본적으로 반대신문의 기회가 보장되지 않는 점 등에 비추어 그 기재내용의 진실성에 관하여는 전문법칙이 적용된다고 할 것이다. 따라서 형사소송법 313조 제1항에 의하여 그 작성자 또는 진술자의 진술에 의하여 그 성립의 진정함이 증명된 때에 한하여 이를 증거로 사용할 수 있다고 하겠다. 다만 컴퓨터 디스켓에 담긴 문건이 그 내용의 진실성이 아닌 그러한 내용의 문건의 존재 자체가 직접 증거로 되는 경우에는 그 증거능력이 인정된다는 것이 판례의 입장이다.(대판 1999. 9. 3. 99 도 2317)

1) 녹음 · 녹화물의 증거가치

스마트폰과 차량용 블랙박스 등을 이용한 녹음·녹화는 기록과 재생 능력의 면에서 기계적·과학적 정확성이 인간의 지각과 기억능력을 초월할 뿐 아니라 수록된 음성과 화면은 살아있는 것으로 높은 증거가치를 지닌 과학적 증거자료이다(정병하, 2003: 82).현재 스마트폰은 전 국민이 거의 한 대씩은 가지고 있다고 볼 수 있고, 차량용 블랙박스를 설치하면 보험료도 할인해 주고 있어서 블랙박스의 판매량이 연간 100만대를 넘어설 것으로 추산되고 있는 실정이다. 따라서 스마트폰이나 블랙박스로 녹음·녹화자료를 잘 활용한다면 수많은 범죄사건을 해결하는데 엄청난 도움이 될 것이다. 그렇다면 경찰에서는 스마트폰이나 블랙박스로 녹음·녹화한 범죄증거자료를 국민들이 적극적으로 제보할 수 있도록 제도를 갖추어나갈 필요가 있을 것이다. 물론 범죄의 피해자가 녹음·녹화한 범죄증거자료를 제출하는 경우에도 이를 적극적으로 받아들여야 할 것이다. 왜냐하면 피의자나 증인은 사건을 직접 경험한 사람이기 때문에 진실발견을 위하여 필요한 사실들을 더 잘 발견하고 수집할 수 있을 것이기 때문이다(최대호, 2007: 206).

2) 사인이 수집한 녹음 · 녹화물의 문제점

사인이 수집한 사진, 녹음, 녹화물은 높은 증거가치를 가진 증거자료이지만 촬영자와 녹화자, 편집자의 인위적인 편집의 위험성이 있음도 부인할 수 없다. 따라서 사진, 녹음, 녹화물의 증거능력을 인정하기 위한 요건이 문제가 된다. 특히 사인은 영장 없이 녹음, 촬영을 한 것이기 때문에 위법하게 수집한 증거라는 문제가 생긴다. 또한 영장 없는 녹음, 촬영이 인정된다고 하더라도 녹음, 녹화물에 전문법칙이 적용된다는 문제가 발생하게 되는 것이다.

3) 사진의 증거능력

사진은 과거에 발생한 역사적 사실을 렌즈에 비친 대로 필름 또는 인화지에 기계적으로 재생시킨 증거방법이므로 그 과정에 허위가 개입할 여지가 없다는 점에서 신용성과 증거가치가 높다는 것을 부정할 수 없다. 그러나 사진에 인위적인 오류의 위험성이 없는 것은 아니다. 사진에 있어서도 피사체의 선정이나 촬영조건은 물론 현상과 인화과정에 인위적인 조작의 가능성이 남아 있기 때문이다(이재상, 2008: 594). 사진은 사본으로서의 사진과 진술의 일부인 사진, 현장사진 등으로 나누어 볼 수 있지만, 범죄증거자료 제보의 경우는 사인이 범행상황과 그 전후 상황을 촬영한 현장사진이라고 볼 수 있을 것이다. 현장사진은 사실을 보고한다는 면에서 진술증거와 동일하다고 해야 할 것이다. 따라서 현장사진은 현장검증과 같은 기능을 가지는 것으로 보아 전문법칙이 적용되지만, 형사소송법 제312조 6항에 의하여 촬영자의 진술에 따라 진정하게 성립되었다는 것이 증명된 때에 한하여 증거능력이 인정된다고 하겠다(이재상, 2008: 596).

4) 녹음테이프의 증거능력

대법원은 통신비밀보호법을 위반한 비밀녹음은 위법이고, 그에 따른 증거는 증거능력이 없음을 분명하게 보여 주고 있다. 즉 대법원은 누구든지 공개되지 아니한 타인간의 대화를 녹음하는 것이 위법이므로, 사인이 피고인과 공소외인 간의 대화(제3자의 비밀녹음)를 녹음한 부분은 통신비밀보호법 제14조 제2항에 의해 증거능력이 없고, 피고인간의 전화통화를 녹음한 부분은 피고인의 동의 없이 불법 감청한 것으로 제4조에 의해 증거능력이 없고(제3자의 불법감청), 고소인이 피고인과의 대화를 녹음한(당사자의 비밀녹음) 것은 타인간의 대화를 녹음한 것이 아니므로 동법 제14조의 적용을 받지 않는다고 하였다. 따라서 통신비밀보호법이 금지하고 있는 제3자의 비밀녹음과 불법감청은 위법이고, 따라서 그 테이프는 증거능력이 없는 데에 반해 당사자비밀녹음은 통신비밀보호법의 규제대상에 포함되지 않으므로 형사소송법 제313조 제1항 단서에 따라 증거능력을 인정할 수 있다고 하였다.

5) 비디오테이프의 증거능력

대법원은 유아인 피해자들과의 상담내용을 사인이 촬영한 비디오테이프의 증거능력을 인정하였다. 대법원은 수사기관이 아닌 사인이 피고인 아닌 사람과의 대화내용을 촬영한 비디오테이프는 형사소송법 제311조, 제312조의 규정 이외에 피고인 아닌 자의 진술을 기재한 서류와 다를 바 없다고 판시하였다. 그리고 피고인이 그 비디오테이프를 증거로 함에 동의하지 않는 경우에 그 진술부분에 증거능력을 부여하기 위해서는 첫째, 비디오테이프가 원본이거나 원본으로부터 복사한 사본일 경우에는 복사과정에서 편집되는 등 인위적인 개작 없이 원본의 내용 그대로 복사된 사본이어야 한다. 둘째, 형사소송법 제313조 제1항에 따라 공판준비나 공판기일에서 원진술자의 진술에 의하여 그 비디오테이프에 녹음된 각자의 진술내용이 자신이 진술한 대로 녹음된 것이라는 점이 인정되어야 한다고 판시하였다. 또한 비디오테이프는 촬영 대상의 상황과 피촬영자의 동태 및 대화가 녹화된 것으로서 녹음테이프와는 달리 피촬영자의 동태를 그대로 재현할 수 있기 때문에 비디오테이프의 내용에 인위적인 조작이 가해지지 않은 것이 전제된다면, 비디오테이프의 촬영·녹음된 내용을 재생기에 의해 시청을 마친 원진술자가 비디오테이프의 피촬영자의 모습과 음성을 확인하고 자신과 동일인이라고 진술한 것은 비디오테이프에 녹음된 진술내용이 자신이 진술한 대로 녹음된 것이라는 취지의 진술을 한 것으로 보아야 한다고 판시하였다.

2. 범죄신고 보상금제도

가. 범죄신고 보상금제도의 개념

범죄신고 보상금제도는 불법행위나 불공정 행위 등 위·탈법 행위를 관계기관에 신고하고 그 신고자가 규정된 보상금(포상금)을 받는 것을 의미한다. 범죄신고 보상금제도의 범죄신고 보상금은 규제대상이 광범위해지고 정부가 행정력의 미흡으로 인해 모든 대상에 대해 일일이 효과적으로 규제하기 어려운 경우, 국민들에게 규제대상행위의 위반에 대해 신고를 하게하고, 이에 대한 반대급부로서 제공하는 금전적 보상이다. 범죄신고 보상금제도는 최근 우리 국민들의 법 경시 풍조에 경종을 울리고, 국민들의 적극적인 범죄신고 및 고발정신을 높인다는 취지에서 도입된 것이라고 할 수 있다. 따라서 범죄신고 보상금제는 단순히 범죄 신고자에 대한 금전적 보상만 이루어지는 것이기 보다는 경찰의 각종 범죄예방 및 진압에 대한 대상자들의 참여와 감시를 이끌어내는 수단이라고 할 수 있다. 따라서 범법자들의 범죄행위에 대한 모니터링이 어렵고, 비용이 많이 들며 지속해야 할 치안정책의 확보 수단으로 도입된 것이 범죄신고 보상금제도라고 할 수 있을 것이다.

나. 신고보상금지급의 기준

범죄신고 보상제도를 시행하기 위해서는 사전에 보상을 해주는 대상 행위와 그 행위에 대한 보상금액을 정해 놓아야 할 것이다. 그렇지 않으면 신고자와 경찰관서간에 분쟁의 소지가 다분하기 때문이다. 따라서 보상금을 지급하는 기준의 적정성과 운용상의 적정성을 구비하여야 할 것이다. 우선 신고자의 행위 측면에서 본다면, 신고한 범죄의 경중, 제보한 증거의 증명력, 범죄적발의 난이도, 신고과정의 적극성, 신고내용의 정확성 등이 기준이 되어야 할 것이다. 그리고 지급액수의 측면에서 확보된 예산의 범위, 해당 범죄에 대한 사회적 수긍 정도, 범죄 신고를 유도할 수 있을 정도의 금액 등이 고려되어야 할 것이다.

다. 신고보상금제도의 문제점

범죄신고 보상금제도는 법규 준수, 범죄의 감소 등 경찰활동에 큰 도움을 주기도 하지만, 불신 풍조의 조장, 사회적 갈등 유발 등의 문제점도 내포하고 있다. 첫째, 범죄신고 보상금의 법적근거가 미비하다는 점이다. 법률, 시행령, 시행규칙, 행정규칙 등 다양한 근거규정으로 보상금이 지급되고 있는데, 감사원이나 경찰청의 보상금이 행정규칙에 의존하고 있는 것은 문제가 있다고 생각한다. 즉,

법률의 근거 없이 신고보상제도가 시행될 경우, 정책의 지속적인 추진이나 예산의 확보가 곤란하다는 것이다(이계경, 2005). 둘째, 범죄신고 보상금제도는 프라이버시의 침해가 발생할 수 있다는 것이다. 신고보상금제도는 신고자의 신고를 그 기반으로 하는데, 대부분의 신고는 보통 파파라치(전문신고꾼)에 의해서 이루어진다. 그런데 전문신고꾼들은 위법행위에 대한 증거를 확보하기 위해서, 몰래카메라를 이용하여 피신고자의 인적사항과 위반행위 및 당사자의 얼굴을 촬영하는 경우가 많다. 따라서 이 경우에 개인의 사생활침해나 초상권 침해 등의 문제가 발생할 수 있다는 것이다. 셋째, 파파라치(전문신고꾼)의 등장이다. 현행 신고보상금제도의 문제점 중에서도 사회적으로 가장 많은 지탄을 받고 있는 것이 보상금을 노린 파파라치의 등장이다. 일반 시민의 참여 속에 각종 사회위법행위를 근절하기 위하여 도입된 신고보상금제도가 위반행위의 길목을 노린 파파라치 때문에 포상금 독식과 위반자의 반발 등 각종 부작용이 일고 있는 것이다. 또한 사회의 원동력인 젊은 노동력들이 단기에 돈을 벌수 있는 신고포상금제도의 파파라치가 된다는 점에서 그 문제의 심각성이 더 크다고 할 것이다(김강현, 2007: 99~101). 넷째, 국가의 공적 업무를 개인에게 전가한다는 비판을 받을 수 있다는 점이다. 본래 국가가 행정력과 자원을 통해 해결해야 하는 문제를 시민에게 떠넘김으로써 스스로의 역할을 포기한다는 비판을 받을 수 있다고 하겠다(조병인, 1998: 451).

Ⅲ. 범죄증거자료 제보환경 분석

최근 들어 범죄증거자료를 확보할 수 있는 수단으로서 가장 각광을 받고 있는 것이 CCTV라고 할 수 있다. 범죄예방이나 교통관리 등의 공공의 목적에서 뿐만 아니라, 민간차원에서도 회사나 가정, 개인의 안전을 확보하기 위해서도 CCTV가 설치되고 있다. 이러한 CCTV에 녹화된 영상을 통하여 범인검거와 증거확보가 이루어지고 있다. 이와 더불어 4천만대에 이르는 스마트폰을 통한 범죄증거자료 확보를 유도할 수 있는 적절한 방안이 모색되어야 할 것이다. 그리고 720만대 정도가 보급된 차량용 블랙박스를 이용하여 증거자료 확보 및 제보를 유도

할 수 있도록 한다면 차량에 의한 교통사고 등 엄청나게 많은 범죄를 해결할 수 있을 것이라 생각한다. 따라서 여기에서는 스마트폰과 블랙박스, CCTV 등에 대한 이용 및 설치현황에 대하여 분석해보고자 한다.

1. 스마트폰의 활용

가. 스마트폰의 개념

스마트폰이란 일반 PC와 같이 범용 운영체제를 탑재하여 다양한 모바일 앱을 자유롭게 설치 및 실행할 수 있는 휴대폰이다. 모바일앱이란 스마트폰에 맞춤된 응용소프트웨어로서 게임, 전자책, 지도 등 다양한 서비스를 제공한다. 앱 스토어를 통해 자신이 원하는 앱을 구하고, 스마트폰에 추가하여 이용할 수 있다. 스마트폰의 특성은 3G, 4G, LTE, Wi-Fi 등을 통해 시간과 공간에 관계없이 무선 인터넷에 접속할 수 있다는 것이다. 또 다른 특징은 이용자가 원하는 앱을 다운로드 받아 자유롭게 설치하여 사용할 수 있다는 것이다. 이용자는 모바일앱 이용동기에 따라 원하는 앱을 직접 선택하여 설치하므로 서비스 이용환경, 플랫폼, 콘텐츠는 기존보다 더욱 이용자 위주로 변화하게 된다(윤형보외, 2013: 32~42).

스마트폰의 특성은 플랫폼적 기능, 컨텐츠적 기능, 인터페이스적 기능으로 구분할 수 있다(최원석, 2010). 먼저 플랫폼적 기능인데, 플랫폼이란 컴퓨터의 OS(Operating System)를 말한다. 즉, 컴퓨터의 시스템을 제어하고 소프트웨어를 관리하는 프로그램이다. 특히 스마트폰의 가장 중요한 특징으로 플랫폼을 주목하는 이유는 최근 글로벌 시장에서 소프트웨어 혹은 하드웨어인 '오픈소스'가 대세이기 때문이다. 이러한 플랫폼적 기능의 장점으로는 첫째, 무선 인터넷과 접속편의성을 들 수 있다. 스마트폰은 휴대전화의 주된 특성이라 볼 수 있는 통화기능 뿐만 아니라 이동하면서 무선으로 인터넷을 사용 가능하다는 점이 큰 특징이다. 이러한 인터넷의 사용은 소셜네트워크서비스(SNS Social Network Service)인 카카오톡, 페이스북, 트위터 등을 쉽게 사용할 수 있는 환경을 제공하였으며, 이는 스마트폰이 기존의 휴대전화와 가장 차별화되는 요소이다. 둘째, 스마트폰의 범용 OS의 탑재로 인한 디지털 컨버젼스(Digital Convergence)가 활용되었다는 점이다. 디지털 건버전스란 하나의 기기와 서비스에 모든 정보통신기술을 묶은 새로운 형태의 융합 상품을 말하는데, 스마트폰은 전화기, 카메라, MP3, 네비게이션, USB, 게임 등이 한 기기 안에 융합된 형태로 사용가능하다. 또한 홈네트워크나 사무기기와의 연동을 통해 무한대로 발전될 수 있는 것을 그 특징으로 한다.

스마트폰의 컨텐츠적 기능으로는 사용자들이 능동적이고 선별적으로, 자신이 원하는 어플리케이션을 설치하여 사용할 수 있다는 점이다. 기존 휴대전화 사용자들은 구입시 설치된 프로그램이나 제한적인 유료 소프트웨어 등을 사용할 수 있었다. 그러나 스마트폰은 서비스의 기능과 확장이 무한하기 때문에 보다 적극적으로 개인의 취향이나 선호에 맞게 확장적으로 소프트웨어를 사용할 수 있다. 또한 사용자에 따라 차별화된 정보를 제공할 수 있다. 위치기반서비스를 기반으로 이용자의 위치 파악 등 개인이 원하는 정보를 선별적으로 제공할 수 있다. 그리고 차별화된 정보 제공 방법의 하나로 스마트폰의 푸시기능을 들 수 있다. 이용자가 인식하지 못하지만 이용자에게 제공가치가 있을 것으로 판단되는 정보를 서비스제공자가 팝업창을 통해 능동적으로 전달해 주는 기능이다.

스마트폰의 또 다른 특징적인 기능은 인터페이스적 기능이다. 스마트폰은 터치스크린 방식이며, 액정 스크린을 통해서 다양한 소프트웨어를 구현할 수 있다. 따라서 스크린의 선명도, 크기, 터치감 등의 인터페이스적 요소들이 스마트폰에 대한 사용자의 만족도를 결정짓는 중요한 요소가 되었다.

나. 스마트폰 가입자 현황

국내에서 스마트폰에 의한 미디어 산업의 변화에 관심이 높아진 것은 2009년 말 출시된 애플의 아이폰이 계기가 되었다고 볼 수 있다. 아이폰이 출시되면서 하반기 동안 휴대폰사업자의 스마트폰 출시 경쟁으로 스마트폰 보급이 급속히 확대되었다. 미래창조과학부의 자료에 의하면, 2011년 2천2백만 명, 2112년 3천2백만 명, 2013년 3천7백만 명, 2014년 4천만 명을 돌파하여 스마트폰 대중화 시대가 개막되었다고 할 수 있다.

다. 스마트폰을 이용한 범죄증거자료 수집가능성

첫째, 스마트폰은 카메라, 녹음, 동영상 촬영기능이 있어서 언제, 어디서나 범죄 현장이나 사고 장면 등을 사진으로 찍을 수도 있고, 불법적인 대화 내용을 녹취할 수도 있다. 나아가 범행 장면을 생생하게 동영상으로 녹화할 수도 있는 것이다. 둘째, 스마트폰은 단순한 휴대전화기능 뿐만 아니라 시간과 공간에 관계없이 무선 인터넷에 접속할 수도 있다. 따라서 스마트폰은 SNS기능 등을 활용하여 실시간으로 촬영한 영상을 경찰관서에 신고할 수도 있고, 경찰이 필요한 사항에 대해서는 협조요청도 가능한 쌍방향소통 도구이다. 셋째, 2014년 4천만 명 이상이 거의 24시간 스마트폰을 휴대하고 다니기 때문에, 마음만 먹으면 언제든지 목격한 범죄현장을 촬영할 수 있다. 이는 스마트폰을 통하여 전 국민이 범죄에 대한 감시자의 역할을 할 수 있는 가능성을 보여주는 것이라 할 수 있다. 문제는 어떻게 하면 국민들이 관심을 가지고 범죄 현장이나 사고 장면 등을 촬영하여 경찰에게 제보할 수 있는 여건을 조성하느냐 하는 것이다.

2. 차량용 블랙박스의 활용

가. 차량용 블랙박스의 개념

차량용 블랙박스(EDT Evident Data Recorder)란 교통사고 전후의 사고발생 영상, 발생위치, 속도, 가속도, 음성 등을 자동으로 기록하는 장치를 말한다. 주된 기능으로는 사고 상황 녹화(사고 전 10~14초, 사고 후 6~10초), 상시 녹화(12~24시간), 주차 녹화 기능 등이 있다.

원래 블랙박스라는 용어는 비행기에 장착된 블랙박스에서 유래된 용어인데, 차량용 블랙박스라 함은 카메라에 의한 영상정보, GPS에 의한 위치정보 및 속도정보, G-센서에 의한 가속도 정보 그리고 녹음기에 의한 음성정보의 기록 및 저장을 주요기능으로 하는 제품을 말한다. 한편 차량용 블랙박스 외에 디지털 운행기록계가 있는데, 디지털운행기록계는 차량 내부에서 추출해 내는 속도정보, 가속도정보, RPM정보, 브레이크 정보, 방향지시등 정보, 연료소모량 정보 등을 기록하는 장치를 말한다. 결론적으로 말하면 완벽한 의미의 차량용 블랙박스는 영상 블랙박스 기능과 디지털운행기록계의 기능을 모두 갖춘 것을 의미한다고 할 수 있다(설재훈, 2012: 2~3). 차량용 블랙박스를 설치하는 경우의 효과로는 첫째, 경비절감 및 사고감소 효과를 들 수 있다. 블랙박스를 장착하게 되면, 연간 3~5%의 보험료를 절감할 수 있다. 그리고 사고 감소로 인한 지불 보험료 및 수리비용이 절감되고, 안전운전을 하게 됨으로써 연비절감 효과 등을 기대 할 수 있다. 그리고 2008년부터 2011년까지 인천광역시 법인택시에 의한 교통사고 통계를 분석해본 결과, 차량용 블랙박스를 설치한 이후 사고건수는 17.7%, 사망자수는 18.9%, 부상자수는 19.1%감소한 것으로 나타났다. 둘째, 교통사고 원인을 규명하는 효과가 있다. 차량용 블랙박스 설치를 통해 사건의 시시비비를 가리기 힘든 교통사고가 발생시에 녹화된 영상을 통해 사고의 명확한 원인을 규명할 수 있고, 이를 통해 억울한 손실을 막을 수 있다는 장점이 있다(설재훈, 2012: 5~8). 차량용 블랙박스의 보급을 확대하기 위해서는 첫째, 사업용과 자가용으로 구분하여 체계적으로 보급을 늘려나가는 것이 필요할 것이다. 택시부터 장착이 시작된 블랙박스는 차차 버스, 화물차로 확대하고, 2~4년 후에는 법적으로 의무화 시킬 필요가 있을 것이다. 그리고 자가용의 경우에는 자동차 보험료 할인혜택 홍보 및 장착 권장을 통해 점진적으로 확대해 나가는 것이 필요하다고 생각한다. 둘째, 블랙박스 장착을 의무화하는 법률을 제정하는 것이 필요하다고 생각한다. 자동차 제조사업자가 영상기록장치를 의무적으로 설치하도록 함으로써 교통사고 상황파악과 범죄예방에 활용할 수 있도록 하는 것이 필요할 것이다. 셋째, 블랙박스에 사고영상 전송기능을 도입하는 것이 바람직할 것이다. 자동차 사고 발생시 자동으로 사고장소, 사고시각, 차량정보 등이 중앙센터(112센터)로 송신되도록 함으로써, 신속하게 교통사고 환자를 구호하고 사고처리에 대응할 수 있기 때문이다(설재훈, 2012: 8~10).

나. 차량용 블랙박스의 보급현황

산업조사 전문기관인 IRS글로벌에서는 '2014년 자동차용 블랙박스 시장전망과 사업전략 모색을 위한 종합 분석' 이라는 보고서를 발간하였다. 이보고서에 의하면, 2008년 4만7천대 정도였던 블랙박스 보급대수가 2010년에는 38만 6천대로 늘어났다. 그리고 2012년에는 155만대, 2014년도에는 240만대로 늘어날 것으로 추정된다. 따라서 지금까지 총 누적 보급대수는 720만 2000대가 자동차용 블랙박스를 장착할 것으로 추정된다. 블랙박스 시장은 국내뿐만 아니라 해외 각지에서도 장착 의무화 움직임이 빠르게 커지고 있다. 이미 유럽은 2010년부터 모든 차량에 블랙박스 장착을 의무화했으며, 미국도 2011년부터 4.5톤 이하 모든 차량에 부착할 것을 지정한 바 있다. 일본은 이미 2004년 자동차용 블랙박스 도입을 실시했으며, 대형 택시업체를 중심으로 자동차용 블랙박스 장착을 의무화하고 있다. 중국도 도로교통법을 개정해 보든 트럭, 버스, 택시에 첨단 운행기록장치 부착을 의무화 했다(뉴스와이어, 2013).

다. 블랙박스를 이용한 범죄증거자료 수집가능성

현대인의 생활에 있어서 자동차는 필수품이라고 할 수 있을 것이다.

그러나 자동차는 교통사고의 위험성이 항상 존재하는 것이고, 최근에는 차량을 이용한 보험범죄가 크게 늘어나는 경향이 있다. 따라서 차량에 의한 사고와 범죄를 예방하고, 뺑소니 사건 등 교통범죄를 해결하기 위해서는 차량용 블랙박스의 장착을 의무화하는 것이 바람직 할 것이다. 차량용 블랙박스는 차량의 전방뿐만 아니라 후방에서 발생하는 것에 대해서도 영상녹화가 가능하다. 또한 차량의 운행 중에만 녹화되는 것이 아니라 정지 상태에서도 24시간 녹화가 가능하다. 더군다나 관련 기술의 발달로 인하여 과거에 비해서 보다 선명하게 녹화할 수 있게 되었다. 또한 블랙박스로 녹화한 영상을 내비게이션 화면으로도 볼 수 있고, 스마트폰으로 영상을 받아 볼 수 있게 되었다. 따라서 차량용 블랙박스는 움직이는 범죄의 감시자로서 역할을 하기에 충분한 조건을 갖추고 있다고 할 수 있다. 차량용 블랙박스의 수요는 계속 늘어갈 것이고, 그 성능도 더욱 발전할 것으로 예상된다. 따라서 블랙박스로 촬영된 범죄증거자료를 경찰에게 제보하여, 수사자료 내지는 범죄를 입증할 수 있는 증거자료로 활용할 수 있는 방안을 마련할 필요가 절실하다고 할 수 있을 것이다.

3. CCTV의 활용

가. CCTV의 개념

CCTV(Closed Circuit Television)(영상정보처리기기)는 일정한 공간에 지속적으로 설치되어 사람 또는 사물의 영상 등을 촬영하거나 이를 유무선망을 통하여 전송하는 일체의 장치로써, 폐쇄회로(CCTV) 및 네트워크 카메라를 의미한다(개인정보보호법 제2조 제7호). 이러한 CCTV는 현재 의료계, 교육 현장, 산업현장 등에서 광범위하게 사용되고 있다. 또한 범죄예방, 교통, 방재, 기초질서 단속, 국방, 경호 등 광범위한 분야에서 활용되고 있다. CCTV는 사회전반에 광범위하게 활용되고 있지만, 치안활동과 관련된 범위에서 살펴보면 다음과 같다. 첫째, 방범용 CCTV로 범죄 예방과 검거, 증거자료를 확보하기 위하여 설치된 것이다. 주로 주택가나 공원, 범죄 다발지역에 설치하여 운영하고 있다(류재화, 201: 16~17). 둘째,

교통흐름 조사용 CCTV로서 특정한 차량이나 개인을 촬영하는 것이 아니라 교통흐름의 실시간 모니터링을 위한 것으로 녹화는 되지 않고 있다. 셋째, 교통법규위반 등 단속용 CCTV이다. 이 CCTV는 과속차량, 신호위반, 버스전용차선 위반 등의 교통법규 위반차량을 단속하는데 사용되며, 범칙금부과에 따른 민원에 대비해 일정기간 보존의 필요성이 있다. 넷째, 수배차량 감지용 CCTV이다. 이 CCTV는 주행중인 자동차 번호를 자동 판독하고 수배차량번호와 비교하여 신속하게 범인을 검거할 수 있는 차량번호자동판독기시스템의 일종이다. 기타 세관에서의 밀수 감시용 야간 CCTV와 총기류밀반입감시용 CCTV, 산림청이나 지방자치단체에서 설치하는 산불감시용 CCTV, 쓰레기무단투기 단속용, 개인의 건물 및 시설 등에서 시설 등의 보호를 위한 CCTV 등이 있다(조현빈, 2010: 264~265).

나. CCTV를 이용한 범죄증거자료 수집가능성

CCTV를 이용한 수사 자료나 증거확보는 현실적으로 다양하게 활용되고 있다. 곳곳에 설치되어 있는 방범용 CCTV뿐만 아니라 교통단속용 CCTV, 지자체에서 운용하고 있는 쓰레기투기 단속용 CCTV, 현금인출기에 설치되어 있는 CCTV, 편의점 · 은행 등에 설치되어 있는 CCTV 그리고 개인이 설치해 놓은 CCTV 등 모두가 범죄수사에 요긴하게 활용되고 있는 상황이다. 경기도 일대에서 연쇄살인을 했던 강호순도 대로변에 설치해 놓은 CCTV에 의하여 검거되었고, 서울 강동경찰서 관내에서 발생하였던 초등생 납치살해사건도 현금인출기의 CCTV에 찍힌 사진에 의하여 검거되었다. 또한 최근 강서경찰서에서 건축업자를 청부살해한 사건도 주변의 CCTV를 분석하여 현금을 인출하는 장면을 찾아내 검거하게 된 것이다.

Ⅲ. 범죄신고 보상금 지급방안

1. 범죄보상금 지급의 법적 근거 확보

가. 보상근거의 법률, 시행령에 규정

현재 운영 중인 범죄 신고보상금 제도는 「범죄 신고자 등 보호 및 보상에 관한 규칙」에 근거를 두고 있다. 이는 경찰청훈령으로 되어 있기 때문에 예산의 지속적이고 안정적인 확보가 곤란하다는 문제점을 내포하고 있다. 또한 「경찰관직무집행법」 및 동 시행령 등 상위법에 근거가 없이 운영되고 있다는 점에서 법률체계상 타당하지 않다고 할 수 있다. 그 결과 제1조 목적에서 "이 규칙은 범죄 신고자 등에 대한 생명 · 신체의 안전 및 비밀을 보장하고 범인검거공로자 및 테러범죄 예방공로자에게 적정한 보상금을 지급함으로써 범죄 신고의 활성화를 도모함을 목적으로 한다." 라고 규정하고 있어서, 여타 시행규칙이 "~합리적 운영절차를 규정함을 목적으로 한다.", "~ 필요한 사항을 규정함을 목적으로 한다." 등 필요한 세부적인 절차를 규정하고 있어서 형평성에 맞지 않는 규정을 하고 있는 것이다. "~범죄 신고의 활성화를 도모함을 목적으로 한다."는 것은 법률로 규정함이 타당하다고 할 수 있겠다. 따라서 범죄 신고에 대한 보상금을 지급할 수 있는 근거를 법률과 시행령에서 규정하고 나서, 그 구체적인 절차 및 기준을 시행규칙에서 정하도록 하여야 할 것이다.

나. 범죄증거자료 제보시에도 범죄신고 보상금 지급

범죄증거자료 신고자에 대한 보상금 지급은 현재의 범죄 신고자에 대한 보상금 지급과 형평성이 가장 먼저 고려되어야 할 것이다. 또한 현행 제도에서는 상한선만을 규정하고 하한선을 규정하고 있지 않은 점을 개선하여 상한선과 하한선을 규정할 필요가 있을 것이다. 이와 더불어 증거자료의 가치에 대한 평가가 필요하리라고 본다. 따라서 증거자료도 범죄해결에 결정적인 것과 수사의 단서를 제공하는 것으로 구분하여 보상금을 지급할 필요가 있을 것이다.

2. 신고수단의 인센티브 강화

가. 스마트폰에 신고 앱 설치시 통화료 지원

112신고의 경우 범죄사실만을 신고하는 것이지 범죄증거를 제공할 수는 없다는 문제점이 있다. 따라서 증거제보를 받기 위해서는 대부분의 핸드폰이 스마트폰이라는 점을 착안해보면, 스마트폰에 범죄 신고를 할 수 있는 앱을 설치하여 간편하게 목격한 범죄사실, 촬영한 영상, 녹음한 음성을 신고할 수 있게 한다면 범죄해결의 증거들을 손쉽게 확보할 수 있을 것이라 생각한다. 국민들 입장에서도 스마트폰에 평상시 범죄신고 앱을 설치해 놓으면 위기시에 신속히 신고가 가능할 것이다. 이것은 국민의 안전을 확보하기 위해서 선택이 아니라 필수적인 사항이라고 할 수 있을 것이다. 그러나 국민들에게 범죄 신고 앱을 설치하도록 강요할 수는 없는 것이기 때문에, 이를 유도하기 위해서는 통화료를 할인해 주고 이를 정부가 지원해주는 것이 합리적이라고 생각한다. 이는 국민의 안전을 위한 범죄예방 예산이라고 보아야 할 것이다.

나. 블랙박스 설치시 보험료 할인율 상향

현재 블랙박스는 400만대 정도가 보급되어 점차 증가 추세에 있다. 블랙박스를 설치할 경우 보험회사에서는 3~5%정도 보험료를 할인해주고 있고, 각종 교통사고의 발생시에 유용하게 사용되고 있는 상황이다. 그런데 블랙박스는 차량 운행시에만 촬영되는 것이 아니라 정지해 놓았을 경우에도 녹화가 되기 때문에, 범죄현장 주변에 주차되어 있던 차량의 블랙박스녹화화면을 범죄증거로 활용할 수 있다면 경찰의 범죄수사에 큰 도움이 될 수 있을 것이라 생각한다. 따라서 블랙박스의 설치를 적극적으로 권장하고, 여기에 녹화된 범죄관련 증거화면을 제보할 수 있도록 한다면 경찰 수만 명을 증원하는 효과가 발생할 수 있을 것입니다. 따라서 차량용 블랙박스를 설치할 경우 보험료 할인율을 현행보다 훨씬 더 높이고, 제조회사와도 협의를 통해 블랙박스 설치비를 낮출 수 있도록 하는 것이 범죄의 예방 및 검거에 획기적인 도움을 줄 수 있을 것이라고 생각합니다.

다. 범죄신고시 행정처분의 감면

범죄 신고를 적극적으로 유도하기 위해서는 그에 상응한 당근책을 적극적으로 발굴해 나갈 필요가 있을 것입니다. 그러나 보상수단이 금전일 경우에는 정부 예산을 한정되어 있기 때문에 그 이외의 수단으로서 행정처분을 감면해주는 방안을 연구해 볼 필요가 있을 것입니다. 예를 들어, 벌점을 깍아 준다든지, 음주운전시 면허정지 일수를 줄여준다든지, 과태료를 면제해 주는 등 다양한 행정처분을 감면해주는 방안이 강구되어야 할 것으로 생각됩니다.

3. 신고의 편의성 강화

가. 스마트폰으로 바로 신고 가능

국민들이 범죄와 관련된 증거자료를 제보하기 위해서는 동영상을 컴퓨터에 옮겨 사이버경찰청 홈페이지나 국민신문고에 접속한 다음 편집해서 올려야 한다. 그리고 위반 내용과 장소를 기입해야 하고, 신고자 신상정보를 알려야 하도록 되어 있다. 따라서 국민들이 범죄증거자료를 가지고 있다고 하여도 신고를 꺼릴 수 밖에 없는 것이다. 이러한 문제를 해결하기 위해서는 스마트폰으로 촬영한 범죄관련 영상을 간단한 버튼 조작으로 가능하게 할 수 있는 애플리케이션의 개발이 필수적이라고 할 수 있다. 그러나 IT강국인 우리나라에서 이정도의 기술은 충분히 개발이 가능하다고 생각한다. 그래서 스마트폰 제조회사에서 스마트폰을 만들 때부터 이러한 애플리케이션을 설치하도록 의무화한다면 범죄증거자료를 보다 폭넓게 수집할 수 있을 것이라고 생각한다.

나. 블랙박스 녹화내용 핸드폰으로 전송시스템 개발

자동차에 설치된 블랙박스는 인위적인 조작이 없이도 주행 중 또는 정지 중에도 범죄관련 증거자료를 녹화할 수 있는 장점이 있다. 그러나 녹화된 증거자료를 경찰에게 전송할 수 있는 시스템이 갖추어져 있지 않다는 단점이 있다. 그러나 최근에 삼육대의 학생이 지도교수와 함께 '원터치 교통위반 신고 애플리케이션을 개발하였기 때문에 이를 활용하면 블랙박스에 녹화된 증거자료를 수집할 수 있을 것이라고 생각한다. 이 앱을 실행하면 온라인으로 연결된 블랙박스 영상을 10~20초 분량으로 자동 편집해 운전자의 신상 및 위치 정보와 함께 경찰청 서버에 신고할 수 있다는 것이다. 이 앱을 이용하면 경찰의 업무량이 줄고 신고량은 크게 늘어 날 것이라고 볼 수 있을 것이다.

다. CCTV 녹화내용 핸드폰으로 전송

현재까지는 cctv에 녹화된 영상을 핸드폰으로 전송할 수 있는 시스템은 개발되지 않은 것 같다. 그러나 블랙박스 영상을 전송할 수 있는 앱이 개발되었기 때문에 cctv의 영상도 전송할 수 있는 앱을 개발할 수 있을 것이라고 생각한다. 국민 대다수가 스마트폰을 사용하고 이를 활용하여 스마트폰으로 촬영한 것, 블랙박스로 촬영된 것, cctv에 촬영된 것을 바로 경찰청에 신고할 수 있다면 범죄검거 및 예방은 획기적으로 개선될 수 있을 것으로 생각된다.

16 초동수사역량 강화방안

16. 초동수사역량 강화방안

Ⅰ. 서 론

2014년 4월 16 오전 8시 48분경 대한민국 전라남도 진도군 조도면 부근 해상에서, 청해진해운 소속의 인천발 제주행 연안 여객선 세월호가 침몰되어 탑승인원 476명 중 294명이 사망하고 10명이 실종되었다. 검찰은 이 사고의 책임자인 청해진해운(주)의 실질적인 소유주인 유병언에 대하여 횡령 · 배임 · 탈세 혐의로 구속영장을 청구하였다. 그러나 유병언은 구속전심사에 출석하지 않고 도주하였다. 이에 검찰은 유 전 회장 부자를 검거하기 위해 4월21일 특별수사팀을 꾸린 이래 검사 15명을 포함한 110여명을 투입했다. 또 경찰 2600여명과 해경 2100여명이 검거작전에 동원됐고 해경 함정 60여척도 해상 검문활동을 벌였다. 그러나 5월 26일, 검찰이 전남 순천 송치재 '숲속의 추억' 별장을 급습하여 압수 · 수색을 하고도, 통나무 벽안에 은신해 있던 유병언을 발견하지 못하고 놓치고 말았다. 그리고 경찰은 주민의 신고로 2014년 6월 12일 순천 송치재 휴게소에서 2.5km 가량 떨어진 매실 밭에서 부패된 남성의 시신을 한 구 발견했다. 그러나 경찰은 해당 변사체가 발견 당시 이미 부패가 시작된 상태로 훼손된 상태였기에, 시신을 무연고자로 보고 신원 확인을 위해 엉덩이뼈 일부를 떼어내 DNA 분석만을 의뢰했다. 그리고 경찰은 40여일이 지난 7월21일, 변사체와 유병언의 DNA가 일치한다는 국립과학수사연구원의 검사 결과를 통보받고 나서야 이 사체가 유병언이라고 발표하였다. 그동안 경찰은 이 시신의 머리카락과 뼈 등 증거물을 완전히 수거하지 않고 40여 일 간 방치한 사실이 드러났다. 그 이유가 시신이 고가의 점퍼와 구두를 착용하고 있었고, 유 전 회장으로 추정할 수 있는 여러 가지 유류품이 함께 발견됐지만 노숙자의 단순 변사인 것으로 판단했다는 것이다. 경찰은 시신이 유씨일 수 있다는 의심을 하지 않고 단순 변사 사건으로 처리한 것이다. 이 때문에 경찰은 즉각적인 정밀 부검을 하지 않았고, 시신은 한 달 넘게 순천장례식장 냉동실에 보관됐다. 경찰이 시신을 처음에 발견했을 당시, 제대로 된 신체 특징과 지문 확인을 했더라면 유 씨라는 것을 특정할 수 있었지만, 유류품과 시신의 상태를 자세히 살피지 않아 엄청난 수사력을 낭비한 꼴이 되었다. 그러나 경찰은 국과수의 DNA확인 있은 후 그동안 거들떠보지 않았던 유류품을 재조사하였다. 사체 발견 당시 스쿠알렌 1개, 막걸리 빈 병 1개, 소주 빈 병 2개, 천으로 된 가방, 직사각형 돋보기 1개가 있었다. 그리고 상의 점퍼는 고가의 이태리제 '로로피아나' 제품으로 확인됐고, 신발도 '와시바'라는 고가의 명품으로 밝혀졌다. 스쿠알렌 병의 제조사는 구원파 계열사인 한국제약이었다. 아울러 시신 주변에 있던 가방에는 유병언이 지난 2009년 작성한 설교집의 제목 '꿈같은 사랑'과 구원파가 발간하는 월간지 이름인 '글 사랑'이라는 문구가 적혀 있었다. 애초 제대로 수사했다면 40일 동안의 혼란은 없었으리란 얘기다. 여기에 발견 현장에 시신 머리카락과 지팡이 등 주요 증거물을 흘리고 온 사실까지 드러나면서 초동수사의 부실문제가 더 커졌다. [1]

그동안 검찰과 경찰이 연인원 145만 여명과 해경, 군대까지 동원하는 등 엄청난 국가예산과 인력을 낭비한 후였다. 검찰과 경찰의 부실한 초동수사로 인하여 공권력에 대한 국민의 신뢰가 깨졌고, 나아가 국민들은 정부를 불신하게 되는 결과를 초래하였다. 또한 유병언 사망의 진위여부 및 자・타살에 대한 소모적인 논란으로 혼란을 야기하게 된 것이다.

초동수사가 잘못되면 사건이 영원히 미궁에 빠져서 해결하지 못하게 되는 경우도 있고, 그 잘못을 깨닫고서 사건을 다시 수사하려고 해도 이미 많은 증거가 사라져버린 경우가 무수히 많다. 설사 이러한 어려움을 극복하고 실체적 진실을 밝혀 범인을 검거하게 되는 경우에도 또 다른 피해자가 발생하게 되고, 많은 예산과 인력을 낭비하게 되는 것이다.

따라서 이 논문에서는 먼저 경찰의 초동수사에 대해서 이론적으로 심도 있게 알아보고자 한다. 아울러 초동수사가 제대로 되지 않아 피해를 야기한 몇 가지 사례에 대해서 구체적으로 분석을 해보고자 한다. 이를 통하여 초동수사의 문제점이 무엇이고 그에 대한 대책을 제시해보고자 한다.

Ⅱ. 이론적 배경

초동수사란 넓은 의미에서는 처음 신고를 접수하고, 현장에 출동하는 활동, 그리고 범죄현장의 보존, 범인의 도주로를 차단하여 범인을 검거하는 긴급배치 등의 초동조치와 그 이후의 좁은 의미에서의 초동수사를 포함하는 개념이다. 좁은 의미의 초동수사는 범죄현장을 중심으로 한 수사와 피해자중심수사 그리고 피해품중심수사를 의미한다고 할 수 있겠다.

1. 초동수사의 개념

초동수사란 사건발생의 초기에 범인을 체포하고 증거를 확보하기 위하여 행하는 긴급한 수사활동을 말한다. 범인은 일단 범죄를 저지르고 나면 현장에서 벗어나려고 하기 때문에 신속히 출동하여 현장부근에서 검거하는 것이 가장 이상적일 것이다. 그러나 범인이 현장을 벗어나고 나면 피해자나 목격자, 기타 참고인 등의 인적증거를 확보하여 생생한 진술을 청취하는 것이 필요할 것이다. 아울러 범죄현장은 시간이 지남에 따라 변경이 되고, 현장에 남아있는 물적증거들은 흩어지게 된다. 따라서 이러한 물적증거 및 현장상황을 정확히 파악하여 수사자료로 활용할 수 있도록 하기 위해서는 신속한 현장중심의 초동수사가 사건해결의 성패를 좌우하게 되는 것이다.

2. 초동수사의 방법

가. 초동조치

초동조치는 신고접수에서부터 현장출동, 현장보존, 긴급배치를 포함하는 개념이다. 신고접수는 발생일시, 장소, 피해상황, 범인의 인상착의, 도주경로 등에 대하여 청취하는 것이다. 신고 접수시에는 접수자의 관할이 아니더라도 일단 접수후에 관할경찰서로 이첩할 수 있도록 해야 할 것이다. 일단 사건을 접수하면 공조수사를 위하여 주무부서에 보고하여야 한다. 제1보는 상세한 것을 듣기 전에 "00에서 00사건 발생"정도로 신속히 보고하고, 제2보에서는 피해상황, 범인의 추적상황, 수배를 요하는 사항 등을 보고하는 것이 필요하다. 그리고 현장에 출동해서 범행이 계속되고 있는 경우에는 이를 진압하고, 부상자가 있는 경우에는 지체없이 구호조치를 취하여야 한다. 그리고 범죄현장의 상태를 발생당시 그대로 보존하되 범죄를 실행한 지점뿐만 아니라 가능한 한 광범위하게 설정하여 보존하여야 한다. 이 지역에는 경찰통제선을 설정하여 로프를 치거나 표찰 기타의 표시를 하여 현장의 출입을 제한하여야 한다. 범인이 범죄현장을 벗어난 지 오래되지 않았을 경우에는 신속하게 경찰력을 배치하여 도주로를 차단하고 검문검색을 통하여 범인을 체포하여야 할 것이다.

나. 협의의 초동수사

범인이 현장을 벗어나 도주한 것으로 판단되면 본격적인 계속수사를 대비하여 현장중심수사, 피해자중심수사, 피해품 중심수사 등의 초동수사가 이루어져야 할 것이다.

1) 현장중심수사

현장중심수사는 증거의 보고인 범죄현장주변에서 유류품의 발견, 범행일시의 확정, 참고인의 발견, 지리감 등을 파악하는 수사 활동이다. 현장중심수사에는 탐문수사, 감식수사, 유류품수사, 수법수사, cctv수사 등이 있다. 탐문수사는 범인이외의 제3자로부터 범죄에 대하여 견문 또는 체험한 사실을 찾아다니면서 물어보는 것이다. 감식수사는 범죄현장에 각종 과학적 지식과 기술, 기구를 통하여 지문, 족적, 유전자 등을 찾아내어 범인을 검거하는 방법이다. 유류품수사는 범죄현장 및 부근에 남겨져 있는 범인의 흉기 · 착의 등 유류품에 대하여 출처를 추적하여 범인을 색출하는 수사방법이다. 수법수사란 범죄수법의 반복성 · 습관성에 착안하여 범죄 행위시에 나타난 수법유형을 분석 · 수집 · 대조함으로써 범인 여죄장물을 발견하고 범인을 검거하는 수사 활동이다. cctv수사는 범죄현장주변에 설치된 cctv에 녹화된 화면을 분석하여 범인을 검거하는 기법이다.

2) 피해자중심수사

피해자중심수사는 “왜 피해자가 피해의 당사자가 되었을까?”라는 점에 착안하여 범인을 검거하는 기법이다. 따라서 피해자의 인적사항, 피해자 및 가족의 생활상태, 재산상태, 교우관계, 가정 내부사정 등을 중심으로 수사를 진행하여 범인을 검거하는 수사방법이다.

3) 피해품 중심수사

피해품 중심수사는 범죄피해품의 소재·이동경로를 추적하여 그 보관자 또는 소지자를 발견하여 범인을 검거하는 방법이다. 피해품 중심수사에는 장물수사, 수표추적수사, 현금인출기수사, 신용카드사용내역추적수사 등이 있다. 장물수사는 범죄의 피해품을 확정하고, 장물의 종류·특징 등을 파악하여 그 이동경로를 추적하는 방법이다. 피해품을 찾기 위하여 장물수배, 임검조사, 장물수배서의 발행 등을 통하여 장물 및 범인을 발견하는 수사활동이다. 수표추적수사는 범죄현장에서 도난당한 수표의 사용처를 추적하는 기법이고, 현금인출기수사는 훔친 신용카드를 사용한 현금인출기에 찍힌 범인의 사진을 분석하여 범인을 검거하는 기법이다. 그리고 신용카드사용내역수사는 신용카드를 사용한 장소, 시간, 목격자 등을 찾아서 범인을 검거하는 수사방법이다.

Ⅲ. 초동수사의 문제점 사례 분석

1. 유병언변사사건(예산과 인력을 낭비한 사례)

가. 개 요

경찰은 2014.6.12. 전남 순천 송치재 휴게소로부터 2.3㎞ 떨어진 곳에서 유병언의 시신을 발견했다. 그러나 유병언일 수 있다는 의심을 하지 않고 단순 변사사건으로 처리했다. [2] 경찰이 시신을 처음 발견했을 때에 제대로 된 신체 특징과 지문 확인을 했더라면 유병언이라는 것을 특정할 수 있었을 것이다. 그러나 유류품과 시신의 상태를 자세히 살피지 않았다. 국과수에서는 시신 뼈에서 추출한 DNA가 유병언과 일치하고, 시신 오른쪽 두 번째 손가락에서 채취한 지문이 유병언의 지문과 일치한다고 밝혔다. 그리고 치아 상태와 유병언의 큰형 유병일의 DNA 대조 등을 통해 시신과 유 씨가 같은 인물임을 확인하였다. 또한 경찰은 장남 유대균의 구강세포 등을 채취해 국과수에 유전자 감식을 의뢰한 결과 유병언의 시신과 부자관계라는 사실을 통보 받았다고 밝혔다.

나. 문제점 분석

변사사건이 발생하면 수사간부가 현장에 임장하여 검시를 하고 범죄혐의점 유무를 확인해야 하는 것은 당연하다. 이때의 검시는 의학적으로 사체상태만을 확인하는 것이 아니라, 주변 상황을 종합적으로 확인하여야 하는 것이다. 그러나 순천경찰서에서는 너무나도 어이없게 변사사건을 처리하였다고 할 수 있다. 사체 주변에 널려진 입고 있는 의류, 신발, 책자, 스쿠알렌 등 소지품 등에 대한 철저한 감식이 있었어야 했다. 그리고 국민들의 모든 눈이 집중되어 있는 사건이 관내에서 진행 중이고, 수배자가 도주한 장소부근에서 발생한 변사사건이라면 당연히 대조를 해보아야 했을 것이다. 변사사건의 초동수사만 잘했어도 검찰과 경찰이 연인원 145만 여명과 해경, 군대까지 동원하는 등 엄청난 국가예산과 인력을 낭비하지는 않았을 것이다. 이 사건은 한마디로 초동수사인 현장중심수사 중에서 유류품수사가 전혀 이루어지지 않은 대표적인 사건이라고 할 수 있겠다.

2. 유영철 연쇄살인사건(추가적인 인명피해를 야기한 사례)

가. 개 요

연쇄살인범 유영철은 1년 가까이 살인 행각을 벌이면서 경찰을 비웃었다. 2003년 9월 24일 강남구 신사동 명예교수 이모씨(73)부부 살인사건의 경우, 부부모두를 쇠망치로 때려 두개골이 함몰되어 사망하였다. 장롱 안에 있던 패물과 현금 280마원은 손도 대지 않았다. 그리고 2003.10.9. 종로구 구기동에서도 할머니와 며느리, 아들 3명을 둔기로 때려 머리가 함몰되어 사망케 하였다. 2003.10.16. 강남구 삼성동에서도 피해자를 둔기로 머리를 때려 사망케 하였다. 2003.10.18. 종로구 혜화동에서도 2명의 둔기로 피해자의 머리를 때려 살해하였다. 그런데 위 4건 모두 금품은 손대지 않았다. 그럼에도 불구하고 경찰에서는 언론에서 동일범의 소행일 가능성을 보도하는데도 불구하고, 연쇄살인의 가능성을 인정하지 않았다.[2]이후에도 유영철은 수법을 바꿔 전화방도우미 및 마사지사 등을 살해하는 총21명을 살해하였다.

나. 문제점 분석

유영철 연쇄살인사건은 국민들을 온통 불안에 빠지게 했던 충격적인 사건이었다. 그러나 경찰의 초기 대응이 좀 더 체계적으로 이루어졌다면 21명이나 되는 피해자는 생기지 않았을 것이다. 첫째 망치로 머리를 때려 살해하는데도 불구하고 피해품이 없다는 것은 살인 자체를 목적으로 하는 연쇄살인의 전형적인 특징이다. 그럼에도 불구하고 초동수사의 기본인 범죄수법에 대한 분석이 전혀 이루어지지 않았다는 문제가 있다. 둘째, 여러 지역에서 발생한 유사사건에 대한 공조수사가 전혀 이루어지지 않았다는 것이 문제이다. 셋째, 기존의 원한관계나 치정, 강도목적의 살인과는 전혀 다른 살인을 목적으로 하는 연쇄살인과 같은 신종범죄에 대한 대응이 미흡하였다는 것이다. 그러나 결국 유영철사건도 초기에 범행 현장이나 범행수법 등에 대하여 면밀히 분석하여 체계적으로 대처하였더라면 추가범행을 막을 수도 있었을 것으로 생각한다. 결국 초동수사 중에서 수법수사가 제대로 이루어지지 않았기 때문이라고 할 수 있다.

3. 대전국민은행 강도사건(미궁에 빠진 사례)

가. 개 요

2001.12.21.10:00경 국민은행 둔산동 지점 지하층에서 불상자 2명이 권총을 쏘면서 3억 원이 든 현금호송가방을 강취하여 도주하였다. 범인 중 1명이 저항하는 호송요원에게 권총 2발을 발사하여 피해자는 현장에서 사망하였다. 범인들은 범행 장소에서 400m 떨어진 곳에 미리 대기시켜 놓았던 차량으로 바꿔 타고 도주한 사건이 발생하였다. 이에 경찰에서는 112신고를 받고 파출소순찰차, 형사기동대차 등을 현장에 출동시키고, 타격대는 출동대기토록 지시하였다. 이 후 전담반·특별수사반 운영 등 연 수사 인력 10,000며 명을 투입하여, 다각도로 수사활동을 전개하였으나, 아직까지 검거하지 못하고 미제사건으로 남아있다.

나. 문제점 분석

국민은행 강도사건은 초동조치가 미흡했다고 볼 수 있다. 첫째, 우선 순찰차가 현장에 신속히 출동했으나, 용의차량의 번호를 파악해서 신속히 전파해야 함에도 27분이나 지나서 보고하여 수배가 늦게 이루어졌다. 따라서 범인들이 무사히 도주할 수 있었다고 볼 수 있다. 둘째, 긴급배치가 사건 발생 후 70분이 경과한 이후에 이루어져 전혀 효과가 없었다. 셋째, 수사지휘체계가 미흡하였다. 이와 같이 중요한 사건이 발생하면 수사간부가 직접 지휘하여 신속한 초동조치가 이루어져야 함에도 사건 발생 후 1시간 20분이 지나서야 지휘가 이루어졌다. 한마디로 총체적인 초동수사의 부실이었다고 말할 수 있을 것이다. 이 사건은 초동수사 중에서 보고 및 전파, 수사긴급배치 등 초종조치가 미흡하여 영구히 미궁에 빠지게 되었다.

Ⅳ. 초동수사역량 강화방안

경찰의 초동수사역량을 강화하기 위해서는 여러 분야에서 다각적인 노력이 필요할 것으로 생각한다. 첫째, 초동수사에 대한 교육의 강화되어야 한다. 초동수사는 사건해결의 성패를 좌우한다고 해도 과언이 아니다. 그런데도 몇 십 년씩 경찰에 근무한 사람도 막상 초동수사를 어떻게 해야 할 것인가에 대해서는 잘 모르는 경우가 많다. 따라서 초동수사에 대한 체계적인 교육이 이루어져야 할 것이다. 둘째, 초동수사에 대한 FTX(현장훈련)를 지속적으로 실시하여야 할 것이다. 경찰의 업무는 긴급을 요하는 경우가 대부분이다. 따라서 상황이 발생시에 훈련받은 대로 거의 반사적으로 조치가 이루어져야 할 것이다. 셋째, 초동수사매뉴얼의 제작이다. 납치·유괴사건과 같이 피해자의 생명이 시간을 다투는 사건은 갑자기 닥치면 어떻게 해야 할지 당황하게 된다. 따라서 경찰에서는 여러 가지 상황을 가정해서 그에 맞는 매뉴얼을 제작하여 활용할 필요가 있다고 생각한다. 넷째, 사건분석시스템을 구축할 필요가 있다. 현재 우리 경찰의 수사역량은 어느 나라보다 수준이 높다고 볼 수 있다. 그러나 가장 부족한 부분이 사건분석시스템이다. 이는 지방청이나 경찰청단위에서의 문제가 아니라 실제 수사를 담당하는 일선 경찰서에도 구축할 필요가 있다. 일단 중요사건이 발생하게 되면 형사과장이나 계장, 팀장들은 상부에 보고하랴 수사 지휘하랴 정신이 없는 경우가 많다. 그래서 차분히 앉아서 전체적인 사건에 대하여 체계적으로 분석할 수 있는 사람이 필요한 것이다. 다섯째, 과학수사기법의 개발이 필요할 것으로 생각된다. 범죄는 하루가 다르게 신종수법이 생겨난다. 그러나 이를 검거하기 위한 수사기법은 이를 쫓아가지 못하는 경우가 많다. 따라서 경찰에서는 각자의 수사 노하우를 공유하도록 하고, 새로운 수사기법을 개발할 수 있도록 여건을 조성해 나가야 할 것이다. 여섯째. 국민의 협조이다. 범죄가 발생했을 때, 경찰이 신속히 출동한다고 해서 해결되는 것이 아니다. 국민이 신속히 신고를 해주어야 하는 것이다. 국민의 협조를 얻기 위해서는 평상시 협력관계를 잘 유지하고, 국민들에게 믿음을 주는 경찰이 되어야 할 것이다.

V. 결 론

경찰의 임무는 국민의 안전을 확보하는 것이다. 그것이 생명이든 신체든 재산이든 마찬가지 일 것이다. 그리하여 국민이 경찰을 믿을 수 있도록 하기 위해서는 범죄가 발생했을 때, 우왕좌왕, 허둥지둥 댈 것이 아니라 초동수사부터 철저히 하여 반드시 사건을 해결할 수 있도록 해야 할 것이다. 과거의 수사행태를 보면 발생사건에 대한 과학적인 분석에 의한 추리나 증거에 의한 수사가 아니라, 용의자수사나 망원에 의한 첩보수사에 치우치다가 일을 그르치는 경우가 종종 있었다. 그러나 이제는 사건에 대한 초동수사부터 철저히 하여 국민에게 믿음을 줄 수 있는 경찰이 되기를 기대해 본다.

【참고문헌】

강지남. (2005). " 한국의 연쇄살인범 동기분석". 「주간동아」. 1814: 44.

경찰청. (2008). 「공무집행방해 대응 매뉴얼」. 서울 : 경찰청.

곽대경. (2005). "주취자처리제도의 개선을 위한 보호법안의 필요성", 「한국공안행정학회보」 19 : 175-210.

곽병선 · 윤수홍. (2007). "보호조치의 문제점 및 개선방안". 「지역발전연구」, (7)1: 25-48.

공은경. (2009). "연쇄살인범 강호순 범죄분석". 「수사연구」. 306: 21~25.

권형준. (2007). "국회의원의 면책특권에 관한 고찰". 「경제연구」, 24(4): 9-26.

김동희. (2009). 「행정법 Ⅰ」. 서울 : 박영사.

김도우, 장석헌, "경찰의 범죄피해자 신변보호 위험성 평가도구에 관한 연구", 『한국경찰학회보』, 제18권 제2호(2016), 3-29면.

김동하. (2007). 인격권 보호의 효과적인 수단으로서의 손해배상제도. 「언론중재」, 27(3): 5-38.

김두현, 「경호학개론」, 법문사, 2008.

김수갑. (2006). "의원의 면책특권". 「법학연구」, 17(1): 103-146.

김원배. (2004). "연쇄살인사건의 특징과 수사". 「수사연구」. 9: 24~25.

김진혁. (2009), "불법시위의 근절대책에 관한 연구", 「한국공안행정학회보」, 35: 37-62.

김현진. (2004), "집회 및 시위에 관한 법률의 문제점과 개선방안", 「호남대학교 논문집」, 4: 43-76.

문장일. (2005). "유럽경찰의 조직과 권한". 「공법학연구」, 6(3): 3-25.

박경래외 3인. (2009), 「집회 · 시위에 대한 경찰대응 기준과 개선방안」, 한국형사정책연구원.

박노섭. (2010). "검사의 수사지휘권의 한계에 관한 연구". 「경찰학연구」, 10(1): pp.3-20.

박달현. (1999). “재량권남용과 공무집행방해죄”. 「안암법학」, 10: 115-134.

박지영, “정보저장매체에 관한 압수수색제도의 문제점과 개선방안”, 국회현안보고서, 2015.

백상진, “압수·수색에 관한 비판적 고찰과 입법적 개선방안”, 「한국경찰학회보」, 제17권 제1호, 한국경찰학회, 2015.

박형식. (2013). “개정경비업법의 문제점과 개선방안에 관한 연구”. 「정보·보안논문지」13(5): 129-135

신양균. (2007). “검사의 수사지휘권에 대한 검토”. 「경찰학연구」, 7(1): pp.147-171.

양경규, “경찰의 피해자 보호방안”, 『한국경찰학회보』, 제15권 제1호(2013), 157-181면.

양문승. (1997). “共助搜査體制의 問題點과 改善方案”. 「형사정책」 제9호, pp.165-192.

양태규. (2001), “집시법상의 문제점 및 그 개선방안에 관한 연구”, 「치안정책연구」, 15: 121-167.

오윤성. (2004). “연쇄살인범에 대한 효율적 수사방안의 고찰”. 「사회과학연구」. 10: 548.

이동희. (2004). “한국 수사구조의 비교법제적 위상 및 개선방향 : 형사절차상 검사와 사법경찰의 역할 및 상호관계를 중심으로”. 「경찰학연구」, 제7호, pp.146-190.

이득로, “보험범죄 최근 경향 및 대응방안”, 손해보험 통권 제490호, 2009.9.

이병희, “보험사기범죄의 실태와 방지방안”, 형사정책연구원 연구보고서, 2002.

이상원 외, “경찰경호시스템의 발전방안에 관한 연구”, 「한국공안행정학회보」 제20호, 2005.

이영란. (1983). “공무집행방해죄에 관한 고찰”. 「진주산업대학교논문집」, 2: 43-62.

이용우, “보험범죄 원인분석 및 해결방안”, 손해보험 통권 제522호, 2012.5.

이웅혁. (2005). “연쇄살인범에 대한 범죄심리학적 분석”. 「경찰학연구」. 8:

136~138.

이진국. (2005). 「유럽연합의 형사법체제에 관한 연구」. 서울 : 한국형사정책연구원.

이형국. (2002). “공무집행방해죄에 있어서의 직무집행의 범위와 적법성”, 「연세행정논총」, 27: 181-194.

이호용. (2009). “주취자 처리의 실태와 법적 접근”. 「법학연구」, 17(2): 285-315.

이호용 · 이상원. (2009). “효과적인 주취자 처리를 위한 법제 개선 방안”. 「법학논총」, 33(2): 427-459.

장석헌. (2005). “주취자보호법의 제정방향”. 「사회과학연구」, 10(3): 983-998.

전승수. (2005). “미국의 면책조건부 증언취득제도”. 「김유정」, 116: 234-275.

조국, “압수 · 수색의 합법성 기준 재검토”, 「비교형사법연구」, 제5권 제2호, 비교형사법학회, 2003.

조국. (2005). “현 시기 검찰 · 경찰 수사권조정의 원칙과 방향 : 형사소송법 제195조, 제196조의 개정을 중심으로”. 「법학연구」, 46(4): pp. 219-241.

조병인, “지역공동체내 범죄예방시스템 구축방안 연구”, 『한국형사정책연구원』 (2012).

조성기. (2009). “주취자 보호프로그램의 나아갈 길”. 「건강생활」, 65호

조준현 · 이상용. (1997). “공무집행방해죄에 관한 연구”. 「형사정책연구」, 30: 61-94.

조해균 · 양왕승, “범국가적 차원원 보험사기 대처방안에 관한 연구”, 보험금융연구 33권, 2001.

최응렬. (2005), “건전한 집회시위문화 조성방안”, 「한국공안행정학회보」, 19: 519-551.

치안연구소. (1996). 「주요국가의 수사구조 및 사법경찰제도」, 경찰청연구보고서.

홍춘의. (1986). 인격권의 보호에 관한 연구. 「법학연구」, 13: 143-164.

저자약력

박형식

경찰대학교 행정학과 학사

경희대학교 행정대학원 석사

광운대학교 대학원 행정학과 박사

경찰채용시험 출제위원

자치경찰채용시험 출제위원

경찰간부후보생, 경찰공채 면접심사위원

한국범죄심리학회 부회장

현 중부대학교 경찰행정학과 교수